近代中日關係研究 第一輯 5

昭和之動亂

重光葵編
陳鵬仁譯著

蘭臺出版社

昭和之動亂（一）

重光葵
一九五〇年三月一日
記於巢鴨獄中

緒言

昭和年間二十多年的事情，在日本歷史上是國內外的大動亂，同時也是戰敗之後所開始的革命。這個革命今日還在繼續。

這個動亂大多和中國問題有關係。爆發九一八事變當時著者是駐中國公使，戰爭中，一時曾任駐中國（汪精衛政權）大使，代表日本。九一八事變之後，擔任三年左右的外務次官在中央；一九三六年至三八年年底，擔任世界之動亂的震源地的蘇聯大使；爾後至一九四一年六月，擔任西歐之中地英國之大使；在日本對英美戰爭中，曾任兩年的外相，因此很方便觀察世界之動向。

戰敗之後，著者被聯合國遠東軍事法庭審判兩年有半，在這期間，天天有傾聽檢察官所提出之許多材料，和辯護律師之反駁的資料。因為這些資料，著者得知從前不知道的許多事情，無從理解之事體的發展，也在此時弄清楚。對於整個動亂，連在國內外負有一些責任的著者是如此，許多沒有直接關係的人，一定更不可能知道事情之全部來龍去脈。面對兩年有半之資料，盡量客觀地予以整理，相信不是著者個人之興趣。因為昭和之動亂是，史上未曾有之事體，作為一個日本人仔細予以研究，以作為將來重建國家之自我反省的資料。記錄的材料，主要是因著者過去地位上所得知者，審判資料中所作抄寫之筆記，以及自己之記憶。此外，還有在獄中生活四年，與其他領導日本有直接關係之人們的證言。

有關昭和之動亂，要正當批判其責任非常不容易。即使是達識之歷史學家也需要許多的時間。著者並沒有意思去作歷史上之審判。只是覺得這是在位者之一種義務，將自己相信是正確的，加以若干之考察，提供作為歷史之資料而已。

東京審判，當然是戰勝者對於戰敗者之片面的審判，在敵我關係中之軍事審判，以日本所犯國際犯罪之存在為前提。多數法官之判斷確認了它，但少數法官之判斷，除菲律賓之判斷外，完全不同其趣旨。特別是印度的巴爾法官，全面地與其他多數判斷不同，肯定了日本之行動。對於東京之裁判本身，大致上世界已有定評。歷史研究家，不宜忽略多數之判斷和少數之判斷，對於審判資料，檢察官的和辯護律師所提出的一切材料，法院所接受的以及沒有接受的，都有應該慎重研究之必要。

對於其所以發生昭和之動亂，以及其經過，和給予為日本將來帶來之影響，作科學研究，著者相信對於日本民族之將來一定會有幫助。

目次上卷

第四編　中日事變（近衛第一次內閣）……124

第五編　「複雜怪奇」（平沼中間內閣）……171

目次下卷

第一編　九一八事變（岩槻、犬養政黨內閣時代）

一、

第一次世界大戰（一九一四～一九一八年）結束之後，依靠凡爾賽條約成立了國際聯盟（一九二〇年）。第一次世界大戰是為消除戰爭的戰爭，國際聯盟是欲藉此永久確保由此帶來之世界和平的機構。國際聯盟要縮小為戰爭之工具的各國軍備，嘗試滅絕紛爭之種子。這是戰後，國際聯盟所提最大的縮小軍備的問題。因舊敵國的德國，幾乎禁止武備，戰勝國為維持和平，必須平衡地實施裁軍，這樣主張佔大勢。

在為處理亞洲和太平洋問題所召開的華盛頓會議，將美、英、日三大海軍國家之主力艦比率定為五．五．三，成立了包括西太平洋方面之限制防備之規定的海軍條約（一九二二年）。當時，空軍之存在還不是那麼重要，唯一的海軍攻擊力是主力艦，限制主力艦也就是限制海軍戰力。以這樣武力背景來決定政治問題，結果成立了太平洋四國條約，有關中國之九國公約和決議，廢除英日同盟，中國之要求得到善意的回應。

欲斷絕戰爭，禁止以戰事實現政策之工具的條約，於一九二八年八月成立於巴黎。凱洛格．布利安公約，或稱為非戰公約。都是在尊重已有條約觀念上，來維持國際關係之現狀的。華盛頓會議之後，國際聯盟又開始要限制陸軍之軍備。戰後，成為歐洲國際問題中心的也是裁軍問題，深怕新興德國的法國，因此陷於痛苦立場，在第二次世界大戰蒙受了難於恢復的打擊。一個國家要具有自衛所需要的國防力量，在國內和國際都有其必要，所以都採取要盡量裁軍的政策。當時要裁軍的風潮，很不幸不無被過度之世界和平運動煽惑之嫌。當時，戰後，不分西或東，是充滿和平與安逸空氣的時代。

裁軍之觀念，當然是一件好事，陸續做了陸軍軍備，在政策上是愚蠢和危險的。在日本，對於海軍之裁軍，接手田中（義一）大將之山梨（○）陸相及宇垣（一成）陸相的陸軍，因政黨內閣之要求，也陸續做了裁軍。裁軍之氣氛，立刻造成一般人輕視軍人之風尚，是大多因為受了輕薄俗論所導致。由於裁軍之反動，不喜歡此種風潮的一般軍人遂對其前輩的感情大變，結果對於政黨具有惡意和反感。

二、

日本在第一次世界大戰，因英日同盟關係而參戰，日軍進攻德國之租借地中國之山東的膠州灣，對於歐洲，除派遣有力的逐艦隊前往地中海，防護印度洋之運輸路線之外，提高生產力，給予聯合國經濟上之援助。這個經濟援助，同時幫助了日本商權到海外，意味著日本貿易之擴張和膨脹。就只知自由貿易不知統制經濟之意義的日本人而言，其好不容易發展的輕工業，放任在世界自由市場亂搞，最後種下到處排斥日本商品之種子，總之因戰爭中之繁榮發財，自明治以來之政商壯大起來，不僅三井、三菱、住友等財閥，以東京、大阪、名古屋為中心的大小商人，很快地累積了好多好大的財富。因此，最後，日本出現了成為充滿爆發戶的時代。戰時所得利益的一半，因為爾後的世界經濟的大變，以及東京、橫濱地方的大地震而失去，但大多數大小財閥，還是倖存下來和繁榮，新興資本家且發揮了旁若無人的橫暴威力。此種爆發戶風潮，搭上不健全的自由主義思想便車的結果，所給予的社會的不良影響，是無法予以形容的。國民道德下降，風俗紊亂，橫行利己主義，充滿物質主義，金權左右政治變成自然的趨勢。

三、

明治藩閥政治，逐漸進化至由民主主義的大正以後的政黨政治，自由主義思想雖然顯著，日本的社會結構還是脫離不了其老套。雖然有過明治維新，封建制度仍然貴族之特權制度，在政治生活中和日常生活中，有不依主張，不聽合理的話，還是依靠派閥感情用事之習慣。因第一次世界大戰歸於民主主義之勝利，由之全世界在歌頌民主主義，但在日本，只輸入民主主義的負面部分，得其時的政黨政治，與追求時尚的社會生活，往著不自覺和不負責任的方向走去。應該為國民之代表的政黨，往往汲汲於謀利，置國家之休戚於腦袋之後。不僅向新舊財閥政治資金，而且利用它來建立和鞏固個人勢力。經濟界之繁榮，資本主義之順利的發達，是因為與當時之政權攜手的閥族成長的結果。因與國家國民合作而長大的大小財閥，竟與政黨勾結，操縱政黨，金權化，其莫大的財富，絕少用於一般大眾身上，大多浪費於私人生活，或用於實現政治上和社會上之野心，或用於加強其在政治上社會上之勢力。整個國家風行拜金風潮，且及於政社會之每一個角落，因貧富之差，思想敗壞，農村極端貧困，濫用財富之禍害，蔓延於整個社會。日本之兩大政黨的政友、民政兩黨，不僅沒有扮演領導民主政治的角色，政黨與金權的關係，成為政治敗壞的原因。

四、

因第一次世界大戰，日本代表亞洲，忽然成為世界五大國家或三大國家之一，在西太平洋儼然立於領導之地位。日本在對於世界和平之地位非常之大，對於人類文化之責任，也非常之重。不要忘記日本國家之將來的發展，日本人本身之進步，唯有不忘記自明治維新以來之慘澹努力，充分自覺這個重要地位和責任之重大，時時刻刻不要忘記自我反省，繼續努力才能做到。可是日本這個國家和國民，卻令爆發戶風吹來吹去，倨傲自大，沒有內容和實力。日本的地位提高了，但日本的國家和國民，卻忘記了只有依靠謙虛的態度和努力才能夠大成這個顯而易見的真理。這實在太不是日本之所以日本了，被物質文明之滔滔濁流驅流，只有眼前的利益，不顧個人和國家之永遠的安寧和理想，欠缺良知。這是昭和之動亂的原因，也是我們所看到的動亂之不幸現象。

五、

藩閥勢力之延長的軍閥，在日本傳統上，成為政治上和社會上的一大勢力。隨自由民主風氣之旺盛，政黨欲打倒軍閥，軍方為防止其勢力之衰退，與其抗爭。戰後輕視軍人之風尚，立刻結合了軍方以外之份子，多年來受過軍方橫暴之苦的政黨，遂乘這個機會削減了由國民之大部分負擔的軍事費用，意圖推翻軍方之勢力，政黨領袖公然在國會，批評軍方。於是一般國民誤以為，剝奪軍人之特權，蔑視軍人是自由民主的表現。這是對於多年來之閥族軍人的橫暴狹窄復仇心所作祟。這是封建時代經由藩閥以至資本民主時代不久，沒有經過訓練之國民感情的流露，政治及政治勢力由一般國民及輿論乖離的現象。軍方自以為他們是特權階級，意圖繼承藩閥勢力，政黨又無視國民之委託，醉心搞私人之勢力，汲汲於增加和擴大個人之利益。他們皆被派閥之陋習所束縛，欠缺自己是國家國民之一份子的觀念，和自己應該肩負起的責任感。

軍人到處成為人人輕蔑的對象，穿軍服搭電車覺得非常沒有面子。譬如在車廂上的乘客，故意大聲講令軍人不爽的話。配戴長日本刀的人，被一般乘客覺得礙手礙腳。對於這樣輕視軍人的社會風氣，軍人們的反彈也非常難看。軍隊不分階級，大多是農村的子弟。農村是軍隊之靠山，軍人的來源。這個農村，因為城市的繁榮和腐敗，疲弊枯竭，使軍閥之基礎陷於危機，這是軍方所不能坐視的，軍方日愈有這樣的主張和空氣。

六、

軍隊直屬於天皇，一旦國家有爭，軍人有為國家賣命犧牲之義務。軍人要維護國家，要為國家之發展著想。輕蔑這樣盡忠報國，構成建國之基礎的軍人的風尚，實來自政黨之橫暴和金權之跋扈。他們所主張的自由主義和資本主義，是社會墮落的原因，這個風潮是指導日本之上層的責任。因此必須除去這個腐敗份子，和醫治好國家之疾病。誅戮國賊還有什麼可客氣的，這一種思想充滿於反動心胸狹小的軍隊內部上下。參謀本部、陸軍省以及地方軍隊之上級及其中堅軍官，有不少人在鼓吹這樣的思想。陸軍士官（軍官）學校的學生以及青年軍官之血正在沸騰。

往昔，大化之新政，中大兄皇子揮天劍，誅蘇我入鹿於殿中後實現的。為了實現新政，何必躊躇訴諸於非常之手段？這才是忠君愛國之至誠，此為殺身救國之時機，於是血氣方剛的青年軍官遂相率誅戮國賊，以實現革新國家政治之目的，遂糾合同志，從東京發出檄文，號召全國之軍隊。有不少各師團和鎮守府（海軍）之青年軍官，血書參加此盟約，為國家之革新，決以己命效勞。這個以直接行動為目的之青年軍官之秘密結社就是所謂天劍黨。

昭和時代的革新思想，很遺憾，是學習一千三百多年前之暗殺手段的復古思想。

七、

這些天劍黨員的青年軍官，都是年輕的尉官或者實習軍官的學生，為純真和充滿救國情操的小伙子。他們既然決心要為國家捐軀，故大多不結婚成家。日本這樣下去不行，非革新不能救國，為此要犧牲自己，這是他們的想法和覺悟。

軍的首腦，雖然憂慮此種情況，但沒有出於阻止他們的積極行動。不特此，以這些青年軍官為中心的軍隊內部形勢，被軍當局善意地或惡意地予以利用，由之更助長了軍方之跋扈。這些青年軍官之目的是，要以直接行動來去除國家之病這樣單純的破壞作業，亦即要成為革新的先鋒，以製造其契機，破壞之後要如何建設沒有其方案，也沒有這樣的能力。建設方案只有仰賴外面之提供。建設事業之實行，他們準備依靠其信賴的前輩。利用這樣形勢，事實上，訂定和實現軍方之計畫的事實上便是青年軍官。

軍方以外，各種職業之右翼左翼團體和浪人，支援和操縱以及煽動這些青年軍官，這是不必煩言的。

八、

而給予天劍黨之行動，最有力提供思想背景（根據）的就是北一輝。他是天生的革命份子，為陰慘的計劃實行家。他從年輕時候便去過中國，投身革命運動，其著作「支那革命史」等說明了這一點。

他在中國關係最密切的是中國國民黨之左翼革命家的宋教仁，宋教仁在北京被袁世凱暗殺之前，他一直和宋教仁一起行動。因此北一輝之所謂日本改造法案大綱的革新計劃，其根柢是什麼自可明瞭，最後的目的雖然不清楚，但其計劃完全是左右來自左右混淆之思想是顯而易見的。

我們無法否定，北一輝所寫有關改造國家文章之成為天劍黨青年軍官，以及軍之革新計劃者的教科書。他的客廳是注入這些人革新思想的場所，其所掌握少壯軍官，後來（一九三六年）之二・二六叛亂事件時最明顯。

三月事件

一、

第一次世界大戰之後，日本思想界長期激烈地搖擺於極右和極左之間。思想激烈搖擺，政治社會機構依然如故，所以很危險。因為日本之政治領導跟不上世界大戰所帶來之國際情勢的進展。

戰後，在自由民主思想盛行的時期，在思想自由的制度下，蘇聯之革命思想輸入日本，流行馬克思主義。從日本和蘇聯恢復邦交（一九二五年）的前後，尤其以關東大地震為契機，在日本各地產生共產黨細胞，共產勢力日益強大起來。

對於共產勢力之反動，成為山本（權兵衛）地震內閣倒台之契機的難波大助在虎之門狙擊昭和天皇事件左右，日漸激烈，國粹思突然抬頭，左右兩翼思想之明爭暗鬥，繼續相當長的時間。平沼（騏一郎）男爵所領導之國本社的創立，也是這個時代。

在這個思想混亂的時代，能夠隨世界大勢和文明之潮流善導日本思想的人物，不但沒有出現，甚至於尊重條理的合理主義也遭受到排斥，一般人只有在混迷中，不思維不自省，一味追逐新奇，從極端到極端。使日本在政治上、社會上、思想上陷於混亂，淺薄地宣傳說完全是自由主義之弊害，於是有人開始大聲疾呼革新。攻擊左翼的國粹派，未能辨別共產主義和自由主義之區別。就這些人而言，皇室是絕對的存在，對於天皇之忠誠是國家存在理所當然的事，議論它算是「危險思想」，違背國民之義務。此時思想之自由，已經被認為是「危險」的事情，自由主義之中道論受到排斥，主張革新要從排斥自由主義著手。

他們認為，要先根本破壞國家之機構，對於欲完成革命之共產主義運動而站起來的盲目的反動國粹運動，也以同樣手段逐漸壓迫自由主義之中道論，以指導沒有政治訓練的國民。

日本自封建鎖國時代以來，因為受到外面勢力之壓迫進入開國進取的時代，與此同時，因思想自由之制度，匆匆忙忙地引進個人自由之主義，沒有充分鍛練的機會。所以，被捲入資本主義社會之大風浪的日本國民，沒有每一個人具有堅實之判斷為基礎的堅強輿論為背景來行動之「自由民主主義」訓練無可奈何的事。輿論只知為強硬論拍手，排斥穩健論，自然造成了動亂之禍因。

二、

昭和革新的風潮，經過明治維新七、八十年，將近一個世紀，遭遇到第一次世界大戰後世界的變遷的日本，當然是無可避免的。大化之新政和明治維新，其實是受當時之世界大勢所支配，日本只有順應人類文化之進步才能前進。亦即革新這個東西是，長久停滯於孤島的文化，遭受到外界的文化而獲得解放，這是欲趕緊迎頭趕上其水準的努力。日本之實際情況和地位，與世界之大勢與要求對比有很大的距離，日本之運命的變化可以說是自然的趨勢。

在大正昭和之年代，第一次世界大戰後，日本人要洞察世界文化之大勢到底在往何種方向去，是非常困難的。因為世界的形勢實在太複雜了。雖然由於德國軍國主義之崩潰，世界大勢很清楚地在往自由民主前進，由於對於自由主義之不信任，以及日本人之判斷錯誤，其面對的革新運動，遂往其他的方向而去。

當時的世界是，自由民主世界和全體獨裁之兩個，或後者可以分成共產主義世界和國家社會主義世界的三個世界。日本之革新思想沒有向強力走著中道的民主主義方向，而選擇了德國式軍國主義色彩，選擇了逆轉舊時代的方向。這是昭和之動亂之根本，在其出發點便是落後的東西。

納粹如果是邱吉爾所說，為共產黨所生的畸形兒，夢想昭和之革新的日本軍部，可以說是納粹與日本之封建閥族的雜種。

三、

感覺有昭和革新之必要的有識之士，開始研究應該如何革新日本。宮內省方面之有關人員，暫時設置大學寮，邀來民間思想家演講，是這個時候。儒教方面是安岡正篤，一般思想方面是大川周明博士。國際歷史方面是瀧川龜太郎，軍事方面為有大川博士推薦的西田稅（參加二・二六事件被處死刑）等。大學寮不久廢止，但譬如大川周明已經與軍部合作，組織大行會，決心欲實行革新，成為以軍為中心之內外的革新運動的原動力。

大川博士多年擔任滿鐵調查主任，從事內外各種問題之調查，有不少思想方面之著作。根據他的著作，可知其出發點為左翼思想，最後轉變為國粹主義，似乎走上軍部之全體主義國家革新的道路。但是他的作法和北一輝的作法不同。北一輝掌握純真的青年軍官，要以直接暗殺行動以掃除妨害革新之人物，爾後擁護其認為適當的人物，以達到其目的，反此大川周明是要和抓著實際權力之中堅軍官和首腦人物連攜和策動，以直接軍為主體進行「政變」，立刻建立軍政府，對內外實行納粹革新。中堅軍官所推動，軍事政變之日本國內外的革新運動，就是本書所謂昭和之動亂的主體。這個革新運動之直接利用自稱天劍黨的青年軍官，實如前面所述。中堅軍官以上級軍官為傀儡，無視其權威，名符其實地製造下尅上之風氣。

四、

以宇垣（一成）大將為陸相，杉山（元）中將為次官，小磯（國昭）中將為軍務局長的陸軍省，以及金谷（範○）大將參謀總長，二宮（○）中將為參謀次長，建川（美次）少將為第二部長的參謀本部的中堅軍官，在上級軍官默認之下，假研究時局之名，秘密組織櫻會（一九三○年），密議要一新內外諸政和樹立軍方政權為目的的「政變」。三月事件的首謀者是小磯軍務局長、建川第二部長重藤（千○）課長等將佐軍官之外，包括橋本欣五郎、長勇等櫻會之中堅軍官，橋本中佐擔任駐土耳其武官時，目睹格馬爾巴夏革命，他醉心這個革命（橋本著有「重建世界之道」和「革新之必然性」）。這個團體的人，和大川周明等之革新團體密切合作。

他們為一掃政黨金權之毒害，刷新內外之諸政，只有實行軍事政變，解散國會，擁護宇垣大將建立軍政府，經得大川博士和小磯軍務局長之同意，口頭或以文字勸告宇垣，請他出面領導。

這就是所謂三月事件（一九三一年），其計劃為「一九三一年三月勞動組合（工會）法案上國會議程之日，依大川周明之計畫，動員民間之左翼及右翼份子一萬人，由八方包圍國會，遊行示威，爆破政友、民政兩黨本部和首相官邸。各隊先鋒配置了解計劃之幹部來統制。各隊設拔刀隊，以排除和阻止一定會前來的警察隊伍。但要使用爆性不大，殺傷力小的炸彈」（三月事件裁判紀錄）。策動第一師團和近衛師團包圍國會，予以解散，強制若槻（禮次郎）內閣辭職，以宇垣大將為首相，用上級軍人分佔要職。幸好這個計劃被宇垣大將婉拒，雖然終於暴露和失敗，因軍部中堅軍官之策劃，爾後屢屢欲實現之軍部政權之企劃，都是同工異曲的。

大川周明一派與軍方連攜策劃之軍事政變的革新運動的對內部面向，雖然失敗了，但其對外層面，卻由關東軍參謀在滿洲實行。而這就是九一八事變。

九一八事變　其一

一、

日本自明治維新以來，對於內外政治有兩個潮流。一個是，受法國革命思想感化之自民主即德謨克拉西之一派，也就是後來之所謂英美派。其思想大多浸潤於皇宮、政黨以及民間。明治時代之民主思想的鼻祖是福澤諭吉。政治方面起初以反對藩閥之大隈重信和板垣退助為其代表，後來成為政黨之起源。第二流派是，學習德國軍閥政治之軍部以及一部分官僚之系統，在山縣（有朋）元帥領導下，形成了政治上、思想上獨立之軍閥的一大勢力。海軍在山本（權兵衛）大將時增長其權威，長期成為薩摩（今日之鹿兒島）之勢力；陸軍長期在山縣元帥系統之下，成為長州（今日之山口縣）之勢力。由於海軍學習英國，故與學習德國之陸軍不同，有不少人懂得英美民主主義。

明治時代之藩閥外交，沿著當時之風潮，採用所謂富國強兵主義之發展政策。日本的發展，當時鑑於四圍之狀況，只有向隣接地區即事實上向東亞大陸，第一次甲午中日戰爭、日俄戰爭結果，日本好不容易經由朝鮮，將其力量延伸到中國滿洲（東北，以下統統使用東北）。這是解決日本人口問題的一個方法。東北是中國所有之邊境殖民地，因此俄國勢力由東北北方，日本之勢力往東北南方延伸。與此同時，欲擴張通商貿易之英美等之經濟政策，開始重視東亞。此種大勢，在大正以後大致上還是沒有改變。

如上所述，日本之發展大陸政策，乃以中國為對象，而中國之排外運動，乘第一次世界大戰中在高唱入雲之民族主義風潮，加上受蘇聯革命之影響，日益激烈。如何調節日本之大陸發展和中國之排外的民族主義，就日本而言，是最現實而重要課題，而東北問題就是它的試金石。

二、

無需說，就糧食不足，缺乏資源，從世界情勢上人口無處可移的日本而言，保全島國日本在東北之權益，毫無疑問，是生死的問題。如何維護是，日俄戰爭以來，令歷任內閣頭痛的問題。

東北是人口稀少，未開之中國邊疆，日本由俄國所受之權益，亦即因旅順大連之租借地以及南滿鐵路之經營，逐漸開發，終於每年有將近一百萬人從中國內地移來東北，其大部分在東北住下來。由於它是中國的領土，隨中國人人數之增加，其政治力日強，於是開始排除外國之權益，要自己來經營，因此和日本的利益發生衝突。

為日本在東北之權益基礎的關東州之租借權，和在中國其他的租借地一樣，以為是九十九年的期限，但日本從俄國所受正式公文寫的是二十五年，故其所剩年數已經不多。因此日本很想延長其年數。

三、

成立於第一次世界大戰之前的大限內閣，加藤高明出任外相。在此之前，要出任桂（太郎）內閣外相，離開倫敦之當時的駐英大使職位的加藤高明，會見英國外相之愛德華・格雷爵士辭行之同時，討論了東亞之問題。

此時，兩個人談到東北問題。加藤大使提起租借旅順大連之期限問題，表示東北對於日本權益之重要性，對此格雷外相說，日本人在關東州不僅種了樹，還用血灌樹。日本之重視東北是理所當然的事，對於欲延長旅順大連之租借期限問題，表示理解。因此加藤大使回國之後，一直在等待解決這個問題的機會。

四、

成立大隈內閣以後不久，歐洲一角發生第一次世界大戰。日本因為和英國之同盟關係，參加大戰，進攻為德國所佔有之山東省之膠州灣租借地。加藤外相欲乘這個機會解決東北問題，遂命令部下政務局長小池長造策劃，結果造成了對日本進路無法挽回的重大錯誤。這是大隈、加藤政黨內閣所遺留下來的，無從拂拭的污點。大大毀損了政黨內閣之信用。

加藤外相將小池局長軍部和中國關係者所提出之一切要求，匯集起來，令駐中國之日本公使（日置益），向北京中國政府（袁世凱）提出。所羅列事項，有關於東北者，山東者以及中國之一般事體者，不僅要求在東北和山東之特殊權益，就是對於中國一般，日本要求具有優越地位。這個一般要求，中途改為希望事項，最後日方撤消了。

中國政府，把這些要求不但偷偷地透露給英美代表，更給外國報紙之特派員，以日本之二十一條要求告訴全世界輿論，由之為其國內之排日，火上加油。延長在東北租借地期限問題之交涉，不久便陷於僵局，其餘山東問題等，有關中國本土之問題，特別是希望條項的一般問題，中方態度強硬，世界輿論齊聲批評和責難日本。於是日本發出最後通牒等，雖然長期施壓，所得非常有限。得到的是，在東北很有限而不完整的權益之外，若干的山東問題以及一般問題，日本終於不得不撤回。

由於這個交涉，日本之信用幾乎完全掃地，英國外相格雷也認為，加藤搞得太過份了，且對倫敦之井上（〇）大使這樣提醒說。因為這個交涉日本得到滿鐵及有關山東之若干權益外，暴露日本之野心而失去國際對日本之信用，中國國民之如潮水般的排日。至此，中國問題已經不是中國與日本的問題，而是世界的問題了。

美國之政策，以保全中國之領土完整和經濟上之機會均等取代了開放門戶政策，全面同情中國民族主義之要求，對於其他國家之對中國的積極政策，不問其理由如何，都採取反對之立場。

五、

中國民族主義逐漸覺醒於第一次世界大戰之時，日本應該洞察世界大勢，清算以往之短視的對中國政策，決定走向中日親善和合作的康莊大道才對。山東應該由日本手上親自交還中國，對此中國當該回報日本對東北之希望才是。確立這樣總括性的中國政策，從當時的情勢來看，絕對是很困難的。可是因為二十一條交涉，知道即使用拳頭也無法達到目的的日本，寺內（正毅）軍閥內閣，卻仍然繼續使用武力政策來對付中國。日本的政治家，對於世界大戰之意義，以及爾後之國際關係的動向，沒有洞察的眼識。

許多日本的領導者，不諳世界之情勢，沒有看穿中國民族解放運動之意義的眼光。只以「支那就是支那」，滿腦袋有的是十八史略的中國，只顧眼前的利害。長州藩閥，為軍閥之本尊的寺內（正毅）大將內閣，出現於大隈內閣之後，又重複不亞於二十一條交涉之錯誤，加強了國際對日本之不信任。亦即採取以幾億西原借款援助段琪瑞的政策。是當時之日本執政者援助安福派軍閥，以能獲得中國之特殊利權，挑撥中國革命勢力以及一般民眾激烈反感，使中國人之排日反日運動長期繼續下去。

東北問題，因為二十一條之交涉以及援段政策，都無法解決根本問題，問題仍然存在，而交給田中（義一）外交和幣原（喜重郎）之外交舞台。

九一八事變　其二

一、

如前面所述，在大正時代，日本有國粹派和自由派之兩個流派。這形成藩閥和政黨，軍部和文官之對立，後來在外交方面，有以中國問題為中心之田中外交和幣原外交的名稱。當然，這兩個流派只是以其特徵作為代表來表達而已，其間也有出入、混淆和不清楚的地方，其思想有根本的差異，對於國際情勢之認識也不同，因此其政策也有很大的差異。幣原外交所代表的自由主義政策，作為國策的基本是，廣泛觀察世界情勢，把第一次世界大戰以後的世界，視為由美英領導的「德謨克拉西」，要和代表德謨克拉西的英美合作，為人類之福利有所貢獻。對外政策不採取直接手段，要使用外交手段。因此不僅承認戰後之國際聯盟和華盛頓會議機構，相信只有在這個範圍內，亦即只有與對方合作，日本才能繁榮和進步，這是唯一最合乎國家最好利益的手段。其態度，在國際上用協商和說服，根據彼此同意來行動。因此對中國政策，不分東北和中國其他地區，對於日僑不採取當地保護主義。

以田中外交為代表的積極政策認為，第一次世界大戰結果產生的國際機構，不過是有錢人國家之維持現狀的機關而已。無論是國際聯盟還是華盛頓會議機構，都不觸及國際紛爭之主要原因之處理，特別是東亞的問題，因為蘇聯之革命變成非常重要，但都沒有考慮到這一點。日本當然要遵守國際條約，而中國之排日風潮，蘇聯革命之後更加激烈，日本之權益不但被侵犯，似也看不到國際上的救濟方法。國際聯盟這個國際機構，完全不熱心於積極實現正義和公平，不過是以維持國際資本主義之現狀為目的的英國、法國等之機構而已。東北問題是日本獨特的問題，認為只有日本自己單獨來處理，可以出於自衛的積極政策。在實際上的中國政策，東北為中國之特殊地區，主張做特殊的處理，對於在中國之僑民，要採取現地保護主義。

二、

日本在一次大戰中對中國所採取之軍閥積極政策，被華盛頓會議（一九二二年）清算一乾二淨了。這是原（敬）政黨內閣（內田康哉外相）的時代。廢止多年為英日兩國之東亞政策之支柱的英日同盟，日本重新承認國際聯盟規約，四國公約和九國公約之國際主義。因為海軍裁軍條約，英、美、日之主力艦之比率定為五．五．三，禁止西太平洋各國之防備措施。對於中國，承認其民族的要求，為其實現，各國決定予以援助。依照凡爾塞條約，日本所繼承德國在山東膠州灣權益，要歸還中國，並決定廢止在中國所設立之郵局。但是，對於日本在東北之權益沒有提到。

日本因為華盛頓會議，雖然是他動的，根本改變了對中國之政策，從以往之以中國為對象的發展方策，採取為日本之合作者的善鄰政策。日本要長大和成器，不能和中國對立，必須和中國合作。必須和中國建立共存共榮的善鄰關係，只有在這個基礎上才能有可能解決東北問題。除此之外，沒有真正的解決辦法。

日本首次覺醒其在東亞之使命，如此這般日本漸漸伸張其勢力，自然成為東亞之安定勢力，進而取得其領導地位。

繼承被暗殺之原敬的日本領導人，應該以強大政治力在國內外實施這個正確的新政策，為加深國民對國際情勢之認識，應當創立有影響力的啟發機關，以致力於對民眾做正確認識的指導。

三、

依照華盛頓會議之條約及其決議，在北京召開了關稅會議和法權委員會的國際會議（一九二五年）。後者是以廢除中國所要求之治外法權為目的，前者為以恢復中國之海關自主權為目的而召開的。日本代表為日置大使，這個會議一開始，日本便首先提議承認中國之關稅自主權，始終表示要忠實實行華府會議之精神。歸還山東問題，由小幡（○）公使和王正廷正在交涉，準備逐漸將實施（一九二二年）。

歸還山東之交涉和北京關稅會議，是幣原外交所著手的第一步，與幣原外交具有重大關係的一個人，就是後來出任中國公使的佐分利貞夫。

在北京的列國會議（一九二五年），係以馮玉祥等紅色新軍閥為基礎的段祺瑞執政政府下所召開，中國軍閥之鬥爭一直不斷，而中國之革命運動激進，蔣介石之北伐，從廣州出發，段祺瑞執政府垮台，北京完全陷於無政府狀態，列國會議終於成為龍頭蛇尾，自然消滅。

在日本，軍部和政友會對於民政黨內閣之攻擊漸漸成氣候，由之反對和非難幣原外交之聲浪日強。中國日益混亂，很難從外面予以救濟。幣原外交，本欲迎合中國人之意，反而變成相反之結果，中國一直在亂，被非難日本在中國徒然損失其權益。

蔣介石之國民革命軍的北伐，處處成功，但又到處發生問題。在容共聯蘇政策之下，因蘇聯顧問之訓練，軍隊赤化，外國之權益被蹂躪，土豪劣紳遭受鎮壓。其結果，在漢口和南京發生大搶劫，在南京，英美之軍艦，炮轟暴徒化之中國軍。南京的情況非常慘澹（一九二七年二月）。但對於日本領事館之徹底的掠奪暴力行為，日本軍艦沒有砲擊。擔任領事館之守備的荒木海軍少尉，後來深感沒有盡保護之責任切腹自殺。因此日本輿論沸騰，以為日本人所受屈辱，乃幣原外交所造成。反對黨抨擊政府之不抵抗主義，主張現地保護僑民，必要時應該出兵。認為要從迫近危險之地區撤退僑民是日本威信之掃地，權益之喪失。

如此這般，民政黨內閣垮台，出現政友會的閣，田中（義一）大將出任首相兼外相，任命森恪為外務政務次官（一九二七年四月）。

四、

田中大將是長州藩閥的寵兒，很早就歷任軍方要職，從佐（校）官時代便佔陸軍之主動地位，夢想前輩之明治維新元勳。一次大戰末期出兵西伯利亞之際（一九一八年八月），他是參謀次長，實際指導這個戰爭。但他實際上直接處理對中國政策是，以政友會總裁繼承民政黨內閣，親自組織內閣的時候。政友會多年來之自由主義對外政策，從此以後變成軍方的田中外交。

田中兼任外相，任命森恪為政務次官，當時森是政友會的鬥士，勢力很大。他對於中國政策具有非常奔放而積極的意見，與軍隊的極端份子聯繫，煽動他們對東北採取強硬態度。成立田中內閣之後，馬上在大連召集與東北有關之軍人及官憲，召開協議和宣傳對中國之積極政策的東方會議，這是森企劃的。

從東方會議前後，中國報紙開始連載所謂田中奏摺，以其為日本之最高政策的機密文件，為田中大將上奏日本之外交政策的意見書，向世界大事宣傳。其內容為，日本佔領東北之後，計劃要向華北以及整個東亞採取軍人行動，以征服全世界，具體依序記述，作為日文，還算是成體統的文件。但在幾個地方，有事實上的錯誤。

毫無疑問，在日本，沒有這樣的文件，認為只是惡意的宣傳，但在外國，以中國為首，都認為這是敘述日本真正意圖的文件。當時著者（重光）在外務省，對其出處以及是否有類似之文件，做了相當的調查，不僅沒有任何線索，也沒有這樣的文件，其內容也不是田中大將自己的意見。可能是軍部之極端論者藏有類似它的計劃，這是亂七八糟者之意見書，給了某人，改寫成為此種文件，利用於宣傳的。要之，所謂田中奏摺，應該是左右兩極端份子之合作的東西。後來因為在亞洲發生的情況，以及日本的行動，好像是以田中奏摺為教科書所進行的狀態，因此很難拂拭此文件在外國之疑惑。

五、

田中大將對東北問題的方針是，以東北為中國之特殊地區，把它從中國本土分離，意圖和東北之實際權力者張作霖來解決。因此不希望張作霖對中央具有野心，插足北京。希望張作霖以日本之援助，在東三省建立事實上之獨立政體，離開中國中央，與日本之間設定特殊的關係，依照日本之希望來解決東北問題。事實上，一九二三年五月十四日，張作霖本身曾經宣布過東三省之獨立。對於中國本土，田中大將倒援助國民黨和蔣介石，令蔣完成其志向，以換取蔣默認日本與東北之關係。

因此，田中和北伐中之蔣介石有聯絡，蔣佔領南京後去日本時，北伐軍之北進也得到田中之諒解。與此同時，對於插足北京的張作霖，日軍特派前陸相山梨（勝之進）大將拜訪，勸張作霖早日離開北京，專心於東北之治安。當時張作霖在北京自稱就任大元帥（一九二七年六月十八日），自稱他是中國的元首。張作霖對於山梨之勸告說，「我前進到北京和共產勢力搏鬥。我的戰爭就是日本的戰爭。可是你們卻在援助已經赤化的蔣介石，要我回去東北是什麼道理？」山梨無從回答，氣憤張作霖之傲慢態度，回來東京報告。這大大刺激了軍方對於張作霖之感情。

另一方面，芳澤（謙吉，犬養毅女婿）公使，執行了和山梨同樣使命之田中首相之訓令。這是一九二八年五月十八日的事，如果張作霖不聽田中之勸告，與國民革命軍發生衝突，戰敗後欲回來東北，日本軍可能阻止其於山海關，日軍非常強硬。

六、

關於蔣介石為統一中國北進一事，田中雖然曾經予以諒解，卻發生了中日兩軍之衝突事件。

赤化的蔣介石北伐軍，充滿共產主義意識形態之恢復國權意識，到處暴行掠奪無所不為，蹂躪了外國之權益。在濟南之日本僑民遭受虐殺，日本之權益瀕臨危殆，與幣原外交時代之前內閣不同，採取現地保護政策之田中內閣，立刻經由青島，第二次出兵濟南，終於發生中日兩軍之衝突。其結果日軍佔領了濟南（一九二八年五月）。這就是濟南事件，這個事件沒有擴大，蔣軍在日軍諒解之下迂回北進，在華北之東北軍撤退，張作霖聽從田中之大力勸告，回去瀋陽。日本之出兵濟南立即掀起排日風潮，關稅會議以來之幣原外交的中日親善努力之效果，功虧一簣。排日反日運動，立刻風靡於全中國，對此日方束手無策。當時之排外運動是對外最有力的武器，蔣介石充分利用了它。中國之對日杯葛立即壓迫日本經濟界，以經濟界為首之非難田中內閣對中國政策不對之聲音日大，田中首相遂趕緊解決濟南事件，欲早日恢復中日關係關係，乃於一九二八年年底，遣派芳澤公使前往上海，與王正廷外交部長謀求解決。由於芳澤公使（和王正廷外長）之盡力，濟南事件於一九二九年三月，在上海獲得解決。此外南京漢口兩事件，也在芳澤手上得到解決，日本正式承認南京之蔣介石國民政府為中國的正統政府，決定與其正式建立邦交。這是田中內閣之最後一幕，作者（重光）在北京關稅會議之後，再在上海和南京，處理有關中國問題，乃始於濟南事件之交涉。

七、

在另一方面，當時張作霖插足北京之中央，傲氣衝天，也插手蘇聯之中東鐵路和欲回復在東三省之權益，畢竟不服日軍之驅使，甚至眼中無關東軍。由於山梨大將之報告，日本軍部對於張作霖非常憎恨。關東軍認為，非把張作霖幹掉，不可能解決東北問題。

因為一九二八年五月，透過芳澤公使之強硬的田中勸告奏效，六月三日離開北京準備回去東北的張作霖，其所乘列車在到達瀋陽車站之前，由於關東軍參謀河本大作大佐等之謀略，與好幾個隨員被炸死（六月四日）。日本顧問之一的町野（〇）大佐在中途的天津下車，倖免於難。

繼承張作霖統治東北的是其公子年輕的元帥張學良。炸死張作霖之為關東軍參謀的謀略，在遠東國際軍事法庭之證言首次公開，但當時張學良已經知道其事實，所以他把日本當作不共戴天的敵人。

田中內閣之所謂對中國積極政策，昭和天皇並不喜歡。昭和天皇督促解決出兵濟南之同時，要田中調查張作霖被炸死之真相。得知張作霖之被炸死為關東軍之謀略的昭和天皇，命令田中首相要追究其責任，予以嚴厲處罰，以重國際之信義。濟南事件如上所述獲得解決，但要嚴厲處罰炸死張作霖事件之負責人一事，因為陸軍之反對，未能實現。陸軍以為公開這個事實，不但將給予統督部下不良影響，在國際上也沒有好處，終於沒有公開處罰，只是將直接之負責人編入預備役，敷衍了這個事件。天皇對於田中大將之信任由之掃地，以後天皇不再傾聽田中首相之上奏（後來之昭和天皇回憶錄說，天皇當面叫田中辭職，天皇又說當時自己年輕，以後就沒有這樣做過——譯者）。田中內閣也失去國會之信任，終於不得不辭職。敷衍炸死張作霖事件之軍部的行動得到默認了，但在其成為昭和動亂之契機，我們必須特別注意。

八、

關於炸死張作霖事件之處理，日本主權者之天皇的意思是有如日月，非常清楚的。直接輔助天皇之元老的意見也非常明瞭的（原田熊雄日記；這是指西園寺公望而言——譯者）。依照憲法第十一條之明文規定，天皇具有統率陸海軍之權限。即使統率權是獨立的，為一般國務之外，但其屬於天皇是毫無疑問的。如果天皇要行使這個權限，對於統帥部亦即軍部（此時是陸軍）嚴格命令弄清楚炸死張作霖之責任，問題或許直接了當地得到解決也說不定。惟因天皇認為直接行使這個的大權，有違日本以往之傳統。由於是有關政治的事件，一定要透過內閣總理大臣之輔弼處理，這是立憲君主之立場。總理大臣在內閣透過代表統帥部之軍部大臣，可以實現主權者之意向。何況當時人人認為，田中大將對於軍部具有很大的權威。

昭和天皇即位之前，唯一能給予建言的元老只有西園寺公望公爵。西園寺為具有法國革命思想之自由主義思想家。西園寺所教導的所謂天皇學稱，天皇要遵從一切負有責任之地位者的意見而行動。一切政務要依照內閣總理大臣之輔弼，統帥事項要依陸海總長（參謀總長和軍令部長）之輔翼而行動。這是當然符合為防止出現專制君子之憲法的旨趣，昭和天皇最忠實的這樣做。也就是沒有依照自己意思積極命令部下去做。這是最出色的立憲君主的態度。但因為這樣，天皇完全被實際政治隔離，其地位被神格化，一切的一切都依照輔弼責任者之進言決定國事。這是英國式的政治運作（統而不治），不幸的是，日本之政治沒有英國式之德謨克拉西般的進步。政治沒有和國民直接連接起來，被主權者和國民之中間勢力所左右。為取締軍部主權者不命令軍部，出現等軍部之建言再行動這樣的矛盾，變成不可能取締軍部。這樣憲法之死文化，這是非常嚴重的問題，其會影響國家之存亡是理所當然的。天皇之神格化是，意圖代行天皇之權限者所希望的。

元老及其周邊之上層的人們，由於為保全萬世一系之皇室無恙和純真的忠誠之心，遂神格化天皇之地位。而期待其代替天皇負責任的元老，由於在憲法上沒有責任這樣的理由，在背後做政治上之批評，卻不親自出現於國民面前，以巍然態度指導國家之大本。憲法明文所規定之主權，以天皇不親自行使，將其束諸高閣，實際權力逐漸他移。將其實際情形寫的最清楚的莫過於「原田日記」（西園寺公爵與政局）。日本德謨克拉西發達很晚，政黨勢力很小，在英國式立憲君主與國民之間，中間勢力才有插足之餘地。

而最歡迎此種狀態的就是政府和國會管不到的統帥部。統帥部在整個昭和動亂期間在重大場合，違反天皇亦即主權者之意思，強行自己之意見，天皇只是事前或事後予以承認而已（九一八事變當初朝鮮軍之越境問題就是其一個例子）。天皇地位之神格化，往昔產生武士政治，最近誕生軍部政治。軍部因此從最高和最後之束縛得到解放。軍部為著要掌握實權，強調統帥權之獨立和國粹論，抨擊天皇機關說，迫害天皇之親信。計劃軍事政變，暗殺政要，起來叛亂。這當然不是在意識上有互相的關連，但都是以實現軍部之獨裁為直接間接之目的，事實上他們一連串以這些手段達到了其目的。

憲法這個國家的基本法如果躺在虛構這個床上，或死文化，國家將陷於危殆。不管引進怎麼樣的理想或最好的憲法，其上下成員亦即國民，沒有用於其日常生活，以生命來維護它，憲法是會睡覺的。昭和之動亂，乃由於憲法之死文化，是對於日本之將來的很大警告。國家意思之存在地方如果不明確，或國家意思分裂，與太集中一個地方的時候一樣，對國家是非常危險的。國運之傾倒，自古以來如此。

九、

弄清楚炸死張作霖事件之責任，並要嚴厲處罰雖然是昭和天皇之意思，但田中首相欠缺實行它的魄力，為軍部首腦所阻止。軍部的實際情況是，已經欠缺匡正基本名分之統制，完全沒有規律了。而且炸死張作霖事件，其隱蔽的理由是，將帶來國際關係之不良影響，但事後卻給予軍部即使實行，國家（政府）會予以默認的印象。如果國際陰謀成功，其實行者將成為國家的功臣，即使沒有成功，其不良影響將由國家承擔，實行它的個人，也不會受到任何制裁這樣的危險思想，在不知不覺中建立於軍部。

從武士政治到明治維新之後的藩閥政治，依靠統帥權之武人權勢，成為貫徹自己意見之嘗試，它首先出現於明治維新之後的征韓論，設立參謀本部之後，兒玉（源太郎）臺灣總督採取了對岸（臺灣人海峽對岸）計劃。特別是第一次世界大戰當時，田中（義一）參謀次長時代之出兵西伯利亞問題也是一樣。對於炸死張作霖事件，積極外交之本尊的田中首相，對軍部也束手無策，也未能實現敕旨。軍部為實現自己之計劃，終於造成了連天皇都害怕的風潮。

九一八事變　其三

一、

田中政友會內閣之後，成立了濱口（雄幸）民政黨內閣（一九二九年七月），幣原外交復活了。對於佐分利駐中國公使長期在東京，爾後自殺，有極少人認為是由於政治上之原因，即其意見不能實現的結果。對於佐分利之後任，日本提名小幡（〇酉吉）為大使。小幡曾經負責歸還山東的交涉，對於幣原外交有很深的瞭解，可是中國報紙以幣原外交逆轉為田中外交，表示反對。小幡曾經擔任中國之公使多年，參事官時代在日益之下，以參加所謂二十一條之交涉時採取強硬態度而反對。因此中國政府終於拒絕小幡公使之任命。左傾之國民政府，當時以革命外交為口號，其態度相當強硬。對日本之輿論日趨惡化，排日風氣迅速日熾。

於是日本無從任命正式之公使，為一舉打開這個僵局，幣原外相要著者出任代理公使，賦予全權，負責一切交涉。這一種任命是由於相當時間內無法任命正式公使的權宜措施，為了重建中日之邦交，從此以後，開始了著者重光之往來上海南京間之充滿富於波瀾的外交生涯。當然重光的工作是，要掃除田中外交時代的混亂，繼續北京關稅會議以來之幣原外交，並取得其實際成果。

二、

對於中國，列國自鴉片戰爭之南京條約，一八四二年以來，因中國與各國間具有不平等條約的治外法權，擱置關稅，以及租界之特權，其特權因為最惠國待遇條款，各國皆能均霑。這個列國之特權，海關之管理，因團匪議定書之駐紮軍隊，列國之設定租借地，愈累積，於是中國變成動彈不得的半殖民地狀態。在北京由英國公使指導下的列國公使會議，具有事實上管理中國之機關的權威。中國民族的國民運動，是欲從列國之特權獲得解放的運動，故有時候具有強烈之排外運動的色彩，特別是自蘇聯革命之後，由於共產黨之挑撥，變成非常革命性的舉動。

著者不以日本之代表的身分參加北京的外交團，留在南京上海之間，為改善與國民政府間的邦交，開始著手具體解決堆積如山之兩國間的懸案。因中國方面很清楚著者從前以何種態度處理中國問題，故歡迎我的任命，完全信任著者。著者也為調整中日間之利害，傾自己全心，悉力以赴，首先解決了關稅的問題，其次是西原借款等整理債務的問題（對於這個問題，著者之前任矢多總領事出力很多），並及於為不平等條約之中心的法權問題。於是中日關係很快就獲得改善，蔣介石為重建其軍隊，排除德國顧問，以日本顧問取代，聘請了許多日本訓練人員。國民革命軍統一了中國之南北，日本之政府和軍隊，和國民政府建立了良好關係，至此令中外感覺，中日關係首次上了軌道。於是列國也逐漸大多學習日本的例子。幣原外交之最盛時機出於一時。但這並沒有繼續多久。

三、

英國是最保守，同時也是最進步的國家。英國在中國擁有許多權益，勢力最大，長久以來，英國公使在北京外交圈是事實上的龍頭。但中國國民革命成功以後，在南京成立國民政府，日本公使在華中開始活動，中國解放運動就緒之後，在華中設立公使館的國家增加，因此北京公使館變成沒有人理的外交機關。於是列國不得不好好考慮這樣的新形勢。

為了因應中國這樣的新態勢，英國決定了新的政策。他們採用了中國專家布拉特氏起草的案，這被稱為保守黨內閣張伯倫外相一九二年聖誕節備忘錄。英國依這個新政策，改變從前的保守政策，承認國民政府，接受其要求，改訂不平等條約，具體商議要歸還租界等利權措施，洞察中國之民族運動，為劃時代的政策。當時之英國駐中國公使為朗布遜爵士。英國新政策的內容是，與日本所行對中國政策幾乎沒有什麼兩樣。美國和其他歐洲各國一樣，追隨英國。英國之對中國政策，一直是要固守其在外交團之領導地位。

英國這樣的國家，一旦要樹立政策時，要名符其實地實行，這表示其政治行政機構之優秀性，令人羨慕不已。日本雖然立了很好的方針，因政府機關不統一，軍部隨便干涉，政黨不理解外交，沒有健全的輿論的支持，幣原外交無法往某種程度以上前進一步。民政黨內閣因受到反對黨和軍部之壓迫日益失去政治力量，幣原外交受到國內日漸抬頭之國粹論之牽制，無從徹底落實。在這期間，英美和中國交涉大有進展，已經有可能改訂不平等條約。至此，中國便很容易「以夷制夷」了。

中國利用與日本之交涉，以促進與英美之交涉，與英美之交涉如果成立的話，中國可以控制和左右大勢，所以中國可以不必重視與在那裡猶豫不決的與日本的交涉了。

四、

日本一向常常和中國折衝，把困難的有關東北問題排在一邊，不喜歡碰觸有關東北的問題，先進行中國本土的不平等條約之改訂，以此為契機，意圖全面改善中日關係之全盤改善，在其結果改善的氣氛下，來談判和解決困難的東北問題。

北京關稅會議自然消滅之後，中國之民族運動仍然很盛，中國政府展開主張改訂期限屆滿的條約將一概無效的革命外交，首先中國廢除了期限已經到的與比利時的條約。日本對於要舉行改訂即將到期之中日交通商約的交涉完全沒有異議，事實上修改條約之預備交涉，已經在北京，由芳澤公使和顧維鈞外交部長在進行。因此著者和國民政府也準備開始交涉。日方希望以修改條約，對中國表示公正態度，作為解決東北問題之前提條件。

這個順序中國方面雖然也充分諒解，惟因和英美的交涉之進展，大大加快了恢復國權政策之速度。

為左傾軍閥馮玉祥的人，蔣介石用了旁系的幹才王正廷為外交部長，可能認為大勢對中國有利，王正廷乃公布了有關中國之革命外交的腹案。它的第一期是關稅自主權及收回海關，第二期為收回法權；第三期收回租界及租借地；第四期和第五期為收回內河及航行沿岸權、鐵路及其他利權。所謂革命外交的計劃是，準備在很短期間內要廢除不平等條約，收回一切利權，與列國之交涉不在預定期間內完成時，中國將片面地予以廢除，是一定要收回利權的。王外交部長之革命外交的內容，在報紙上全部詳細刊登過。鑑於以上之情勢，著者與警告政府中日關係之危險的同時，決心親自回國向幣原外相建議，為瞭解中國當局之意向，往訪南京之王外交部長官邸。那是發生九一八事變之半年前的事情。

王外交部長對於日本公使的著者之質問回答說，報紙所刊載的是事實，收回外國之利權自不在話下，它包括東北，旅順大連之租借權和滿鐵之營運，都將按照公布之順序，中國準備統統要收回。因此著者非常憂慮著者等以往所作的努力和苦心將功虧一簣。王外交部長發表欲強行其革命外交之腹案，炒起內外之輿論，大大刺激了日本軍部，予幣原外交之推動以致命的打擊。

五、

因幣原外交，日本與中國中央政府之關係大為改善，但半獨立狀態，與日本關係最深之東北的情況，卻沒有改變。

繼承張作霖的張學良，從感情上來說，不可能採取像張作霖那樣的妥協態度。他是完全在英美人感化之下長大的，事實上他擁有唐納氏的英國人顧問。他的思想非常排日。他親自槍殺了被視為日本黨的楊宇霆，並參加中國國民黨，廢除了東北之半獨立的障壁，下降五色旗，升起青天白日的國民黨黨旗，公然樹立排日方針，露骨地要把日本勢力從東北趕出去。

在這一種情勢之下，在東北的中日紛爭日趨激烈，中日雙方之交涉案件遂堆積如山。南京中央政府之權威當然不及東北。可是張學良卻以地方沒有解決日本之苦楚為口實，拒絕交涉。交涉，在地方或中央都不能獲得解決，懸案日益增加。日本在東北取得商租權，除鐵路附屬地以外，還有土地商租權，日本人或多年定居之朝鮮人的商租土地，因中國官警之壓迫，不要說新取得，連要維持原有的權利都很困難。收回東北鐵路運動也開始了。中國且建設與滿鐵並行之鐵路，葫蘆島之大規模建港委託荷蘭的公司，欲以此減低和抵消日本所經營之鐵路以及大連商港之價值。眼看此種現象之關東軍，其任務在於保護日本之權益以及日本人和朝鮮人，不可能以外交手段，覺得非使用武力不可。

六、

當時，日本人對於國家和民族之前途，變成非常神經質。日本是一個小島國，農耕地不多，其他礦物資源也很少。甲午中日戰爭時代，日本的人口為三千多萬人，三十年後六千萬人，增加一倍，每年增加將近一百萬人。要如何養這樣多的人，這是動搖日本國策的基礎的大問題。在不可能移民海外的情形下，日本只有大肆開發朝鮮和臺灣，並以在東北之經濟活動來解決這個問題，而且是在逐漸解決。當然，海外貿易在這一點是不可缺少的，這是有對手才能成立，孤掌是難鳴的。東北問題在日本人的生活上，日益重要。日本人之勤勉，只是為了生存，不是要提高生活水準。

國際聯盟否認戰爭，以維持世界之現狀為方針，為保證它欲實現各國之裁軍。但為解決人類生活之根本的糧食問題的經濟問題，只在空論自由主義，世界以歐洲各國為中心，事實上已經逆轉為閉鎖經濟。

在自由主義之大本營的大英帝國內，也有走向帝國主義的傾向的趨勢（一九三二年簽訂渥大華協定），法國、荷蘭殖民地帝國，為自己國家利益，對其他國家也日益閉鎖。如此這般，第一次世界大戰之後，極端國家主義時代之列國的政策，完全與貿易自由的原則相去甚遠。國際聯盟之旨趣的經濟自由的原則，完全被置之腦後。日本要養日益增加的人口，不可能依靠流汗從事海外貿易之發展，只有降低生活水準之一途。

對於這個問題，最重要的是與日本關係特別密切之中國的關係。對中國貿易，因中國之排日運動遭受到嚴重打擊，同時以在中國之紡織業為大宗的日本人的企業，因此受到很大的妨害。由在莫斯科受過嚴格訓練回來的共產黨健將的李立三，煽動以上海為首的學生勞工運動，拼命從事排日運動。日本的權益，不僅在中國本土，如前面所述，在東北，因為張學良的主導，遭受到很大的迫害。中國之革命外交，在王正廷外交部主倡下，在全國發揮了很大作用。

日本不僅關東州租借地，在鐵路附屬地也具有行政權。居住於東北內地的朝鮮人有一百萬人。日本要在排日暴風雨中防衛當地的這些權益，當然很不容易。而且，日本不但在經濟上受到中國本土之排斥，要由東北趕出去，實在是對日本人本身之生活的威脅。

七、

身為駐中國公使之著者，深深憂慮這樣的形勢，為防止中日關係之迅速惡化，要對中國本地讓步，以換取東北問題之解決，以全心全靈防止中日之衝突於未然。在另一方面，向政府大力建議，向國際聯盟說明中日關係之如此糾紛之原因，日本之立場，日本本身要提出全盤的對中國政策。總之，關於中國問題，日本必須對國內外，發揮其政治能量。一九三一年四月初，著者回來東京，直接向幣原外相報告，並作補充說明。

繼任被暗殺濱口首相（一九二一年四月）的若槻內閣，當時已經是末期狀態，目睹其完全沒有實行遠大經綸意願，著者非常失望。著者具體建議的一件事是，像蘇州、杭州價值不大的租界，最好盡快還給中國，以表態日本對不平等條約之態度，都沒有能夠得到樞密院贊同之自信，所以沒有接受著者的建議。內閣閣員中，有以著者之態度太同情中國，將致使陷幣原外相於苦境，特別喚起著者之注意。日本之國粹主義，已經不只是軍隊，甚至遍及於反對黨和樞密院。由於有關倫敦之海軍條約問題，成功於確立軍所主張之統帥權，政府勉強批准條約，此時因受右傾勢力壓迫，失去了政治能量。日本的政界，還沒有到達操弄暗殺手段之程度。不特此，毫無疑問，幣原外交之為在走著外交上之正道，但其弱點為對於東北問題這樣對日本之死活問題，提不出能夠令國民首肯的解決方策。政府對於國家面臨之危局，欠缺積極領導和解決的勇氣和能力，這是悲劇之前奏曲，是日本自由主義破產的一大原因。形勢這樣進展下去，滿洲問題內外急迫，沒有政治性的政府只有拱著雙手，旁觀和憂慮形勢之演變。

八、

在東京之著者的建議，就當時之國內政局而言，是不可能被採用的。

以中國問題為中心，日本之國際危機已經迫在眼前。如果這是為人力所不能為，也得使這個僵局堅實。即使在當地突然發生任何不測之事變，日本無論在國內或國際，必須有以堅決的立場予以處理之準備的必要。政府當然要統制軍部和國內，以勸戒其不軌，極力避免中日關係之惡化，敲打警鐘，令世界諒解日本之公正態度，全力以赴。中國革命外交之全部內容已經很清楚的今日，在日本政府欠缺因應其對策的今日，中日關係之陷於僵局是理所當然的事，既然陷於僵局，外交上的考慮是，只有採取「堅實地陷於僵局」之一途的方針。所謂堅實，無論在任何時候，在外交上要使世界能夠諒解日本。要以「堅實地陷於僵局」為黑語，著者以失望之心情，離開東京回去任所，全力扶大廈之將傾，挽狂瀾於既倒。在滿洲，一連串發生了壓迫萬寶山之朝鮮人事件，暗殺中村（震太郎）大尉之危險萬狀的事件。張學良對日本之態度，既強硬又侮辱性的。著者為要根本挽回在滿洲之兩國關係的惡化，曾經與當時南京政府之中樞人物宋子文財政部長協議，設法緩和滿洲之緊張的方法。宋子文與著者，當時有很親密的聯絡，我們兩個人準備前往滿洲，親自作實地調查，俾能找出解決的辦法。宋部長和我談好，他在中途去北京，說服當時在北京的張學良，令其改變對日本之態度，然後前往大連，在那裡滿鐵總裁、前外務大臣的內田康哉和我們兩個人（宋子文和重光葵），三個人一起談和製作解決滿洲問題的基礎方案。

著者對於這個案，經過政府許可，決定於九月二十日由上海搭乘輪船，並保留了船室。但這個案終於未能趕上。九月十八日在瀋陽突然發生事變。著者不屈不撓，繼續折衝，為使事變局地化，要和宋子文前往滿洲處理事變，而在等待政府訓令的時候，事態有如燎原之火，迅速擴大，束手無策，中國已將事件告到國際聯盟，中日兩國遂無以外交手段解決之餘地。

當時著者就滿洲事變發給政府的電報，有一節這樣說：

一、此次之軍部的行動，似基於統帥權獨立之概念，無視政府所作，一下子破壞了國家所為對外之努力。思及國家之將來，不禁悲痛。故必須早日迅速禁止軍部之獨斷獨行，以國家之意志為政府之意志，阻止軍部方面之不負責任而沒有利益的宣傳，盼望政府確立旗幟鮮明之指導。

二、中華民國方面，知道事態之重大，與往前一樣，在軍事上採取不抵抗主義，以非軍事行動以外之方法對抗，黨部和政府一致之指導自不在話下，從前受過訓練之排日的一切機關，逐漸開始活動。經濟絕交還算好，朝鮮事件時沒有動搖的全國學生最受影響，其反日感情惡化，比二十一條問題之影響還要大，今後可能會更加惡化。就今日之狀況而言，隨時在滿洲以外地區發生不幸事件都有可能。在這一點，請政府，令我國海軍特別自重和自愛。如果萬一我軍進出北滿，立刻有與俄國衝突之可能性，事態由之將更嚴重。

三、中華民國政府有意早日結束內爭（與廣東方面之妥協很快認真起來，不久可能會實現），以統一力量，使用以夷制夷之傳統政策，將事件向國際聯盟（最近和宋子文聯絡，關係密切）和非戰公約，以求助於美國，加上內外之宣傳力量，以立強制日軍撤退之方策，俾能使其與山東同時歸還中國。無論什麼時候，今後有關滿洲問題，或者為達到其目的，中華民國政府不可能和我國進行交涉。因此，以此次事件為開端，對方將長期置中日兩國事實上斷絕邦交之狀態，以對方之策動，訴諸於世界輿論（錄自遠東國際軍事法庭之紀錄）。

自明治以後，累積起來之日本在國際上的信用是很大的。如果日本之國際地位一下子遭受破壞，由之我國之國際信用江河日下，是著者等外交當局者所不能忍受的。

九、

軍隊之中堅以及上層者在國內外之革新運動，三月事件雖然失敗了，但還是激進。關東軍參謀和陸軍省軍務局軍事課長等商議，秘密把在旅順之要塞砲移往瀋陽駐屯軍營房按置。大川周明等要求對於滿洲問題採取積極行動的宣傳非常激烈。土肥原（賢二）大佐等，花許多日子在旅行中國，關東軍之演習不分晝夜，日益激烈。為保衛我國在滿洲之正當權益，軍部老早就決定不惜出於自衛之手段。

外務省看出形勢之險惡，非常用心觀察其演變。瀋陽之林（久治郎）總領事依政府之命令，探悉滿洲之危險形勢，報告政府，以促請其注意，幣原外相示以電文，要求南（次郎）陸相善處。於是南陸相遣派建川（美次）少將前往滿洲，以說服關東軍自重。他為規勸關東軍不能越規，並獲得天皇之直接指示，惟因在途中，他去了朝鮮軍司令部，故比預定慢到達瀋陽。到達之同時，關東軍幕僚把他帶到料亭，此時發生了爆破柳條湖鐵路，北大營之張學良的營房遭受到嶋本分大隊之攻擊，日本人營房砲轟北大營，九一八事便這樣揭開其序幕。

林總領事和森島（守人）代理總領事，將事件之真相，逐一以電報向政府報告。總領事及代理總領事等，為防止事件之擴大，拼命奔走，森島森領事還往訪板垣（征四郎）高級參謀，建議可以外交交涉解決，交涉停止軍事行動，在場的花谷（正，櫻會會員）少佐非常氣憤，拔出軍刀威脅森島領事說，如果要干涉統帥權將不干休。軍人自我膨脹極了。森島領事得到一旦採取軍事行動，任何人都不得干涉之回答，不得已回來了。此時，關東軍，事實上是在石原（莞爾）第二參謀指導下，在全機能突飛猛進。

對於炸死張作霖者都無法處罰的日本政府，對於軍部實在束手無策。統帥權之獨立，在政治上得到確認，連樞密院都在支持軍部，所以軍部離開政府，完全獨立。而且軍部內部有下克上之風氣，關東軍在事實上由軍中央獨立。反對共產黨之國粹運動，大叫統帥權之獨立，反對裁軍，主張國體明徵，大喊建設國防國家，以及國家之革新，在這期間，現役以及預備役陸海軍人之運動，成為與政友會一部分黨員和軍部結合的政治運動。

若槻內閣，雖然百般奔走欲阻止事變之擴大，但日本軍已經不在政府手上了。以為軍會服從政府之政策這一種想法，實在太天真了。事實上關東軍無視政府之政策，北插足齊齊哈爾，追逐馬占山至黑龍江，南至錦州，終於把張學良軍趕出其故鄉滿洲。關東軍以為，如果日本政府不支持它，且要阻擋其行動的話，他們要從日本獨立，自己來統治滿洲，這樣予以恐嚇。因此若槻內閣只有編列軍之越軌行動的預算。

關東軍之特務機關長的土肥原大佐，與板垣參謀等協議，前往天津，說服清朝之末代幼小皇帝溥儀，前往滿洲，起初擁他出任執政，後來就任皇帝，趕緊建立偽滿洲國。手執若槻內閣之滿洲事變局地化之電報訓令，對在任國政府一再所作在歐美之日本使臣的說明，就不知日本之真相的外國而言，都看得出來這是軍事行動之煙幕的偽裝工作。

十月事件與血盟團

一、

爆發九一八事變，昭和之動亂的箭已經射出去了。軍部之計畫在迅速進展。他們認為，為收取有終之美，必須趕緊實現國內政治之革新。軍的幹部所規劃「軍事政變」和三月事件之所以失敗，是由於經過訓練之民間人參加的結果，所以這一次要排除民間人，完全由軍部內部來搞，於是橋本（欣五郎）中佐等櫻會會員中堅軍官策劃的便是十月事件。其目的，與三月事件一樣，排斥政府和國會，為斷然實行國家之革新，必要時要出於暗殺手段，以建立軍政府，與三月事件不同的是，這一次擁護的不是宇垣大將，而是荒木（貞夫）中將。這個「軍事政變」計劃，參加者的一部分（根本中佐等）變心，由之被南陸相所覺察，被南陸相所阻止而失敗。

參加三月事件、十月事件比較顯目的，譬如大川周明博士、橋本欣五郎等，後來被逮捕，幾乎受到名目上的裁判。特別是軍部的態度，簡直是敷衍塞責的，軍隊內部之賞罰完全失去其權威。社會在威力面前默默不言，因而令軍部犯更大的過失。

二、

迨至三月事件和十月事件之內容，為軍隊內部以及社會知悉，天劍黨之純真的青年軍官，或予以援助者非常震怒。天劍黨之同志，遂決心以生命來匡救國家。可是這些中堅軍官等幹部所計劃之「軍事政變」的革新運動，似乎以他們自己之飛黃騰達為目的。他們為個人野心主張奪取政權之後，由他們來分配政府要員位置。要之，他們沒有改造國家之神聖精神，夢想明治維新之元勳，只有想滿足抓住政權之私心而已。事實上他們天天酒天花地，以花柳巷弄為總部，憤慨之餘稱這些人為墮落漢，瞧不起這些人。他們為改造國家挺身而出，意圖劃除這個神聖事業之障礙，以高山彥太郎和明治初年之神風連為己任，以過該年十二月三十一日，許多人血書宣誓，創立一人一殺之血盟團，與野和尚井上日召所指導之暗殺團匯合。

這個宣誓，是為劃除對改造國家有害的份子，以一個人要殺一個人為目標的宣誓，以士官學校學生以至現役之青年軍官為對象。他們立刻開始行動。

由於具有直接實行力之青年軍官，和右翼行動派結合的結果，開始進行暗殺，因而給社會帶來很大的不安和壓迫。這就成為以軍為中心之國家革新運動的威脅推動手段。

三、

社會上陸續出現成為血盟團的犧牲者。當時領導民政黨之井上準之助，在財界，譬如三井之龍頭團琢磨等，在重要地位的自由主義名士，一一被暗殺，社會瀰漫恐怖，企業界的人，爭先恐後地穿上防彈衣服。

司法部雖然可以逮捕暗殺者予以處分，卻無法根除以軍部為後臺的暗殺事件。對於破壞國家社會秩序之最重大犯罪的制裁，因以「考慮其精神」這樣反科學的溫情主義而變成有名無實，受到制裁的人們從監獄出來之後，會去幹更大的「工作」。統治國家這個大帽子，極端混淆，甚至懷疑有司法「法西斯」之存在。一般輿論對它是無力的。

四、

天劍黨青年軍隊官所擁護之成就革新國政的前輩是，被稱為皇道派的荒木貞夫、真崎甚三郎等國粹派將軍隊。

這些皇道派，氣憤自由主義之世道人心的頹廢，專門著重國粹精神之思想問題，以天皇之軍隊為神聖的存在，一旦有緊急情況時，要捨身為國家犧牲。因此要闡明國體之明徵，履行皇道，為世道人之領導先軀。血氣方剛的青年軍官們，翕然驟集在其門下，憂國憂民，憤怒社會，大喊革新，混亂統制。當時為軍部之主流的幹部以為，此種風潮是軍隊內部亂脈之根源，必須統制內部之秩序，乃排除極端份子，用意於統制。相對於皇道派，這叫作統制派。這個派是軍幹部派的主流，原來軍部是繼承藩閥勢力的，對內外之政治策謀有興趣，其結果，欲建立以軍為中心的政權，實現軍之獨裁，以實行其革新政策，這可以從三月事件和十月事件可以看得出來。皇道派要從國粹復古思想方面主張革新，因此敵視共產黨，自認為反蘇。統制派，軍本來就喜歡政治謀略，乃埋頭熱中於對中國策謀。駐紮中國，學習中國話，與中國有關係的大多被為「支那通」，與蘇聯有關係的屬於所謂蘇聯派。

如此這般軍的內部，分成皇道派和統制派，更分成個人勢力，因軍人之短慮和實行力所害，加以利害和感情的衝突，互相鬥爭便更加嚴重。長官之統制無法徹底，下剋上之風氣日烈，完全失去國軍之實質。軍人和右翼浪人甚至擁護某一軍人皇族……？

這樣的軍部，在外面和右翼和左翼份子搞互相利用之關係，以進行國家之革新事業，因此非常混亂，成為無統制狀態。乘這樣的混亂，由內外擾亂日本的策動，完全得到成功。

犬養內閣

一、

若槻民政黨內閣，終於發生九一八事變之一九三一年年底倒台。此時還有自由民主主義時代的惰性，元老意圖以政黨內閣來救濟時局，令田中大將死後就任政友會總裁的犬養毅組織內閣。從外面進來不久就就任總裁的犬養，以政友會之當時的新勢力的森恪為書記官長來組閣，又為迎合陸軍部內之青年軍官之意，起用皇道派之首領的荒木（貞夫）將軍為陸軍大臣。外務大臣，以擔任中國公使多年，經驗豐富的女婿駐法國大使芳澤謙吉召回來。海軍大臣是大角（○）大將。

森恪為鬥士，在政友會內有相當的勢力。在田中內閣（鳩山一郎書記官長），他曾任外務次官，和軍部通聲氣，展開極端的對中國積極政策，這在前面已經說過的。森恪共鳴和助長陸海軍部之革新運動，具有實施獨裁政治之野心，擴大九一八事變，幻想在東亞建立日本之霸權。

政友會為了維持政權，往往被森恪牽著鼻子走，所以有許多人耽心把森恪書記官長置於中樞地位之犬養內閣，到底能採取怎麼樣的政策，尤其是中國問題之將來，備受內外之注目。

二、

犬養首相是孫中山的友人，對於中國革命相當理解。從其多年之閱歷，對於內外之形勢的判斷，不會太大錯誤才對。不特此，身為反藩閥的黨人，犬養毅對於軍部非常反感。他曾在國會，演講時曾抨擊軍部不遺餘力。對於中國政策，與前總裁田中大將完全不同其想法，這是為什麼西園寺公爵推薦他出任首相的主要原因。他很想早日解決九一八事變，恢復中日關係，欲奠定其基礎，不告訴森恪，暗中派萱野長知前往南京。所以對於當前之政策問題，與森恪等政友會之一批人和軍部，在政府內部，是水火不相容。

芳澤大使經由莫斯科，視察在漩渦中的滿洲，就任外務大臣。在滿洲，當時日軍之軍事行動已經結束，在商量在日軍佔領下要用什麼統治形態是當前的問題。在天津，已經令土肥原（賢二）著手溥儀工作，且已經得到溥儀之首肯，得到具體統治方案，板垣副參謀長帶著協議結果，帶回東京。政府當前的問題是，要如何統治滿洲問題，芳澤新外務大臣，天天和軍部協議。當然，政府不可能拒絕關東軍之意見。

一二八事變

一、

爆發九一八事變之後，中國本土之排日運動火上加油。為中國對外神經之中樞的上海，突然來了激烈的排日風潮，對於上海最大企業之日本紡織工廠，因共產黨之煽動發生了大規模的罷工。在一九二七年五月之共產國際執行委員會第八次大會，進行了中國問題之審議和決定，更於一九二八年七月在莫斯科舉行之共產國際第六次大會，宣稱資本主義之破產，中國共產黨全力，為排斥在中國之外國資本主義，甚至出於直接行動。這個排日運動，遠比從前帶有很濃厚的政治色彩，意圖擴大九一八事變，以誘導中日之擾亂。

駐屯上海之中國第十九路軍，是由有紅色軍閥之稱的蔡廷鍇所指揮，不大服從南京中央政府之威令，排日色彩極為濃厚的部隊。

上海之南京路事件亦即五卅事件以前，對於有共產色彩之排日罷工，在上海一直受苦受難的日本人，日益變成神經質。在滿洲之軍事行動之成功，令日本人之意見硬化，連從前具有穩健意見的大公司經理等，也和在上海土生土長的日僑同其意見，對於排日運動主張要採取斷然的態度，聽不進去為日本公使之著者的隱忍自重的意見。著者極力說服他們，不要陷於要誘發擾亂之謀略，但他們還是派代表到滿洲，等待芳澤新外相回國經過滿洲時，展開排斥著者之運動。另一方面，森恪內閣書記官長拼命公然發表多餘的強硬言論，給予犬養新內閣對於中國將採取什麼積極強硬政策的印象，由之中日關係全面陷於危機。

二、

因此著者對於犬養新內閣之政策開始不安，無法瞭解芳澤新外相之意向，乃報告詳細情形，提出個人意見，報請核准，回去東京。必要時準備辭職。這是芳澤外相上任一個星期，一九三二年一月上旬的事情。

新大臣忙於滿洲建國之當前問題，沒有工夫關心上海問題，與著者之見面，雖然著者之催促，一天延一天。著者對於當局，強調上海形勢之重大和險惡，為避免內外之誤解，必須一新政府之態度，建議日本政府公開聲明公正之方針，但政府沒有全面處理和因應整個中國的工夫，忙於協議有關滿洲建國的問題。

日本陸軍在中國北方出於強硬手段時候，有如在比賽，在上海之日本海軍的態度便會硬化。上海之海軍也有血盟團份子。因此上海之情勢，日益惡化。上海之海軍陸戰隊指揮官，為著要打擊被視為禍源之北停車場附近的排日本部，建議海軍省偷襲在中國區域之該本部，強迫關閉其本部。得知海軍中央當局將予以同意的著者，深感其輕率和不妥。如果出於此種手段，不僅將立刻給予排日份子最好不過的口實，必將引起中日兩軍之衝突。要以七、八百名之海軍陸戰，如何處置其可能發生的局面，我真是百思不得其解。最後，海軍當局終於沒有出於這樣的措施。

由於上海情勢開始緊張，著者馬上能夠和芳澤新大臣見面。新大臣由於谷（正之）亞細亞局長之報告，已經十分清楚情況。對於著者所說之意見，他表示全部贊成，並對著者說，希望著者立刻回去任所，盡力在上海設法，不要發生意外事件。對於著者希望新內閣聲明對中國政策，一掃內外之誤解之提案，他說現在非其時機，沒有接受。對於新內閣之一般的誤解，即政友會內閣是不是又回到田中內閣之積極政策這樣的誤解，雖然決定了著者之回任，還是沒有結論。著者遂告別東京，回去上海。

上海之氣氛，在著者不在期間，迅速惡化。口唱佛經打著鑼鼓，欲走過排日大本營之街道的日蓮宗和尚，遭受中國暴民打倒，流浪上海的日浪人，抓著日本刀趕往助陣。這一種騷擾，愈來愈多。與排日運動之激烈化之同時，日本人的態度也就愈來愈強硬。

三、

著者搭乘最快的長崎丸從神戶回去任所。當時，中日之間的還沒有航空路線。報紙和電台都在報導上海情勢之惡化。著者一行從長崎港出發時，已經聽到在上海中日兩軍衝突的消息。

到達上海時，其情況非常淒慘。上海一帶，以排日運動非常激烈，治安隨時將陷於混亂，所以列國之駐上海軍隊，都根據協議所決定配置在其責任地區，日本陸戰隊也依此採取行動。此時日本陸戰隊和中國軍發生衝突，進入戰爭狀態，時為一九三二年一月二十八日，日本人稱為第一次上海事變，中國人叫作一二八事變。

發生戰爭之後，日本海軍，加上來自碇泊軍艦之救援部隊，大約一千人，是綁著白色綁腿的海軍陸戰隊。與依靠德國顧問之指導所作堅固的塹壕陣地且擁有列車炮的第十九路軍的戰爭，根本無法打。日本陸戰隊雖然善戰，但如果這樣下去，只有全軍覆滅，三萬的日僑以及日本人之設施必將遭受中國軍之蹂躪。日僑爭先恐後地擠往碼頭想搭船逃生。中國人拉著滿載家檔的車子，為避難共同租界，擠集在日本領事館（公使辦公室）附近之外白渡橋，成為一團。陸戰隊之防衛線面臨危機，游擊隊出沒於日本軍的背後。

具有防衛上海之日本人和日本權益之任務的海軍，如果沒有陸軍的派遣是無法完成其任務的，因此著者問了雙方意見之後，為防止僑民之全部犧牲，建議政府趕緊派遣軍隊。

因為爆發一二八事變，中國政府以日本為侵略者告到國際聯盟。當時在日內瓦正在召開國際聯盟理事會，立刻討論這個問題。日本在九一八事變以後，在國際上立於非常不利的地位，因爆發一二八事變，情況更加困難，於是著者無法使手無寸鐵的幾萬日本人之上億的權益，被排日軍隊消失殆盡。在上海，日本當然擁有防衛條約上之權益。軍部因在上海之海軍機關之直接請求，決定增派軍隊。

四、

海軍編成第三艦隊，以野村（吉三郎）海軍中將為司令長官，用軍艦載九州久留米下元混成（第二十四）旅團約一萬人急派上海，陸軍又動員第九師團，令植田（謙吉）中將率領前往上海，以統率在上海的陸軍全部部隊。

為拯救上海之大變化，以為增援擁有優秀的裝備的砲兵隊的一個師團多增援部隊就夠了，可是還是不能從上海地區驅逐第十九路軍，日軍展開在大場鎮以北苦戰。於是又決定任命白川（義則）大將為總司令官，增援三個師團。白川大將於三月初到達，終於把中國軍驅逐上海附近。著者以為日單既然驅逐中國軍，恢復了上海的治安，乃決心要立刻停戰，遂前往司令部說服白川大將。為說服軍司令官，使其發出停戰命令，我花了半天以上工夫。與著者同行的松岡洋右，也參加了這個會談。白川大將發出的停戰命令，有助於防止一二八事變之國際化。國際聯盟大會召開於三月三日，因為上海已經停戰，所以非常安靜。

國際都市上海，因其防衛由有關列國駐屯軍共同負責，所以對於上海之維持治安，列國實具有共同的利益。日本與中國之停戰交涉，依有關列國英美法義四國公使斡旋之形式，在中日之間舉行。中國方面，汪精衛繼顧維鈞之後出任外交部長，任命郭泰琪外交部次長為全權代表。日本以既然是停戰協定，依統帥權問題之軍的主張，任命植田師團長為首席全權代表，日本公使之著者為副代表。可是各國代表自不在話下，中國方面主張只能以日本公使為對手，因此事實上，一切交涉不得不由著者一個人擔任。

發生一二八事變，日本政府好像非常憂慮的樣子，犬養首相和芳澤外相，派政友會眾議員松岡洋右為個人代表前往上海。松岡君對於著者之工作，全面理解和援助。停戰協定之成立，除野村海軍司令官之理解和支持以外，松岡君之援助最多，特記於此。

停戰協定既然成立，上海之氣氛也恢復平常的四月二十九日之天長節（昭和天皇生日），在白川大將閱兵典禮下舉行。下來僑民在上海新公園舉行天長節儀式，軍隊、學校及僑胞以及許多外賓參加。在這典禮上，朝鮮左翼獨立黨金九派之尹奉吉投擲炸彈，把上海之日方全部幹部打倒，河端民團長和白川大將後來死亡。野村司令官和村井總領事、植田師團長和民團書記長都受了重傷。在場之在領事館工作的一個少女失去一隻眼。著者也受了致命的重傷。

著者不屈不撓，從醫院作了最後的交涉，於五月五日成立停戰協定。

交涉停戰協定的地方，是英國總領事館之各國公使出席的會議，撰寫協定文，需要簽名的文件，派遣日方立刻由岡崎（勝男）書記官，布拉克曼英國書記官和張似旭中國書記官，送來福民醫院之著者病床。在危險狀態的著者，在痛苦之中勉強簽完字，在場的張似旭對著者表示，「中日本來就應該親善的，希望這個文件成為將來中日親善之開端」。當時著者之生命能不能保存，大家都在存疑。據說，中國書記官回去會議場所之後，很感動地介紹了著者的話。我簽名之後，遂被送往手術臺，割掉了一條腿。

因上海已經恢復了治安，故日本陸戰隊全部撤退，一切回復常態。

暗殺老宰相

一、

犬養首相，反其素志，既不能抑制軍部解決滿洲問題，也阻止不了有關建設滿洲國之關東軍的作為。軍隊之欲建設滿洲國的方針，在內閣也不能不予承認。爾後，滿洲問題離開了外務省的管理，創設對滿事務局（總裁為陸軍大臣），事實上在軍部管理之下。

一二八事變結束之後，不必要的軍隊轉用於滿洲，使用於確立滿洲之治安。錦州問題已經解決，滿洲國以山海關為起點，以長城為國界，領域內之不隱份子，全部掃除而光。當時，對於要不要把熱河省包括在滿洲國的問題，因其位於長城北方，希望將其放在滿洲國，遂以軍事行動掃蕩了在熱河的湯玉麟軍隊。

二、

犬養內閣和若槻內閣一樣，不可能正面反對軍部之佔領滿洲的政策。不特此，森恪內閣書記官長等政友會的一夥，正在和陸海軍之極端派通款而行動。另一方面，犬養首相本身的想法，和軍部之政策實南轅北轍。犬養是純粹的黨人，早在青年軍官的黑名單裡頭的一個人。海軍中尉所率領的若干名血盟團團員，於五月十五日，闖進首相官邸，把老宰相拉到日式客廳。

首相對於拿著手槍的青年軍官說：「聽我說說吧」，但這個軍官卻命令說「問答無用」，「射擊」，遂對犬養射擊。

老宰相流血倒在塌塌米上。最早的政黨內閣首相，政友會總裁原敬（一九二一年十一月），民政黨內閣之濱口（雄幸）首相（一九三一年四月），皆被右翼份子暗殺，給予日本德謨克拉西致命的打擊，最後的政黨內閣之犬養宰相，死得最慘。

與老宰相同時，政友會內閣也壽終正寢。森恪以後病死。

暗殺犬養首相之血盟團團員，因商量有所差錯，陸軍軍人參加者不多，主要由海軍軍人實行。其主謀者的海軍軍官，在軍法會議被判監禁五年，爾後又縮短期其刑期，不久就出獄，又獲得重用。

這是當時日本政府對於在官邸殺死最高首腦之現役軍人的制裁。

血盟團以直接行動暗殺犬養首相，使日本之政黨政治壽終正寢。以恐怖手段，打擊反對軍之勢力的政黨和政黨政治家，以搞垮國內外之國政的防堤。至此，對於軍部的行動，已經沒正面阻止的力量。

但是，上層者自不必說，但有許多有識之士認為，即使無法阻止軍之行動，但很想緩和它，以避免大局之破產。元老曾考慮要以海軍之力量來壓住陸軍，或欲以外交之力量來回復軍之節度。亦即欲以國內政治力量，使其互相操縱和牽制，以防止極端政治之出現。但以這樣姑息的手段，不僅無法挽回大勢，而且一旦堤防崩塌之後，有如洪水的灘勢，更加其增加其速度。特別是，對外政策之崩潰，一連串地產生破壞工作，不知其停止。

九一八事變當時，幣原外務大臣打電話給金谷（範三）參謀總長談要緊事，使中堅軍官覺得這樣被外相用電話叫出來談話的參謀總長「不夠格」，陸軍遂策動閑院宮（載仁）元帥出任參謀總長。抬出皇族作為傀儡，這樣中堅軍官可以愛怎麼幹就怎麼幹，以操縱陸軍，利用皇族之威力，來威壓政府和一般人。這個企圖，和神格化天皇是同出一轍。海軍也學陸軍，扛出伏見宮（博恭）為軍令部總長。如此這般，事實上在操縱統帥部的中堅軍官，對於內閣更能夠發揮其威力。

三、

明治維新是，日本受世界潮流之洗禮而發生的，其當事人是以德川時代傍系勢力為中心。其結果，明治時代成為由打倒幕府之薩摩（鹿兒島縣）和長州（山口縣）主導的「薩長政治」。而反抗其勢力的所謂政黨勢力，起初是對抗薩長勢力的形態。後來逐漸與民權自由思想之普及，發達變成主義主張之政黨。其長足之進步是與繼承藩閥勢力之軍部勢力，成立與其對立之政黨的結果，是即日本近代政黨之出現，乃是第一次世界大戰以後的事。

日本也順著世界大勢，發達以國民作為基礎的政治機構，但自然而然地也產生了激烈的反對運動。自由主義者與反動搏鬥，政黨與軍閥拼命。可是他們的鬥爭，因為其本身的無力或過失，加上一般民眾之欠缺政治訓練，以及反動勢力之野蠻的直接行動，一敗塗地。其最後的一幕是暗殺犬養首相。這意味著日本政黨政治的結束。

第二編　二・二六叛亂（齋藤、岡田海軍內閣）藤海軍內閣

一、

犬養政友會總裁之暗殺，說明軍之革新份子以政黨為敵人，要以直接行動來暗殺妨害其革新的一切人物。如果政黨組織單獨內閣，將發生一連串的暗殺。面對這一種形勢的元老等上層，非常苦惱和用心於選擇新內閣的組織人選。

此時此刻，有人認為不如令軍本身來組織政府，但有的人卻認為這樣將肯定直接行動。最後為減少摩擦，遂起用同樣為軍部的海軍出身，具有穩健意見之海軍最前輩的齋藤實前朝鮮總督。這同時也是要因應海軍之裁軍問題的措施。亦即齋藤內閣的任務是，對於以後的滿洲問題，牽制陸軍，對於裁軍問題來因應海軍的極端派，誘導政治回到中庸和中道。陸軍大臣荒木大將留任，海軍大臣由岡田（啟介）大將換成大角（岑生）大將，外務大臣強制滿鐵總裁內田康哉伯爵接任。政友、民政兩黨之高橋（是清）、山本（達雄）兩位長者也入閣，以舉國一致之態勢，以迎接國家之危機。

因為滿洲問題日本在國際上受到非難之眾箭之的時，國內受到殺氣騰騰之直接行動的威脅，對於因軍部所煽動國家危機之宣傳而神經質的國民，要其安定而保持中庸是很困難的。在國民很少經過政治訓練的國家，輿論的力量非常薄弱，只會追隨強者，不大接受有識之士的意見。

二、

齋藤新首相不是積極的人，是一切被動的。關東軍和軍部，在忙於建設滿洲國，因政府出於放任政策，軍部方面得到小康。政府把滿洲問題當作無關自己的事，但來自滿洲問題的責任問題卻不是別人的事，軍部的行動就是日本的行動，日本政府必須負起責任來處理。根據明治憲法的規定，首相和閣員都是天皇的直屬輔弼之臣，首相之地方只是在統轄內閣而已，故一旦國家面臨非常時的時候，對於面臨整個國家的全部政治，要負起全部責任，強力運用時，這個組織是不適合的。何況已經離開首相之手的軍部之建設滿洲國，即使在國際大局上有必要，也無法予以掣肘。

國際聯盟派來的「李頓」調查委員會，長期地調查當地，也來過日本，撰寫了很詳細的報告書。在這期間，在現地，關東軍很迅速地進行了滿洲國之建設。由板垣、土肥原一手導演，把溥儀從天津帶出來，令其以執政名義就任元首地位（一九三二年三月一日）。於是誕生了滿洲國。下來的問題是滿洲國的承認問題。當然，軍部希望給予承認。但承認可能討論「李頓」報告，將可能陷日本於困難地位，其可否，曾由朝野議論。由於內田外相是爆發九一八事變當時的滿鐵總裁，在當地目睹和知道九一八事變之真象，認為予以承認，使當地之事態安定，讓軍專心於建設滿洲國之大事業為上策。於是外務省乃依英國承認「伊拉克」之前例，準備並簽訂日滿議定書，日本正式承認滿洲國（一九二年八月十五日）。由此日本對於九一八事變之態度決定了。國際聯盟討論「李頓」報告，在大會將議論要不要承認日本為侵略國家這個結論。日本政府派松岡洋右為代表出席這個大會，松岡代表以英語發表演說。但當時已經預定決定要把日本當作侵略國家。決議通過，松岡代表終於告別與聯盟之合作，退出議場（一九三三年一月）。日本政府於三月二十七日，正式通告脫離國際聯盟。至此，日本毅然決然以獨力建設滿洲國，決心在國際合作之外，開拓自己國家之將來。因為這是九一八事變以後，日本政府所採取最重要的措施，故特別發布詔敕，指出日本國步之維艱，文武各恪遵其職域，不可侵犯，且為收拾九一八事變，宣布因應脫離聯盟以後之內外政策的基本。其目的在於指出日本之國際關係之艱難，促使軍部之反省，往收拾九一八事變，期待全國國民之全心努力。

無需說，為使充滿自負心之孤立主義成功，需要國民之絕對正義感和為政者之周到的經綸是不待煩言的。這是為什麼脫離國際聯盟時發出詔敕的主要原因。可是沒有統制和傲慢的軍部之態度，不但毫不合乎這個詔敕之旨趣，而且欠缺國民的能耐和訓練，更沒有充滿自信的政府之指導和經綸。內田外相在中途因為生病辭職，由莫斯科回國中的廣田（弘毅）接任外相。著者留任次官（外交部常務次長）。

三、

可是在以無為自豪出發之齋藤內閣背後的軍部又其手下的所謂革新份子卻絕不是無為。關東軍在迅速進行滿洲國之建國工作，國內革新份子之活動日益活潑，左翼之潛行運動和共產黨之地下運動也顯然，甚至有的法官被赤化。發生被稱為司法法西斯的帝人事件，齋藤內閣陷於束手無策。司法法西斯之有力份子的檢察官站在前頭，檢舉狗屎的帝人事件之行賄問題，逮捕了大藏省（財政部）的黑田（英雄）次官以下好幾個上層官員以及前大臣等被逮捕，大事宣傳官界政界之腐敗，天天為報紙所報導。日後發現這是一個政治謀略，政府終於因此垮台，促成了倫敦海軍條約之成立。齋藤首相推薦岡田（啟介）海軍大將，成立了岡田內閣。帝人事件之被告，經過幾年裁判之後，全部被判無罪。

岡田海軍大將之新內閣，雖然只是齋藤內閣之延長，但與時局之進展，其使命卻愈來愈重要和困難。廣田弘毅留任外相，陸相係繼承荒木大將之林銑十郎大將留任。海軍同樣為大角大將。

岡田內閣，在其性質上為旁觀的消極主義這一點，與齋藤很類似，齋藤、岡田兩個內閣之三年的種種，成為使九一八事變發展為下一個階段的重要原因。第一是海軍裁軍問題之失敗，第二為開始著手華北工作和中日邦交之惡化，第三是國內衝突之嚴重化。

海軍裁軍問題之失敗

一、

在華盛頓會議（一九二一～二二年），主要海軍國家之英國、美國和日本的海軍主力艦之比率定為五．五．三，這成為太平洋、東亞以及中國之國際全局的背景。依這個海上國防比率，各國建立了安心感，在政治上和經濟上才能夠互相交易和合作。也就是說，海軍比率是很大的政治問題。即使不規定比率，由於於國力的差異，海軍勢力當然會有這樣的差異，而當時之國際情勢，因為把裁軍當作重點，一定要在國際上定一個比率，致使給予日本海軍不必要之刺激。

日本之海軍專家，對於這個比率之設定非常不滿。第一，不滿比其他國家的比率低；第二，對於有移動性之海軍給予這樣的差等，意味著絕對的劣勢，沒有補充的辦法；第三，這一種比率的約定，不但是侵害統帥權，而且是侵犯日本的主權。他們拘泥於形式上的比率，沒有注意到為武力之基礎的有無資源，經濟力之優劣，亦即沒有注意到國力。眼看在滿洲問題很神氣的陸軍，海軍遂眼紅起來，其態度愈來愈極端。海軍和陸軍，需要為自己作決定，為擴張自己軍備，有如賽馬之馬直奔。這意味著陸海軍部之在政治舞台之競爭。華盛頓會議時，海軍之專門委員的加藤寬治中將（後來大將），極力反對設定這樣的比率。爾後他出任聯合艦隊司令長官和軍令部總長等統帥系統的主要地位，一直反對海軍之裁軍，推進統帥權獨立之觀念，主張沒有獲得統帥部之同意的裁軍是違憲。後來繼承加藤的人，是統帥系統的末次（〇）大將。

與海軍省軍政系統首腦對立的加藤、末次兩大將所代表的所謂艦隊派的意見，逐漸風靡海軍隊內部。艦隊派之極端論和軍政派之穩健論，演變成感情上的對立，但在要擴張海軍這一點，在實質上是沒有什麼差別的。但對於規定補助艦之比率的倫敦條約（一九三〇年四月）的批准，為統帥權問題掀起解釋憲法的議論，終於政治上的重大問題。

二、

海軍方面之宣傳運動非常激烈。起初，陸軍的勢力，集合支持反對政黨之國粹派全部支持海軍，以政府之伊東巳代治、金子堅太郎為中心的一派，也和海軍極端派站在一起。他們支持統帥權是獨立的此種憲法上的解釋，其態度是躊躇沒有經過海軍軍令部同意之條約的批准。他們忘記了統帥大權和政治大權皆歸於天皇這一件事。濱口首相和幣原外相指出，倫敦條約之簽訂是與軍令部協議的，關於非軍之統帥之決定兵力（憲第十條）是政府的責任，故極力主張予以批准，可是統帥權獨立之理論，不承認政府的主張。條約，經過史無前例的抗爭之後在樞密院通過了，可是政府因與統帥部之爭而遭受到無法恢復的創傷。條約之批准問題，完全政治問題化，反對批准的議論，在國內一般化和普遍化，嚮應統帥化獨立論的國粹主義者，全心全叏毫不客氣地煽動日本人的感傷論。

濱口首相在這氣氛中終於被暗殺（一九三一年四月），若槻禮次郎男爵繼承他，這是軍部軍事政變計劃之三月事件之後，九一八事變之前的事。從此以後，陸海軍皆對現狀不滿，成為勃發一連串事件的形勢。軍部依據統帥權獨立之理論，無視政府之行動。

三、

根據華盛頓會議（一九二二年）和倫敦（一九三〇年）之之裁軍條約，一九三五年又在倫敦召開裁軍會議，全盤討論海軍的問題。這是岡田內閣面臨的難題。

在海軍隊內部，倫敦條約批准之後，受九一八事變之刺激，艦隊派之強硬論日益得勢，海軍之柔軟論由之消聲匿跡。他們要求全面廢除海軍裁軍條約之束縛。達到這樣結論的海軍，不分左或右團結一致以推動國論。一九三六、七年之危機的宣傳，預料全部海軍條約之廢棄，同時開始了以其廢除為目的的海軍的運動。在岡田內閣，政友會有床次竹二郎、山崎達之輔、內田信也諸氏入閣，這是以個人身分，脫黨參加的。在鈴木（〇）總裁之下的政友會，畢竟是在野黨，作為政府反對黨，迎合與論，與軍部一起煽動極端論，所以一般政情日益惡化。一九三六、七年之危機的宣傳，成為抨擊美濃部（達吉）博士一天皇機關說的運動，意想天開的國體明徵論，厚顏無恥地公然橫行於政界，無力的政府，被其推趕，不得不再三發表反論理的國體明徵聲明。希望廢除有關海軍軍備之華盛頓全部條約的海軍，和主張要維持華盛頓體制的外務省尖銳對立，但岡田內閣壓制外務省之主張，於一九三四年十二月，正式通告廢除華盛頓海軍筆備條約。在倫敦之預備會議（日本代表為山本五十六），毫無所得，現在又通告要廢除華盛頓條約的日本政府的強硬態度的情形下，日本於一九三五年派代表團參加倫敦的大會。在倫敦的會議（全權為永野〈修身〉海軍大將和永井〈〇〉大使），日本提案各國設共同平等之造艦限制（common upper limit），在這個範圍之內，准許各國自由建艦。因英美不同意，故日本全權代表脫離了會議。因此不可能成立拘束日本之新的海軍條約，而且日本已經通告廢除華盛頓條約，故完全脫離了全部海軍裁軍條約的束縛。

前面我們說過，廢除海軍裁軍條約，不僅是建造軍艦的專業性問題，而且是有關國家的基本政策的問題。發生滿洲問題之後，全盤廢棄裁軍條約，是根本動搖日本在國際上之地位的大問題，必須慎重面對才行。雖然如此，岡田內閣既未能壓住海軍之主張，也沒有問問國論其是非，只是為避免國內之波瀾，扮演了海軍之代辯人的角色而已。日本前此為滿洲問題脫離了國際聯盟，現在又廢除為華盛頓會議之基礎的裁軍條約。日本撤除了國際上之最後的後盾。至此，日本在國際上不受任何拘束，立於獨步之地位，但這意味著日本在國際上之孤立，列國全部在外交上是日本的敵人。孤立產生不安，不安會帶來自卑感和焦躁感，於是大事流傳日本之危機說，由之更要大聲疾呼軍國主義。軍國主義者為因應日本之危機，要增加軍備和組織國民。已經完全沒有人拘束陸海軍備，恢復了主權，為充實軍備和實施總動員，都沒有什麼障礙了礙了。如此這般，陸海軍部，齊頭往建設國防國家之大道邁進。

廢除裁軍條約，對於中國問題具有直接的政治影響。廢除裁軍條約意味著破壞華盛頓會議體制，由之產生無視沒有廢除之規定的有關中國的九國公約，或有關中國之決議的潮流，陸軍之在中國大陸的行動，都不受任何拘束。其直接的影響，表現於在華北之日軍的行動。列國眼盯著這樣的潮流和氣氛。海軍是國防之兩翼，同時又是陸軍之激烈的競爭者，其競爭不只是預算的分配問題，在政治領域上，以及決定內外之政策的內容上，都經常主張平等和均衡。它的意思是說，陸海軍之勢力之爭不受國際上之約束，在國內也沒有任何限制，也就是說，陸海軍之勢力在對內外的政治上的行動變成毫無限制。

此時，軍部大事倡議對於九一八事變之論功行賞，政府也沒有意思予以反對，終於實現了。岡田內閣公然大量地對於違反敕命，反抗政府之方針，謀略地所幹九一八事變之國家的行賞，一切完了。其結果是，想立功得到恩賞，最好的辦法是搞第二個、第三個九一八事變。國民在另眼相看他們無法接受之對於有關九一八事變之功勞者的授爵敘勳的作法。

滿洲國與關東軍

一、

本來，九一八事變是，相當採用了與日本革新論同根的大川周明博士等滿鐵調查部之理想論。

所謂五族共和，王道樂土，反對財閥之左傾右傾之革新精神，被關東軍之幕僚所唱導和實行的。學習「納粹」，以組織一黨一國為目標的協和會。同時成立日滿經濟合作之協定，後來創設以日產汽車公司為中心之滿洲重工業會社（公司），與滿鐵同時經營滿洲之經濟。

關東軍之頭腦，起初是滿鐵的調查部，成立於後藤（新平）首任滿鐵總裁時代的這個調查部，在大連和東京擁有很大規模的機構，在從事政治經濟各方面之調查和設計，大川博士長期指導調查部。關東軍之幕僚，曾經濟利用這個調查機關作了國內外之廣泛而詳細的革新計劃。這是革新的藍本。軍部革新計劃者之間有所謂「秘傳的兵書」。鑑於製作者之性質，其內容被極端擴大，為被理想化之納粹，對內以實行純然的全體主義革新為目的，對外夢想極端的膨脹政策。這個秘傳之兵書的真正內容，只有幾個中心人物（中堅軍官）知道，依秘密聯絡，在政府及其他機關在自己主管內實行，綜合之後來實現國家改造，以達到革新之目的，目的之實行，使用左翼之戰術。關東軍是九一八事變之直接的爆發點，也是日本改造運動之震源地。

二、

佔領滿洲，建設滿洲國，共同負責防衛的日本軍部，眼看西方時，才知道其責任之重大而非常驚訝。

張學良之戰敗軍，蜷居以北京為中心的華北一帶，不僅在策謀要恢復滿洲，而且自一九二八年（十月一日開始實施）以來，以五年計劃，迅速增強其武力的蘇聯，由三個方面在包圍滿洲。他們與有共產黨員混入之中國軍隊通聲氣合作，將威脅滿洲國是時間的問題。中國共產黨更以江西之瑞金的蘇維埃地區為中心，又在其西征之後，以延安為中心逐漸成為相當大的勢力。面對這樣東亞新情勢的關東軍，必須趕緊研究對策。為著完成這樣的重大任務，以對於關東軍不是那麼協力，對於大陸使命沒有自覺之現在的日本政府是沒有存在的必要。必須根本革新國家政治，建立能夠完成大陸之新使命的國體制的國防國家，這樣的想法成為軍部的主流。這又鼓動國論，於是日本的言論又毫無責任地刺激外國。

蘇聯非常關心日本之經營滿洲國，對於對蘇強硬論者之積極言論，非常神經質，預測日本將以滿洲為基地，侵入沿海州及西伯利亞，因而在迅速建構防禦設施。第二次五年計劃的重點，擺在遠東的工業化，移民的定居等，特別是以軍事產業為中心，在西伯利亞各地搞工業，完成鐵路之複線工程，環繞滿洲國在建造軍事基地。考慮萬一日軍入侵時，將利用猶太人在世界輿論之勢力，在遠東蘇聯之軍事中心點哈巴羅夫斯克附近，創設了所謂比羅比將猶太國（一九三四年五月七日）。為了對抗日滿議定書之共同防衛，蘇聯更與外蒙古締結共同防衛協約，以外蒙古作為對抗滿洲國之軍爭基地（一九三六年三月十二日，在烏蘭巴特簽訂了蘇蒙互助條約）。在此之前，蘇聯也曾經對中國提議擬締結同樣的同盟條約（一九三五年七月），但中國沒有同意。如此這般，蘇聯在五年計劃（第一次為一九二八年）之後，又搞第二次（一九三三年）五年計劃，對於東方之軍事設施有很大的擴充，滿洲國在陸上幾乎全部被蘇聯所包圍。又蘇聯於一九三四年已經加入國際聯盟（一九三五年和法國簽訂互助條約），以開始排擊日德之國際戰線。在中國，共產黨所指導之反帝國主義運動，日益激烈，共產國際之對東方半殖民地之民族主義運動，逐漸成功。共產國際於一九三五年之第七次大會，通過為保衛蘇聯採用反法西斯人民戰線戰術，策動連攜民主主義各國，以德國和日本作為共產黨的敵人。至此，反德日之鬥爭成為世界共產黨組織之活動，中國共產黨公然對於日軍表示敵意。這樣，蘇聯之對德日之共產戰術，自一九三五年以來，一步一步地附諸實施。

關東軍趕緊建設滿洲國，為著達成其在中國大陸之新的事實上的責任，快速進行了許多準備，但蘇聯之準備更加快速，超過日本。雖然如此，醉心於九一八事變之一時之成功的關東軍，誤認為它所向無敵，無事不成，為功名心所驅，受到左右混合之革新論之煽動，不慎重考慮國家之大局，亂幹一場。來自國防上之責任的不安，以及因為反動思想的傲慢，這些混合在一起，一個一個以直接行動來實施，真是是可悲的事情。這在當時，是替國際共產提供攪亂敵人內部最好不過的特洛伊木馬戰術。在中國和日本之左爾格、尾崎（秀實）間諜活動，在九一八事變以前之一九二八、二九年已經開始了。

三、

關東軍對於滿洲國最關心的是國防，亦即與中國之國界的華北和內蒙古地區。顯而易見，蜷居在華北之張學良軍是，擾亂滿洲國之治安的原動力，如果蘇聯之勢力透過外蒙古，利用中國共產黨軍之勢力，進出華北的話，滿洲國不但將完全被蘇聯所包圍，中國將在蘇聯勢力影響之下。因此，關東軍非常重視華北和內蒙的問題。為著要使這個地區變成對滿洲國毫無敵意的地方，關東軍與建設滿洲國之同時，遂展開華北和內蒙古的工作。

關東軍之對華北問題開始有興趣，不僅是軍事問題，也來自著重國防國家之建設這樣的觀點。為對抗封鎖經濟這樣的世界風潮，為著實現國防資源之自給自足，對於只是滿洲夠不夠的關東軍的提問，滿鐵調查部之宮崎報告說不夠，必須開發有華北之資源才行。軍隊之首腦而在埋頭於要建設國防國家的他們採用了這個意見。

原來，九一八事變以後的內閣，都採取不要把九一八事變擴大到滿洲以外的方針，滿洲國之建設，嚴格規定於長城以北。可是關東軍卻不管政府之方針，在不知不覺中把活動擴大到華北和內蒙古去了。

在齋藤、岡田內閣時代，軍部違反政府之意向，在華北和內蒙古所實行的所謂工作，實將九一八事變擴張到中日事變（盧溝橋事變）。

廣田三原則

一、

九一八事變之爆發，震撼全世界，也震驚了日本人。日本國民都耽心不知道日本將會變成怎麼樣。政府之力量不及軍部，事變之直接製作者的關東軍幕僚，依照其既定計劃邁進。本庄（繁）關東軍司令官，默默追隨事變之進展。

日本政府對外，對於關東軍之行動，無論如何不能不負全部的責任。政府外表示，關東軍之措施是當然的自衛行為，而且保證其行動將為最小限度。但事態已經是對於內外的革命，關東軍實有如脫韁之馬，亂跑亂撞，事變一路擴大下去。國際聯盟終於認定日本是侵略國家，於是日本脫離國際聯盟（一九三三年三月），走自己的路，選擇建設滿洲國。堅持主張，以世界為對手，不屈服的態度，如果也有節度，那算是大丈夫。原來九一八事變是中方之極端的排日運動是原因，國際聯盟和外國都不得不承認日本的說詞相當有其道理。在國際聯盟一再舉行會議的期間，堂堂滿洲國誕生了。如果日本的行動限定於滿洲，列國之默認是不無可能的。尤其是在把持東亞和國際聯盟之英國，當時還有擁有英日同盟時代之感情的有力人士，在保守黨方面不少，又有想阻止中國問題之破裂的人士，不只在日本，英國方面也不少。英國在李頓委員會的調查之後，私下，派遣有力的班比使節團到日本來。為救濟中國財政，英國政府派遣知名的財政部專家李斯・羅斯時，他先訪問了日本，與日本當局協議，希望日本也能夠有所協助。

中國眼看日本的毅然態度，非常驚訝。相反於列國所預言，日本之冒險將導致其國家之破產，日本卻表現了愈來愈強的潛力。革命的中國，開始研究具有這個威力的日本，覺得應該學習日本。這個想法，與甲午中日戰爭後中國有識之士的心理類似。因此，由中國陸陸續續來了許多多許留學生和見習者，政治家、外交家之訪問日本者也突然增加。

如果能夠把握這個機運，中日關係或許能夠轉禍為福也說不定。可是為此日本必須忍耐、寬大和統制。必須有大智之運用。

外交當局之外務省，很想立刻助長乘這個機運，來解決滿洲問題。為此必須先打好它的基礎。

第一，日本應該按照脫離國際聯盟當時之方針，排除對滿洲以外之中國本土的積極行動，以表示沒有任何野心，並特別留意美國所倡議之開放門戶政策。第二，希望列國不要不負責任地煽動中國之排日，給予中國以武器或財政上援助，使中日間之鬥爭激烈化。第三，中日兩國要自覺同樣面臨以攪亂為目的之共產黨的共同災禍。這是當時日本外務省的大體方針。日本要慎重行動，不希望受到列國之非難，日本在東亞之安定勢力的當然地位，希望列國能夠理解。滿洲本來是中國之邊彊殖民地，一向為半獨立狀態，未曾為中國之完全的一部分。這個問題在巴黎會議，以及華盛頓會議，都以「中國是什麼」這樣的形式提出過的問題。但中國一定很難馬上承認滿洲國，於是日本便要觀察建國之演變，要中國承認滿洲國，將來再說，因為滿洲國是以中國人為主體的，中國不採取使中國和滿洲之關係惡化的政策，盡量調和其關係，讓其自然發展，由時間來解決。為表示日本對於中國本土沒有任何野心，對於中國之要求，都以寬大為懷的態度來回應，要設法解決滿洲問題這一種以往的想法，這個時候也很強。

這個政策進行得非常順利，列國之諒解也逐漸在增加，內外之輿論也很歡迎這樣的趨向。可是當時（一九三三年四月之列強，除日本外，都在給予中國軍事貸款，提供武器，派遣軍事代表團或教官（主要是德國），建設機場等等，煽惑反日抗日運動，由之中日關係遭到破壞，東亞之和平有被擾亂之虞。因而於一九三四年四月，天羽（英二）情報部長在日本記者定期會見席上，對於詢問就政府之方針作了說明。四月十七日報紙將其刊登為當局之非正式談話，海外則故意或非故意地予以擴大誤報，作為所謂「天羽聲明」之惡意宣傳。這與前述方針之第二點有關連，其旨趣不是，（日本）完全無視九國公約，要從中國把外國趕出去的問題，而是以說明日本在中國之重大立場，阻止因為外國態度使中國之情況惡化為主旨。

總而言之，上述之方針是，表示日本在中國大陸之正當地位，對於滿洲問題，要調和中日兩國以及列國之利害和感情，根本解決問題，這後來在國會，成為廣田三原則。依實現這個方針，在逐漸良好的氣氛中，日本和中國之間，加上代表外面利益的英國，進行交涉，意圖有如解決前述一二八事變那樣的情況。

中國問題之解決，只有得到英國之理解，由其斡旋才有可能，這無論在理論上和經驗上都試驗過的。除英國（其背後有美國）以外，不可能再有其他的角色。如果能將前述之方針作為統一的外交政策，日本政府將其確實實施的話，隨時間之經過，著者相信，滿洲問題一定會有有利的解決。著者後來赴任駐英國大使時，更加這樣相信。戰後在遠東國際軍事法庭，中國檢察官認為，日本如果繼續這樣的政策下去，中日關係或許能夠全面改善，為阻止它，軍部陰謀搞了二・二六叛亂。這個結論是否恰當暫且不談，這個政策因為遭受到當時之軍部的事實上反抗而沒有成功。政府的作為是多一事不如少一事，得過且過，混日子。軍部全面排除與英美之妥協。除滿洲之外，排除與英美之妥協，更極力反對日本在滿洲以外，對於中國本土保證沒有任何野心的政策。

三、

如前面所說，當時，內閣對軍部之政治力量，不但很小，而且岡田內閣在埋頭於處理海軍裁軍的問題。對於滿洲問題和中日之一般問題讓其自然發展，不制止陸軍之行動，完全沒有予以指導之意向。不但如此，因通告廢除海軍條約，破壞了華盛頓體制之基礎，讓軍部對中國為所欲為，在大局上是非常不應該的事。

關東軍所推動之軍的華北工作，與政府的外交方針完全沒有關係，而且予以無視，在暗中進行，外交當局和政府，完全不知道他們在搞什麼鬼。外務省所作前述之大局的外交方針，軍中央表面上贊成，但在實行的時候，在中央和當地之軍方機關，都頑強的反抗。外務省按照政府所作之決定，對於將中國公使提昇為大使，加強其地位，以實行新的政策時，軍部以外務省要提昇大使一事未與陸軍省協議為理由，威脅抗議，對外務省當局表示極大的反彈。軍部對於滿洲問題自不必說，對於中國問題也都想從外務省拉走，意圖由軍部來處理。因此軍部不但華北工作，凡是有關中國的問題，都希望受到外務省等之限制，希望由軍部一手包辦，所以政府也就不聞不問。

駐中國陸軍武官磯谷（廉介）少將，常常以日本名義發表聲明，以誹謗列國在中國之態度，表示日本軍方處理中國問題之決心，大罵中國政府，大事攻擊英國，採取和政府相反的立場，軍中央又與其呼應，故中國和列國之輿論沸騰。因為日本之實際權力者的軍方態度，當時受到國內外的重視，所以情況日益惡化，政府之外交政策統制，便江河日下。

日本軍方之態度，與華北工作之進行，成為共產黨宣傳的最好材料，變成混濁已經開始好轉的情勢，想以外交手段解決滿洲問題的可能性，每每被破壞。當時中國共產黨之勢力，因蔣介石之圍剿，節節敗退，但與日本軍部在中國大陸之工作有關連，國際共產勢力利用反日風潮所搞的攪亂策動，最有效和最隱密。

蘇聯參加之後，共產份子增加的國際聯盟，以調查當時攻擊日本最有力材料之鴉片問題的名義，派衛生部長萊西曼（波蘭人，共產黨員）到中國。他且成為中國政府之顧問，最有效果地在中國政府內部替共產黨工作。左爾格諜報人員也長久在中國和日本活動。國際共產以世界組織悉力以赴來擴大中日間之紛爭。在歐美各國之蘇聯第五縱隊的政治勢力，被國際共產利用是不待煩言的。這樣一來美國之對日態度，美史汀生主義之名，日益硬化，實行理想的門戶開放政策，強迫日本，芝麻蒜頭的小事情，都要再三抗議和反對，刺激軍方，使日本當局想實現的，解決九一八事變的方策終於未能見天日。如果美英肯定日本之和平主義的方案，承認日本為東亞之安定勢力，以政治活眼以中國為中心使東亞政局安定世界之情勢可能不會像今天這樣險惡。

二・二六叛亂

一、

以從天劍黨到血盟團之青年軍官為中心的國家革新，大多崇敬國粹主義皇道派之諸將軍為前輩，意圖由他們來實現革新事業。為達到此乃目的，他們決定以直接行動來幹掉妨害改造國家的人物，他們聯絡中央和地方之同志，這是前面我們所說過的。荒木（貞夫）大將出任陸軍大臣，真崎大將出任閑院宮參謀總長之參謀次長，皇道派勢力抬頭。迨至林（銑十郎）大將出任陸軍大臣，皇道派和統制派開始公然展開派閥鬥爭，嚴重的陸軍隊內部鬥爭於是表面化。

原來，從陸軍之系統來說，薩摩之上原（勇作）元帥和長州之田中（義一）大將是對立的，田中鼎盛的時代，繼承上原元帥的有宇都宮（太郎），福田（雅太郎）兩位大將。武藤（信義，滿洲國獨立後之首任關東軍司令官）繼承了這個勢力，以至荒木、真崎兩大將等皇道派。多是統帥系統之武人型。繼承田中大將的是山梨（半造）大將、宇垣（一成）大將以下之上級以及中堅之軍政系統的政治家般的軍官，他們後來被稱為統制派，在軍中央佔有重要位置，成為主流。

二、

取代荒木陸相之林大將，痛感維持軍之統制的重要性，乃決定要嚴厲處分出於直接行動之不妥當行為的青年軍官，鎮壓危險份子的方針。於是林陸相革職當時為青年軍官所崇拜的真崎教育總監，於是青年軍官之憤慨達於極點，此時便發生了不幸事件。

這與青年團體沒有直接之連繫，但與他們同其意向，單純而耿直的相澤（三郎）中佐，奉命要調往臺灣，認為真崎大將之被革職，是具有實權之永田（鐵山）軍務局長的統制派之策謀，自己要去加以天誅，白晝，在陸軍省軍務局長辦公室，砍殺永田少將。陸軍隊內部之鬥爭，以最不法之手段受到血的洗禮。

至此，陸軍隊內部之派閥鬥爭達到極點，以相澤中佐之殘殺永田少將為義舉的同情者，皆站出來支持他，在軍法會議的相澤審判，應用左翼戰術，以辯護之形式宣傳其立場。辯護人滿井中佐等，極力揭發日本政治之腐敗，大力倡議革新之必要，指出軍隊內部之弊病，攻擊統制派之幹部。於是青年軍官之革新運動，牽連到軍隊內部之派閥鬥爭，在北一輝、西田稅之隱然指導下，走上直接行動的道路。

三、

為了使血氣方剛的青年軍官冷靜下來，軍的前輩相當費了一番苦心。憂慮國家前途之純真的青年軍官團體，網羅了整個士官學校之優秀的學生。因對於軍之幹部的反感，他們團結不報考保證一個軍人之飛黃騰達之大門的陸軍大學校，願意等待為改造國家而犧牲的時機之到來。

可是，為他們之指導者中的村中大尉和磯部主計等人，終於聽從前輩之勸戒，放棄直接行動，發誓要作堂堂正正的軍人為國家奉獻，村中進陸軍大學校，好好研究軍事。

可是青年軍官之一般政治運動並沒有因此而衰退。軍當局決定一掃禍根之方針，士官學校幹事（東條英機少將）根據中隊長（辻政信大尉）之建議，令被視為青年軍官之一夥的一個姓佐藤的學生領會這個意思，要其一秘報告學生們之動靜。佐藤往訪村中、磯部等人，大罵其變心之不該，以試探其真意。他們都說只是在等待時機而已，對於要革新國家之精神一點都沒有改變。

得悉秘密調查之報告的軍當局，以它為理由，把全部有關者趕出陸軍大學校，並令其退役。根據軍之內部規定，沒有達到能領養老金年齡的人是不准退役的。士軍學校的學生也相當多被清除。這個事件叫做士官學校事件，因此青年軍官對於統制派軍首腦之反感達到極點，無法抑制復仇心之村中、磯部等，遂以為起來幹的時機已到，乃暗中與同志計劃，以採取行動。其背後有北一輝和西田稅等革新主義者。

四、

對於第一師團，突然下達調往滿洲之命令。東京師團不他調是軍隊的內規，他們亂猜其所以這樣作，是要把被討厭的他們這些青年軍官，從東京趕出去。因此必須在此之前，採取行動。

興津的西園寺（公望）公爵，在彼襲擊之前逃了一劫，但在湯河原之野村別墅的牧野（伸顯）前內大臣，與其家族半夜遭受到襲擊，因護衛官警之殉職撿回一命。齋藤（實）內大臣、高橋（是清）大藏大臣，繼承真崎大將為新教育總監的渡邊（錠太郎）大將在其住處被暗殺，鈴木（貫太郎）侍從長在官邸受到致命的重傷。

長得和岡田首相很像一與岡田首相同居於首相官邸的秘書官松尾（岡田首相夫人胞兄）大佐被誤殺，因其替身，岡田首相撿回一命。岡田首相乘松尾大佐之葬禮，搬出屍體時戲劇性地混水摸魚逃出被叛徒包圍的官邸。

五、

把國家之重臣和老臣在其住宅暗殺的叛亂部隊，集合於永田町之首相官邸與本隊匯合。叛亂軍以在溜池（地名）之山王大飯店和料亭等根據地，將其附近一帶為警戒線，與追求和檢索所謂自由主義者之同時，對全國之同志發出電報，敦促他們站出來。因此，各地方也產生險惡形勢，也欲策動軍隊，但終於沒有出現全國的叛亂。外相官邸和外務次官官邸雖然遭受到搜索，但大臣和次官沒有住在官邸。

與發生叛亂的同時，閣員及其他重臣，統統在宮內省起居，皇宮的大門關得緊緊地，與外面之交通用平常不使用的通過平河門皇宮後面迂迴路之外，全部封鎖。發生事件之後，後藤（文夫）內相出任臨時首相。脫離叛軍所佔領之首相官邸的岡田首相，經過一兩天之後，前往皇宮，晉見昭和天皇，與其他閣員會面，免去後藤臨時首相職務。

國家政治機關之中樞的首相官邸被叛亂軍所佔領，兩三首相之生死未卜，東京究竟發生了什麼事，政府沒有公開發表，國民完全不知道政府在那裡。因此流言蜚語立刻四播，日本陷於無政府狀態。有識之士，期待著政府出面豎起國旗聲稱「日本政府在這裡」，但以內閣諸公為首，軍部領導者，以及元老重臣，躲在護城河和鐵絲網之皇宮裡，國民都非常失望。內閣在這危機中提出辭職，政府自然消滅，國民所依靠之國家的領導，好幾天事實上並沒有存在。

躲在皇宮之大將級首腦，前往在叛徒手上的陸相官邸，與叛徒首領會見，雙方天天努力於協議不能砲火相見。在這期間叛亂軍自稱為尊皇軍，一般被稱為崛起部隊、行動部隊或提身隊，川島陸相晉見天皇之際，天皇嚴詢：「叛徒還沒有鎮定嗎？」之後，才正式被稱為叛亂軍。

在這期間，當時為戒嚴司令部參謀的石原（莞爾）大佐，會合於帝國飯店，協議要推右翼運動者山本英輔海軍大將為下一任首相。叛亂軍的要求是，要由真崎大將為閣揆，建立以軍方為中心的政府，以實行革新，如果實現這個要求，願意令軍隊歸還建制，他們要服罪自盡。

六、

當然，內閣之組織要奉天皇之命令才行，不是真崎大將之意願所能決定的。荏苒經過時日，東京之不安日增，焦躁數日。海軍表示，如果陸軍躊躇，海軍將單獨來平定，並開始武裝海軍省之建築物。為鎮壓叛徒之軍隊也在地方集合，陸軍之討伐本部設在九段下（地名）之軍會館，討伐軍參謀石原大佐等，據說對叛徒說了勉勵大家的話，因此對於討伐的真正意圖，一般人抱著疑問。包括真崎、荒木陸軍大將等，經過幾天說服之後，叛徒之首領同意自殺，並將十八個棺材抬到陸相官邸，準備的自殺之用的手槍和日本刀等等，中途，北一輝來電話反對自殺，勸告投降在法庭鬥爭，因此推翻了自殺。據稱戒嚴司令部曾經想對叛徒開火，此時隊長野中孝次在首相官邸前庭以手槍打自己頭自殺，其他人服罪，士兵歸營。這是二十九日的事情。

軍法會議並沒有公開，主謀者北一輝和西田稅判槍斃，真崎大將拘禁大約一年之後，被釋放。

岡田內閣在事件中辭職。對於軍之叛亂有直接責任之川島陸相的辭職理由，和其他閣員一樣，令天皇覺很奇怪。西園寺公爵遂奏請近衛（文麿）公爵為後任，因近衛公爵婉拒，元老很困惑，當時因為很重視國際關係，所以推薦最近收買北鐵等對蘇聯交涉成功的廣田外相，以收拾叛亂後之政局。

七、

日本帝國軍隊直屬於天皇，天皇說軍人「為朕之股肱」。這個軍人在天皇身邊，包括近衛兵，白尽起來叛亂，殺死國家之重臣，佔據政府之中樞的長達四天，這到底是怎麼一回事？這是不是叛亂軍隊，順逆之問題都不能判斷。就此一點，可以看出軍隊內部如何雜亂。

任何時代，正本是政治之根本。為著維持國家社會之秩序，順逆要明確，要合乎道理。在日本，人說「恨其罪，不恨其人」，不要因為同情其純真之動機而本末倒置，誤認順逆，對於混亂社會共同生活之組織，判其輕罪，把賊徒當作英雄。國家弄錯賞罰，等同紊亂順逆。昭和時代之變亂，是自明治初年以來，諸多弄錯順逆之歷史的累積。我們聽過軍人親自說過批評天皇的話，即二．二六叛亂當時說，如果天皇反對革新，將擁護某宮殿下（昭和天皇之第一個弟弟秩父宮雍仁親王）以取代昭和天皇。實行所謂天皇機關說的是在非難它的軍部。軍部之跋扈令我們想起武士的專横時代。

發生叛亂沒有多久，外國使臣之中，有不少設法逃過叛亂軍之包圍哨兵線前來外務省慰問的人。因廣田外務大臣起居於皇宮，因此由著者應接。他們都留下慰問的話，其中，阿富汗和泰國的兩位公使，說完慰問之話以後緊緊拉著著者的手又稱，在東洋之先進國家的日本發生這樣的事，令我們覺得非常遺憾而聲淚俱下。著者覺得很沒有面子，只低著頭，感謝其好意和同情。在他們心目中，東洋之先覺者的日本是他們學習的榜樣，可是這個日本的秩序卻面臨崩潰，所以他們覺得非常可惜。這是外國使臣的直覺。對於世界之和平，具有重大責任的東洋國家，究竟將往何處去呢？滿地大雪的日本首都東京，因為軍隊之叛亂，處處留下鮮血淋漓，為國家之中樞的機能，完全失去了。今天也聽不到電車的聲音。單單一個人處在肅靜的這個天地的著者，從外務省的客廳送走前來慰問的友好國家的代表，使著者感慨萬千。

八、

廣田內閣制之組閣本部，設在永田町首相官邸對面的外相官邸。組閣，因為軍部要求這個要求那個而很順利。川島陸相之後任，軍隊自行決定寺內（壽一）大將。寺內大將屢屢帶領軍務局之幾名幕僚來到組閣本部，要求東要求西。對於准組閣參謀長之吉田茂的就任外務大臣，軍方反對，所以吉田氏離開組閣本部的工作。據稱與軍方之一部分有聯絡的勸業銀行馬場（鍈一），擔任組閣參謀長。軍務局之武藤（章）中佐（後來為軍務局長）等中堅軍官，又來組閣本部，反對下村宏出任文部大臣。組閣花了一個星期以上，得到軍方同意好不容易成立。

廣田首相之下，馬場氏出任藏相（財政部長）、副首相寺內陸相、永野（修身）海相，外相為到任駐中國大使不久的有田（八郎）大使。新外相上任之後，著者辭去次官，堀內謙介美洲局長接替著者之位子。

在二．二六事件重壓之下成立，以「一新庶政」為口號的廣田內閣，最後成為軍方的傀儡政權。因為九一八事變，軍方完全離開政府之羈絆，採取獨立行動，由於二．二六之叛亂，軍隊終於事實上奪取了日本的中央政府。

軍隊的首腦是以寺內大將為陸相的統利派，以被叛亂軍擁護的皇道派的軍部前輩，以負起責任之美名一律要退休，故屬於皇道派的將領全部被掃出去。青年軍官之極端論者，大多被調往國外或到地方的部隊。但仍然在推行軍之中堅軍官的幕僚政治，對於內外之所謂革新政策之軍的計劃，以「秘傳書」為基本，由他們強迫政府去實行。

第三編　北進還是南進？（廣田、林弱體內閣）

一、廣田內閣

在二·二六叛亂重壓底下誕生的廣田內閣，事實上是軍部的工具。這個工具不是軍部自己製造的，而是借來的，但軍部卻無法隨意使用它。

廣田首相是玄洋社出身的右翼同路人，在外務省被認為是特別的存在，但絕不肯定軍隊的方針，真心與其合作。

他的議論聽起來有時候會令人覺得是很反動，他自己雖然也是軍部內閣論者，他的想法是，要令以實力在推動國家政治者負表面上責任，讓一般國民來批評，以防止裡面的策謀，否則政治將永遠不會進步和明朗，終會成為謀略之犧牲品。他的個人性格，是已經體驗的禪器，不會自動去策動，而觀察周遭的形勢來處理事情。

他的外交政策絕不是好戰的，相反地，他很想和列國維持和平，不會勉強日本要走往某特定的方向。他於一九三三年接內田外相之外務大臣以後的實際政積說明了這一點。元老認為，在二·二六叛亂之混亂由他收拾政局，順應世界大勢，誘道軍部，最適合推動內外政策，才推薦他出任首相。

廣田內閣不但沒有照軍部之意思行動，在叛亂後軍部之重壓和改變的社會氣氛下，對於軍部之策劃甚感無力卻也是事實。對於軍部，若槻、幣原政黨內閣是反抗的，齋藤、岡田之海軍內閣是旁觀的，廣田、林弱體內閣是無力的。於是下一個近衛（文麿）內閣遂成為與軍部合作的內閣。

二、

標榜「一新庶政」之廣田內閣的第一項工作是，答應軍隊所要求恢復軍部大臣現役制，這的確是一種諷刺。

軍事專家的職業軍人，以軍人身分干預政治，列位台閣，除凱撒時代的德國以外，在近世幾乎沒有例子。特別是在近代國家，一般來說，政治是應該要以國民之代議機關為中心，由政治家來擔任，軍人是不許干預的。日本除學習德國軍國主義外，加上繼承了八百年武家（武士）政治之餘弊，以統帥權獨立之觀念，有關軍事的問題，應該由軍人來處理，陸海軍大臣，要由現役之大將、中將出任。及至民論興起，政黨逐漸發達之後，遂開始不滿足這一種封建的殘餘。

原來，這個制度是完全違背軍人不可干政之明治天皇之敕語的，可是不知何故卻被默認，被視為藩閥之遺產，成為軍部之政治勢力的泉源。第一次山本（權兵衛）內閣時代，將可以任命預備軍人為陸海軍大臣，把範圍擴大，這不過是不限定於現役，也包括預備軍人的意思。可是這卻是非常的改革。因為預備軍人已經置身於軍隊的普通組織之外，對於軍隊，必要時，有被召集的義務之外，與普通的國民沒有什麼兩樣。在原敬政友會內閣時代，也採用了殖民地總督的文官制。

廣田內閣，根據陸海軍一致之意見，以及寺內陸相之要求，把山本內閣之改革逆轉過來，規定陸海軍大臣一定要由現役軍人出任。海軍也搭了這個便車。表面上的理由是因為二・二六事件，被一掃而成為預備役的大將、中將，如果又做大臣的話，很可能紊亂軍隊內部之統制。事實上這是封鎖皇道派復活的一個措施。但是復活的這個制度本身之成為軍部之政治勢力的鐵骨是不待煩言的。

以統帥權之獨立為後盾，擁有特權地位之軍部，日益插足政治，政治家由之步步後退。即使與政治之關係非常密切，關於軍事，只軍人以外，大家都寧肯不談，於是軍隊的思想上之觀念和政治上之意圖會變成國家的觀念和國家的政策。一般國民都不以它為奇，有識之士對威壓變成非常溫順。

三、

廣田內閣的第二個施策是，軍事預算的大增。

不消說，軍事預算也是政府預算的一部分，政府在立案時，需要國會的協力。政府能夠掣肘軍方之行動的唯一手段是軍事預算的編列。到岡田內閣為止，歷任之大藏大臣都重視預算之均衡，反對照軍方要求編列軍事預算。

可是，軍方之要求預算的態度都是非常強硬的。陸軍以為防備佔領滿洲之後的中國大陸，海軍以為應付廢除海軍條約以後之情勢，都要求大筆預算，國粹主義之宣傳，從抽象的國體明徵以及危機說，具體的採用要擴大陸海軍之軍備，主張充實國防的口號，馬場藏相放棄岡田內閣當時之藤井（真信）財相以死力爭的大藏省態度，對於軍方所要求之預算，採取非常寬大的態度。

九一八事變以後，廢除海軍條約，華盛頓體制潰滅之後的充實軍備，是國家的關心事。亦即日本退出國際聯盟之後，要面對微妙的國際關係，所以需要充實軍備，因此軍事預算的問題，是最高度的政治問題，當然要處理。可是這個重要政治問題要按照軍的意圖去實行，就一個國家來說，是非常危險的事。

原來，日本的預算，因受軍事預算之極端壓迫，軍事預算與一般預算之比率，除全體主義國家以外，任何國家沒有這麼高的。一邊維持資本主義經濟組織，要增加更多軍事預算是非常困難的。因此為增加軍事預算，便想盡辦法作各種各樣宣傳。不特此，從這個時候國家的財政，因為無限制地增加印鈔票，以為只要把發行的紙幣收回來就行這樣全體主義的想法，以德國之財政作例子，拼命地印鈔票。

為了增加軍事費用，陸海軍之言論流於放縱，有關政策之主張極為露骨。這一種傾向，因為勃發九一八事變，以及廢除海軍條約之後更加厲害，陸海軍之互爭預算日漸昇高。

北進還是南進？

一、

在日本的政治，統帥權獨立，這個統帥權又被陸海軍所壟斷，這是國家的致命災難。因為九一八事變，軍隊之直接行動得到認同，由於脫離國際聯盟和廢除海軍條約，軍備在國際上不受限制，因此陸海國防當局，便立刻開始無限制地擴充軍備。在國內，牽掣它的政治力量，早已消耗掉了。

發生九一八事變以後，陸軍的預算，突然膨脹起來。海軍自廢除裁軍條約之後，因為無限制地開始建造軍艦，才與陸軍保持均衡。陸軍自建立滿洲國之後，很清楚地以蘇聯為假想敵人。海軍在這一點也必須和陸軍對抗。自滿洲問題以來，突然普及反美英思想，不止是因為滿洲的問題。陸海之擴軍競爭，壓住一般預算，把突然大增的軍部預算，出現二等分以保持均衡的奇怪現象。陸軍的態度是要北進，海軍的意向是要南進。太平洋中之小島國家的日本，要以世界最大陸軍國家和海軍國家為目標，競爭其勢力為目標，故可憐的日本國，為陸海軍之勢力，將被撕斷成南北兩個部分。

海軍反對九一八事變和華北工作。陸軍以南進政策為危險的愚策。像近衛（文麿）公爵這樣的政治家，百般苦心思考要以陸軍掣肘海軍，或以海軍掣肘陸軍，其結果，事實上屈服於陸軍之主張和海軍的要求。

二、

在北方之中日的衝突，立刻影響上海，一九三二年旦一月二十八日之一二八事變，早已考驗過的。陸軍和海軍之作戰上的共同地點是上海。

陸海軍統帥部，每年對於假想敵人都立作戰計劃，年底上奏經裁可，內定結束這一年的作戰準備。這是陸每共同之案，成要有陸海兩統帥部之一致才行。

作戰計劃，要對各國來立，是對於一旦有緊急情況要因應的準備。這是軍部自己的腹案，純粹為統帥事項。但其中當然也反映了陸海軍之政治意向。兩統帥部，對於海外都派有武官，組織諜報機關，擁有調查研究成案之重要部門，皆有獨立見地，建立他們自己的對外政策。這實隱藏著很重大的意義。

對於中國，有今年度的作戰計劃。制定一九三六、三七年度之對中國作戰計劃時，海軍鑑於一二八事變，認為有對於華中長江流域，特別是需要對上海用兵之考案，主張要把它放進去計劃之中，但陸軍反對。原來陸軍只重視蘇聯問題，沒有把作戰目標放在中國本土，對於中國之用兵，除華北之小規模者外，認為絕對沒有這個必要。海軍一向重視南進，認為中日發生衝突時，只出兵華北是不夠的，主張也必須對上海出兵。知道陸軍之反對意見的海軍，鑑於陸軍之華北工作，制定年度作戰計劃時，有必要提前得到言質。就海軍而言，上海是非常重要的地方。

這個統帥部內之作戰計劃上意見的衝突，包含陸海軍之國策上的意見，雙方都不願意妥協，終於趕不上年度末上奏期限，陸軍乃寫上「必要時可以出兵上海」這幾個字，完成上奏。可是參謀本部的本意是，沒有在上海用兵的必要。這個陸海軍意見之不同，不僅是年度作戰計劃的問題，也可以說明爆發於盧溝橋的中日戰爭，一直往南方展開的重要關鍵，以及能夠說明爾後陸海軍之立場的資料，可是因為這只是統帥部間之統帥爭項，所以即使是首相，也不能聞問，更不可能知道它的內容。

三、

廣田內閣的時候，召開著所謂五相會議。首相之外，有外務，陸海軍以及大藏五大臣，討論有關對外問題的重要國策。大多是以軍部之提案為原案來討論，以陸海兩軍務局以及外務省東亞局為中心，以進行工作。當時中央（東京）所關心的是，想限制九一八事變以來，太過於強大的關東軍之權力，以及要儘量限制其活動，要限制在滿洲國以內，不要插手華北，要其專心來防護蘇聯之出手。這不僅是外務省，陸軍和海軍也都沒有不同意見。因此，外务省便意圖以南京政府為對手，就中國本土來辦理外交。可是陸軍，如前面所說，對於中國本土已經沒有外交，至少，已經沒有外務省活動之餘地，對於所謂大使館之升格問題，軍方非常反對，對於關東軍插手華北的問題，軍部支持外務省之立場，但對於華北的問題，卻認為應該由華北天津軍去處理。海軍在決定一般國策之基礎時，專心於以年來之南進方針為政府之國策。以這一種立場，陸海軍兩軍務局和外務省東亞局協議成立的有一九三六年八月七日，五相會議所決定之基本國策要綱，或被稱為國策之基準或國策大綱。當時的風潮是，政府的事務當局，常常為要與軍部一起進行「作業」，往往作一時之國策的作文成案，因而常常會有後患。這個所謂國策要綱，就是其最好的例子。

這樣決定的所謂日本國策之基本，實期待大日本帝國名符其實地成為東亞之安定勢力，「希望外交與國防，能夠確保日本帝國在東亞大陸之地位，進出南方海洋發展」，顯而易見，其手段指著大陸政策和進出南方政策，大陸政策的基礎是，「期盼滿洲國之健全發達，與其完成，以及日滿國防之安固，與除去北方蘇聯之威脅的同時，為應付英美，要實現日滿中三國之緊密的合作，以促進日本經濟之發展，以大陸政策為基礎，為實行它，要留意與列國友好關係」，對於進出南方政策，決定「南方海洋，特別是對於外南洋（指印尼）方面，要策劃我民族之經濟發展，盡量避免刺激他國，依漸進之和平手段，以圖謀我勢力之進出，以完成滿洲國之完成，充實國力，加強國防，以期其兩全」。作為實現其方針之手段的整備國防，陸軍決定「以對抗蘇聯在遠東能夠使用之兵力為目標，特別對於在遠東之兵力，為一開戰就予以當頭一擊，要充實在滿洲朝鮮之兵力」；並明記「海軍軍備，對於美國海軍，要整備和確保足夠制西太平洋海權之後兵力」。這個國策要綱，為實現這些基本國策，要求外交活動，內治行政之一新，要求確立經濟政策，以建立真正超國防國家為目的。這個所謂基本政策要綱，係由五相會議所決定和採用，顯而易見，海軍的意圖是，對於九一八事變以後陸軍之北進政策，二・二六事件之後，成立廣田內閣，希望正式採用海軍之南進政策為國策，而且成功了。

這個文書是，北進以解決北方問題，南進努力於延伸我國權益，在有關者之間得到諒解，作為對外政策，同時決定南進和北進，是非常重要的。這個南進北進之決定，陸海軍妥協的結果是，為陸海軍之平分預算所必要政策的伏筆。亦即單純的預算措施之會議。內閣方面，馬場藏相表示，此時軍事費用之增加是不得已的方針，有田外相又對於外交，為使與列強諸國之國交圓滿，強調要盡一切努力，而贊成這個決定。比五相會議，達成其背後之陸海兩軍部間之共識更是麻煩，這在對中國作戰計劃之年次案製作，顯得更加露骨。陸軍堅持北進，海軍主張南進。各部內之激進派，都堅決主張自己立場，首腦又無從予以決定，作為陸海軍妥協案，同時通過和採用北進和南進兩案。其結果是，陸海軍平分預算。

內閣不深究其內情，出於盡力尊重陸海軍所決定之意見的態度，這樣決定了重要的國策。由此陸軍日愈北進，海軍日益南進。

當時在柏林交涉防共協定之大島（浩）武官，因參謀本部電報得知這個其本國家要綱，指出其中決定要同時北進和南進，與防共協定之旨趣不符，請示軍中央今後與德國之交涉，應該如何進行。軍中央回電對於大島武官指示，陸軍還是和過去一樣，要北進，也就是重視北方之方針，不考慮南進，防共協定之交涉，要按照既定方針進行。但陸軍之意向，當然掣肘不了海軍之南進方策。

華北工作

一、

九一八事變如果只是九一八事變而結束，要在國際上收拾這個局面不是不可能。日本如果有計劃地發動九一八事變，相信可以有計劃地能夠收拾這個事變。可是，九一八事變只是病態的日本之對於內外之改新運動的一大波動而已，波動之產生波動實有另外之根本病源。

九一八事變，如果照日本政府之意圖，限定於長城線以外，解決滿洲以及中國問題之外交方針可能獲得成效也說不定。著手於進行華北工作，終於爆發中日戰爭，成為日本慘敗的導火線。

華北工作，建設滿洲國之後，不久就開始始著手，齋藤、岡田兩個內閣時候，關東軍已經相當在進行，這是在前面已經說過的。當時外務省曾經驗努力於探查其真相，但未能探得實際情況，只臆測其形勢而在憂慮而已。當時之政府首腦，把滿洲問題交給陸軍，不聞不問，甚至在走避之。這在前面也說過。

關東軍之開始著手華北工作，說是為了鞏固滿洲國之國防，參謀本部之所以贊成的理由是，欲建設國防國家，希望能夠利用華北之資源的附帶欲望。華北軍（原文為北支軍）之表示贊同，是為對抗關東軍之爭地盤的問題。

二、

主張熱河省為滿洲國之領土，是因為該省在長城以北，日本政府在滿洲國建國時也已經予以承認，同時，不許長城以南之關東軍有軍事行動。但關東軍沒有請示政府，只是在軍中央之默諾下，對於接近滿洲國之長城南北地區亦即河北、察哈爾兩省，進行所謂政治工作。一個是內蒙工作，另一個是華北工作。目的是，要清除對於滿洲國具有敵意的政權，並建立有善意的政權。

滿洲建國之後，因一九三三年五月三十一日之塘沽協定，中方和關東軍之間，以長城線為界成立停戰，征討熱河之後，進出長城以南薊河方面之關東軍撤退，瀋陽與京津間之交通郵政恢復聯絡，秩序逐漸正常化，關東軍又開始著手華北工作，形勢由之又逆轉。

由於華北、蒙古之工作，直接威脅張學良軍之生存，所以不但會受到其抵抗，有與好不容易成功得到本土之統一的南京政府國民革命軍衝突之危險，又侵犯在河北和內蒙古，以蘇聯為靠山的共產勢力的地盤。不特此，一中京津地方是歐美列國之神經複雜交錯國際地區，華北內蒙之情況非常複雜，在這個地區的政府工作，實在極端困難。九一八事變以後，共產黨國際的活動，為要在中國本土擴大其禍亂，偷偷在等待其機會，我們在前面也說過，在華北之日本軍部的工作，正是提供這樣的機會。

土肥原（賢二）少將之關東軍（南司令官、小磯參謀長、板垣副參謀長）特務機關，又在京津地方開始著手華北工作。於是關東軍和駐華北日軍（北支駐屯軍）之間，為管轄上發生權限鬥爭。

三、

發生九一八事變以後，關東軍一直在加強，變成組織非常龐大的大陸軍隊，成為強大的勢力。此時，北支駐屯軍（梅津美治郎司令官、酒井隆參謀長）之勢力很小，一以兩個大隊（北京和天津各駐屯一個大隊）為主力，但塘沽協定以後，一九三三年年底，增派一個旅團，從此以後大增其勢力。駐華北日軍對於關東軍派特務機關到華北，以從事政治工作是越權，抗議其蹂躪北支駐屯軍之面子。關東軍不得已，乃以土肥原少將兼北支駐屯軍幕僚，直接受北支軍之指揮（日文用語為「區署」），雙方這樣妥協。積極的酒井參謀長，決心自己要來做華北的政治工作。當時，駐中國大使館武官是高橋旦大佐，他在北京活動，與土肥原特務機關長和酒井參謀長等合作。

酒井少將曾暫時回國與中央協商，此時在東京，有人說覺得好像在華北會發生什麼事地。酒井少將是同事中唯一沒有得到勳章，受到認真人們的關注。

四、

當時之中國問題，對於日本之華北工作，喧騰至極。在中國之日本大使館磯谷（廉介）武官再三在報紙上所發表的激烈聲明，被視為有如日本之代辯，中方認為，日本之工作是分離華北的運動，是要製造第二個滿洲國，為對抗它，要使國民革命軍北上，派許多國民黨的宣傳員、CC團員等到京津地帶。共產黨以其全部機能來反抗日軍。國民黨之反抗和共產黨之策動競合，互為關連，很難分別，因此在華北，中日兩軍隨時都有發生衝突之可能。

酒井參謀長之提案為，為消除這樣危險的情況，要求國民政府軍和國民黨之派回宣傳機關以及CC團，直接行動隊，要由京津地區撤退，酒井這樣告訴駐天津之中國總司令官何應欽上將。

林陸軍大臣前往滿洲視察時，梅津北支軍司令官前往瀋陽去向他作軍情報告。出發時酒井參謀長說要以懇談的方式與對方談判得到許可，在司令官不在時酒井會見何應欽。酒井之態度不是司令官之意思的懇談，而是很粗魯的簡直是恐喝。中方接受了酒井之要求，國軍由河北省撤退。這就是所謂梅津何應欽協定（一九三五年六月），實際上是要從河北省趕走中國之中央軍勢力，使國軍和何應欽上將完全失去面子。酒井參謀長戰後，遭受中方逮捕，被槍斃。

在沒有南京政府之勢力的華北，建立日軍所希望之政權的工作，逐漸實行。最早是冀察冀東兩政權之建立。北京之中方的實際權力者是張學良底下的宋哲元將軍，他與日軍和土肥原機關取得聯絡，設立冀察政務委員會，統治河北省之京津方面以至察哈爾省。在包括滿洲國與京津地區之間的海港的東部河北省，在關東軍支持下，成立所謂冀東反共自治政府（一九三五年十一月），以距離北京東大約十英里之通州為首都，由殷汝耕主宰。被非難為自滿洲之走私機關（戰後，殷汝耕以冀東行政長官名義被捕，一九四七年十二月一日，在南京受審結果，被處死刑─譯者）。

冀東冀察兩個政權，幾年之後，與以王克敏為首長在北京之北支政務委員會合併，北支政務委員會，在形式上，成為後來成立之汪精衛南京中央政府之地方政府。

五、

所謂內蒙工作，完全是由關東軍一手所導演。關東軍起初以武力從熱河進至綏遠方面，但為得到中央之援助的張學良手下的傳作義軍所阻止。

內蒙古之地是，以察哈爾為中心，位於外蒙、滿洲國、華北中間長城以北地區，西邊連新疆之廣大地域。從北京至包頭的鐵路貫通了這個地域的大部分。住在這裡的蒙古人，與外蒙人和滿洲國西部以及居貝加爾湖畔之布利亞特蒙古族同族，成吉斯汗時代席捲歐亞之蒙古人的子孫。他們的思想是想在亞洲中部再建設一個蒙古人的國，在內蒙古，在蒙古族之間最有勢力的是「德王」。

如上所述，內蒙古之地在地政治上對於東亞全局如何具有重要地位，自可明瞭。內蒙古同時也是中國與滿洲國之利害衝突點，日、中、蘇之利害交叉口。對於在這個地域，要樹立新的勢力，其他關係國家當然會出於極力妨害之動作。特別是以蘇聯為靠山的中國共產黨，在與蘇聯的聯絡上，要把重點擺在內蒙古，故要悉力反抗滿洲國。

往昔，長城外為關外不毛之地，用兵是在關內。長城外之沙漠草原，很難動大軍，戈壁沙漠是自然的國境，從中國隔絕了蘇聯勢力。可是在軍隊機械化和立體化之今日，長城外的草原，最適合於機動部之活動地。從用兵的觀點來看，不但形勢一變，在政治上不僅不是無法超越的障礙物，反而是具有連結力的接續地，實為不能忽視之時代的變化。

六、

關東軍的力量，伸長到具有這樣意味的內蒙古。因為是長城外事，故其交涉，當然由土肥原特務機關長來擔任。在日本兵和宋哲元軍發生小衝突時，土肥原要求宋哲元軍撤離內蒙古之地域的察哈爾。目的是想避中日兩軍在察哈爾發生衝突。這就是所謂土肥原・秦德純（宋哲元軍參謀長）協定，與梅津・何應欽協定為「雙胞胎」。關東軍在內蒙古設了蒙古自治委員會，以張家口為首都，以德王為委員長，配以滿洲出身的日本人為顧問，以推行行政。

關東軍之內蒙古工作和華北工作之同時進行，有如在油田玩火。這些工作，在齋藤、岡田內閣時代，是軍方單獨孤行的，日本政府無從得知其真相，即使推知其內容，也完全沒有制御它的力量。事實上，滿洲國之獨立就是關東軍之獨立。而繼承岡田內閣之廣田內閣的時代，只是在事後承認其既成事實而已。

對於華北之工作，關東軍老早就插手，但軍中央並不希望關東軍插足華北，認為華北問題應該由天津軍去處理。因此天津軍起草所謂北支處理要綱（第一次），上呈中央。這在實質上是在打華北五省之滿洲化的算盤，所以外務省非常反對，當時南京政府在北京組織北支政務委員，以對日方有理解的黃郛為委員長，主張盡量採取避免衝突的態度，使它在南京政府下分治華北，作為自治體實行特殊的行政。其結果，一九三六年八月十一日，五相會議通過北支處理要綱（第二次），相當採用了其趣旨。但華北問題之處理，事實上，都是由中央和當地之軍部處理，外務省之意見等完全不在考慮之內。如前面所述，所謂北進南進兩套基本國策要綱，是以決定北支處理要綱為前提所採用的。

由於這樣的來龍去脈，廣田內閣乃於八月十一日之五相會議，正式決定華北五省之分治的方針，決定「要在該地域建設堅固的防共親日滿之地帶，同時獲得國防資源，以及俾擴充交通設施，以預防蘇聯之侵犯，實現日滿支三國合作共助之基礎」。這個所謂北支處理要綱，在其要綱說，以華北五省全部為目標，事實上要予以分離，同時發對於冀察政權和冀東自治政府之指導方針，又對於山東、山西以及綏遠三省之各地方政權之指導方針，個別規定，指示華北五省之分治政治之完成，以及經濟之開發。

如此這般，在二・二六叛亂壓力下的廣田內閣，容認軍部之分離華北的工作，在形式上作為政府之方針，予以採用。

華北工作和內蒙古工作，著實是中日全面衝突的導火線，也是使九一八事變不可能當作滿洲問題來解決。

防共協定　其一

一、

滿洲建國之後，軍部面臨國防的重大責任而變得非常神經質，對內，邁進要建設國防國家，同時突然開始注目國外。

跨歐亞被困在北方的俄國，自彼得大帝以來，一直在尋找不凍港口，或在西或在東，隨其國際情勢而且在嘗試。向東則為俄日戰爭，向西成為第一次世界大戰。蘇俄革命之後，俄羅斯之本質還是沒有改變。革命之後，進出西方，波蘭、匈牙利等之後，又像鐘錶之鐘擺一樣，成為托洛斯基、吉杰林之東方政策，中國問題便緊張起來。

要使蘇聯往西去，還是往東來，因與歐洲之形勢如何有關，所以位於蘇聯之直接隣邦的日本，必須注意蘇聯與西隣各國之情勢。這些蘇聯之西隣諸國，感覺與蘇聯之東隣日本，在國防安全上具有共同的利害關係時，或者感覺和蘇聯具有共同利害的時候，就日本而言，這是很大的問題。亦即他們對抗蘇聯，與日本站在同盟立場，或者為對抗日本，和蘇聯站在一起，對於滿洲國、甚至日本本身之國防上，是死活的大問題。

二、

往昔，俾斯麥採取雙層保險政策之對俄親善政策，鞏固了德國的東部國境，把俄國趕往東方。凱撒·威廉二世之親俄政策，令俄國東進，建造西伯利亞鐵路，令其進出滿洲，成為日俄戰爭之重要原因。軍部對於波蘭與對蘇問題感覺有共同利害關係，故非常重視波蘭，但被蘇德挾在中間之波蘭的力量，當然不足於掣肘蘇聯。但德國之將來，跟它是大不相同的。

逐漸在勃興之「納粹」德國的政策，有如凱撒之政策，出於接近蘇聯之方策，如果保障其西方，集中其勢力向東方求發展，日俄之衝突將是時間的問題，日本必將單獨全力來對付蘇聯。反此，如果日德合作來對付蘇聯的話，日本之負擔將減輕許多。隨蘇聯之武力急速增加，納粹德國之國力大為上升，研析德國今後之東方政策，就日本而言，是非常重要。但這不只是國防的問題，同時也是有關日本的基本政策的問題。希特勒要以其所著「我的奮鬥」如何運用其策略，原來對於種族問題，除阿里盎種族以外，極端侮蔑其他種族的希特勒思想，令人憶起凱撒之黃禍論。這個思想將如何反映於遠東問題，實難逆料。觀察德國之政策，使其能和日本站在一起，是軍部非常用心和用力的。為達到此目的，納粹政權成立不久，軍部便派遣大島（浩）少將為駐德國大使館武官前往柏林。

三、

日本之近代陸軍，學自德國，陸軍首腦幾乎都是去過德國的軍官，對納粹德國，陸軍遣派許多研究員。因此日本的陸軍，有眾多所謂德國通，對德國有特別親密的感情。在德國派之陸軍中，大島少將是數一數二的德國通，是擅長德國語文和明朗濶達的武人，在山縣（有朋）元帥底下，使日本陸軍德國化有功勞之大島（健一）陸相之長子，受過德國式教育，具有受德國歡迎之素質。

大島武官到達德國之後，立刻與德國軍部接觸，建議互相交換情報，德國軍部表示，一切有關政治事項，要其與黨的外交主持者馮・李邊多羅布辦公廳聯絡。從此以後，大島便透過李邊多羅布，和希特勒總統以及納粹幹部好起來。

馮・李邊多羅布出生於德國南部萊茵河邊釀酒家庭，因為商業關係，他曾經在英國和加拿大長期住過，是一位英語流利而伶俐的商人。作為納粹黨的外交代表，與希特勒對外政策關係最多的一個人。

在納粹政權初期，因穩健的馮・諾伊拉德男爵還是外相，外務省與設在對面之黨外交代表「李邊多羅布」辦公廳之間，有過許多傾軋。李邊多羅布後來出任駐英大使，在倫敦滯了幾年，在這期間，他經常往返倫敦與柏林之間，主導黨之外交，與日本交涉和簽訂防共協定的也是駐英大使的他，一九三七年，繼諾伊拉特之後出任外交部長之後，他名符其實地主宰德國之對外政策。以往，德國外交部大多是旭特列澤曼系統的人，有如日本之外務省，世界之形勢尚未至日德國直接結合之時機，但在李邊多羅布指導之下的納稅外交部，自始就以其個人的見解，不管兩國之外交當局，直接和日本軍部交涉。是即日本軍部和李邊多羅布都搶購了期貨。

納粹德國

一、

第一次世界大戰，起於歐洲大陸之「斯拉夫」（俄國）和「條頓」（德國）之互爭勢力，結束於「條頓」與「盎格魯薩克遜」之爭勢力。結果「斯拉夫」和「條頓」敗北，「盎格魯薩克遜」掌握世界霸權，資本主義的帝國主義思想興起。與此同時，對於資本主義之新的革命見戰爭，於一九一七年俄國首都列寧革命以來，已經開始了。

蘇聯之布爾什維克共產革命，意圖赤化世界，以實現無產階級之專政。這是列寧以來，共產黨之一貫方針，為達到此目的，都經常採用極端思想和政策。列寧死了以後，史達林之現實政策，與托洛斯基之理論派不同，加強共產祖國蘇俄，以其實力為背景，意圖赤化世界，愈來愈具有斯拉夫全體主義色彩是它的特色。共產黨為達到此目的，令其在世界各地之共產黨組織及其第五縱隊自由活動，而且運用「為達到此目的不擇手段」之活殺自在的戰術。

不消說，共產黨革命運動，在蘇聯勢力所及以及第五縱隊勢力強大的地方愈猖獗。第一次世界大戰之後，東歐以及中歐各國陷於混亂狀態，是共產革命最好的機會。

二、

一九一九年第一次世界大戰還在腥味空氣中的時候，在國際上成立了凡爾賽體制，德國在戰勝國環視下，依威瑪民主憲法誕生了德意志共和國。當時戰勝國排除擬以荷亨茲爾蓮家來維護德國民族之信望的部分穩健政策，而擁護理論性民主主義建立政府，組織了以社會民主黨為中心的民主主義政府，欲以此來維持凡爾賽體制。

德國於一九二五年（十二月一日）參加洛迦諾條約，不但承認以維持歐洲之現狀為前提的安全保障，在一九二六年還加入國際聯盟，旭多列哲曼外相在這個國際機構之輪廓內，實行了中道的漸進主義。但是，就德意志民族而言，英法式的德謨克拉西是，因為戰敗被強制的東西，不適合於德國人，也不是德國人所喜歡的。德國之政治，仍然無法忽視貴族地主，年輕貴族之傳統勢力，同時德國民族之政治性，與盎格魯薩克遜以個性為主的民主主義，自不同其性質和體質。

戰後之德國人的思想，非常動搖。德國之政策必須在為懲罰和束縛德國所作之凡爾賽條約的國際聯盟範圍內運作，使德國人覺得他們永遠沒有翻身之一日。因為要支付賠償，德國人覺得他們變成奴隸，故在政治上經濟上大感不安。

凡爾賽體制完全沒有看到因蘇聯革命所引起之世界的動搖。對於布爾什維克之世界革命的計劃，當時之英國自不在話下，法國也很安全，即使是已經著火的東歐，以及面臨危險的舊敵國情勢，英法諸國還在熟視無睹。另一方面，共產黨運用其在世界各地之份子，誘導法英美等輿論有利於自己，著著向東方（中國）和西方（東歐和西班牙）擴張其勢力。

一次大戰直後，赤化匈牙利的別拉昆革命失敗，進出波蘭之杜哈傑夫斯基軍，被比爾斯茨基和威剛擊退；在德國，由波蘭共產黨出身之猶太裔羅札・盧森堡，李布克聶希特等領導的共產運動，日益白熱化，德國有如在赤化革命之前夕。注重秩序的德國民族，面對這個不安的政情，益覺不滿，認為威瑪憲法之所謂民主主義，絕對不可能救濟戰敗之德國。覺得這只是被強制借來的東西而已。

在另一方面，連在戰勝國的意大利，乘戰後之經濟困難，共產黨的勢力也在迅速增強，國內陷於混亂。

三、

在德國成立國家社會主義納粹黨，希特勒之成為該黨黨魁是成立凡爾賽條約不久之一九二一年的事。威瑪憲法下之民主主義政治開始動搖，賠償下的通過貨膨脹經濟一直混亂，眼看共產黨革命運動日熾的納粹，立即對其採取行動。一九二三年在慕尼黑之納粹的暴動失敗，希特勒等被捕下獄，但納粹之大眾國粹主義，有如磁石吸引了混迷的國民感情，其勢力年年增加，一九三三年選舉結果，希特勒獲得大勝，在興登堡總統下，希特勒出任宰相，掌握了政權。他之掌握政權，不是在威瑪憲法之下，而是無視它的革命行為。

納粹之支配德國，是墨索里尼進軍羅馬（一九二二年）十年以後的事，是九一八事變兩年以後的事。納粹德國，向日本看齊，立即退出國際聯盟，在國際上踏出革命的第一步。希特勒已經成為對於凡爾賽戰勝國之壓迫德國的復仇者。

在西班牙，一九三六年七月，佛朗哥右傾勢力興起，得到墨索里尼和希特勒之援助，終於打倒了蘇聯所援助之紅色政權（一九三七年）。是即在歐洲大陸，顯而易見，蘇聯布爾什維克共產勢力，和意、德、西之法西斯勢力對立，英法民主主義國家站在其中間扮演仲裁角色，但其感情，處理西班牙問題在倫敦召開的大使會議，相當為蘇聯所吸引。

四、

納粹和法西斯，其主義是綜合左右兩翼之思想，其實體是為實行國家社會主義的獨裁全體主義。與共產主義不同的是站在國粹主義立場，與資本主義不同的是，在實行社會主義這一點，與民主主義不同的是，其獨裁排除個人的全體主義這一點。

納粹和法西斯，都是德意赤化勢力所引發的反動，以穩健的中道民主主義無從匡正其情況而產生的。如果在第一次世界大戰之後，在歐洲沒有法西斯和納粹，整個歐洲大陸可能被赤化，這從西班牙之赤化鬥爭可以看得出來。當時，西班牙已經全全被赤化了，在紅軍包圍中，乃由佛朗哥手下之阿爾加札爾守將，莫斯卡特上校等愛國英雄所拯救。

為防止歐洲因被赤化之混亂，拯救自己國家之破產，法西斯和納粹迅速起來。民主主義法國，因共產黨之人民戰線戰術，已經變成無能；英國在坡爾特溫和麥當納領導下專心於國內問題，毫不關心歐洲大陸之變化，國際問題大半變成左翼之宣傳機關，完全交給國際聯盟及其機構之活動。

五、

納粹取得政權之同時，恢復了徵兵制度，重整軍隊，無視威瑪民主憲法和凡爾賽條約。英國和法國直覺納粹是歐洲現狀之威脅。

希特勒之思想及政策，在其著作「我的奮鬥」寫得清清楚楚。對內要建設全體的社會主義獨裁國家，對外要實現民族國家之超快速進步（Gr◯ssdeutschland建設），換言之，是要實行國粹的超國家主義。因此，納粹的思想和中世紀（封建主義）的帝國主義有許多的共同點。

站在這樣的根本觀念，希特勒首先要保持「優秀的」德國民族之純潔性，其次要結集全體的德國民族。為著防止德國民族之墮落，要從德國人之勢力範圍驅逐為墮落之根源的猶太人，進而結合分散在歐洲各地之德國人的力量，以聚集為大德意志國。第二，德國人口很多，國土狹小，資源不多。德國應該成為大國，所以德國民族要有適當的活動舞台。這個活動舞台，必須是德國本國的手能夠摸到的地方。海外領土是本國保護不到的地方，故不希望取得，但隣邦蘇聯是以擾亂世界為目的之共產革命日子尚淺，殖民度不高的國家，烏克蘭和白俄羅斯地區當然必須是德意志民族的殖民地和活動的舞台，故進出東方是天給予德國的使命，任何國家都不得阻止，這是希特勒的主張。

希特勒的主張是東進，要盡量避免與英美的衝突。這一點自始就很清楚。

六、

獨裁的全體主義國家，要建立在歐洲的中原，當然被民主主義國家英法所懼怕，憂心忡忡。不特此，像希特勒這樣的超國家主義發展政策，當然與英法之政策是完全不兩立的。因為集結兩倍於法國人口的民族，要建立獨裁國家，必將威脅法國之生存，正面和英國之要維護歐洲大陸之勢力均衡的政策衝突的。何況，如希特勒公開所說，德國要突破其民族線，征服白俄羅斯和烏克蘭的話，意味著整個東歐巴爾幹將在德國領導之下，整個西歐大陸將在德國控制之下。此種政策不僅對蘇聯，也是對於英法的挑戰，其如何反映於美國，識者自不言而喻。

希特勒自己，很理解英國之實力，至少在努力於避免和英國之衝突，一九三五年（六月十八日），與英國締結海軍條約，承認英國海軍力量之絕對優勢，證明德國對於海外沒有領土之野心，以求得英國之諒解。他對於英國的要求是，德國在海上承認英國之優越權，希望英國承認德國在陸上之優越權，默認德國之東進。根據李邊多羅布之判斷，認為英國可能會默認。由此可見，連在英國待過的李邊多羅布對於英國之判斷根本錯誤，這與第二次世界大戰有很大的關係。英國之勢均衡的政策，就歐洲而言，凱撒德國打倒不久的時候，是不可能放棄的。

對於英國來說，承認德國在陸上之優越權，不但意味著放棄其傳統的勢力均衡政策，陸上之優越權，從納粹德國之成立來看，也意味著海上之優越權。所以，希特勒只要不變更其所發表的政策，德國早晚，非與英（美）、法、俄之大國衝突不可。同時，無需說納粹和法西斯，不僅在這樣的利害問題，在其思想之根本，絕不可能和英美之民主主義兩立的。

七、

納粹德國，成立後日子不多，在國內包括許多不同份子，民心之歸一，雖然很不容易，但希特勒立即強行動員德國之人與物，往其目的邁進。

獨裁者不許失敗。因此會愈來愈獨裁，並必須令其國民時時誇耀和歌頌其成功。獨裁者急功近利，不會顧慮對方之立場和四周之情勢。國內基礎不多的獨裁者更有這樣的傾向。所以，凡事都是片面的，獨善的和盲目的。對於國內問題，在掌握權力的期間，要繼續這樣的方針，或許不是不可能，但在國際問題，如果其政策一旦失敗，即必將是自己的沒落。拿破崙是這個樣子。希特勒和墨索里尼也必將如此。但據說希特勒曾經對大島中將這樣說過「有人非難說太趕太趕，但獨裁者非趕不可，因為在自己之一生不完成，繼承者如果是一個意志薄弱的人，或許會失敗」。這一句話，不包含民族百年之長計。這一句話本身是太趕的辯解，也是失敗的理由。獨裁者之片面的時程，必須正確遵守不是危險，而是它本身是失敗的源頭。

八、

希特勒自一九三三年取得政權以後，一瀉千里地趕，五年進入第二次世界大戰，實在太趕了。

希特勒的行動，如前面所說，一切都是革命的，完全不顧從前的來龍去脈。對於國內，廢除威瑪民主憲法，實施獨裁政治，毫不流情地壓迫猶太人，強調德意志民族之優秀。對國外，放棄羅加諾條約之安全保障體制，脫離國際聯盟，無視凡爾賽條約，片面地重新進行軍備，令格林建設大空軍，重建陸軍之同時，也著手海軍之復興。確認能夠掌握國內之後，一方面充實軍備，希特勒在對外方略，有如鐘錶之針，正確地擺動。

一九三四年，奧地利發生內亂，首相多爾佛斯被暗殺，一九三五年，「薩爾」這個地方，經過人民投票，回歸德國，德國的勢力日強，一九三六年，終於武裝佔領萊茵蘭土一帶。一九三五年是，德國恢復徵兵制度，墨索里尼入侵依索比亞的一年。

自此以後，希特勒開始恢復其失去的土地，著手集結德意志民族。一九三八年三月，合併奧地利，九月，從捷克恢復了史得特這個地方。如此這般，希特勒的時間表，照其預定，進行得相當順利。勢如破竹之希特勒的勢力席捲歐洲，令世界非常驚訝。結果造成反對納粹的勢力在國際上迅速集合起來，造成勃發歐洲大戰之原因，第二次世界大戰終於揭開其序幕。

九、

希特勒德國之公然反蘇聯的態度，與日本之進出滿洲，當然立刻引起蘇聯之反彈。由其間諜詳細得知德國之納粹和日本之軍部，在以怎麼樣的復案和打怎麼樣的算盤的蘇聯，便動員其黨部和政府機構進行對策。因此，在第三國際指揮下的各國共產黨，以及其第五縱隊，扮演了最有用的角色。第三國際早在一九二八年就預言資本主義國家間之動搖，策劃帝國主義政策之互相衝突，一九三五年，採用人民戰線戰術，悉力要把英美法等德莫克拉西諸國，以要維持和平之美名，拉到自己這邊來。因此在東亞以及歐洲，盡力使日德英美各資本主義國家衝突。

史達林宣傳一國社會主義，一九二八年著手開始實施第一次五年計劃，邁向武力之擴充與增強，優先要建立軍國之蘇聯。另一方面，起用對美英形象好的李多維諾夫負責外交，一九三三年，策動羅斯福總統承認蘇聯，日本、德國、意大利脫離國際聯盟以後不久，一九三四年九月，蘇聯加入國際聯盟，出任常務理事國，在國際聯盟議場宣傳蘇聯之和平主義，李多維諾夫大聲疾呼「和平是唯一，不二」，贏得聯盟各國的全盤歡呼。德意法西斯國家和日本軍閥不滿現狀，採用反動政策，陸續侵犯其他國家之權益，製造許多敵人，蘇聯便利用這個世界的分裂，成為民主國家之一份子，利用其為反樞軸，成功於形成包圍樞軸陣線。

防共協定　其二

一、

大島武官，在柏林和李邊多羅布接觸結果，希特勒還是堅持要照其我的奮鬥之構想，即不變更其東進政策，同時認為對於蘇聯之威脅，日德兩國在軍上有共同防衛之必要。德國和蘇聯之間，當時因有波蘭、捷克、匈牙利等東歐國家的存在，所以不消說，大島、李邊多羅布之意見的交換，包含相當遠大的政治意義。因此軍部不得不將這個大政治問題報告政府。這個問題，發生於岡田內閣末期，迨至廣田內閣，軍部才正式向其提出。當時，第三國際已經在攻擊日德兩國為侵略國家，中國共產黨以日軍為敵人，以華北為中心策動一切。因此防共在廣田三原則也提到，就日本而言，這是很重要的政策問題。當然這不只是軍事的問題。

政府將這個重要的政治交涉，由大島武官轉交給武者小路（公秀）大使，令該大使和政府聯絡，與德方折衝，認為這樣比較安全。但談判本來就算由大島武官和李邊多羅布進行的，所以在當地還是只有由大島來搞。在東京，軍方左右內閣，在柏林，透過大島武官來左右武者小路大使。德方非常熟悉日本之國內情勢。軍部是親德反英美，外務省與軍部不同，重視英美。九一八事變之後，軍的勢力極強，而且有日強之趨勢，知道左右日本內外政策的是軍部。

德國之所以一切要由李邊多羅布和大島交涉就是由於這樣的原因。另一方面，在日方，大島之報告電報，在軍部當然得到重視，大島之意見成為軍部判斷歐洲情勢之基礎。不通世界情勢，又不負決定政策之責任的軍部，以自己喜好，生吞活剝，全盤接受，愈來愈偏倚納粹德國，從情感到政策，事實上與其連繫和策應。

如此這般，左右國內政治之軍部的樞軸外交，終於支配政府，左右日本。一個國家之政府的意向，在他國有過這樣的效果是絕無僅有的。

軍部之獨佔外交，作為革新的手段，掌握國內外之領導權，是其計劃之一部分，而統帥權之獨立的觀念，在這一點也扮演了決定性的作用。

二、

軍部堅持統帥部之獨立，同時謀求其徹底和擴張。這不止在一般政治問題，甚至於在日常生活上之行動，都要求特權。軍人與非軍人，或區別普通人和地方人，要求優待軍人（撫卹金、皇宮之厚待只是一個例子），軍人被視為一種治外法權的特權階級。德國式日本軍隊行軍時，要走馬路的右邊。一般民眾要走左邊，因軍隊以統帥權為擋箭牌，不遵守一般交通規則，所以軍隊通過街道時交通很混亂，因此民眾交通有時候得暫停一陣子。曾經發生了這樣的交通事件：一個士兵不遵守紅綠燈，理由說是統帥權之獨立。這一種完全沒有常識的軍部的行徑，招來民眾之反感，是不待煩言的。

對於要與外國政府交涉，軍部以統帥權之獨立為理由，遂具有特殊的見解。有關統帥權範圍之事項以及統帥權與外國之交涉，屬於大公使等政府外交權限之外，不通過日本代表，要由軍部派遣之武官直接接衝，軍部這樣主張。在外國之日本大公使館，有大公使館陸海軍武官制度，在國際慣例上，他們也亨有外交特權在工作。武官（以及駐屯軍隊）本來是在大公使監督之下，在對大公使負責作事的，這是國際慣例，但只有日本，他們和大公使，除在禮儀上之外，完全獨立，有關工作，直接與軍中央聯絡，與大公使沒有任何關係。這些武官，與駐在國政府機關之間，到底在交涉什麼事，只有問武官本人，或問交涉之對方外，大公使實在沒辦法知道。武官認為有關統帥權的事體，可以隨意和對手的國家進行交涉，而交涉題目之軍事事項的範圍，因為由軍自己來判斷，所以隨軍之勢力的擴大擴張，因而自然而然地擴大到政治問題。

此時，日本有統帥部（參謀本部）和內閣的兩個政府。它們各有獨立的對外交涉機關。國家意志沒有統一，而且對外之國家意志之發表有兩道時，其結果必將導致國家本身之滅亡。日本憲法之解釋，統帥權之獨立得到承認，影響所及，將無法估計。軍之政治力量大增，其行動，自九一八事變以後愈來愈擴張，軍之對外接衝愈來愈多方面而重要。

三、

大島武官，依照中央軍部所希望，以日德兩國對蘇軍事合作為大目標的與德國交涉之後，交涉移交到外交機關之正常管道。德方不希望其為軍事政治性協定，希望它是以防止共產黨為目的。因日本外務省的意思也是這樣，故交涉很順利地成立，協議該協定為反對第三國際而簽署。但如果只是這樣，無法滿足軍部之希望，所以另外簽署日德兩國不會採取使蘇聯在軍事上減輕其負擔之措施，作為秘密約定。日本軍部深怕德國會令蘇聯採取往東方之政策。這就是一九三五年十一月二十五日，著者為駐蘇聯大使，到達莫斯科那一天，所簽訂和發表的日德防共協定，這是廣田內閣的產物。對於成立和發表防共協定，蘇聯政府當時在莫斯科，我大使館酒匂參事官和加茲羅夫斯基遠東司長所交涉，即將成立的日蘇漁業條約，拒絕與我方繼續交涉。

不很清楚防共協定之交涉如何開始的外務省，以為這只是以防止破壞運動為目的的約定，對於第三國際，蘇聯的正式說明是，它和蘇聯政府沒有任何關係，因此沒有妨害與蘇聯之邦交的理由，所謂秘密協定只有極消極的意義，沒有重大的政治意義。對此，軍部把重點擺在秘密協定，把防共協定視為對蘇聯軍事協定。可是德國可能把重點擺在要全盤利用日本之力量，認為這是一個外交戰術的產物，一九三九年歐洲情勢告急時，毫無與日本協議，竟與蘇聯簽訂互不侵犯條約。這是蹂躪防共協定附屬之秘密約定的行為。

另一方面，探知大島・李邊多羅布交涉之經過的蘇聯，把它解釋為日德之軍事同盟，立即開始著手其對策。蘇聯將其工業中心地區選在蘇聯領土之中心烏拉爾及其西部西伯利亞，一定要實現五計劃，實決定於此時。

興登堡死後，希特勒被選為總統（一九三四年八月），不久（該年九月）蘇聯加以國際聯盟，出任常務理事國，開始大事活動，成立日德防共協定以後，斷定日德為侵略國，意圖透過國際聯盟成立國際共同戰線，努力於動員世界輿論對付日本和德國。一九三六年，採用所謂民主主義憲法，拼命宣傳所謂蘇聯民主主義，制定國旗，以減少黨的色彩，將一切措施集中於國防，在國際上努力於博取英國、法國、美國等民主主義國家之好感。蘇聯與第三國際互相呼應，為破壞日德意樞軸，已經建立了世界的地位。

國防國家

一、

改造國家之具體方案，軍部幕僚拼命宣傳，十年計劃之充實國防計劃也出爐了。二・二六事件以後，一般人對於軍部之反感突然增加，政黨人士便利用此種趨勢，在議會攻擊軍部，意圖乘此機會來恢復政黨在議會之舊勢力。但軍部對其反擊，不是很困難的事。軍部引進左右兩翼之思想，迅速具體化國防國家之建設。他們的方案是，解散自由主義之基礎的議會，準備在有力政黨之上建立獨裁政治，圓滑活潑地運用國家政治，以建設全體主義的國防國家。即所謂日後之新體制運動。在對軍部反感的議會，政黨攻擊廣田內閣，特別是非難防共協定。知道防共協定是軍部所希望和推動之日德軍事同盟的政黨，間接對軍隊表示反感，使內閣陷於困境。寺內（壽一）陸相以為，為實現軍隊之對內外方策，出於不惜犧牲廣田內閣之態度，屢屢在議會和政權發生衝突。軍部意圖解散國會以達到其目的，故寺內陸相再三要廣田首相解散國會。但廣田首相選擇了提出辭職。

當時的參謀本部，石原（莞爾）第一部長為其中心勢力，左翼的鬥士是淺原健三，身懷改造國家之後方案出任於參謀本部。軍隊擁護林銑十郎大將，樹立事實上之獨裁的軍部政府，解散國會，意圖建立納粹的一黨。他們的政策是，以建立對付蘇聯為中心的國防，主張加強與德國和意大利的密切聯絡。

二、

廣田內閣提出辭職之後，元老推薦宇垣（一成）大將為其後任。元老認為，宇垣大將是軍隊的出身，政黨對他也有好感，故以為他適合於收拾困難的政局。上層考慮的是收拾政局，不希望有極端的變動，尤其是欲避免右傾。

推薦宇垣大將，對於改造國家派是很大的打擊，故他們悉力出於阻礙組閣。軍隊認為，宇垣大將在第一次世界大戰之後，出任民政黨內閣陸相，繼續前任山梨（〇）陸相所實行之裁軍，實行第二次裁軍，完全迎合政黨，阻碍軍隊之機能，無視國防。由於反對宇垣之聲音擴大於軍隊中，於是整個陸軍決定不支持宇垣組閣，依照慣例陸軍大臣、參謀總長和教育總監三長官一致，拒絕推薦陸相之人選。換言之，軍隊以現役軍部大臣制，使其不可能任命陸相，並勸告宇垣中止組閣。於是宇垣終於死心組閣。至此，元老只有推薦軍方所希望的林銑十郎大將。因為當時的情勢，沒有辦法推薦軍隊以外的人。

三、

元老之推薦林銑十郎，不是完全屈服於軍隊的激進派。上層要求林大將用穩健份子作閣員，林大將接受，於是杉山（元）出任陸相，米內（光政）擔任海相，外相起用在回國途中之佐藤（尚武）駐蘇聯大使，拒絕了激進派所推薦之板垣（征四郎）中將和末次（信正）海軍大將等人之入閣。

好不容易成立的林內閣（一九三七年二月二日），不但和廣田前內閣在性質上沒有什麼兩樣，甚至於令軍方有倒退之感覺，因此主張改造國家之參謀本部的石原（莞爾）部長，便和淺原健三聯袂往訪林大將，對其組閣情形提出抗議。林內閣一開始組閣，就非常遭受軍部之激進派的壓迫，他們拼命宣傳與蘇聯之關係，有一觸即發之危機，為實現「臨戰體制」，要建設國防國家的氣氛日益濃厚。政府之所作所為，完全照軍隊之所希望，陸軍之產業五年計劃獲得通過，為推動國防國家之建設，中央新設企劃廳。

在此種新的情勢下，林內閣之政治非常糟糕，不符輿論，與國會一再衝突。可是最後國會出於與內閣妥協之態度，通過政府所提出之預算案，會期也安安平平結束。可是林大將卻接受軍部之要求，嘗試改造國家之更進一步，突然解散國會，挑戰國會勢力。可是政府本身卻沒有能夠建立一個支配日本的政黨的準備。

輿論興奮，政府又壓迫、宣傳和干涉，國民完全不知道這是為什麼而舉行的大選。選舉結果是，選民全盤不信任林內閣，議會勢力大勝，議會完全得到人民的信任。對於林內閣的政治運作，國民不但不能理解，對於林大將之異想天開的政綱「祭政合一」、「總親和」等口號，非常反感。林內閣遂陷於進退維谷，成立僅僅四個月兩天便「壽終正寢」。

從廣田內閣以來，興起一國一黨之新體制運動，主張解現今之國會，以軍部之一部分為中心勢力，此時已經有抬出近衛（文麿）公爵為首領的新政黨。

第四編　中日事變（近衛第一次內閣）

近衛公爵

一、

元老西園寺（公望）公爵是一位理解立憲自由主義的人，他認為，藩閥政治應該轉移到民主的政黨政治，政黨政治應當引進英美式之兩黨輪替之制度，因此，藩閥元老凋謝之後，出現了政友、民政兩黨之輝煌的時代。常常代表西園寺之牧野伸顯伯爵自不在話下，繼承他的一木（〇）、湯淺（〇）二氏也遵照元老之意思而行動。西園寺公爵已老，繼承他的上層者承受他的勢力，成為天皇之親信，形成國家之領導勢力的是近衛（文麿）和木戶（幸一）。西園寺教育年輕而貴族出身之這兩個人作為自己的繼承人，且事實上成為他的繼承人。但新時代之新人的近衛和木戶，與西園寺在政治上的想法不同，知道無法排斥軍部，乃決定一邊與其妥協，一邊努力於盡量減少其過失。尤其是近衛，與西園寺大不同其想法，不欣賞德莫克拉西的美英式政治。

明治天皇率領維新，把日本的藩閥政治引領到立憲政治。明治之元勳，其人數雖然不算少，但指導的根源皆為天皇本身之叡慮。建設立憲日本之後，萬般之組織制度，皆應根據憲法而動而行，西園寺元老對於明治天皇之繼承者，皆進言在立憲政治制度下，要依照負責人之輔弼行動，這就是「天皇學」（亦稱帝王學）。昭和天皇繼承明治天皇（中間有大正天皇─譯者），聰明睿智，從攝政時代，就負責內外諸般政務，完全一點陰影也沒有，有關政務，一切由負責人員輔弼。所謂自責人就是內閣和統帥部。

昭和天皇，比任何群臣都通達政務，了解內外情勢，具有累積多年之經驗，所以對於輪流來晉見和報告之負責人的意見，一定聽了不少愚見、淺見和怪見。事實上，昭和天皇再三對其臣下指出其錯誤，但昭和天皇一直按照負責人之輔弼。昭和天皇從來沒有忘記過要按照負責人之輔弼行動。

昭和天皇自動斷然發揮領導力的是，政府可能消滅的二・二六叛亂之時，和國家之存立迫在眼前，結束二次大戰之時。要終戰（投降）時負責人皆（包括陸相）在終戰之詔書副署，形式上完成了輔弼之責任。

二、

在昭和政界，最重要的一個人是，和西園寺公爵同樣為公卿出身的近衛（文麿）公爵。近衛具有伶俐明敏的性格，為眾人所親的士紳。其政治見解廣而開放，絕對不希望軍閥的政治，也不共鳴，可是也排斥右翼思想或左翼見解。在政界，以及個人的興趣，他是名符其實之四通八達，很通融性，為大家所喜歡的人，尤其對於政治特別有興趣，常常在政治舞台大顯身手。因為是和皇室最親的公卿華族出身，故上下受寵，令上下所有的人覺得，這個人或許能夠救救日本這個國家。由於這樣的性格，近衛最適合於作軍部的傀儡，而且近衛自己也自然而然地成為軍部之傀儡，負了很大的責任。

近衛於二・二六叛亂時，奉命組閣，但他婉謝了，不久他獲得西園寺之推薦，正式成為政治舞台的人物，他又是貴族院議長，也出任樞密院議長，集昭和天皇之信賴於一身，但與為明治天皇所信賴的伊藤博文，在見識及其內容，大不相同，只是搭上其時勢的公卿而已。

在第一次近衛內閣，陸相杉山元和海相米內光政留任，外相廣田弘毅，其他政界、企業界官僚及軍部出身者的有力人士，以及閣員，或以內閣參議參加。望所歸的近衛內閣問世利用它之軍的內外工作，由之更加激進了。

盧溝橋

一、

由於二．二六叛亂，軍隊內部之皇道派被掃出去重要位置，變成無踪無影，爾後，在內部明顯看得出來的，就是華北工作之對蘇派與對中派之對立。

陸軍之統帥系統的人們，因為專心於國防，自然而然地把重點放在蘇聯關係。當時，對蘇軍備要怎麼樣是主要的問題，所以參謀本部的大多是對蘇派。他們從九一八事變以至華北工作，都是這樣想，協力於其成功，非常反對把華北工作擴張到中國本土和南方。華北工作只是為擁護滿洲國，以及防止蘇聯之力量及於中國所需要。石原第一部長以及多田（駿）參謀次長是參謀本部這一派的代表人物。

可是，軍部內比統帥關係，軍政關係的人，特別是有關中國問題的人，比華北工作，更重視處理中國問題。附和者多是一向專門做中國問題的中堅軍官。他們因想以第二個九一八事變來獲得「勳功」在作祟。中國派以陸軍省為其大本營，陸軍省有繼承杉山陸相和磯谷（廉介）中將之後宮（淳）

軍務局長等。當時之參謀本部和陸軍省之關係，不僅在軍事政策上意見不同，而且許多是個人間感情之不睦。軍部之派閥鬥爭，已經病入膏肓。

以陸軍省為代表之軍部的有關中國問題的意見，非常強硬，而為其最前鋒的當然是在華北方面工作的幕僚事官。政府以陸相所發表的言論為陸軍省之意見，作為軍之代表意見，並尊重其強硬意向。但如前面所說，軍之任何派閥，對於日德提携合作是肯定的。

二、

自梅津．何應欽協定以及土肥原．秦德純協定以來，華北工作迅速進展，沿著京奉鐵路，滿鐵之勢力更加強大起來。與此同時，以開發華北之資源為名目的日本人活動，日益顯目。凡此皆招來中國人之怨恨感情，成為民眾排日反日宣傳之最好題材和題目。

九一八事變以後，明確敵視日德的第三國際，從締結防共協定以還，其傾向更加厲害，中共軍已經公開向日軍開戰，抗日戰線在華北已經非常強化。使華北局面陷於混亂是，緩和日德防共協定減少來自東方之蘇聯壓力的唯一方法，中日衝突，使中國亂起來，乃是赤化東方之捷徑。

軍之華北工作，勢非引發中日全面衝突不干休的地步。

三、

從滿洲逃出來的張學良，由於日本之壓迫，離開北京轉往陜西省，北京交給宋哲元管理。陜西省是毛澤東、朱德和賀龍等共產軍的根據地，張學良與共產軍妥協和同盟，擔任抗日戰線之一翼。也就是說，他被日軍趕出去滿洲以後，在華北只有與共產軍合而為一之一途。當時共產軍在軍事上還沒有太大的力量，但黨的活動相當活躍，以農民運動在擴大其勢力，其地下工作及於華北一帶，以民族之解放為口號，抗日排外之氣勢非常激烈。因共產黨之世界性宣傳，以美國為首，許多國家同情中國共產黨。

當時，蔣介石以視察傅作義軍阻止日軍之進出後的綏遠方面為目的，飛行途中在西安落地，會見張學良，這是一九三六年年底的事情。

張學良很熱心地對蔣介石說，國內的各黨派應該團結一致，以抵抗外敵日本之入侵。蔣介石主張說，要抵抗外敵，必須先除去國內之敵人。非常清楚共產黨為何物的蔣介石，於一九二七年，開始剿共以來，雖然爆發了九一八事變，還是以討伐中共，完成中國之統一為第一優先課題。至此，張學良動兵監禁了蔣介石（即所謂西安事變—譯者）。

蔣介石之生命陷於危險，他和南京政府都出於強硬態度，終於由曾任張學良之顧問，後來為蔣介石之顧問的英國人端納之斡旋，蔣介石終於安全回抵南京（一九三六年十二月二十五日）。但自此以後，南京、共軍和張學良之軍隊，成立抗日戰線，確立上下舉國一致之反抗日本的態度，發生中日事變之後，蔣介石於一九三七年九月二十二日，正式聲明成立國共合作，隔天之九月二十三日共產黨聲明統一抗日戰線。

張學良向南京請罪，爾後長期被監禁。

九一八事變，迫張學良和蔣介石到這樣的地步。張學良在西安，以非常手段所仲介，蔣介石、國民黨和共產黨的合作，由此開始了。

總而言之，受日本華北工作之刺激的中方舉國一致的抗日態勢，給予中日關係極大之影響。迨至一九三七年，日本之推動華北積極政策更加進展，中國之排日態勢，愈來愈露骨，互相對峙之中日兩國軍隊，愈來愈危險。在靠近北京之豐臺發生衝突了。繼而日軍之一部分，在京漢線之起點的盧溝橋附近，實行夜間演習時，中日軍發生了衝突。曾經一旦成立停戰交涉，但又再度交火，終於成為大事的中日戰爭。這是一九三七年七月七日的事情。

現在，我覺得有研究與日本衝突之近代中國之本質的必要。

中國革命小史

一、

中國自古以來，就是易姓革命的國家，王朝維持幾個世數政權之後，與失去民意，走向衰運之同時，出現英雄豪傑，以武力予以打倒，樹立新的王朝。說這是天命，合乎民意，取得天下，而一般人民也這樣相信。

如此這般，秦始皇統一天下之後，經過形成中國文化之漢唐，宋、元、明、清。中國是這樣不斷革命的國家，群雄爭霸之地。擁有無限之土地和無盡之資源與許多人口等因素，中國便成為政治上永遠的鬥爭場所。惟由於多年之自然的和人為的鍛鍊，從體力上和神經上來說，中國人是人類中最富於生活力的種族，因此中國成為禍亂之地，中國民族還是進出世界各地，增強其發展。

在中國朝代中，遼、元、清是匈奴族，異民族統治漢民族，但中國文化完全沒有妨礙接納他們。譬如出現清朝之康熙、乾隆等歷史上稀有之英主，維持大約三個世紀之政權，但乘文藝復興之勢的西洋思想文化之東漸，面臨工業革命後歐洲各國之侵略，免不了前所未有之劇變。欲打倒清朝的革命思想，不僅是五朝興亡的權力鬥爭，而是根據歐洲自由思想之要求提升人類之自由和解放的運動。

在十九世紀中葉，起事於長江之奉基督教的洪秀全之太平天國之亂（所謂長髮匪），也是根據自由解放之思想，反抗外國之侵略，欲擺脫異民族清朝之統治的中國解放運動之前驅。清朝末期之革命運動是，產生於王朝衰亡期之中國一向之易姓革命的思想，和欲脫離異民族之統治，要解放漢民族之思想，以及擺脫帝國主義列強之侵略，解放中國之西方自由思想的綜合。與進行革命之同時，加上橫斷中國近世的階級鬥爭思想，產生要把無產階級之一般群眾，從封建的特權階級之壓迫解放出來，所以情勢更是前所未有的混亂。

二、

被稱為解放中國之父的孫中山的崛起，太平天國之亂，以及繼其後顛覆滿清王朝之仁人志士都是受刺激而來的。在香港學醫，吸收自由思想的孫中山，在廣州行醫的時候，發起革命運動，組織了同志會。他們在廣東一帶以取得政權為目的，出於直接行動，但都失敗了，於是亡命海外，許多同志被處死刑。孫中山再三亡命日本及歐美國家，以招募革命的同志，協議革命計劃和募款。

他的初期態度是，令中國強起來以防禦列強之欺侮和侵略，有如明治維新，促進政治之近代化，直接目的是富國強兵主義，並沒有意思要推翻清朝。因此他的思想和欲復興清朝之康有為等，並沒有太大的差別。

可是隨其運動之進展，他的思想，便和擁護清朝之革新運動不相容，認為應該先推翻清朝，恢復漢民族之自由和統治（滅清興漢），建設民主主義的新國家，成為其前提。他與同志們組織興中會，採取完全與康有為等完全不同的立場，公然主張要推翻清朝。這個時期是孫中山革命的第二期。

孫中山流浪國外多年，組織國民黨，獻身於革命。

三、

一九一一年，同盟會之同志黃興等在武漢發起的辛亥革命成功之後不久，清朝倒台了。武漢的革命行動，乘成熟的機會，勢如破竹般地擴大到長江一帶，孫中山之國民黨終於定都南京，建立中華民國，宣言共和國，在此地開設國民議會，制定中國式民主主義的國民憲法（約法），立五色旗，選舉孫中山為大總統。

在北京的滿清政府，為著鎮定國民黨之亂，起用已經解職之前直隸總督袁世凱。怪傑袁世凱，乘清朝之衰運，偷偷意圖易姓革命，想就帝位，以建立自己王朝。被解職直隸總督，隱退在其家鄉河南的袁世凱，與其部下之武將聯絡，等待時機。接獲起用消息的袁世凱，覺察時機之到來，遂前往北京，接受國民黨之退位條件，成功地令宣統帝退位。他在表面上和革命黨妥協，令孫中山讓位，自己就任臨時大總統，在北京著著準備要建立新王朝。反對袁之計畫的國民黨有力人士宋教仁被暗殺，鎮壓黃興、李烈鈞等所發動的第二革命，引起與孫中山及國民黨之正面衝突。袁世凱看情勢不對，終於悶死（一九一六年六月）。袁世凱搞易姓革命之企圖失敗了。從此以後，袁世凱手下的武將紛紛向他學習，意圖掌握中央之權力，乘國民黨之無力，出現長期之群雄割據的軍閥鬥爭時代，這些軍閥中主要的是袁世凱的舊部下，總稱其為北洋軍閥。

四、

雖然達到了打倒清朝之目的，但國民革命黨所主張要建立民主主義政府，卻因軍閥之鬥爭，而變成前途遙遠。國民黨因袁世凱表示要擔任帝位之同時，遂展開在南京所制定之約法的運動，這個護憲運動，自世凱去世之後，自然而然地地以在各地具有權力之軍閥為對象。

在孫中山領導之下，國民黨要以由軍閥解放的護憲運動為革命之目的，同時順時代之趨勢，同時呼籲由外國之壓迫的解放。打倒軍閥以及反抗帝國主義之排外運動，互相呼應，深深浸透知識份子和一般國民之間，列國便在北京和掌握中央政府之軍閥進行交涉，事實上予以協助，而又鑑於軍閥以外國租界為鬥爭的大本營之事實，出現收回列國之利權為國民革命成功之前提這樣的極端論調，呼籲廢除不平等條約之聲音，更給排外火上加油。

國民黨之對內外解放運動，不僅得到中國一般知識份子之支持，也博得美國方面之不少同情，民主主義之支援，有力的美英的個人甚至前來參加。而且美國政府，一直鼓勵中國之民主解放運動，自十九世紀末，約翰．海發表門戶開放政策以來，維持同情之態度。在此種情勢之下中國之排外運動日趨露骨，甚至於逸出常軌。

原來，中國之反抗帝國主義的排外運動，係以在中國擁有權益之英國為首的列強為對象，但大隈（重信）內閣乘第一次世界大戰，向袁世凱提出所謂二十一條要求（一九一五年五月），又因寺內（正毅）內閣對段祺瑞安福派政府給予西原（龜三）無擔保政治貸款（包括參戰貸款）之援段政策（一九一七年七月），更於田中（義一）內閣時代兩度出兵山東，關連日本軍部之所謂積極政策，日本有如帝國主義代表被排斥，遭受到攻擊，成為日後中日衝突的原因。

中國之排外思想，因共產份子之活動，更加露骨，蘇聯革命之後，為收回利權更出於革命的直接行動。

五、

擁有武力，在群雄割據狀態的軍閥，還是不能逆行中國社會之變遷。何況中國之解放運動，是不可抗拒的自然趨勢。軍閥為擴大自己勢力，順從民眾之排外運動，或利用它作為武器。由於這一種原因，在中國，逐漸醞釀民族國家思想，鼓吹愛國心，國民的覺醒更向國內外，形成解放運動。發生於一九一七年的俄國革命，給予中國影響，一九一九年所組織之共產國際的活動發生了效果。蘇聯在對國民黨下手之前，已經對中國之軍閥之實力下了手了。

在此種形勢下，在長達二十年之軍閥的消長時代，其勢力從舊式軍閥轉移到新式軍閥。清朝沒落之後，在中央維持了民國的政體，樹起代表五族的五色旗。段祺瑞、黎元洪、徐世昌等，在形式上保存了中央政府，各國對北京政府還繼續派有使臣，與其維持外交關係。在這期間，一九二一年，在黎元洪大總統時代，因為張勳之復辟政變，張勳解散國會，孫中山在廣州樹立國民政府。張勳之復辟運動立刻被曹錕、段祺瑞所平定，地方到處被實力者所割據。特別在滿洲，以日本之勢力為靠山的張作霖，始終保持半獨立權力，宣言東北之獨立（一九二二年五月十四日）。第二直奉戰爭，因為馮玉祥之叛變，吳佩孚敗北，張作霖獲勝，以蘇聯為背景，稱為基督教的馮玉祥所率領的紅色軍閥，畢竟和反動的張作霖不能兩立，奉方這一次連攜吳佩孚，挾擊馮玉祥。於是馮玉祥終於逃往北方，以張家口為其根據地。奉天軍，對張學良配以郭松齡，為討伐紅色軍閥入侵關內。此時，發生與馮玉祥通款之郭松齡的叛亂，郭松齡反而入侵滿洲，奉天似很危險，張作霖間接得到日軍之援助，得於殲滅郭松齡軍。奉天軍乘勝入侵關內，段祺瑞執政政府沒落之後，張作霖在北京自稱大元帥，其軍隊沿著津浦線南下，與佔領南京之蔣介石之國民革命軍接觸。張作霖之長期滯留關內，與國民革命軍對峙，不但可能再次引起華北治安之混亂，如果張作霖敗退時，滿洲或許可能變成戰場。這是日本所不能忍受的。田中（義一）大將對於中國大陸，表示應該由國民革命軍統治之善意，滿洲作為特殊地帶，需在張作霖勢力之下，使其與日本具有密切關係，希望這樣解決滿洲問題。於是田中首相強力勸告張作霖回來滿洲，以避免和國民革命軍之衝突。張作霖遵照日本之勸告，終於離開了北京。

原來，馮玉祥依恃蘇聯之力量，利用國際共產勢力，乘內亂，意圖支配華北與蘇聯之接境地帶，而叛逆吳佩孚的。這樣取代吳佩孚的馮玉祥，完全是左傾的紅色軍閥。他在北京，配以武將鹿鐘麟，自己以張家口為根據地，透過外蒙古和蘇聯取得聯絡，以地方為基礎來實行共產政策，訓練抨擊資本主義勢力之強有力的左傾軍隊。他自己到莫斯科，在拉迪克手下接受共產教育。張作霖一直反蘇反共，在滿洲沒收過蘇聯之權益，為討伐利用蘇聯勢力之馮玉祥，對張學良配以郭松齡，入侵關內。郭松齡眼看當時之日本政策為反張作霖之機會，與馮玉祥通謀，叛亂張作霖，反而入侵滿洲，但完全失敗（一九二五年十二月），這是前面說的。這樣，紅色軍閥之欲佔領華北、蒙古、以及滿洲之接壤蘇聯國境之廣大區域的計劃，因為郭松齡軍之潰滅而失敗了。蔣介石之北伐佔領北京（一九二八年六月）之後，馮玉祥和閻錫山為北方特殊的存在，爾後沿著隴海線所戰鬥之大規模中國中原的南北戰爭，和閻錫山一起戰敗，終於投降蔣介石，與其妥協。至此，蔣介石之統一中國的計劃，初步完成，軍閥時代遂告一段落。紅色軍閥馮玉祥的立場是，一直依靠蘇聯。在第二次世界大戰中，他在重慶，協助蔣介石抗戰，但戰後眼看共產軍和蔣介石不可能妥協，遂前往美國，利用美國之氣氛宣傳反蔣，與在香港之李濟琛等反蔣廣西派連繫，意圖排擊蔣介石，覺察時機已經成熟，為與共產軍合流，經由蘇聯，計劃回中國，一九四九年年初，由紐約出發，乘蘇聯輪船，前往敖德薩，在其途中之黑海船中死亡。當時，中國共產黨對於滿洲及華北之計劃，著著進展，過渡時期之產物的紅色軍閥，就蘇聯和共產黨，有害無益的存在。

現在我們把話頭轉回來國民黨之孫中山的護憲運動。

六、

原來，孫中山之倡議三民主義，是始一九〇〇年左右，該年八月在東京成立「中國革命同盟會」（一九〇五年八月二十日成立中國革命同盟—譯者），正式提出三民主義綱領（主張）。辛亥革命之後，打倒袁世凱運動以來，孫中山又流浪海外多年，國民黨之運動，逐漸出現爭奪勢力之局，在一般民眾眼中，與軍閥之爭勢力沒有什麼兩樣。孫中山的思想逐漸進步，明確成為民族、民權、民生之思想，走向國內之民主主義和解放民族之方向，能夠以三民主義抓住中國之民心。

以對於凡爾賽條約之不滿為直接動機的五四運動，可以說是為當時中國革命思想之殿堂的北京大學學生運動為其開端，忽然有如燎原之火，擴大到全國各都市和農村，席捲勞工、農民和商人。

五四運動的火勢正熾的時候，以蘇聯政府之加拉罕外務人民委員代理名義，發表放棄帝俄時代在中國之一切權益，在平等原則下，希望恢復中蘇邦交之宣言（一九一九年七月二十五日）。

隔年春天，共產國際東亞部長維金斯基前來中國。他首先在北京會見李大釗，其次在上海和陳獨秀見面。次年七月，在上海召開中國共產黨第一次全國代表大會，中共正式成立。一全大會，陳獨秀、邵力子、周佛海、毛澤東、陳公博等出席，維金斯基也以觀察員身分列席。

繼而蘇聯政府派遣越飛前來中國。越飛和孫中山會面並稱，革命至今不能成功是因為忽視民眾所致，國民革命不僅是政治革命，同時也應該是社會革命。以勞動者、農民為朋友，以地主、資本家為敵人，對於帝國主義者和侵略者，要以實力來予以驅逐出去。為此，國民黨要和共產黨合作，要拉民眾作為朋友，這是使革命成功的捷徑。共產國際，已經在其第二次大會（一九二〇年），決定了有關殖民地和半殖民地之綱領，在第三次大會通過統一戰線之方針，這些戰術，立刻對中國可以適用通的。如此這般，遂發出那著名的孫中山・越飛宣言（一九二三年一月二十六日）。一九二四年一月，國民黨第一次全國代表大會通過聯俄、容共、勞農三大政策，正式決議國共合作，同時根本改造國民黨組織。該次大會准許中共黨員正式加入國民黨，成為黨員（陳獨秀、李大釗等有力中共黨員以個人身分加入國民黨）。其結果，黨員中譚平山為組織部長，林祖涵農民部長，毛澤東宣傳部代理部長，就任國民黨要職，中共黨員幾乎掌握了國民黨的領導權。

孫中山等在廣州，藉舊軍閥陳炯明之力量，樹立廣東軍政府（一九二三年），蘇聯依托洛茨基、吉傑林政策，以曾經在美國從事過學校教育之鮑羅廷（原名格魯丁柏爾希）為政治顧問，以加隆後之遠東軍總司令布流黑爾司令官為軍事顧問，派來廣東，與駐紮中國之加拉罕大使呼應和活動。鮑羅廷以廣東軍政府之政治、黨部最高指導者擁有實權，加倫從事軍事上之計畫指導及訓練，在軍官學校實施蘇聯式軍事教育（一九二四年）。如此這般，廣東國民黨政府，完全在蘇聯顧問指導之下，成為赤化政權，依共產黨和國民黨組織，向全國知識份子和勞工農民，開始從事有成效的革命運動，大有一舉成就中國之共產化氣勢。至此，中國之革命運動，與從前完全不同其面貌，從政治的解放，進而要求社會之解放，變成要以階級鬥爭之直接行動的偏激力量，重新出發。

七、

孫中山於一九二四年年底，應北京臨時政府之龍頭段祺瑞之邀請，為與其會見，經由神戶前往北京，不久去世（一九二五年三月十二日）。孫中山在神戶演講大亞洲主義大聲疾呼日本人。廣東政府依孫中山之遺命改稱國民政府（七月一日）蔣介石就任國民革命軍總司令，率領國民革命軍北伐（一九二六年）。這就是著名的蔣介石的北伐。蔣介石是政治系的出身，青年時代在日本受過軍事教育，在廣東時代擔任過黃埔軍官學校校長，為培養軍事首腦之國民黨的首領。

孫中山去世之後，廣東國民政府內部，國民黨系統人物和新加之共產黨員之傾軋不斷，對於蘇聯顧問之橫暴，國民黨份子自始就有反感。蔣介石曾經去蘇聯考察過（一九二三年），他的立場是，和宋子文、何應欽等其他領袖站在國民黨長老這一邊，暗中企圖把共產份子趕出去。被視為共產黨份子之國民黨員廖仲愷之被暗殺，也是在這個時候。國民革命軍在這樣傾軋中進行了北伐。在北伐，共產黨的戰術全面獲得採用，土豪劣紳到處被追放殺戮，處處展開群眾運動。事先由共產黨所組織之民眾運動，有如革命之颱風大吹大擂，國民革命軍似走著無人之境地，進出長江一帶，手中掌握唐繼堯之雲南軍的共產份子，迅速佔領武漢，在此地建立了紅色政權。在鮑羅廷、加倫蘇聯顧問之下，汪精衛、顧孟餘、陳公博、胡霖、陳獨秀等為其中心，以陳友仁為外交部長，宋慶齡、孫科國民黨左派也參加了這個政權（武漢政權，史稱寧漢分裂──譯者）。

八、

在另一方面，蔣介石等國民黨系份子，進入江西南昌，由此地下長江前往南京。一九二七年（二月二十四日），國民革命軍進入南京時，發生了南京事件，各國領事館被徹底掠奪和暴行，於是各國軍艦砲擊了暴徒。因只有日本軍艦沒有砲轟，故幣原外交在國內遭受到攻擊而著名。北伐軍，因共產戰術出於直接行動，到處惹起恐怖。在上海，因為統率青幫紅幫之杜月笙之協力，得於阻止共產黨之暴亂。杜月笙和蔣介石軍妥協，與何應欽共同盡力於掃蕩赤化份子，後來成為一股勢力。

蔣介石曾一度下野，在這期間往訪日本，探聽日本朝野意向之後回去南京，東山再起北征。可是這個個軍隊在濟南，和日軍發生衝突，這在前面已經說過，北伐軍的主力，迂回濟南，前往天津，張作霖接受日本政府之勸告，將軍隊撤回滿洲。由此蔣介石暫時完成了北方的統一。

完成北伐之後，南京政府把孫中山之遺體由北京移往南京，確立了政府之基礎，與列國建立外交關係。

南京國民政府，長時間在創立初期之訓政時期，放棄聯俄容共之方針，與以日本為首之列國樹立外交關係，逐漸採取穩健態度。又以上海為中心之財界和經濟界，係以所謂江浙財閥為中心，為非常排斥共產黨的資本家，南京政府如果反對這個勢力，實無法生存。這些財閥不是內地的地主，就是與這些地主有非常密切關係，很討厭和怨恨在浙江及江南地區之共產黨的作法。蔣介石既然需要利用這些資金家勢力，以南京為根據地來維持政權，當然逐漸採取穩健政策。是即蔣介石實有充分機會知道共產黨之真面目。

九、

在此之前，在漢口成立共產政府，佔領外國租界，實行共產政策，勢力頗大，得不到附近內地地主和土地有力者之幫助，因此漢口缺乏糧食，經濟陷於絕境，暴露共產政府之真面目，不多久發生內爭，汪精衛免職鮑羅廷以下俄國顧問，武漢政權沒落下去。一九二七年，國民黨與共產黨完全斷絕關係，共產黨勢力在表面上消聲匿跡，爾後幾年，蔣介石開始討伐共產軍，進入內戰時代，南京政府展開極端的反共政策。

由此，托洛茨基派之對中國積極政策失敗了。鮑羅廷和加倫，與漢口政府之沒落，被召回莫斯科。實際家的史達林政策，與理論家之托洛茨基的方針不同，以實力作為憑藉來行動，兩者對於中國問題已經在對立。被視為托洛茨基派的加拉罕，以及加倫都被處刑，鮑羅廷過著失意的日子。

武漢政權倒台之後，留下來的共軍，由毛澤東、賀龍、朱德等領導，殘留在湖南、江西方面，與蔣介石軍戰鬥幾年，或佔領漢口上游嘉魚（一九三一年六月），或在瑞金建立蘇維埃臨時政府，舉行中國共產黨第一次蘇維埃大會（十一月），一九三三年，宣言只要對抗日軍，共產黨願意和國民黨軍合作，但蔣介石不緩和對共產黨之圍剿，共產黨眼看形勢之非，為轉移到方便與蘇聯聯絡之西北地區，遂迂回西方西藏國境，向東北北上，進入劉子丹開拓之陝西省甘寧邊區，在這期間，從湖南邊戰邊走山路幾千英里（史稱兩萬五千華里：根據今人測量，其實不到一萬里；一九三六年六月）。這就是著名的所謂紅軍之西遷。據說在這逃難行軍中，七萬的軍隊剩下一萬人，紅軍以陝西地方為根據地，在延安樹立政府，在和蘇聯聯絡下恢復其勢力，以從事其長年的抗日戰爭。十年之後，共產軍在二次大戰末期，得以組織百萬之強大力量之紅軍，被認為是一種奇蹟的事業。這個時代的共軍，以貧農為背景，完全消除地主及反對共軍之立場的人們，在西北建立權力，直接和日軍接觸。當時是中共軍完全在共產國際的指導之下，宣布以日軍為敵人的時代，另一方面，在日本國內，正在抓共黨份子，強力壓制共產黨的時代。

逃往西北的共軍，與蔣介石的中央軍，因為地理上關係，沒有互相直接觸，彼此保持小康，但蔣介石的態度一直是反共的，自一九二七年以來的鬥爭一直在繼續，敵我的關係，繼續到西安事變。

在上海一帶從事煽動排日運動的李立三，一九三〇年逃往蘇聯。原來，他所率領的共產黨，係以勞工為基礎，主要以工廠之勞工為對象，但毛澤東卻以農民運動為基礎，以分配農地為政策，因此比都市，在地方增強其勢力。從一九二〇年左右至一九三〇年左右，以工廠勞工和鐵路員工為對象之李立三所指導的時期，實値於托洛茨基派之國際馬克思之勢力鼎盛的時期，乃是以上海、天津為中心之排外罷工騷擾的時代。

毛澤東等之共黨軍，係學習史達林之實際派，其農民運動，和史達林之農民政策大同小異。中共軍因在戰後之成功，取得滿洲、華北和華中，運作都市之經營，由以農民為中心的政策，改變以都市為中心的政策。戰後從莫斯科顯身於滿洲的就是李立三。

十、

蔣介石在南京建立國民政府，其實力及於中國大部分之後，大小都市大多在其勢力之下。因此都市之共軍勢力逐漸消退，惟因多數來人口之迅速增加，以中國之地方的農民為背景的共黨勢力隨之日益增加。美國共產黨替中共宣傳說，中國共產黨不是真正的共產軍，而是農地改革主義者，以迷惑美國知識份子。毛澤東所率領的中共軍，在延安設立根據地，以在農民之間擴大其勢力。他們拿手的不是正規軍的戰爭，而是地下運動的游擊戰。依分配土地的共產政策，以及對民眾之細心的態度，由之其勢力一路增加。他們的主張是對日戰線之統一和停止內戰，由國際共產所指導的中共軍之宣傳，對國內外產生之百分之百的功用。

因為日本之壓迫，由北京轉移根據地至西安的張學良，遂與共軍合作，這是理所當然的事。華北一帶，有以國民為地盤的中共軍，和從滿洲被趕出去的張學良軍隊之共同的排日抗日的場所。在此種情況下發生了西安事變。西安事變時，在西安之蔣介石的交涉對手不是張學良，而是周恩來。張學良完全在共產黨指導之下。一九三六年西安事變之後，在中國成立了國共合作的對日統一戰線，盧溝橋之衝突，發生於半年後之一九三七年七月七日，終於發展成為中日兩國的全面戰爭。張學良從南京和蔣介石一起去重慶，及至戰後，重新開始國共內戰，中國本土終於被共軍佔領，蔣介石和張學良都到臺灣去了（張學良是被幽禁，帶到臺灣去的—譯者）。一九五〇年毛澤東訪問莫斯科，中蘇同盟之締結，確定了戰後共產中國之方向。

十一、

孫中山革命，從富國強兵之革新運動變成打倒滿清王朝的運動，進而成為反抗軍閥的護憲運動，逐漸以民眾為基礎，終於依聯俄容共政策，成為國民革命軍成功的因素。因此，繼承孫中山之蔣介石的北伐，一時成功，在南京建立國民政府，實現清朝盛時以來的中國的統一，但這個時間很短，不久國民黨和共產黨展開非常激烈的鬥爭。國共內戰，由於中日戰爭這個對外戰爭，以西安事變為契機，一旦停止，但為其根源之不同，雙方之鬥爭，在戰爭中仍然繼續，與抗戰勝利（一九四五年）之同時立刻表面化。

中國之革命運動，顯而易見，和其他革命一樣，為人類發達之一種解放運動。是始於反對暴政，欲從滿洲異民族之壓制解放漢民族，要從外國之侵略的帝國主義解放中國，要由國內之軍閥解放人民的運動。

從辛亥革命以來的脈絡來看，革命的基礎變成廣闊而深遠。趁早著眼於大眾之覺醒，能夠動員其力量者，終於能夠獲得最後勝利，可能是人類文化發達之應有和必然的道路。在國民黨能以民眾為後盾之前，孫中山的革命，軍閥之軍隊，可能是大同小異。與日本之戰爭，獲得大局上之勝利的蔣介石，在戰後的民眾動員，被共產黨制其先，遂立於今日之苦境。

今後共軍成功，即使能夠統一中國，只要中共為蘇聯之傀儡，著者認為中國之革命因素仍然會繼續存在（此書完成於中共建立中華人民共和國不久的一九五〇年三月—譯者）。

中日事變

一、

日本應該儘量努力於隱忍自重，除滿洲以外，對中國不能出手。可是由於政府之無力，軍部之無智慧，一再進行華北工作，九一八事變演變成中日事變。追求其原因，實因為日本政治機構之遭受破壞，最後，應該歸因於日本國民政治力之不足。由於盧溝橋之衝突而點火的中日事變，使日本國破家亡。

譬如華北，是幾乎國際上史無前例般地複雜而危險的地區，淺慮而富有功名心的軍隊在那裡胡搞，令其胡鬧，簡直是亂來。

由於一連串之排日事件，起因於日本守備軍的夜間演習之盧溝橋的小衝突，一旦因交涉似告一段落，但又因廊坊起火星，演變成更大規模的衝突。因梅津．何應欽協定，由河北撤退的國民政府軍，因中央增援軍之北上，採取與日軍對抗之態勢。衝突又帶來衝突，好像在幾個地方在故意放火和吹風，變成大火災，大衝突。人數雖然不多，這一次日本華北軍站起來了。一旦動起來的士兵，有如滾下坡之石頭，加速度滾下去。

近衛（文麿）內閣成立才一個月，欲迅速收拾局面，依統帥權之要求，決定增兵三個師團，爾後又增加五個師團，無腦筋的內閣代辯者，一再重複日本之強硬決心，並說這不是事件而是事變。政府雖然決定不擴大方針，但在實際上卻這是在擴大事件。甚至於政府和軍都宣言這是「膺徵支那的聖戰」，近衛首相更高倡要建設東亞之「新秩序」。至此，任何人都阻止不了它了。

華北之戰爭，無法阻止於永定河之線，演變成為中日兩國之全面戰爭。

二、

日本軍方的態度非常強硬。在盧溝橋發生衝突的時候，北支軍司令官田代（皖一郎）中將已經生病，不久去世了。軍部起用寺內（壽一）大將，沒有選擇阿部（信行）大將為華北軍之統率。因為寺內是對華積極主義者的龍頭。沒有按照要把不幸的戰爭趕緊結束之軍的意思，這個戰爭有如深陷泥沼，愈走愈深，愈來愈遠，從京津地方擴大到後方各方面，戰線愈來愈大。

這個形勢，對於中國問題和世界形勢具有常識者，當然都能夠判斷，可是日本卻未能預防第二個九一八事變之發生，簡直是政治的破產，國家之不幸。軍首腦之輕率，大言幾個月可以解決而猛進妄撞，近衛內閣，鑑於九一八事變之痛苦經驗，似欲從軍方拿過來事變之主導權，表現出比軍方更加強硬之態度，表示政府不是在追隨軍部。

中日在華北之衝突，立刻反應於華中。回顧九一八事變時候之一二八事變（上海戰爭），日本必須防止在上海肇事。因為在上海發生事情，不僅是上海，一錯誤戰爭便會波及華中和華南，會成為海軍南進政策之開端。盧溝橋衝突之後，不出幾個月，戰火便延燒至上海，這當然是很不幸的事。

三、

無需說，上海是中國經濟文化之中心，同時也是共產黨活動之中心，在華北之中日的衝突，很敏感地反映於上海，排日侮日之風潮立刻氾濫於上海。日本在大局上要如何忍受是一個大問題。

一九三二年五月五日，第一次上海戰爭（一二八事變）之停戰協定，為確保列國軍所警備之上海的和平，禁止中國軍人進入一定之區域。中方認為，這個文件是暫時的停戰協定，並不限制中國之主權，無視日方之抗議，令其軍隊進入這個地區。駐屯上海之中國軍，又左傾了。這一次是張發奎的第二十九路軍。發生盧溝橋衝突之後，充滿排日氣氛的這個軍隊，隨時有和日本海軍陸戰隊衝突之可能。

日本海軍陸戰隊以大山（勇夫）海軍大尉在中方軍用機場附近被殺事件為開端，中國軍和日本海軍發出衝突，變成另外一個上海戰爭的形勢。人云，在北方，如果由陸軍挑起事端，海軍一定會在上海搞鬼。其責任問題暫且不談，此種中日之衝突，究竟不可能由海軍單獨處理，這在一二八事變已經證明過。

四、

米內（光政）海軍大臣，強硬要求陸軍出兵。前茲統帥部年次作戰計劃中，陸海軍曾經通過「必要時可以出兵上海方面」的妥協案。事實上在一二八事變當時，陸軍立刻出兵。海軍認為，其不能單獨處理的陸上戰鬥，當然要要求陸軍出兵。

可是，石原參謀本部第一部長和多田參謀次長，卻強硬反對海軍大臣之要求。北方派的參謀本部認為，中日事變之擴大到華中和華南，是分散日本的戰鬥力量，有減弱北方防備之危險，還沒有完全建立國防國家之今日，用兵要最小限度，所以對於華北以外之出兵，即使犧牲也要忍耐，這是北方派之意見，作為身負統帥責任者的理由，實無可厚非。

但是，上海戰爭已經開始了，沒有問為何發生戰爭的工夫。幾萬日僑之生命財產，面臨危殆。在感情和參謀本部對立的陸軍省，杉山陸相和後宮軍務局長，在責任上，認為出兵是必需的。政府終於與陸海軍部妥協，以最小限度上之出兵，編成三個師團作為登陸上海之兵力，徵召預備役之松井

（石根）大將為指揮官，以應戰充滿同仇敵愾之心的抗日中國軍隊。末次（信正）海軍大將出任內務（內政）大臣。宇垣新外相接受陸軍之……

由於日本內部之不一致，第二次上海戰爭，更大規模地重演了五年前之第一次上海戰爭（一二八事變）的過失。登陸吳淞方面的日軍，一路苦戰，不得前進，蒙受極大損失，粘在上海正面。由於是以國際都市為中心的陸海空之不宣而戰的戰爭，因此事故百出，掀起了全世界對於日本之險惡感情。參謀本部克服很大反對，又編成幾個師團之柳川（平助）軍，從杭州灣方面登陸，從背後進攻中國軍，往南京前進，上海之中國軍才後退。上海軍呼應登陸杭州之日軍，進軍南京，終於攻克了南京（一九三七年十二月十三日）。

主要由於進入南京城之中島師團之暴行，日軍隊在南京之強暴中國婦女的惡行，被宣傳於全世界，日本之聲譽由之掃地。

五、

日軍攻陷首都南京，蔣介石遷移漢口，進而遷往重慶（一九三七年十二月二十日），不想媾和，與軍隊之預測完全相反，中日戰爭日愈擴大。在北方，辭去陸軍大臣之杉山大將，繼任寺內大將之司令官，在華中，畑（俊六）取代了松井（石根）大將。北方軍，經驗過濟南和徐州之苦戰，北甚至進入山西省。華中軍，沿著長江進行攻擊漢口。另一方面在臺灣組織的古莊（幹郎）司令官所率領的南方軍，建立登陸バイアス灣，以進攻廣州的作戰。這樣，一九三八年年底，日軍佔領了漢口和廣州。在廣大的中國，日軍佔領了京綏線，中部之京漢，津浦隴海各鐵路以及沿長江之要衝的點和線，並必須維持這些點和線。在這些地區，共產軍之游擊隊，自由自在地活動。

日軍佔領南京之後，在中國本土逐漸擴大的期間，發生了其他的重大事變。那就是一九三八年七、八月在張鼓峰發生的日蘇間之衝突。

六、

隨在華北方面之軍事行動的進展，首先出現的就是滿鐵之勢力。軍為直接運作北京、天津、山海關、瀋陽之鐵路，必須依靠滿鐵之力量。以為經營滿洲所得之經驗非常寶貴，乃原封不動地開始在華北之經濟計劃。

可是政府和軍部都認為，華北的作法應該和滿洲不一樣才對。中央軍部以為，包括華北之中國本土的經營，應該和關東軍以及滿洲分開，為此要設立特別的新機構，有如為經營滿洲設立對滿事務局一樣，對於經營中國，研究要設立規模更大的機構。這就是後來的興亞院。隨華中、華南作戰之進展，有關中國之軍事以外，全部工作統轄為一個機構。

和平工作

一、

由於華北問題，變成中日之全面衝突，戰火擴大到上海之長江一帶，政府宣言「膺懲支那」，形勢日益險惡，日本政府本來採取事變之局地化方針，而中日之間又有意願恢復和平。在軍部之中，以中國派之勢力小的石原少將為中心的參謀本部，不希望戰禍波及華中，希望盡快恢復和平，並在從事這樣的工作。就整個軍而言，看條件如何，不一定反對和平。在這樣內部情勢下，軍中央准許當地軍負責人單獨和蔣介石聯絡，但不相信日軍的中方，沒有認真把它當成作一回事。軍部曾經以對於解決中日紛爭熱心的德國為仲介，欲達到此目的，對政府提出這樣的構想。近衛在組閣當初，是依靠由杉山陸相為代表的軍部中國派勢力，聽得參謀本部之和平構想，遂予以贊成，並欲利用參謀本部之勢力，以抑制陸軍省。因此，石原第一部長之對近衛首相的影響力驟增。

當時，英美兩國之大使，也對廣田（弘毅）外相，表示願意調停中日之紛爭。英美兩國從對中國貿易和保護其在中國之權益的觀點，以及從防止東亞禍亂之擴大這樣意義來說，此時要調停中日兩國之紛爭是對其有幫助的。以廣田外相為首腦的外務省，當然知道中國問題之解決，需要借助英美之力量，同時也知道，從德國在中國之權益來說，單靠獨德國一國之力量來調解中日之紛爭是不夠力量的。可是，軍部對於當時之英美非常反感，自九一八事變以來，一直反對日軍之行動的英美，在感情上針鋒相對，因此要日本請英美來調停中日之衝突，簡直是要把日本之命運交給敵人，因此反對。近衛首相對於軍部要請德國來從事調停，沒有不同意見。有識之士認為，接受英美之提議，是解決中日之紛爭，在國際上提升日本之國際上地位的唯一一條路，惟因日本之實權在軍部，而且此時依靠英美之力量，意味著國家政策之轉變，要違反軍部之意向去實行，事實上是不可能的。

二、

德國人在第一次世界大戰後，在中國之商業上的苦心經營，因為戰敗，不平等條約被清算，反而獲得亮麗的成績。於是中國政府從德國請來軍事顧問，並從德國購買從其他國家買不到的武器。德國在中國的這些地盤，在希特勒政權以前，由反納粹的人們所建立的，他們在商業上是日本的競爭對手，對於日本之中國政策是反感的。迨至希特勒時代，他們的立場還是沒有改變。他們為維護自己的商業上利益，非常希望中日之紛爭，能夠早一點結束。希特勒也認為，中日紛爭之繼續，會把中國趕往蘇聯懷抱，因此極力勸告日本軍部早日結束戰爭行為。德國的這個態度，和以日本參謀本部為中心之軍部北方派的想法是一致的，他們要以德國為仲介，以結束中日事變。當時，參謀本部和德國大使館奧托武官的聯絡人第二二部員馬奈木（？）中佐，奉命兼任石原第一部長手下的工作，石原部長透過馬奈木中佐，與奧托武官聯絡，進行中日和平之交涉。根據德方的紀錄，從一九三六年年底，以謀求中日問題之全面解決為目的，已經開始交涉，中方的條件是：（1）允許內蒙自治；（2）承認中國對滿洲具有主權，在滿洲建立親日政權，對和平沒有異議。爆發中日事變以後，奧托武官，和馬奈木中佐一起到上海，會見陶德曼德國駐華大使，協商中日之和平。與德方具有密切聯絡的參謀本部，對於中日和非常熱心，其意見受到政府之重視，陸軍省也沒有異議，這是前面說過的。

三、

廣田外相根據政府和統帥部之意向，對德國駐日大使馮，遜克先，正式透過陶德曼德國駐華大使，請其斡旋中日之和平，以共同防共、防止排日、經濟合作、賠償損害為基本的妥協案。如承認滿洲國，中國很難承認的問題，以後再說，此時沒有提出。熱心於和平工作的參謀本部，與德國駐東京之大使館武官奧托少將之聯絡，已經在從事中日和平之桌下工作，對中國暗示不必付賠償費用，多田參謀次長指示駐柏林之大島武官，透過在中國之首席軍事顧問法爾肯浩劍上將能夠從旁敲鑼打鼓。有關參謀本部與德國所作的這些折衝，政府完全不知道，亦即外交是各自為政，完全沒有統一。

中國派所據之陸軍省所代表之軍的態度，對於和平之條件非常強硬，不可能有所緩和，尤其是佔領南京之後，其態度更加強硬。在漢口的蔣介石政府，對於透過逖爾克先大使之廣田外相的提案，有天大的疑惑，透過陶德曼，要求日本政府更詳細的具體內容之說明，對於在華北設立非武裝地帶之要求，中方自始就沒有同意之意思。至此，廣田外相認為中國沒有要使交涉妥協之誠意，鑑於日本軍部之強硬態度，這個交涉不可能有結果而作罷。內閣也同意了。於是軍部強硬派所計劃之佔領中國的政策，立即具體化。

其結果，政府公然發表「不以蔣介石為對手」之那著名的聲明（一九三八年一月十六日），日本將自己來找適當的對手，以自己之見解，來進行對中國政策之方針，並在國會也這樣表明，對於議員之質詢，廣田外相回答，目前之日本的態度，比宣戰更強硬，而得到大家之喝采。並為推動新的佔領中國政策，新設立興亞院。

四、

近衛首相不斷聯絡，尊重其意見之石原第一部長等參謀本部的人們，氣憤事態之發展，用心於其救濟之方策是改組內閣，更換陸軍省之首腦人爭。陸軍大臣推薦在中國北部山西方面之第五師團長板垣（征四郎）中將，和多田（駿）參謀次長。板垣是九一八事變以來之石原部長的同志。

近衛接受他們的建議，派人到中國去探詢板垣之意向，為因應這個重大時局，以網羅各方面之有實力的重要人物進來內閣為目的，決定進行內閣之大改組。特別煩請閑院宮參謀總長令杉山陸相提出辭職，由板垣中將接任，以宇垣（一成）大將取代廣田外相，荒木（貞夫）大將出任文部大臣，三井之龍頭池田成彬取代賀屋（興宣）為大藏大臣。末次（信正）海軍大將出任內務（內政）大臣。宇垣新外相接受陸軍之要求，提升大島武官為駐德大使，白鳥（敏夫）公使為駐義大利大使。近衛首相希望經常和陸軍取得聯絡之白鳥出任外務次官。對於大島之升任大使，德國提升在東京之奧托武官為駐日大使。陸軍得知要把比梅津（美治郎）陸軍次官後輩之滿洲派的板垣中將為陸相，在任命新陸相之前，便調梅津轉任華北軍司令官，以屬於統制派系統之東條（英機）出任陸軍次官，以防止石原（莞爾）接任陸軍次官。

因此，滿洲派之板垣、石原等之勢力，和東條等統制派勢力，發生激烈的傾扎，對外形成統制派之對中國強硬政策，和滿洲派所主張，統制派沒有意見之締結日德同盟的方策，成為陸軍全體的主張。為實現日德義三國同盟，便任命了大島、白鳥大使。所以，近衛欲以皇道派之插足北方，以抑制統制派之意圖失敗了。

近衛內閣大改組之目的，在於要趕走杉山陸相，以及與其連結之廣田外相和陸軍省之中國派，由此，參謀本部可以進行中日之和平交涉。為其伏筆，近衛發表以防共、中日經濟合作、善鄰友好之要點的近衛三原則，變更「不以蔣介石為對手」之方針，軍在背後努力於與蔣介石方面聯絡。這些舉動，成為汪精衛一夥人之分裂的動機，但重慶政府沒有實質上之任何反應，和平工作毫無進展，中日事變，在中國派之中堅軍官握有實際權力的軍部活動下，有如脫韁之野馬，一路奔跑。

德國仲介之中國問題的解決，雖然沒有實現，但因為中國問題之仲介，日德國關係由之更加密切。在軍部不分派閥，都歡迎日德之接近。如此這般，在東京，板垣等於奧特，在柏林，李邊多羅布等於大島之線，加上義大利，便開始推動日德義同盟之談判。大島為商議防共協定之軍事關係，回來日本，因受日德關係緊密化之秘密訓令，又趕回去柏林。大島武官回去任所不久便升任大使，以進行締結三國同盟之交涉。

海軍之南進

一、

當初，德國的意向是，以北方派為中心之日本軍部的意向也是，日德關係之緊密化，一切以對蘇關係為對象。可是在東亞，中日事變卻日益在往南擴大，在歐州，德義和英法的傾扎愈來愈益激烈，於是日德義關係之緊密化的研究，必須考慮到與英（美）法的關係。就日本而言，反對三國同盟之海軍的態度，與軍事行動之南進開始變化，終於給予三國同盟決定性性之影響。

二、

就日本而言，上海是日本陸軍和海軍之接觸點，也是連結點。對於滿洲和華北，海軍不但不關心，對於陸軍之積極政策甚至採取反對的態度。可是在上海發生事端，海軍束手無策時，則以積極態度要求陸軍出兵，絕不後退。此時便會產生陸海軍之共同立場。因為在上海以及長江一帶所形成的共同作戰，陸海軍手牽手地向南方擴大事件。

上海以南是海軍的負責地區。海軍更派遣現役海軍軍人出任南洋廳長官，迨至廣田內閣時候，海軍又得到臺灣總督的位置，以對抗陸軍之朝鮮總督。以臺灣之殖民統治上和對岸之福建省有密切的關係，便把在福州和廈門之總領事館以及興亞院之聯絡部置於海軍勢力之下。後來成為進攻菲律賓基地之臺灣自不必說，在此之前，為攻擊廣州，登陸大亞灣之古莊軍是在臺灣編成的，臺灣是南方的跳板。

中日事變擴大到華中方面以後，宣言封鎖全中國沿岸的是日本海軍，日本海軍對於日本陸軍之插手中國大陸已經不是旁觀者，而是其南進的主要角色了。對於九一八事變採取反對態度的海軍，對於中日事變開始採取合作的態度。

三、

海軍的政策是南進。從前佔領了越南海面的無人島新南群島，在這裡插上日本國旗，遭受到法國之抗議。下來準備佔領廣東省南方之海南島。這是協助陸軍佔領廣州之後華南計劃，為對抗它，要把南進之要衝的海南島當作第二個臺灣，海軍計劃要把它佔領下來經營。佔領海南島，當然會引起越南的問題。

從第二次上海戰爭以來，海軍和陸軍攜手，或合作或競爭，一路往南前進。陸海軍聯合的南進政策，決定了日本與英美之關係的大勢，日本之國際關係，演變幾乎不可救藥之地步。這個形勢，因為締結日德義三國同盟之交涉，更加進步。

三國同盟　其一

一、

欲依靠德國解決中國問題之軍部的想法，就整個昭和之動亂的全局而言，是有很深意義的。日本和納粹德國，自一九三六年簽訂防共協定以，透過在柏林之大島・李邊多羅布之聯絡，在東京，奧托武官與日本軍部之接觸，迅速加強了其密切關係。軍部對於英美的理解不多，而自九一八事變以來，對其抱有惡感。新興之納粹德國，一切的一切成為日本軍部的楷模和合作者。德國對於蔣介石派遣有力的軍事顧問，透過它也對中國方面加壓力，軍部以為這樣可以促使中日之和平。

成立防共協定之後，歐洲之形勢迅速緊迫，德國由之更加重視與日本之關係，故更用心於兩國之間的接近。要利用日本，對於中國問題，以為討好日本之歡心為上策，希特勒不顧從前之手下的反對，為其所欲為。他承認了滿洲國。也撤退了在中國的軍事顧問團。日軍對於在中國之德國人之經濟活動的特別照顧（比其他各國），雖然係基於德方之大力要求，還是堅持到底。

英美一直反對日本在中國之所作所為，同時愈來愈援助中國，相反地德國對於日本在中國之政策表示好感，努力於尊重日軍之感情。這一種對照，逐漸固定於日本軍部之腦袋裡頭。

二、

原來，日本和德國之關係，如締結防共協定之經過，是來自挾在這兩國之間的蘇聯的地位而來，除對蘇聯問題之外，兩國之關係本來是很淡薄的。可是在中國，從前，無論是政治上的問題，還是經濟上的發展，日德之利害是對立的，可是現在這個想法有很大的改變。一方面在日本，與中國問題之進展的同時，對於其解決，想依靠德國的想法日強，另一方面，隨歐洲問題之迫切，在德國，透過軍部之與日本的關係愈來愈密切。日本愈深入中國問題，陸軍從陸上，海軍從海上南進，終於不知所止，以北方蘇聯為對象之從前的陸軍的想法，因為中國問題，漸漸變化，而逐漸以英美為對象。德國已經除對蘇聯問題之外，對英（美）法問題，不得不與義大利認真思考，歐洲之形勢由之逐漸迫切。這個一般形勢，最為共產國際的世界政策上所歡迎，共產黨的世界組織，致力於盡量給它火上加油。左爾格和尾崎（秀實）在東京最努力的也是這個時候，當時左爾格告訴克里姆林宮日本並不危險，就是得悉這樣的形勢。因為中國問題促使日德之接近，而隨日本之對中國戰爭，奠定了日本之南進政策的決定性基礎。

就日本而言，中國問題最後就是對英美的問題。在中國，解除了日德之間從前既有的障礙，開闢了合作的道路，使日德對英（美）法，有採取共同動作之前提。在這氣氛中，日本軍部開始著手三國同盟之交涉。這個情況，與九一八事變之後在日德之間，欲實現對蘇軍事協定之情況類似。

三、

在柏林，自成立防共協定之後，大島武官依照軍中央之意向，與德方密切聯絡，開拓親善關係。原來之防共協定，是為對抗共產黨之攪亂世界的工作，所以防共協定係以日德義三國為中心（一九三七年十一月）。爾後，直接面臨蘇聯威脅之德義之友邦西班牙及其衛星各國，也逐漸加入。至此，有關防共協定之日德義三國之結合便水到渠成。可是，締結防共協定時對於蘇聯之軍事上地位，日德和義大利之間，在地理上有根本的差異。因此，防共協定之附屬秘密約定，只止於日德兩國間的問題，義大利自不在話下，其他加入防共協定之各國皆不知情。

但是，今日要以重新簽訂新的軍事同盟為目的，日德間為進行加強防共協定之交涉，自不能排除義大利，歐洲之形勢，自不能只以蘇聯為對象。

就軍事政治關係而言，義大利的對象是英國。墨索里尼以地中海為中心，用心於義大利帝國之建設。征服衣索比亞（一九三六年五月），義大利合併衣索比亞宣言），欲與義大利領土艾利托利亞，越過蘇伊士運河，來建設大殖民地，並已經在開發北非洲之基雷乃伊卡、的黎波里之義大利殖民地。義大利又在地中海東隅博斯普魯斯海峽附近，接近土耳其，自一九一一年以來，領有許多島嶼。

多得加聶斯羣島。巴爾幹自不在話下，小亞細亞和北非以及巴列亞爾列島，地中海沿岸的廣大地域，是法西斯義大利野心的對象。夢想復興羅馬帝國之墨索里尼的野心非常之大。義大利在墨索里尼領導下，在國內外迅速發展，其野心立刻和大英帝國之利害衝突。因為墨索里尼的這個計劃，意味著要排除大英帝國在地中海之連鎖的實力，奪取其長久以來的領導地位。

英國為維持其世界帝國之地位，與反對法西斯義大利之發展政策的同時，以及為維持其在歐洲之領導權，也不能默認希特勒之東進政策。法國之地位也是，與英國之地位完全差不多。德義之推進發展政策，使英法之反抗日熾。英法之政策，當然要阻止德義之進一步的發展。在思想上，英法和納粹德國是互不相容的。德國如果東進，對於背後之英法要有因應之準備，而義大利愈想要更發展，愈更需要德國之支援。德義之樞軸合作，隨英法之接近，更有加強之必要。也就是說，有如德國以英法為共同的對象，歐洲之形勢逐漸在逐漸發展。就德國而言，與日本交涉三國同盟，一定要把義大利之對英關係考慮進去，是沒有意義的。

但是，日本的立場是，當時與德義的立場根本不同。不僅是蘇聯，也要簽訂以英法（所以自然包括美國）為對象的軍事同盟，要把日本拖進去世界戰爭的毀滅性政策，日本是不能接受的。

四、

帶著板垣陸相等軍中央之秘密訓令回去柏林任所的大島武官，與李邊多羅布繼續交涉防共協定之強化。其主旨為，以蘇聯為唯一對象。日本軍部，起初也以這是防共協定之延長，蘇聯以外沒有在考慮之內，只是欲以從前之思想上協定，使其成為三國間之軍事協定，把重點擺在強化日德義三國間之連繫。

這個交涉，當時限於軍部內，連內閣都不知道軍之南進計劃。一部分軍部以外的人，當然不可能想與德國之軍事協定，會以蘇聯以外之國家為對象。重視與英美之關係的日本傳統氣氛，除軍部以外，都非常強，中日戰爭即使在進展，沒有人認真在想與英美之戰爭，除海軍之極端派的故意宣傳以外，沒有人在談這個問題。令人們瞭解三國同盟之簽訂，最後也要以英美為敵人，應該是死心三國同盟之捷徑，這樣想法，絕非不自然的事。

但是日本之情勢，只是想實現軍事同盟，以心急的軍隊為中心，逐漸在變化。德國之仲介失敗，失去要以自己力量解決中國問題之自信的軍部，隨中國戰爭日益激烈和擴大，將其主要原因歸於英、美、法之態度。認為中日紛爭之困難解決，是完全在於英美在作祟，這些國家在援助蔣介石，硬要其繼續對日戰爭的結果，日本之敵人不是中國，而是英美等這樣的宣傳，逐漸產生效果，於是日本之輿論日愈反對英美。對日本國運最危險之反英（美）的宣傳之所以那麼有效，是由於反理性之判斷所造成。

大島武官和李邊多羅布外相交涉時，大島才知道，德國的見解不是像日本的看法那麼狹窄，而是與簽訂防共協定當時完成不一樣。其結果所得到德方之日德義同盟方策是，締約國之一個，沒有挑撥遭受到他國攻擊時，其他締約國要立刻給予援助這樣的一般軍爭同盟。大島武官特派駐德之笠原少將回日本，以探採中央之意向、今後之處置及訓令。

五、

看過笠原少將之報告的板垣陸相等軍部首腦，得知三國同盟能夠實現，非常滿意，立刻向五相會議（近衛首相、宇垣外相、板垣陸相、米內海相、池田藏相）提出商議。其結果，獲得五相會議通過，並依照過去慣例，今後之交涉，決定以它作為基礎，離開武官之手，由政府之代表的駐德大使來負責。

獲得笠原少將之復命的大島武官，依中央之命令，將過去之交涉經過向東鄉（茂德）大使報告，將交涉交給大使。但不久，大島武官接東鄉大使位置，升任大使。由他負責交涉三國同盟。又同盟論者之白鳥（敏夫）公使出任駐義大利大使移往羅馬，接替天羽（英二）大使，以支援大島大使，意圖努力於從歐洲之現地來牽著本國政府之鼻子走。這些安排，是近衛首相接受板垣陸相之要求所作的安排。近衛內閣之三國同盟交涉外交陣容的布置至此完成，在柏林的交涉便可指日以待。這是一九三八年年底的事。東鄉大使由柏林調往莫斯科，著者接替吉田（茂）大使，由莫斯科調往倫敦。三國同盟之交涉，不久便由近衛內閣交給平沼（騏一郎）內閣。

中國工作

一、

日本政府曾經努力於抓住解決與中國紛爭之機會，可是沒有實現和平的可能性。在中國之戰爭，大規模的擴大，事實上變成與中國的全面戰爭。模仿甲午戰爭和日俄戰爭之例子，在皇宮設立大本營，並設陸軍部和海軍部，作為因應中日事變之中心機關。所以一般政治也日漸附隨於統帥部。於是軍部中石原將軍隊等之北方派的勢力，逐漸沒落，軍部完全由支那（中國）派之勢力所控制。

軍部已經具體地完成了佔領中國的方策。中國之滿洲化在迅速進行，要把軍部之勢力及於整個中國。因此從外務省脫走了對中國問題之一切業務，組織在軍方實際勢力之下的興亞院，以管理中國，並將該方案提出內閣會議。無需說，外務省之處理國際關係的觀念，和軍部之提携德國以及中國大陸之滿洲化的觀念是完全相反，至此更加明顯。沒有軍隊之支持的宇垣外相，以反對新設興亞院為理由辭職，有田八郎氏就任近衛內閣之第三個外相，新外相的想法也和軍部不同，近衛內閣在外交方面已經日暮途窮了。

宇垣外相辭職之後，成立了興亞院。興亞院第一部負責政治問題，第二部主管經濟問題。在北京、青島、上海、漢口、廈門和廣州設立有興亞院聯絡部，在龐大組織之下，就地方之政治、文化、經濟之一切方面，指導日方和中方同時辦理必要的行政事務。青島和廈門之聯絡部由海軍；北京和漢口由陸軍；上海，陸海軍各具一半勢力，就其部署。外交機關只是粉飾國際關係之表面上和形式上的存在而已。

為統轄經濟上之事業，在北京設立北支（華北）開發公司，在上海創立中支（華中）振興公司，皆為經過國會通過之日本法人的特殊公司。以這些為母公司，下面成立許多大小生產公司，以中日合辦形式新創立，或統合既有公司，這些母公司各在華北和華中，在興亞院聯絡部指導下，從事經濟之開發以及統制的任務。北京有北支（華北）聯合準備銀行，在上海設立儲備銀行，發行與日本貨幣等值的北支聯銀券和五．五比一之儲備銀行券，作為財政上之中心機關。

大致上，將長江以北中國本土之徐州附近兩斷，北部以北京為中心，南部長江沿岸地區以上海為中心組織統治，其境界以日本華北軍和華中軍駐屯守備區域之勢力分界線，完全人為的分斷。而南北之地區，在政治上和經濟上，宛如另外一個國家，不許貨幣之流通。鐵路北部是滿鐵系，華中是在日本鐵道省勢力之下。一般來說，華北滿洲色彩濃，華中多是日本各官廳競爭之分機構。中方的行政機關，都在興亞院聯絡部和軍司令部之直接雙重監督之下。

以上之組織的基礎奠定於近衛內閣時代，爾後很快實現的。大體上同樣的組織，與日軍之南進的同時，從中國往南方地區擴展，這便是日本軍部所管理之佔領行政的樣本。

二、

因後來所發表之近衛三原則的新聲明，雖然有所緩和，但「不以蔣介石等對手」的聲明，已經無法挽回了。日方雖然用各種方法想恢復和平，但蔣介石卻非常不相信日本軍部，絕不以軍部為對手來作任何交涉。所以，日本開始要以自己想法，認為只有在中國本土搞滿洲式的中國行政機構。於是在華北，塘沽協定之後，弄冀東、冀察兩個所謂自治政府，當然這是過度的東西，還是需要建立有根柢的行政機構。為這些中國的內部工作，五相會議設立了特殊委員會，賦予在中國之廣泛權限與，令其與陸軍特務機關合作。陸軍的特務工作，由土肥原（賢二）中將指揮，以上海為根據地之土肥原機關（後來的影佐機關）的陸軍特務機關。

五相會議所設立的特殊委員會，主要以退役陸軍中將坂西利太郎（貴族院議員）、預備海軍中將津田靜枝兩個「中國通」為中心，與陸軍之特務工作連繫，具有在當地與中方互動之任務。

土肥原中將在華北，意圖起用吳佩孚，然後又看重齋燮等直隸軍閥頭目，在上海致力於拉出國民黨之老友的唐紹儀，但都失敗了。因此，對於華北，乃請當時在香港之政治家王克敏出馬，出任北支（華北）政務委員會委員長，在中支（華中）就以福建派之梁鴻志為龍頭，在南京組織了過度維新政府。

不久，得知在重慶的國民政府內部有重大意見之對立。國民黨的大前輩汪精衛反對蔣介石的主戰論，主張和共產黨分手，與日本妥協。

軍部之內外，也有人反對汪精衛，以為和汪接觸會影響實現與蔣介石之和平，但大勢是覺得，拉出來與蔣介石不同意見的汪精衛對日本有利。汪精衛工作由繼承土肥原中將之影佐（禎昭）少將負責。汪精衛之出走重慶，為影佐迎接，從河內到上海，爾後出現於東京，是平沼內閣的時候，軍部之對中國的工作，與內閣毫無關係，完全依軍方意見進行的。

三、

對於軍之預算的分配，自二・二六事件以後，明顯地變成大方，中日事變之後設立大本營，政府之中樞變成戰時態勢，終於成為無限制。隨中日戰爭之擴大，以普通預算不能支應，乃採取戰時預算。亦即與過去的戰爭時候一樣，設立臨時軍事費制度，軍事費用要按照軍之要求，隨戰爭之進展，必要時要無限制地支出。這是近衛內閣之賀屋（興宣）財相時候的事。

日本在中日事變之後，健全財政的觀念完全消聲匿跡，實行臨時財政可依印刷紙幣無限制地能夠因應之經濟理論。陸海軍以折半預算妥協，但還是在互相競爭爭取預算，對這樣情況大藏省（財政部）束手無束。具有毫無限制之預算的陸海軍，除戰費之外，將預算之大部分用於建設國防國家之擴張軍備，不必要地刺激蘇聯。

無限制地使用軍費，給國內經濟帶來很奇怪的變動。隨不能在日本經濟活動之地區內，看不出相當於軍事費之物資的供給，物資缺乏，物價上漲，遂不得不轉移管制經濟，由之被世界市場完全隔離，日本之經濟活動範圍被侷限於東亞之一角，因此日本國內之經濟狀況，日益萎縮。所以日本對於佔領地之經濟上壓迫日趨加強。軍透過第一線部隊，為了在中國佔領地區收集所需物資和原料，無限制發行華中儲備銀行券，和華北之聯銀券。為了補充其不足，雖然也從日本本土運去黃金和輸出生產品，但馬上達於極限，輸出的東西立刻給中國商人壟斷了。因為在中國本土突然增加發行貨幣，故引起中國之通貨膨脹。便宜的中國貨幣，以既定之換算率，有利地換算日幣，因此對於日本之匯款，有如水災，盛行一時。但被禁止之後，中國貨幣失去其價值，愈促進了其通貨膨脹。物資不僅在日本短缺，中國本土也日減，隨軍事行動之擴大，在東亞之日本地區的經濟，迅速涸竭。這樣的經濟方策，對於中國及其他佔領地區，對於其政治發生怎麼樣的不良影響，自然可想而知了。

如此這般，即使有軍事費，也沒有物資了，錢變成武用武之地。但還是要把預算用完，遂忽視物資之統制法，軍自己拼命收購民間之物資。日本之經濟，因被軍之無限制之經費的支出，日益荒廢，走上破壞之一途。

近衛內閣制訂臨時軍事費，轉移到戰時財政，在財政上意味著日本已經不是事變，而是戰爭，就這一點來說，海外貿易受到限制，沒有什麼資源的日本，在經濟上實具有枯死的命運。

四、

近衛內閣在國內方面的施策，一時被中日戰爭之勃發而壓倒，但軍部之建設國防國家的計劃，在這期間仍然在著著進行。以近衛之私人的調查機關昭和研究會為首，又新設了其他各種半公半私的國策調查計劃機關，與原有的調查機關和軍合作，建立各種各樣改造國家的革新方案，建議重要的國策。這些機關，左翼人士也參加，由軍之中堅份子直接指導，無從守護國家之秘密，可以自由討論政府之秘密事項。

當時，近衛之智腦之一的共產黨員，蘇聯之間諜的尾崎秀實是很重要的存在。近衛及其身邊的人，後來才知道尾崎和蘇聯之共產黨員左爾格在一起從事間諜工作，得知日本的最高機密。他們的政策的任務是，將日本人之北進轉變到南進，避免與蘇聯的衝突，令日本和英美衝突。

第一屆近衛內閣，發生中日戰爭，由於其不負責任的政策，導致日本之內外政治之破產的責任是非常之大的。成為亞洲太平洋戰爭（原文為大東亞戰爭）之直接原因的是日德義三國同盟，係起始於第一次近衛內閣，成立於第二次近衛內閣。

張鼓峰

一、

九一八事變以後，在其國防線和日本直接接觸的蘇聯，其神經極端尖銳化，日本負擔起與滿洲國之共同責任之後，與外蒙古作了同樣的約定，與之對抗，對於日德義三國同盟，共產國際，把日本和德國當作是共產黨的敵人。

滿洲國兼開發國境，著手軍事鐵路網之建設之後，蘇聯把北滿鐵路賣給滿洲國，把防備集結於國境，快速進行國境線之防備，趕工完成西伯利亞鐵路之複線工程，更開始著手貝加爾迂回線之工程，悉力開發東部西伯利亞，推動兩個五年計劃，尤其用力於遠東蘇聯領土。

西伯利亞鐵路，從赤塔到海參威，迂回著滿洲國之國境。蘇聯軍在東方從沿海州，北自東部西伯利亞，西以外蒙古從這三方面包圍滿洲國，沿著滿洲國境，擁有國防幹線。因此，滿洲國之邊境地區，在蘇聯之最活潑的動脈線，馬上有所接觸。滿洲國之中央部手不到的偏遠邊境，馬上接觸到蘇聯活動力最強大之中樞神經線，因此時時刻刻會發生國境的問題。

二、

蘇聯自己所設定之國境的地方。都設有碉堡，配置哨兵，採取如果有人跨進其國境一步，便馬上要予以槍殺的方針。在東部國境綏芬河，發生過日本兵被槍殺事件，只是其一個例子而已。

本來，滿洲國境係依愛琿條約和琿春條約，很久以前就決定了俄國和中國之間的境界，當時雙方沒有重視的偏遠地區，有不少不清楚的地方，有眾多居民，自由越過國境，來來去去的部落。尤其是東部國境，東寧暉春方面是這樣。譬如說，東寧之部落靠近小河邊，村民以為河對面之山峰就是國境。所以在習慣上把馬拴在河對岸，在河洗衣服，同時與河東邊之部落自由來往。俄方主張河是國界，擅自過來的就予以槍殺。不得已，東寧之部落，為避免危險，全部移居離開國境的地方。

滿洲國與蘇聯之境界，北方是黑龍江，東方．興凱湖以北是烏蘇里江，以南是朝鮮國境，為連續之山岳地帶。國境地帶不斷地發生問題。關於飛機、間諜之越境等，大多由地方解決，但如果地方不能解決時，往往會變成重大的衝突。其例子就是發生於一九三七年夏天的乾岳子嶋事件。

乾岳子嶋是黑龍江中許多洲島的小群，位於布拉哥維西京斯克、黑河東方。河之本流，流著有問題之島的北方亦即蘇方。蘇聯主張，水路流著滿洲國旁之島的南邊，這些洲島應該是蘇聯的領域。滿洲國主張和態度是，國際河川是以河流中央為國界，不許侵犯滿洲國之水路，這個問題遂在莫斯科，由大使（著者）和蘇聯政府進行交涉。因蘇聯艦船無視滿洲國之主張，通過滿洲國這一邊的水域，有的被射擊而沉下去的。這個事件，依外交交涉獲得了解決。

而一九三八年七月所發生的張鼓峰問題，更加嚴重。

三、

張鼓峰靠近朝鮮、滿洲和沿海州之境界，為圖門江北方間島地區之山，北部接朝鮮，看下從羅津至琿春之鐵路。東方煙霞望海參崴港，能夠鳥瞰坡瑟特灣。這個山峰之東麓（山坡），有名叫長湖（發三湖）的小湖。

事端發生於規定這個地區之國境之原琿春條約的解釋問題，蘇聯依俄文解釋說，以發三湖西邊之山峰為國境，日方以中文認為，國境是有圖們江之地點北折，通過山峰經由西岸北上。俄中兩文是條約之正文。根據蘇方之解釋，國境通過張鼓峰上面。日滿認為，張鼓峰在滿洲領土之內，國境通過其山坡。原來為邊境之地，滿洲人為獲得牧草往還於張鼓峰。

蘇聯之防備國境日趨森嚴，一九三八年夏天，蘇軍突然佔領張鼓峰山頂，挖掘碉堡，架設鐵絲網，非常刺激日滿方面。因為如果蘇聯佔領這個地點，它將是能夠控制北朝鮮方面的戰略地點。與此同時，在張鼓峰北方草山地帶，日本兵曾被槍殺，使日本之國境守備部隊非常不耐煩。日本政府以蘇軍佔領張鼓峰為侵犯國界，為使蘇軍撤退，要與蘇聯政府交涉，政府來了駐莫斯科大使（著者）最嚴重的訓令。說蘇軍如果不撤退，可能會發生意外的狀況。

四、

交涉由著者和李托維諾夫人民委員（外交部長）進行，非常辣手。李托維諾夫主張說，因為國境通過張鼓峰山頂，所以蘇方之國境守備隊之行動，在條約上是理所當然之事，日本沒有理由提出抗議，並提出琿春條約之附屬地圖作為證據。著者說，今日的問題和重點是，要如何防止日蘇兩軍之衝突於未然，日滿認為，依照琿春條約，張鼓峰在滿洲領土之內，日軍有防衛滿洲領土之權利和義務，即使讓一百步，假定張鼓峰之山頂為國境，在這個地點，片面地建構防備設施還是不對。今日為了使雙方軍隊不發生衝突，應該令已經插足的蘇軍撤退，恢復原狀，然後為確定國境，設立雙方聯席委員會，慎重仔細研究條約文字及地圖等，以確認國境。

蘇方堅持不撤退插足張鼓峰之兵員。雙方之主張針縫對立，在張鼓峰終於發生衝突了。日軍意圖以武力奪回張鼓峰。蘇軍嚮應，大舉出動機械化部隊，使用許多坦克車，以飛機開始破壞日軍之後方交通道路。發生衝突的是朝鮮軍，中村（〇）司令官接小磯（國昭）司令官職位不久，國境軍中有被中央趕到這裡的中堅軍官，與九一八事變有關係的櫻會的長勇（當時為步兵聯隊長）在指揮。日方動員了大約一個師團的兵力，砲兵也參加。但抵不過蘇聯之大規模的戰鬥準備，陷於苦戰。日本要把這個事件當作單純的國境衝突，還是以上的問題，是不是必須做大規模的準備，形勢非常重要。

為了因應蘇聯之進擊，板垣陸相欲呈請準備軍隊之敕許，但昭和天皇以有違由政府進行外交交涉解決問題之方針，並指責板垣陸相。

在莫斯科之外交交涉，好不容易談妥，日蘇雙方軍隊維持現狀和停戰。負責交涉之著者自不在話下，大使館之陸軍武官，對於當地之戰鬥狀況，只獲悉說日軍完全恢復了張鼓峰，實際上的真相如何，完全不清楚。日本政府的態度怎麼，說實在話，著者也不是很清楚，不過著者之交涉的主張，是始終一貫，沒有改變。亦即停止戰鬥，拉開雙方軍隊，公正地確定國界線，以結束紛爭。除堅決貫徹公正的立場外，沒有其他能夠完成和蘇聯政府外交交涉的其他辦法。

蘇聯可能得知其軍隊，到達了其所主張國境線所致。停戰之後，日軍自動從戰爭地帶撤退，國界事實上照蘇聯之主張決定。

五、

張鼓峰之衝突，在東京之包括蘇聯推事之十一國代表所組成之遠東國際軍事法庭，多數決為日本侵略蘇聯的戰爭（一九四八年十一月），其判決是不是公正，實有待於將來之歷史學家和法學之研究。日本政府自不必說，在參謀本部，對於戰略上沒有大大價值的地點，沒有侵略蘇聯之戰爭計劃是事實。不特此，日本之上下，都非常注視和憂慮這個事件之發展。

當時，對於中國，軍方正在準備進攻武漢地區，需要大量兵員，不希望在其他方面「亂事」，完全沒有和蘇聯交手的準備。而且有如一般在外國所說，此時日本是想試試蘇聯的「實力」，但著者敢斷言完全沒有這一回事。因為日本軍部對於蘇聯之實力，因蘇軍之入侵北滿（一九二九年）已經充分「領教」過，知道自己力量之非常不足，在中日事變已經完全弄清楚，而且這個事件發生在完全沒有意想到的地點，何況這是肇因於國境絲毫不明確的衝突事件，這是朝鮮軍之軍官，欠缺慎重態度使事態惡化的。欠缺慎重使事態惡化是事實。欠缺慎重之軍的行動，是昭和之動亂的一貫的情形。

張鼓峰事件，經過一個多月之交涉才獲得解決，但因此為日蘇之間投下一個陰影。明明知道防備滿洲國境之日趨重要，日本之南進態勢卻繼續下去。

第五編 「複雜怪奇」（平沼中間內閣）

近衛內閣是所謂大人物內閣，雖然經過幾次改組和補強，但卻都無濟於事，大人物反而成為一種障礙。組織內閣初期發生的中日事變，演變成全面戰爭，給國家前途投下陰影。無法照自己意思辦事的近衛公爵，於是對於政權完全失去興趣。他隨意給予的言質，成為拒付的支票，變成很難露面於國會。近衛終於年底提出辭職。

一、

第一次近衛內閣躺躬下台的理由是，名分上不明確，加以中日事變之發生和擴大，國內外之諸種政策無法推動，欲以換人來吸收民心作為辭職的理由。因此繼其後成立的平沼（騏一郎）內閣可以說是近衛內閣的延長。

平沼男爵是從樞密院議長出來組閣的（一九三九年一月一日）。在此之前，一直被認為為國粹運動之原動力的國本社，成立於山本內閣之虎之門事件之後，為其龍頭的平沼為走遍日本全國從事活動，平沼在組閣之前，辭去了國本社的首領。平沼內閣之閣員，有田（八郎）外相、板垣陸相、米內海相、荒木（貞夫）文相、木戶內相等，多是前內閣留下來的，必須處理近衛內閣留下來的重要問題。

繼承平沼內閣，出現阿部（信行）陸軍內閣，然後轉到米內海軍內閣。從平沼內閣到米內內閣的最後時期，是中日事變後比較平穩的時機，是九一八事變之後齋藤、岡田海軍內閣一樣的情況。在這期間，軍部埋頭於中國大陸之經營，其經營，乃是下一個禍亂的溫床。在這幾點，和九一八事變後之情況沒有什麼兩樣。在這期間，日本國內，仍然在搞改造國家的問題，對外，大搞建設大東亞共榮圈的問題。此時，實行海軍之南進方策，中日戰爭愈來愈往南方移動。

第一次近衛內閣，是劃時代的存在。第二次近衛內閣，也不失為劃時代的存在。存在於其期間之平沼、阿部、米內三個內閣，如前面所說，是一種過渡的存在而已。在這期間，最重要的政治事體是三國同盟的問題，是要如何決定與德義的關係。這個問題，出現於第一次近衛內閣的時候，繼而交給以下的內閣，其處理，因歐洲形勢之激變發生動搖，未能得到結論，遂交給第二次近衛內閣處理。為了說明三國同盟之成立經過，必須說明給予日本根本國策重大影響之歐洲政局概況的必要。

二、

成立平沼內閣之後不久，海軍佔領了海南島。由米內海相接到佔領海南島報告時，平沼首相非常震驚。海軍以統帥事項之一部分實行佔領海南島，但佔領海南島，在政治上將對越南和東南亞之南方何等影響是不言而喻的。如此這般，中國問題已經具有轉移到南方的相當氣勢了。

中國問題之所以不能解決，是因為日本力量不夠，唯有以日本的強大力量才能解決問題，而蔣介石要抵抗日本到底，是完全因為美英等國家在給他援助，鼓勵其繼續抗戰，因此日本人開始反對美國和英國等國家，同時愈來愈希望和德國接近。

不久，因為從重慶逃出來的汪精衛要來日本，板垣陸相由之要請首予以接見，又使平沼首相非常震驚。一直在局外的平沼首相，完全不知道軍部在搞什麼鬼。

軍部之經營中國，仍然在繼續。新創立的興亞院在活動，著手華北之經濟開發，在特別委員會手下，策劃中方之政治組織，土肥原、影佐兩名將軍等，一個接一個地在中國大顯身手。

汪精衛

一、

汪精衛是從革命初期就是孫中山的同志。在北京，為打倒滿清王朝，欲向宣統幼帝之攝政醇親王投擲炸彈而被捕，愛其才之清朝的有力者肅親王救了他（一九一〇年）。他是有學識之現在稀有的文化人，代表國民黨之思想方面，具有僅次於孫中山的聲望。在北京孫中山去世時，他在孫中山枕頭身邊，執筆了孫中山的遺囑。所以在國民黨及革命事業上，他是蔣介石的大前輩。他在日本、法國等外國滯留蠻久，蔣介石北伐時，汪精衛在漢口參加左派政府。爾後，他在廣州建立政府，後來和蔣介石合作出任南京國民政府行政院長，這是九一八事變以後的事情。

汪精衛是具有相當激烈左傾革命思想的人，同時也是一個著實際的一個人。他的根本思想是想解放亞洲，其政策為亞洲人人之亞洲的亞洲主義，尋求亞洲人之合作，共同努力於復興和興隆亞洲。因此很想和日本妥協，以樹立共同的方針。他原來是左派，起初想和共產黨妥協，但逐漸遠離共產黨，終於採取絕對反對中國之共產化的態度。

在這樣的意見下，一九三二年，一二八事變多時，對於著者努力於停戰努力，他以外交部長身分，很熱心地和我合作。以後，他也很努力於中日之妥協。蔣介石起初也共鳴於汪精衛，但西安事變以後，蔣的態度發生變化，和共產黨提携，不得不採取舉國抗日的方針，因此逐漸和汪精衛分手。

二、

國民政府遷移到重慶之後，汪精衛還是沒有改變他的想法。他很想和日本人妥協，共同復興亞洲，並主張立刻這樣去作。對此，蔣介石雖然同意他的根本想法，經由與日本多年之經驗，曾經幾次努力於妥協，但觀察日軍之作法，得到不可能與其妥協的結論。因此，藉美英政府之援助，以及與共產黨合作，決定除非與日本打仗到底，中國沒有其他道路可走。到底汪的意見對，還是蔣的判斷正確，那就要由歷史來評斷了。

有關政見，除上述之重要不同之外，還有個人感情之芥蒂。就蔣介石而言，他無法瞭解汪精衛之過去的去留；對汪精衛來說，他是國民黨的大前輩，其地位和權威是非重要的。隨中日戰爭之進展，在重慶之他們兩個人的意見之差異愈來愈明顯，甚至於不兩立。

汪精衛覺得在重慶，無從實現他的志向，甚至於感覺其本身之危險，乃決心逃出。汪精衛與陳公博、褚民誼、曾仲鳴、梅思梅等（皆為左派），先後逃離重慶，前往越南河內，因為重慶之刺客，汪精衛之親信曾仲鳴被暗殺，汪精衛成功逃出。汪精衛在河內，響應近衛聲明（一九三八年十二月二十二日）發表聲明（十二月二十九日），意圖和日本妥協，表明要挽回東亞之大局。他得到日本軍部之特務機關的影佐少將迎接，乘日本船到達上海，不久，為與日本上層接觸，前往東京。他得知日方的妥協條件之後，才在日軍地區內，準備樹立一個中國的統一政府。

三、

汪精衛之樹立中央政府的工作，時間相當長。首先，要得到日方之瞭解，需要很大的忍耐和努力。

當時的日本，還有認為不應該放棄和蔣介石妥協的有力份子。這些人認為，以汪精衛的聲望，要在中國之現況要建立新的政府是不會成功的，不特此，新政府之成立，將絕對關閉與蔣介石妥協之大門，在政策上非常不妥善，在妥協之前，把它當成一個過渡時期，完全與拉出汪精衛工作者的想法背道而馳。但形勢在進展，汪精衛已經來過日本，除平沼首相外，也見過政府其他首腦，也得到近衛公爵之諒解，軍之中樞的意見是，令汪精衛樹立新中央政府，以行使日軍佔領地之行政。

其次，在支持樹立汪政權的人們之間，還有硬軟意見之不同，通曉中國國情的人主張，要給予汪精衛發揮其多年來抱負的機會，依其希望，使其吸收中國民心，讓汪自由自在發揮其手腕，但這只是政府及有識之士大局的意見。反此，以軍部和興亞院為中心的意見，純然要建立滿洲式傀儡政府佔上風，並意圖要乘這個機會，希望日本在中國設定不可動搖的權益。事實上，軍、官、民的各機關，爭先恐後地，都在插手中國問題，事實上否定了給汪精衛的承諾。

成立汪精衛政府之後，真正得到日本人之承認，是第二次近衛內閣時候的一九四〇年（十一月三十日），簽訂日支基本協定之結果，經過一年日子以上，這個期間，大體上可以說是其準備時間。內閣雖然更替幾次，軍之對中國工作仍然在繼續不斷。

四、

汪精衛在中國國內之準備工作也是很複雜的。在上海活動的特別委員會，以及軍特務機關之工作結果的所謂維新政府是，一以福建派之梁鴻志為龍頭，有相當的成績，這要和新國民政府合併，是自一開始就預定的。汪精衛在北京和主持華北政務委員會的王克敏在青島會談，形式上成為新政府之下。這些政權背後，都有許多日本之軍部及其庇護的份子在支持他們，所以要統合這些非常困難和費力，失敗好幾次。因為華北政務委員有其歷史，以日本之華北軍為背景，為其後盾，因此實質上一直維持其獨立的存在。

三國同盟　其二

一、

近衛公爵接受石原參謀本部第一部長孚之建言，排除杉山陸相，拉九一八事變之中心人物板垣中將入閣，不僅要處理中國問題，也要利用北方派之參謀本部的勢力，以抑制對中國強硬派的陸軍省。但這是不可能的。因為板垣新陸相只是一個傀儡，故中堅軍官之計劃原封不動地實施，九一八事變和中日事變的有關者，都一個一個地就其重要位置。原來，近衛之組閣當初，是為避免陸軍所宣傳之國防的危機，利用軍部內之中國派的。所以中日事變便日益擴大。這一次為限制中國派，利用北方派，又想恢復和利用皇道派之勢力。但是，不但利用這個勢力未能收拾事變，軍隊內部之個人勢力有所消長，但軍主流所意圖的事，順利進行，與近衛之性格和地位完全相反，為軍部所利用。

解決中國問題是參謀本部的熱切主張，但擁有統帥權的參謀本部卻沒有立刻要由中國撤兵的想法和決心。說是要解決中國問題，要緩和最後還是以強硬派為主流之解決條件是很不容易的，因此實在是束手無束。而蔣介石之態度，卻愈來愈強硬，中日事變遂愈往內地擴大。

由德國之仲介的和平解決失敗了，可是日本對於德國的信賴感，透過中日事變，與對美英的反感而成正比例地提升。德國承認滿洲國，也撤退了對蔣介石政權派遣的有力軍事顧問，寧願犧牲對中國通商之利益，這是前面已經提過的。德國之對日政策，自九一八事變以來，肯定日本軍部所採取的中國政策，並明確地予以支持。反此英美之政策，從頭到尾徹底反對日本之政策，援助中國，要其繼續抗戰，對於日本之軍事行動，令人覺得事事予以阻礙。此時，德國之反制英美對日本之宣傳策動之有效，實在是日本人的想像之外。柏林和東京之與德國的聯繫，在日益密切。

日德義三國之軍事會作，自九一八事變以來，為軍部所主張，在這一點，皇道派和統制派沒有不同的意見，也特別是北方派所主張，中國派也努力於其實現。而予以領導和推動它的就是板垣陸相。

二、

從瑞典公使時代，與這個問題具有密切關係的激進論者的白鳥（敏夫）公使，和軍部為熱烈的三國同盟論者。板垣陸相和近衛首相，希望白鳥以外務次官留在中央，但宇垣外相與任命大島武官為大使之同時，任命白鳥為駐義大利大使。大島武官之特使笠原少將，從東京帶回來有關三國同盟之交涉的五相之同意消息，同時大島中將以駐德國大使身分和駐義大利大使互相呼應，開始這個問題之交涉，這也曾經說過的。

在海軍，末次大將等反英美之激進派，都是納粹的歌頌者，對於三國同盟沒有不同意見，日本內政在末次內務大臣手下，日趨納粹化。以軍部為中心的親德義，反英美之宣傳，違反常識，因報紙和輿論都存心迎合它和追隨它，三國同盟論風靡整個在日本。但在另一方面，政府和上層以及有識之士都非常反對這一種風潮。

近衛內閣所通過之三國同盟的交涉方針，是平沼內閣時代沒有充分完成整合，根據以往方針，由大島大使所繼續的。所以中央與當地辦事者之意見逐漸乖離，外務省和軍部之意見，也愈走愈遠，顯出外交之不一致。短命的平沼內閣，一直在搞由近衛內閣接過來之三國同盟的交涉。

三、

在反對三國同盟之中心的有田外相主導下的外務省，除白鳥公使等共鳴軍部之一部分人以外，其主流意見是非常清楚的。他們一向反對樞軸外交，對於三國同盟具有反對意見。如果來自強化防共協定之觀念的同盟交涉，維持其觀念，其目標應該限定於與共產蘇聯有事之時，不能及於其他，如果其目標加上英美等一般性的話，自然會敵視英美，會陷日本之國際地位於危殆，將使與英美之關係惡化，對於日本是非常危險的，必須設法避免。

這個事情，凡是在從事國際關係工作的人，具有一般國際常識者都很容易懂的事，外務省之重要機關不分內外，都是這樣的意見，日本不會笨到歐洲問題面臨危機時，要以英（美）法為敵，和德義搞要共生死的同盟關係，以為不應該採取這樣亂七八糟的政策。日本的上層，還沒有改變英日同盟時代的腦袋，在這一方面不大相信德國，因此非常不喜歡輕視與英美之邦交的方針，昭和天皇更是排斥。

海軍非常熱心於購買石油等所需物資，整體來說，雖然決定了南進的政策，但不希望立刻會引起和英美戰爭的政策，當時的海軍當局，米內海相、山本（五十六）次官和海軍之前輩穩和派，非常反對三國同盟。這個反對，與整個海軍所支持的南進政策在本質上是矛盾的。南進政策是被極端論者硬拖上去的，對於三國同盟之簽訂，海軍隊內部有思想的人，都知道日本海軍之實力和日本的國力，站在大局立場，一直反對到成立第二次近衛內閣。

歐洲的風雲，隨墨索里尼和希特勒之對外的激進，日趨險惡，大有大國間隨時會爆發大戰之形勢，日本不能簽訂三國同盟被拖進去歐洲戰爭，這是顯而易見的。不特此，對於三國同盟，國內上層也有的反對論，所以有識之士在放心時，軍部強行得逞，與德國關係之深，進行到完全無法自拔之地步。

四、

三國同盟之交涉，以軍隊為中心，在內外，一再爭議。平沼內閣於一九三九年五月二十日和六月四日，在五相會議審議根本國策，決定開始要把和德國之關係更加密切的交涉。至於要把與德國之關係要使其緊密的具體方案，其意見並不一致。無條件地支持三國同盟之軍部派的意見，與同盟之目的要限定於對蘇問題之外務省的意見，始終無法協調，甚至於變成個人的感情問題。

大島大使秉承軍隊中央之意向，熱心於交涉三國同盟之成立，有如德方之意見，建議採用一般同盟條約之形式，又離開東京時，熟悉軍隊之意見的白鳥大使，與陸海軍武官從旁打鼓敲鑼，以對抗反對這個案的有田外相，無視訓令而行動。據稱，駐德義大使之活動與東京外務省之想法大異其趣，有諸多越軌行為。大島、白鳥兩大使皆與軍部聯絡而行動，天皇曾經叱責板垣陸相，軍隊不可以干涉天皇在憲法上外交大權。

在國內，締結三國同盟之運動，非常露骨，其餘勢成為反英美之示威運動，大有紊亂社會治安之趨勢，因此，木戶內相曾經對平沼首相警告，如不設法早日結束這個問題，恐怕很難維持首都東京之後秩序。

自九一八事變以來，不負責任的右翼，和有計劃的左翼合作之反英運動的隊伍，前往英國大使館。欠缺冷靜批判的狂亂行為，實為大國民之恥辱，至此軍部和一般國民都變成自我陶醉情況，真是令人感慨萬千。

五、

每一次召開五相會議，一再重複同樣議論，得不到結論，報紙大多是宣傳而有刺激性的報導和評論，以迎合軍部。九一八事變以後，有識之士逐漸消聲匿跡，報紙雜誌皆唯恐不急地在迎閤軍部之鼻息，反抗軍的氣勢懼怕遭受到軍隊之鎮壓，都不敢公開出現。雖然在這樣的一般情勢之下，在裡面的反對勢力並不小。天皇非常反對三國同盟，元老上層以及在外使臣也絕對多數反對。五相會議開了幾十次，有田外相一直奮鬥，米內海相支持他，大力反對全面的同盟。

五相會議開了七十次以上，但是隨親德運動激烈之同時，政府態度頗受軍隊之影響，平沼竟對希特勒發出親密的電報。隨歐洲形勢之迫切，李邊多羅布外相拼命督促大島大使要加緊交涉之腳步，非常在意。

日本政府斟酌德方之意向，同意以一般形式之同盟，亦即締約國之一方沒有挑釁而遭受第三國之攻擊時，其他締約國有立刻予以援助之義務這樣形式的條約，但這個第三國，不必限定為蘇聯，其援助之時期方法及形式，由各締約國自行決定，或欲以條約文之解釋來滯過去，但都無法滿足德方。軍隊中央把重點擺在締結三國同盟，第三國不管是蘇聯，還是九一八事變以來對日本有敵意，現在在大力援助中國的英美，戰爭時，其他締約國當然度發生軍事上之援助的義務，從最近在中國之情勢來看，沒有分別蘇聯或英美之必要，把戰爭看得非常草率。負責交涉之大島大使自不必說，白鳥大使也以為成立三國同盟可以令英美屈服，所以也贊成德國的意見。

在意見還沒有整合完畢之前，歐洲形勢發生極大變化。德國在慕尼黑之後不久併吞捷克，更入侵波蘭，竟與三國同盟交涉之主要對象的蘇聯簽訂了互不侵犯條約。於是英國和法國遂德國宣戰。於是日德義三國同盟之交涉，在柏林空中解體。

平沼內閣聲明歐洲之政情為複雜怪奇，對德國抗議其與蘇聯簽訂互不侵犯條約為違反防共協定，並提出辭職。沒有充分考慮歐洲情勢之三國同盟的交涉，簡直是見樹不見林。爾後被德國在歐洲之勝利而瞭亂眼花，無視世界之情勢的三國同盟論，實有如只見森林不見山。

若是，被平沼內閣說是複雜怪奇的歐洲形勢究竟是怎麼樣呢？

歐洲之風雲　其一

一、

因為第一次世界大戰，德之勢力崩潰革命初期的俄國，俄國在國際舞台上曾經一時消退，戰後大英帝得以充分休養。為了調整世界之國際關係而成立的國際聯盟，美國恢復其孤立政策，事實上為英國勢力所控制。

控制歐洲，左右國際聯盟的英國，至少在戰後的休養期間，英國能夠把英國的命運交給國際聯盟。戰後從勞工黨內閣變成勞工保守兩黨聯合內閣，以至保守黨內閣期間，亦即從麥唐納到鮑爾溫時期的期間。在這期間，英國進行戰後經濟之調整，處理國內問題，保守黨在鮑爾溫手下選舉佔優勢。

國際聯盟外交破產，面對德義之東山再起，英國為因應此種新情勢是一九三七年，張伯倫內閣繼承鮑爾溫內閣以後的事。此時在美國，是佛蘭克林．羅斯福之新政計劃克服了經濟蕭條，第二次當選總統的時候，美國正是國力充實，從孤立消極主義轉變到積極主義的時候。一九三七年，在東亞發生中日事變，在歐洲是希特勒入侵萊茵蘭土的一年，墨索里尼已經於一九三五年征服了依索比亞，日德義三大國家，於一九三三年脫離了國際聯盟。

當時，在英國還有許多人在夢想和平，並沒有做充分的戰爭準備，島國經常擁有海軍之優勢，逐漸實現防空計劃。國際情勢之快速變化，與英國常常對國防發出警告，促進英國國民之覺醒，是復歸於保守黨的邱吉爾，他尤其注重加強空軍，努力於這個事業。

二、

當時，英國之執政黨的保守黨有兩派勢力。一個是以張伯倫為首的純正保守系，另外一個是邱吉爾一派的自由保守系，兩者之間對政策的看法有相當大的不同。後者是連攜美國之理論性世界政策派；前者可以說具有欲維持英國之傳統的實際局地政策派的傾向。

率領艾登、達夫．克巴等之所謂造反派的邱吉爾認為，英國和德義絕對不可能兩立，早晚一定會發生衝突，所以英國必須舉國作這樣的準備，為此目的，必須加強自己國家之軍備自不待煩言，也要強化法國之軍備，過去要求法國裁軍是錯誤的，英國為預防萬一，主要是要改善與蘇聯之關係，為了得到美國之援助，必須早日準備與其建立共同的利益基礎，更應該絕對支持國際聯盟之政策，同時要極力阻止德義和日本的發展政策。統率保守黨之主流的張伯倫等，雖然認為英德有衝突的危險性，但為避免此種衝突應該採取一切手段，特別是在英國之武力準備還沒有完成以前，必須和日德義得到某種妥協，不能發生戰爭，以解決歐洲問題和東亞問題，以保持大英帝國之權威，及其發展。總而言之，英國最好能堅守英國對於歐洲之立場，如果太相信和依賴蘇聯和美國，反而可能提早爆發戰爭，戰爭必須避免，大的戰爭必定動搖大英帝國之地位，對於羅斯福總統提議在華盛頓召開各國領導人討論歐洲問題也覺得太早，而予以婉拒。他們完全不相信蘇聯。

張伯倫之妥協的中道政策如果成功，或許能夠避免戰爭也說不定。不幸的是形勢不是這樣，德義之片面政策走向極端，於是張伯倫便陷於絕境。而日本之失去其對外政策的方向盤，這是我們在前面已經說過的。

三、

希特勒沒有輕視英國，肯定其偉大實際力量，這可以從他的著作我的奮鬥一書看得出來。他希望和英國妥協。並以共產國家蘇聯為共同敵人，相信妥協是可能的。希特勒於一九三五年六月十八日，同意和英國簽訂英國能夠滿足的限制海軍的條約，承認英國之海上優越權。他希望英國同意德國往東方發展，這不僅與英國之生命線完全無關，可以視蘇聯為共同的敵人，英國以為可以默認德國之東進，這實在是太淺薄的論理。

德國駐英大使的馮．李邊多羅布，在倫敦，安排和特別強硬派的邱吉爾在德國大使館舉行會談，長行時間之溝通，坦誠說明德國要東進之意圖。他表示，德國之插足烏克蘭和白俄羅斯是德國自然之要求，希望英國能夠諒解，但邱吉爾對這表示，如果實行這樣的政策，就是意味著這是英國和德國的戰爭。由此，邱吉爾等自由保守系的人們，很清楚地看出德國的真意，以為英之衝突不可避免，遂開始積極作準備。

李邊多羅布沒有完全相信邱吉爾所說的話。他認為英國的態度沒有那麼強硬，以為可以有一些妥協。關於英國之態度，李邊多羅布把這個根本錯誤之判斷建議希特勒，由之影響了不少日後之德國的行動，德國人不擅長覺察其他人的心理狀態，而德國之錯誤判斷其他國家，這不是第一次。

四、

保守黨中，張伯倫派之撒繆爾・賀亞外相，因德國之侵入依索比亞和有關西班牙內亂的義大利問題被撤換。繼承他的艾登外相以及海相達夫・克巴，因反對張伯倫之對德妥協政策而辭職，因此張伯倫派和邱吉爾派，在對外政策上的意見上，明顯對立。

繼承艾登外相之前印度總督哈理霍克斯伯爵支援張伯倫。張伯倫並沒有被多數英國人所唾棄。張伯倫從一九三七年到三八年，熱心地推行了妥協政策，拖著老軀，親自前往哥德斯布利希，或札爾茲布利希山莊，訪問希特勒，悉力意圖恢復歐洲之和諧。雖然如此，希特勒卻勇往邁進，一九三八年併吞奧地利，同時向捷克要求史得特即德意志地區，由之因捷克問題捲起歐洲之風雲。

歐洲之風雲　其二

一、

捷克斯洛伐克就是波希米亞，挾在德奧與波蘭和匈牙利之間，為位於歐洲大陸中部之斯拉夫國家，為西與東歐之連鎖地位。因第一次世界大戰，實現民族主義的結果獲得獨立，總統別聶旭是次於第一任總統馬沙立克之獨立元勳。他是被大國挾在中間之小國家的政治家，是不折不扣的國際聯盟主義者，企求自己國家之獨立和繁榮，希望得到國際聯盟之保護。他反對德國，親法國，對蘇聯，依種族之結合而接近她。

捷克和法國有同盟關係，也和以法國為盟主的反德國小協約諸國具有親密的關係，這一群被認為是國際聯盟內之歐洲和平機構的有力份子。法國於一九三五年（五月二日）以後，和蘇聯締結為期五年的互助條約，完成了法國、捷克、蘇聯三國對抗新興．納粹德國之共同防衛態勢。

蘇聯非常盼望西班牙之赤化，因此給予援助，把西班牙當作赤化歐洲之基地，眼看西班牙之內亂對共產黨不利，乃將赤化西歐之中心移往巴黎，繼而轉至布拉格，在全歐洲大力推動和運用人民戰線運動。從反共的納粹看來，布拉格是策動反德國的中心，捷克被視為具有包圍德國為目的之東歐和西歐的聯絡點。

二、

就希特勒而言，要打破以捷克為中繼站之蘇聯、法國的德國包圍線，成為最重要的課題。成立蘇法協約不久，希特勒便向別聶旭總統提議簽訂中立條約。亦即要求捷克法德戰爭時要保持中立，目的是要使法國和捷克之共同防衛的同盟條約毫無用武之餘地。

當別聶旭對於這個提案正在躊躇其措施時，德國軍部便督促別聶旭決定其態度，在蘇聯內部發生事情之後，接受德國之提案將來不及，所以現在不能躊躇，要盡快下決定。別聶旭對於德國軍部之督促中所說蘇聯內所將發生的事件，想盡辦法結果，從往還於布拉格蘇聯大使館之文件及人物等，發現蘇聯內有叛逆史達林之可怕的好大陰謀。這個陰謀是，世界大戰之後，有密切關係之蘇聯軍部，和德國軍部之有力份子之聯繫，要推翻史達林政權。別聶旭將其詳細內容通報史達林。當然別聶旭無視德國軍部之壓迫，沒有理德國政府之提案。

蘇聯秘密警察（G・P・U）立刻採取行動，一網打盡蘇聯內外的陰謀份子，這就是著名的托哈吉夫斯基事件，在倫敦服務之蘇聯陸軍武官布多拿以及駐德國大使館武官徐味特上校等皆牽連（一九三七年六月）。由於這個清算，史達林完全清除了在國內以軍隊為中心的反史達林派。在另一方面，消滅了所謂托洛茨基派，確立了史達林的地位。在中國之加倫亦即後來之西伯利亞軍司令官布流赫爾將軍隊也消失於此時。

立刻召開有關國家的軍事專家會議，蘇聯也願意參加，並說，如果要採取軍事行動，為除去波蘭和羅馬尼亞之中立的障礙，透過國際聯盟來策動最有效，此時，蘇聯、法國和英國對於一般歐洲政局要發表共同聲明，以警告德國，如果這樣實行，也能夠給予美國正面的影響。蘇聯之這樣進一步的提議，明顯表示在積極慫慂法國和英國，提議法國、英國和蘇聯對於納粹德國採取共同包圍作戰。

這樣一來，李多維諾夫出席國際聯盟，一而再，再而三地強調和平，走向對德包圍政策，意圖從國際聯盟舞台動員世界輿論，給予美國相當大的回響。

四、

法國和英國，為斯得特問題要站出來的準備還沒有完成。達拉第和張伯倫，英法之對德國的戰備，還沒有進步到協議軍事行動的地步，在另一方面，德國之妥協並非不可能，至少策劃對德國之軍事行動，覺得時機還早。

接受達拉第之建議和希特勒直接交涉的張伯倫終於站起來了。其結果是在慕尼黑，達拉第和張伯倫，與希特勒和墨索里尼，舉行英法德義之四國會議，以處理捷克問題。這是一九三八年九月底的事情。英法在此之前，已經勸告捷克接受德國之要求，如果不能接受這個勸告，將得不到英法之援助，捷克束手無策。德國立刻佔領了斯得特（九月三日）。

慕尼黑會談舉行於九月底，只化兩天。合併斯得特正式獲得承認，對捷克，在英法不直接予以支援的了解之下，捷克問題得到解決，歐洲一時免於戰禍。張伯倫在慕尼黑會談，和希特勒個別會談和交換意見，希特勒表示，今後有關共同的利害問題，將不會片面作決定，願意和有關國家協議，同時希特勒又說，他不會再有領土的要求，在這樣文書簽了字，回應張伯倫的好意。

墨索里尼在國際聯盟之外，處理歐洲中原之重要問題，由慕尼黑會談回去羅馬，得到凱旋將軍般之歡迎。張伯倫在拯救了歐洲之危機這一點，受到民眾之迎接，立刻伺侯於白宮漢宮殿，與英國皇帝出現於陽臺，接受市民之歡呼。

五、

慕尼黑會談，似一時拯救了歐洲之戰禍，可是這反而造成歐洲戰爭，甚至成為世界大戰的重要誘因，這是歷史上明顯的事實。

因斯得特問題被英法遺棄的捷克之將來非常黯淡，其命運實在谷底。但捷克還是與法國具有互相援助條約上之同盟關係。

慕尼黑會談，最令蘇聯氣憤。蘇聯和法國也是互相援助的關係，曾經對英法提唱事實上之政戰兩略的對德國共同戰線。蘇聯是對侵略國家之國際聯盟的當然的立場，應該為英法所歡迎才對。可是英法卻不呼應蘇聯之倡議，立刻對德國採取妥協政策，而且在國際聯盟外與德義會見，沒有找蘇聯，四國任意協議歐洲之重要問題，以犧牲同盟國之小國家的利益而不顧。與納粹之反動全體主義妥協，違背正義與公正之英法的政策，這是非常不應該的。蘇聯以人民戰線，動員在世界各國所組織的有力宣傳機關，開始攻擊慕尼黑會談，令世界相信英法在慕尼黑對德國妥協政策之各種罪惡，這個手段，尤其在美國發生最大的效果。張伯倫和達拉第無視蘇聯之提案，排除蘇聯之行動，蘇聯當然銘記在心，一直等待著報仇的機會。

對於慕尼黑會談之不滿，在英法兩個國家之內也逐漸浮上。這不僅是因為左翼的宣傳所造成，特別是在英國，認為張伯倫之妥協政策非常危險，因此各方面猛然開始反對他。為對抗這些，張伯倫保證希特勒所作之諾言，力主妥協政策之正確，它確立了歐洲之合作，這是防止戰爭的唯一政策，拼命為其政策辯護，由之一般似乎認了，可是邱吉爾一夥之保守黨，以及國內之強硬派大聲疾呼納粹德國之不可信用，大事抨擊犧牲小國家利益之不義。於是英國之輿論日益硬化。

張伯倫和達拉第，也全力開始作戰爭的準備了。英法兩國之輿論，已經不容許再進一步和德國妥協。（關於慕尼黑會談，譯者有「史上最醜的投降會談一慕尼黑」一文，收於陳鵬仁著「紐約．東京．臺北」一書，台北近代中國出版社，一九九〇年八月十五日）。

歐洲之風雲　其三

一、

希特勒之給別聶旭真正一擊的機會，於慕尼黑會談之後不久便到來。那就是來自斯洛伐克之獨立問題。

捷克．斯洛伐克國雖然是一國，工業國家的捷克，比農業國家的斯洛伐克，其文化水準高，捷克事實上支配著斯洛伐克。所以斯洛伐克之獨立運動，是捷克．斯洛伐克立國以來的問題。

欲脫離捷克之束縛的斯洛伐克的獨立運動，係以佛林卡獨立黨為中心，其首領為吉索。奧地利被德國併吞，斯得特．德意志地區又復歸德國，所以捷克幾乎被德國領土所包圍，對於斯洛伐克已經很難維持其統轄威力。因此愈予以鎮壓，獨立運動愈激烈，遍於全國，斯洛伐克獨立派求助於奧地利的統治者茲艾斯印瓜爾特。他是奧地利最後之首相許斯尼克之後，被希特勒任命的奧地利總督。茲艾斯印瓜爾特立刻聯絡柏林。吉索更親自前往柏林，直接請求希特勒以達到其目的。希特勒抓住這個機會處分捷克，決定去除別聶旭，這是一九三九年春天的事情。

二、

三月十五日，德軍突然入侵捷克，希特勒入城布拉格，波希米亞、摩爾達維亞地方，亦即德國併吞了捷克，宣布捷克為其保護領，恢復一九一四年之舊狀態。別聶旭總統亡命。斯洛伐克宣布獨立，吉索就任總統，茲卡出任首相。他們都是為獨立運動，曾經被別聶想關進監獄的人。

對於捷克．斯洛伐克的問題，波蘭外相別克不斷地和德國取得聯絡，一旦德國要出兵捷克，波蘭也徵得德國之同意，動軍隊佔領連接德仙工業地區之波蘭的國境地帶黎札地區，合併於波蘭。捷克被德國和波蘭分割了。而德國犧牲捷克給波蘭好處，實具有德國對其北方之旦吉希迴廊問題，對波蘭有所要求之補償意味。

希特勒侵略非德意志民族之捷克，而且將其編入德國之領土，不僅震驚了歐洲，也震驚了世界。在慕尼黑希特勒給張伯倫的保證，被食言和廢棄了。至此，張伯倫不得不硬起來，在德國侵入捷克之同時，立即聲明對波蘭之安全保障（三月三十日）。邱吉爾等反德國派，對張伯倫採取了冷嘲的態度。英國人，無論是保守黨、自由主義者和工黨，舉國一致，其忍耐已經達到其限度。遂日以繼夜進行戰備實行徵兵制度。法國也在達拉第手下，同樣趕緊戰爭準備，鎮壓罷工。完全修復了馬吉諾防線，同時增設達拉第防線以及沿著比利時國境海岸沿線。以共產黨為首之在美國以及世界各國的左翼勢力，挑撥對德國戰爭之宣傳達於頂點。無需說，資本主義國家與納粹德國之衝突，是蘇聯求之不得的。

三、

希特勒的時間表是，不考慮英法之形勢，照其進度進行，依我的奮鬥繼續行事。這一次輪到波蘭。一次大戰之後，因為凡爾賽條約，為給予波蘭海港，把通往巴爾特海的地區割給波蘭。普魯士發祥之地的東普魯士，因此由德意志本國被遮斷了。波蘭，除主要的為德國人居住之丹吉希港之外，在格丁根有大規模的建港，趕緊建設純然為波蘭之海港，即將完成。這個丹吉希迴廊問題，在德國和波蘭之間，有一天必將發生重大問題，大家都可以看得出來。

以丘希斯堡尼為首都之東普魯士，被德意志本國切斷，從感情上來說，決非德意志民族所能忍受。這樣重要的德意志人地區，除因為海洋之外，不能直接與本國聯絡，除德國之東進這個大目的之外，從實際上來說，是非常不方便的。繼續佔領捷克之後，德國為解決這個問題，開始和波蘭進行交涉。德國的提案是，要恢復迴廊地帶之德國領土的大部分，波蘭保持格丁根海港以及通往它的交通路線，德國之通往東普魯士之鐵路、道路及立體交叉之建構，要解決這些問題。德國對於旦吉希迴廊問題之要求，只是要求其在一次大戰時所失去德國之舊領土，以及要使波蘭擁有海港之案而已，所以不是完全沒有道理。而且，德國曾經同意波蘭分割捷克領土，已經給予相當的補償。因此李邊多羅布認為，對於這個問題，英法不至於動武。

但問題不是那麼簡單。捷克已經被德國併吞了。如果為德國開闢直通東普魯士之道路，波蘭幾乎為德國所包圍，位於德國東進之道路上的波蘭的命運，必將同捷克之命運。因此，波蘭為丹吉稀之迴廊問題會不會屈服，也就是波蘭要不要屈服於德國的問題。

一直不斷地與德國接觸的別克外相，更在巴黎和倫敦，聽取英法政府意見。

波蘭問題已經不是德波間之問題，而是將左右整個歐洲全局的大問題，為大國之間所關心的大事。為捷克問題，歐洲各國首都之反德國輿情沸騰，張伯倫和達拉第，已經決心不再重演慕尼黑鬧劇。英國和法國對於波蘭發出不能走捷克之道路的警告，並通告捷克他們有支持波蘭之獨立和領土完整之意向。英法已經斷然下定要防衛波蘭以及東歐小國不被德國侵略之決心。波蘭對於德國之態度，因得到鐵般的保證，遂硬起來，不肯隨便和德國妥協。於是德國遂集中其軍隊於東境。

歐洲之風雲　其四

一、

如上所述，自德國食言，蹂躪捷克以後，在輿論沸騰中，英法政府已經下定決心，悉力開始充實軍備，改變其政策。即放棄妥協政策，向直接包圍德國之政策邁進。依對於德國東進之進路上的小國予以保障，以鞏固這些國家對於德國之反抗，而確保蘇聯之協力，乃是對德國包圍政策的第一方策。

蘇聯是法國的同盟國家，其立場為以防共國德國為假想敵，一向反德，在國際聯盟，對法西斯反動勢力常常要求採取共同行動，李多維諾夫一再強調和平之重要，為形成對德國之包圍陣線，他曾經提議軍事專家會議，這是我們在前面已經說過的。今日德國破壞波蘭之障壁，準備向蘇聯猛進。顯而易見，德國的目的是要佔領烏克蘭和白俄羅斯。蘇聯為保衛自己國家，歡迎英法之協力，眼看蘇聯以及共產黨在全力要求對德國戰爭，洞若觀火。

英法抓住這個機會，決定和蘇聯簽訂對德軍事同盟，首先對莫斯科外交部派遣專家，繼而於八月，遣派一批軍事專家。這是與李多維諾夫對法國代表所提出之提案宗旨是一致。英國外交部代表是史特朗東歐司長。在莫斯科之蘇聯和英法軍事專家的交涉，遲遲不進，在急迫的歐洲形勢下，一天一天地過去。此時德蘇之間突然產生了新的發展。

二、

德國入侵捷克時，改變政策的不只是英國和法國。

在慕尼黑會議，感覺被排除處理歐洲問題之外的蘇聯，眼看捷克之命運，英法對於德國之東進，暗中予以諒解，與法國之同盟條約已經清算完畢，以後要站在走自己的立場，要以自己立場行動的機會已經到來。蘇聯並沒有忘記對於慕尼黑的報復。蘇聯認為，她的最大利益是英法和德國幹起來，自己站在局外，隔岸觀火，以保持自己的勢力。

今日，英法之反德國戰爭，即將點火此。此時蘇聯如果能和德國妥協，使向東之強大德軍改變方向，蘇聯便能夠鞏固其在東歐之地盤。與此同時，越能夠把德國趕往西方，可以一舉林殺共產黨所敵視之各國之國家力量，能夠給予資本主義徹底的打擊，一九二八年七月第六次共產國際大會，就與資本主義國家間之鬥爭的戰術，特別作成決議，開花結果。這是求之不得的絕好機會。這是蘇聯乘鷸蚌相爭佔盡漁翁之利，弄殺二桃三士之縱橫政策的機會。

為著具體化這個政策，李多維諾夫離開其地位，由人民委會會議長莫洛托夫兼任外務人民委（一九三九年五月三日）。莫洛托夫外相方五月三十一日發表其第一次外交演說，暗示將婉拒英法所提議之互助條約之簽訂，和暗示對德協定之簽署。

三、

因德國之佔領捷克，在軍事上直接會受影響的是斯科達軍需工廠。據說它比克魯布的規模還要大，它是以法國好大資本在運作的大軍需工廠，原封不動地進入德國手裡。

斯科達在捷克時代，蘇聯的訂單很多。蘇聯要求德國交付所訂物品，德國接受了，德蘇聯關係由之啟開曙光，雙方締結了通商信貸協定（八月十九日）。史達林在克里姆林宮聲明，德蘇意識形態之差異，完全不影響兩國之間的邦交，暗示德蘇關係之新的方向，在柏林的蘇聯大使，就上述之聲明，對於德國政府有所解釋和補充。亦即蘇聯操縱英法和德國，根據非常冷靜的計算，選擇對自己最有利的對手，和最有利的時機，站在自由的地位。

對蘇聯的交涉，從一九三一年六月（二十四日）更新的德蘇中立條約（一九二六年簽訂）進一步將簽署互不侵犯條約，與波蘭問題之迫切，交涉便敲定。李邊多羅布外相為簽訂德蘇互不侵犯條約，將出現於莫斯科的報導，使歐洲各首都茫然自失。德蘇互不侵犯條約，於八月二十三日在蘇聯首都莫斯科簽字，立刻發表，德國外相，以克里姆林宮貴賓受到熱烈的歡迎，各報紙為之大登而特登。英法之交涉委員們靜兮兮地告別了莫斯科。如此這般，蘇聯完全報復了慕尼黑。

史達林後來在戰爭中之德黑蘭，對羅斯福就此時之情況說，這是作為一時的戰術，而和德國妥協的。蘇聯和德國妥協以鞏固在波羅的海和東歐之地位，同時意圖插足巴爾幹。

與日本簽訂防共協定之德國，也應該是作為一時的戰術，與蘇聯簽訂互不侵犯條約的。一年半之後，以巴爾幹問題為契機，德蘇發生了大衝突。

四、

至此，對於德國之侵入波蘭已經沒有任何障礙了。形勢非常緊迫，英法正式給予波蘭保證，英波之間的互助協定八月二十五日在倫敦，由波蘭外相別克和英國外相簽了字。波蘭是不許對德國屈服的。集中於東部國境之德軍，於一九三九年八月三十一日，有如潮水入侵波蘭。於是英法立刻對德國宣戰。第二次世界大戰遂揭開序幕。那一天是一九三九年九月二日，從開始第一次世界大戰之一九一四年八月一日算起，剛剛二十五年後的事，為方便於採取軍事，行動的夏天。

波蘭戰是德軍的閃電戰爭。波蘭大軍幾手完全沒有出手的餘地。德國之機械化部隊，三個星期就把波蘭軍打得東倒西歪，一個月便佔領了其國土的一半。呼應德軍之入侵，蘇軍立刻出動波蘭，佔領波蘭的領土的東半。在此之前，李邊多羅布於九月再度飛往莫斯科，和蘇聯協商好，從立陶宛西境至波蘭中央南下至布科維那之線，大體上作為德蘇勢力之分界線（九月二十八日，簽署德蘇間境界及友好條約）。這樣波蘭被分割好幾次。這是被挾在大國之間之不幸和可憐的波蘭的命運。德蘇在東歐所協定之德蘇間新國境，於一九四〇年八月（三十一日）完成之後發表的。

五、

英國國會於一九三九年九月三日，聽取張伯倫首相之報告和決心之後，淡淡地通過了將左右英國之命運的對德宣戰。議場上已經有人穿軍服，也有不少議員應軍方徵召，所以議場有許多空位子。英國國民已經有充分的決心，這個歷史性議題，也當作是一種事務，簡單地處理。著者所認識政府政務官之貴族出身的一位青年，對於開戰前之納粹德國的作法非常憤慨，無法忍受，遂志願參軍，沒有來議場。爾後他成為戰場勇敢犧牲的一個人。

與宣戰之同時，倫敦空中，作為防衛敵機之空襲之一個手段，放了數不清之許多有如鯨魚的好大氣球，顯示英國在空中已經作好了準備。瓦斯口罩，開戰之隔天，便發給每一個國民，並命令外出時必須攜帶。但敵人之空襲一年之後才來。如此這般開始了很奇怪的戰爭。

因為防共協定，對日本約定不使蘇聯減輕其負擔的德國，同樣和蘇聯締結協定，保障親善不侵犯，平沼內閣不顧其存立，為避免失敗之英法，進入戰爭狀態。平沼內閣以其為德國之背信行為而對德國提出抗議，以上述之歐洲政局為複雜怪奇而提出辭職。這個德國和日本，後來又締結同盟，進入共同戰線。平沼內閣是始終如一，貫徹辦理由近衛內閣繼承之三同同盟的交涉。

諾門罕

一、

蒙古族在過去是偉大的民族，在元朝時代，幾乎征服了亞歐兩大陸，其遠征之足跡，南至印度，甚至阿拉伯，西至達尼布河邊至萊茵河，以俄羅斯為中心之大陸內地的大部分，幾個世紀曾被其統治，這是歷史上的事實。從語言系統來說，日本、朝鮮、滿洲、芬蘭、馬加爾、土耳其等都是屬於阿爾泰系，這些民族之間，可能有某種種族上之關係。

蒙古族是遊牧民族，是二十世紀在今日地球上存在的幾乎唯一的草原民族。以外蒙古之草原為中心，北方的西伯利亞（布里亞特、蒙古人），東是滿洲，南為內蒙古，西為新疆以西之種族，在政治上和經濟上都非常落後的民族。

內蒙古自不待言，外蒙古之地區，作為中國之領土，在國際間，都承認中國之主權。但及至清朝時代，事實上允許其自治，民國革命之後，曾經發生過欲脫離中國的運動。迨至蘇聯革命之後，蘇聯佔領了外蒙古一帶，建立丹努・圖瓦（Tannu Tuva）和外蒙古這兩個獨立國家，事實上將其編入蘇維埃組織（一九二一年十一月五日，外蒙古和蘇聯在莫斯科簽訂修好條約）。因此外蒙古變成完全和中國沒有關係。在莫斯科有這些蒙古國代表駐紮。中國對於革命時期所產生的狀態非常不滿，再三對蘇聯提出抗議，蘇聯回答說這是外蒙古國的事，與蘇聯無關。當時蘇聯還在聲明帝制俄國由中國所得特權，全部要歸還中國的時候。

一九四五年二月，雅爾達會議結果，羅斯福和邱吉爾應史達林之要求，承認蒙古之現狀，中國也在戰爭最末期，與蘇聯簽訂中蘇友好同盟條約（一九四五八月十四日）正式予以承認。

二、

外蒙古與滿洲和內蒙古一帶的地區，是接連戈壁沙漠的草原，一望千里的廣大原野。在今日，蒙古民族仍然與家畜遊牧於這個地區，外蒙古與滿洲之境界為中國領土內，邊境地域在國內之區劃線並不是很清楚，事實上在中國時代，這個境界線並沒有多大意義。自成立靠近具有蘇聯靠山之外蒙古，以日本為後臺的滿洲國以後，問題複雜起來，開始有國境之互相爭奪。日蘇之間的國境問題，隨滿洲國之充實，因日蘇關係緊張起來而頻頻發生。

因日滿議定書，日軍開始負責滿洲國之國防，蘇聯發表也因與外蒙古之條約，對外蒙古具有同樣的責任。因此外蒙古和滿洲國之國境的爭議，意味著日俄兩軍直接衝突的危險性。

關東軍逐漸充實，其一部分（後來編成第六軍）擔任自海拉爾以南，外蒙古與滿洲國國境地帶之警備。諾門罕地區之境界，日方認為是哈爾哈河。在這個河以外，沒有像國境的東西。以蘇聯為靠山的外蒙古，在通過哈爾哈河遙遠的東方畫一線，主張這是國境。這是爭執的源頭。

三、

一九三九年五月，日軍佔領了哈爾哈河。蘇蒙軍予以反擊。衝突激烈化，蘇軍集結優越的機械化部隊，也動用空軍。蒙古的草原，是近代機械化部隊最理想的戰場和地形。

日軍（第六軍）被蘇聯之機械化部隊打得落花流水，小松原第二十三師團全部報銷（八月底）。關東軍憤怒到極點，司令官植田（謙吉）大將、參謀長磯谷（廉介）中將，遂贊成集結大部隊，痛擊對方，惟以敕令被阻止而終止戰鬥。司令官和參謀長皆被撤換，並退役。後任是梅津（美治郎）司令官。

諾門罕衝突告一個段落之後，在莫斯科，由東鄉（茂德）大使和莫洛托夫外相繼續交涉，互換屍體和俘虜，設立國境確定委員會，成立停戰協定（九月十五日）。此時歐洲充滿戰雲，德蘇簽訂互不侵犯條約，德軍入侵波蘭。由於停戰協定設立國境委員會，成為問題之滿蒙國境大致上照蘇聯之主張確定（一九四〇年八月二十五日）。

諾門罕之衝突，發生於中日戰爭告一個段落之板垣陸相的時代，在參謀本部，因北方派勢力大，有如張鼓峰的時候，日本為試探蘇聯在這一方面的力量，在外國雖然有這樣的批評，但在實際上，當時的參謀本部在汲汲於充實軍備，完全沒有出手蘇聯之餘力和意思。最後，諾門罕的衝突，是因為國境不明確的一個國際紛爭事件，在當地之所謂中堅軍官之欠缺思考過分行動，使事態惡化的產物。

第六編　軍部之妄進（阿部、米內軍部內閣）

一、

在歐洲之中原，以德英之爭霸為中心，發生了第一次世界大戰以來的大戰爭，到底對世界政局具有怎麼樣的意義，給予東亞以及日本怎樣的影響，當時的日本領導人，應該要比其他國家之領導人更加關心、慎重考慮，以及策劃才對。因為最受歐洲之混亂影響的是，從九一八事變並進入中日事變之日本。

對於正在建設滿洲國之日本所要求的是，整理國策，以確保國家之安全，不能再冒險，這是非常清楚的。因為在歐洲強國間之你死我活的戰爭，歐洲勢力由東亞大減，美國之力量被歐洲所牽制，戰爭之前途，由之必將複雜而長期化。凡此意味著對於孤立之日本之壓迫的減退，日本之由九一八事變到中日事變，踏入泥沼，進退維谷，維持面子，脫身的絕佳機會。也就是說，日本應該乘這個機會，選擇將來日本之唯一道路，把政策拉回來正道，使國家走上安全的坦途。

三國同盟之交涉，為何空中分解？平沼內閣為什麼以歐洲政局為理由，抗議性地提出辭職？這是因為無視訂有重要條約之日本的友好，感覺與對方繼續交涉同盟沒有什麼意義，同時德國和日本是在「同床異夢」，目標和利害關係又不一樣，這是極為明顯的。防共協定等同還原白紙，日本清算了與德國的關係，為重新出發，日本恢復了行動之自由。平沼內閣之辭職，在國內，證明軍部之親德政策的失敗，對左右日本之政策的軍部的抗議。因此，日本面臨今後領導之新出發點的重要關頭。

平沼內閣之所以以在歐洲發生之戰爭為「複雜怪奇」而提出辭職，不是以未能看出歐洲政局向國民道歉，而是暗示日本之介入難以理解之歐洲政局之危險性，具有促使鑑於世界重大事件之發生，自九一八事變以來，反省日本所搞之對外方向的政治意義。只能作這樣的解釋。這是著者不斷地從倫敦向政府建言的主旨。

日本是因為軍部之橫暴，硬出去搞國力以上的大事業，自九一八事變以來，被劣等感和孤立感所摻住。插足那麼大的大陸之後，事實上沒有一樣東西合乎世界上之大國的條件和資格。為著彌補這個不足，她搞得愈來愈厲害。其結果，失去自信的劣等感，在國內，摻住表面上具有優越感之軍部，於是愈擴大其計劃。內心失去自信者的行動，是焦躁和不反省。由於不反省，所以其政策是排他性的和誇大妄想性的。因為具有劣等感，遂要濫用武力，實行吹牛政治。因此要宣傳狂信獨善的日本第一主義，變成九一八事變以來之日本的大陸政策的雜亂無章。可是現在，遇到第一次世界大戰以來在歐洲之激變，敲響警鐘，日本實具有絕無僅有之自我反省的機會。

亦即今日日本，實遭遇到恢復自己之地位與自信，深深自我反省，徹底改變政策，發現其在東亞之自然而永續的大國地位的不二機會。

二、

隨歐美之帝國主義勢力，自東亞退去，東亞之領導地位由之產生空位，而日本之自告奮勇來充實其角色，可以說是自然的順序。可是，日本要做東亞之真正領導者，不可能繼承列強之從前的帝國主義做法。因為，不可能以已經覺醒的東亞人為敵人，來取得領導權。只有日本成為東亞各國之能夠信賴的朋友，這些國家才會把日本當作先進國家，予以肯定和尊重。亞洲之為歐洲殖民地的時代早就過去了。民族主義也必須在東亞實施才行。此次大戰的確是這樣的機會。日本應該站在亞洲之前頭，大聲疾呼主張和實行東亞各民族所要求之獨立和解放，東亞人才會把日本當做領導人。如果日本錯誤學習過去之歐洲的帝國主義政策，以對待東亞其他民族，這些民族，因為在地理上更靠近日本，必將把日本當作侵略者，一定比對歐美各國，會更憎恨日本人。日本絕對不可以犯這樣的錯誤。這不是國際上之人權上感情倫理等抽象的問題，即使是現實的利害關係也應該這樣。根本上沒有善鄰友好之觀念，誰願意相信日本，開發資源，助長貿易，歡迎日本產品？

從這個根本原則來看，中國問題應該迅速圓滿解決才對。為什麼日本在國際間具有劣等感和孤獨感？無需說，實來自無法調節中日關係所致。不感覺英美之壓迫的日本，實站在為與中國妥協，可以做必要之讓步的地位。對於中國問題，中國自不必說，想出英美等其他國家都能夠接受的解決方法，是消除劣等感和孤獨感的唯一方法。唯有這樣做，日本才能恢復其國際的常態，維持其通商貿易，解決人口問題，不僅能夠維持日本國民之生活水準，這個方策是解決滿洲問題和打開多年之困局的關鍵。總之，日本要清算從前之國策，將其恢復正常，消除與列強之不必要的摩擦，恢復親善關係，取回來國家的安全。

以上方策，不管歐洲戰爭之結果如何，是日本所應該採取的萬全之方策。但是即使對於當時之歐洲戰爭之趨勢作一種判斷，德國在陸軍是佔優勢的。英國在海上維持絕對優勢。如果空中勢力沒有太大的優劣，戰爭必將拖得很長。在長期戰爭，美國必將援助英國，這在第一次世界大戰已經證明過。所以歐洲戰爭之最後結果將如何是很清楚的。以上是根據國際常識所作之判斷，並沒有什麼奇特的說法，而是著者在倫敦一再所說的。作為東亞之看守人的日本，應該要絕對防止歐洲戰爭波及東亞，自己對於東亞民族要建立善鄰友好政策，以發現和鋪好作為世界之大國的坦途。

三、

為獨善之軍部所統治的日本，已經不可能冷靜判斷國際情勢，和聽聽別人的話了。唯有根據軍部一廂情願的片面判斷所作的極端論者所弄的企劃，有如脫韁馬車奔跑而去的國情。

被這樣國情所統治的日本領導人，在歐洲危機中所行，平沼內閣之提出辭職的大局理由，沒有思考工夫，糊塗地汲汲於眼前的國內政治，把內閣之更替當作日常之事務處理。

因此，在這樣重要的時期，竟出現了從來沒有過的弱體陸軍內閣，陸軍任首相，海軍出任外相，只是採取陸海軍勢力之平衡而已。阿部（信行）陸軍大將之內閣，除以野村（吉三郎）海軍大將為外相之外，陸海軍大臣等並沒有什麼特別。以穩健的陸海軍大將為中心之內閣，在無為和混亂中失去了寶貴的時間，半年之後倒台了。

失去的機會是不會再來的。中日事變和南進政策，有如在輪轉的機器運動一樣，與世界大變動毫無關係地由陸海軍在繼續搞。不特此，乘英美勢力之退去，日本得隴望蜀，把過去之充滿錯誤的極端政策，以為機會到來，而更加大力推動，愈陷於更深之泥沼，這實在是日本國家之一大不幸。元老已老，軍部之橫暴雖然是國內情況所促成，畢竟從國際政局之水準來看，這是日本國民自己之政治性之不成熟和幼稚所造成。

米內海軍內閣

一、

當時，日本如果能夠看準世界大勢，並沿著它推行國家政策的話，不是陸軍勢力，也不是海軍勢力，而應該是在其上面之最高層的根據斷斷然決心的團結和努力。當時之日本最高領導層是不是沒有看透國際情勢和日本之將來的眼光，或者憂心忡忡，卻陷於敗戰主義心理，不願意挺身而出。亦即被提名的內閣首相，乃只是扮演煞車功能之陸海軍部內的穩健份子，站在陸海軍勢力上面，不是在左右國家方向之地位。日本這一條船，已經失去方向盤而竟然開往怒潮澎湃的國際海洋，以極大馬力之機關力量，這一船奔放地在邁進。

湯淺（倉平）內大臣與岡田（啟介，前首相）等協議，推薦米內（光政）海軍大將取代阿部陸軍內閣。好像陸海軍在互相爭奪內閣的樣子。陸相因為天皇之意思，穩和派的畑（俊六）前侍從武官長留任。軍部對什麼都不滿。在國際上最重要時期成立的米內內閣是，單純的陸海軍勢力之均衡，以實施穩健的政策為目的而已。所以軍部的行動，與政府之意向毫無協議地在進行。

身處此種情況的有田（八郎）外相，曾經努力於調整其過枉，但軍部之積極態度，毫無反省，既看不出國際情勢之全局，也沒有這樣的想法，只是被眼前事象所左右，被時代所玩弄。中日事變變成南進，「共榮圈」之觀念與德國之〇，從日滿擴張到整個東亞，「國防國家」和要建設一黨政治的德國沒有太大差別。

一九四年一月成立，該年七月倒台的米內內閣，只是在因應軍部之行動，沒有樹立積極政策的工夫，被國內情勢沖走，浪費了寶貴的半年光陰。

二、

在倫敦，著者以大使身分，全力為日本政府和英國政做協調工作。一爆發歐洲戰爭，著者便致力於日英雙方之疏通，誘導我國政府解決中國問題，避免戰禍波及東亞，以確保日本在東亞之地位，堅信這是日本應該走的唯一一條道路。

原來，形成保守黨主流之張伯倫內閣，對於調整與日本之關係不但沒有異議，依日本之態度，非常希望如此，這是著者之判斷。雙方的希望是一致的。要之，問題在日本政策之合理的轉變。哈理法克斯外相，特別令政務次長的巴特勒和日本駐英大使之著者接觸，鄭重處理與日本之關係等問題。英國政府內部之有力閣員，諸如漢琪爵士、羅意特爵士，時與日本大使熱心會談，講究對策。大家都有一個目標，希望防止歷史上之英日關係的惡化，做適當之調整。雖然發生日軍封鎖英法租界之天津事件，但兩國還是圓滿解決了。在東京灣海面，發生英國軍艦臨時檢查搜索，逮捕德國人之淺間丸事件，最後英日雙方也得到圓滿的解決。為此事，格萊基．英國駐日大使，盡了很大的努力。又有關日本對於英國訂購物品，以及對於德國所訂定軍需物品之裝運問題，英國也妥協了。凡此，都是顧慮英日大局之利益，交涉成功的例子。

英國之這樣的對日政策，在野時代反對的邱吉爾，取代張伯倫之後仍然繼續。邱吉爾幾次與著者會談時，對日本日益加深理解，一時曾經封鎖過援助重慶中國政府之緬甸公路，希望能夠找出中日間之妥協的方策。邱吉爾對日本大使（著者）表示，英國絕不反對中日間之合理的妥協。他在在野時代對日本所作的警告是，針對日本之極端的積極政策。他說他是率先贊成英日同盟的一個人。緬甸公路，應日方之請求，在雨季前後關閉三個月，英國希望和歡迎在這期間，中日雙方能夠找到妥協之方策。鑑於美國與日本國力之差距太大，邱吉爾表示，他相信日本要攻擊幾千英里之外的新加坡，有如從紐約要去進攻直布羅陀，是很謊唐的事，他相信日本不會那麼笨，去攻擊新加坡，參加戰爭。日本應該不是這樣笨的國家。關閉緬甸公路，從當時之世界情勢來看，是非常重大的事件，英國自不必說，在中國和美國也有過很大的反應。特別是中國駐英大使，抗議英國對日本之寬大政策。只有日本政府完全沒有任何反應。米內內閣已經沒有抓住這個機會來挽回大勢之精力，天天忙於應付軍部之壓迫和策動，對於國際上之根本問題，沒有工夫和心情去思考和因應。

在日本，法國敗戰之後，英國之實力被估計得偏低，德國之成功被評價得太高，對於世界形勢欠缺冷靜的客觀判斷，軍部之施策脫離常軌狂奔。

三、

日本之政策，必須整理和統制，最後時期愈來愈膨脹，愈混亂。

軍隊之推動力，落在中國派中堅份子手裡，畑陸相只是一頂帽子而已。軍部所指導之興亞院以及其在外地機關之聯絡部的中國佔領政策，亂七八糟地進行，由影佐少將導演成立了汪精衛中央政府，近視眼的中國滿洲化政策，日本人誤解其能夠成功。

欠缺良知判斷之中國佔領政策，隨其推動，以及南進政策之加速，海軍拉陸軍，愈對南方問題加油。由之海陸共同之南進態勢成形，並附諸實施。這個趨勢，與歐洲戰爭之進行，終於使日本進退維谷。

四、

此時此刻，日本國內之國家改造運動，愈來愈模仿納粹德國，與建設國防國家之同時，尋求一國一黨之強大的統制政治。

在滿洲之協和會，華北之新民會，皆為其先驅。根據滿洲製之國家改造案，以及鑑於過去政黨之爭奪政權所表現的醜惡行徑，為克服國家之困境，認為有建立強大之納粹式統制之必要，且這樣策劃者大為增加。軍隊以在鄉軍人為中心，為建立純然之納粹式統制的政黨，而倡議解散目前之政黨。反此政黨人認為，現今之政黨可以合併，把政治力量保存於政黨基礎上面，並開始著手政黨之合併運動。近衛公爵抓住這個機會，以他為中心，計劃建立一個大政黨，發表迎合時潮之聲明，博取聲望。

雜然之政界的這一種分解和統合的作用，一方面，為左右兩極端份子所利用，另一方面，日本政界之政治勢力日益枯竭消耗，追隨軍部勢力，心甘情願服從其領導的敗戰主義（對於軍部）。

五、

在另一方面，德國的思想大受歡迎，為了建設國防國家，重要的軍需資源，必須完成由自己國家之勢力範圍內供應之態勢才行。可是全世界都在實施封鎖經濟制度，日本為維持國民的生活以及有必要進行通商貿易，世界的形勢卻不讓日本這樣做。為維持國民生活，確保軍需資源之供應，只有滿洲還不夠，也需要華北之資源。因此必須建立日支（中）滿之共榮圈。這樣還是不夠，日本海軍尤其需要石油資源。失去歐美方面之貿易，這只有在東亞方面來補償，這個理論好像很有道理的樣子。

隨日軍佔領地區之擴大，日本之經濟要求更為增加，日滿中共榮圈變成東亞共榮圈，更進一步成為大東亞共榮圈。擴張經濟活動範圍之理論，促使軍方擴大佔領地區，擴大佔領地區，又誘起另外一種欲望，成為毫無統制和反省之日軍的行動，又受到列強勢力一時退潮之誘惑，或受到封鎖經濟之世界風潮之刺激，日本之勢力範圍的觀念，有如滾雪不倒翁球般地擴充下去。

如果日本能夠忍耐和自我反省，認識大局，建立善鄰友好政策，圓滿解決中國問題，站在東亞民族主義，逐漸調整與列強之關係，自然而然地能夠收到東亞之共存共榮的經濟上利益。可是，日本卻沒有選擇王道的大道，而選擇了霸道的道路。日本欲以武力建設國防國家，不順應大勢，利用有如水之往下方流，這不是日本人之所喜歡，他們選擇了偷襲的玉碎主義。作為政治行為，偷襲是最危險的。

六、

從阿部內閣到米內內閣，被以軍部為中心之勢力所推擠，與世界大勢毫無關係地在國內從事改造運動，以及盲目地推動在中國之佔領政策。因平沼內閣之辭職，失去一年多重新樹立日本政策之機會，實在太可惜。應該已經清算清楚之與德國的關係，在不知不覺中又由以軍部中心復活，日本毫無限制，德國之主張和宣傳毫無限制地在日本橫行。

德國之宣傳的重點，集中於德國絕對會打勝仗，大英帝國一定會擊潰。德國對於日本之解決中國問題，以及日本將來之發展，都說英美不可能為日本之朋友，德國才是日本之朋友。所以德國對於日本的宣傳非常有效。

感覺孤獨的日本軍部，為執行其計劃，急需其援助者。目的已經不只是滿洲國的國防問題，而是防護日本在整個東亞之地位的問題。至此，軍方開始搞三國同盟之交涉。因平沼內閣之下台消失的三國同盟，現在又敗部復活了。

三國同盟的問題，已經不是發生歐洲大戰前之平沼內閣時代，要不要把蘇聯當作同盟之對象，或者包括英美等這樣的問題，而是德國已經和英法在做你死我活的戰爭，談復活三國同盟，使其成立，實意味著要日本和德國站在一起，這一種事，如果沒有要參加戰爭的決心是不行的。德國對日本軍部，如果要獲得將要崩潰之大英帝國的好處，日本必須立刻和德國同盟，參加戰爭。接授它的日本軍部，要求內閣趕緊開始交涉。當時，大島大使回來，日本來栖（三郎）大使在柏林。米內內閣堅決反對非參加戰爭不可的三國同盟之交涉。因此又產生軍的倒閣運動。

七、

當時，對於歐洲戰爭之輸贏有兩種看法。一個是以柏林林和羅馬之陸軍武官為中心，納粹德國之偉大的陸軍、空軍之威力奏效，戰爭在短期內將歸於德國之勝利而結束，特別是如果義大利參戰的話，大英帝國地位必將立即崩潰，因此認為應該趕緊和德義緊密聯繫，以共享戰勝之果實（利益）。故主張確立今日日本所領導之大東亞共榮圈，這是獲得自給自足之世界大國地位的絕好機會。

另外一種看法是，以駐倫敦大使館（倫敦之陸海軍武官也是同樣意見）為中心，認為德國在陸上佔優勢，但英國在海上佔優勢。德國空軍不足於壓制英國之空中，潛艇艦隊也不能完全封鎖英國。因此，戰爭將拖長，美國必將參加戰爭，被包圍之德國，只有敗北。所以，日本不要為德國一時之戰勝而眼花撩亂，在歐洲戰爭進行中，要設法與英美妥協，解決中國問題，為不使戰禍波及東亞，應該指定東亞為非戰鬥地區等等。在這期間，考慮東亞民族之希望和要求，確立對其同情的東亞政策，絕對不能介入歐洲戰爭。這是確保日本之地位，使其在國際間自然而然地有其分量的道理，可以開拓戰後大國之命運的道路。這個意見，始終一貫，這樣主張。

米內內閣（有田外相）重視後面之意見，始終支持不介入歐洲戰爭之政策。戰爭之趨勢為世界各國及有識之士的重大關心事，與跟在日本一樣，其看法是雙方的。但是，就冷靜觀察世界大勢者而言，這個判斷不是很困難。尤其是，一九四一年爆發德蘇戰爭以後更是這個樣子。

歐洲大陸之國家，接近德國勢力之各國，對於緊迫之戰爭的判斷，當然不是那麼簡單的事，判斷錯誤的有法國、比利時等不少其他東歐國家。這些國家，完全沒有思考戰爭之結果的工夫，為迴避迫在眼前的危機，以決定其國策。可是，沒有這個必要的各國，在具體的實際政策上，能夠解剖「複雜怪奇」之政局，或綜合整個局勢作正確作大局判斷。而為其樣本的就是土耳其和西班牙。日本位於戰局之中心的遙遠地區，在判斷歐洲戰爭上，其地位並非不利。可是日本卻無視世界之大勢，拘泥於戰前之事態，錯誤作大局之判斷及措施。

歐洲之激變

一、

米內內閣，忙於因應國內之軍部勢力，在對外上荏苒過日子的時候，歐洲之戰爭局勢發生了一大變化。這是一九四〇年初夏，米內內閣末期之事。

熟悉德國之閃電式戰術的英國，與開戰之同時，認定德國所吹噓的格寧空軍一定會來轟炸都市，所以做了因應的萬全準備。但沒有德國的轟炸。德國的作戰，遠比一次大戰還要進步。

德國對英國宣布要封鎖其海面，開始潛艇戰，放破壞貿易艦艇。但英國在海上比一次大戰更有自信。德國對法國沒有採取任何行動，結束佔領波蘭之後便鞏固東方戰線觀看蘇聯之動向之後，整個冬天，一直沒有聲音，在那裡研擬下一步作戰。

法國在卡姆朗將軍統帥下，等待著德軍之來進攻，在這期間，英法之空陸軍之戰備，進行得極迅速。及至一九三九年年底，一九四〇年春天快要過去的時候，英國人把這個靜靜的戰爭叫做「奇怪的戰爭」（Phony War）。英法共同的戰鬥準備，做得非常周全，馬基諾線之防禦和海峽之守備都已經萬全，希特勒之過年的無所為，終於失去攻擊西方之機會，甚至似決定了戰爭之大局，張伯倫在議會報告戰爭之經過說，希特勒錯過搭乘最適當的巴士。

二、

希特勒不是錯過巴士，而是在思考和作準備的。他已經想好和準備好，其計劃還是閃電式作戰。

希特勒探悉邱吉爾等意圖要妨害德國所必需之瑞典礦石，要從北挪威之那爾維克沿著挪威海岸輸入德國，意圖對德國之戰街要地的挪威和瑞典下手的消息。希特勒斷定：歐洲沒有中立國家。他制機先，一九四〇年四月佔領丹麥，對挪威出動陸海軍，攻進奧斯陸（四月九日），動員第五縱隊，令克伊斯林在挪威建立傀儡政權，先英軍佔領多倫多亥姆，進出其北方的乃維克。已經登陸之英法軍，遂不得不從這兩個地區撤退。希特勒之挪威作戰，無視德國海軍（列達部長）之建言所行，列達部長表示沒有制海權之優勢的海上作戰是有問題的，但希特勒考慮政治上因素，不聽列達之建言。挪威作戰之成功，提高希特勒對海軍之權威。德國佔領挪威之目的是，要消除來自北方對德國之威脅，這是德國對西方大作戰之開端。希特勒實充分認清此次戰爭之世界性。

繼挪威作戰之後，五日（十日突破國境）德軍根據許理芬戰術之傳統，先入侵比利時和荷蘭，粉碎抵抗的羅特〇和阿姆斯特丹，一下子佔領了整個面向北海的海岸線。

比利時、荷蘭兩國政府蒙塵倫敦，比利時國王留在國內，投降德國（五月二十八日），使其國民免於戰禍。

英法軍隊，以非常之決心立刻就其部署。希特勒之武力，事實上遠比比一九一四年之凱撒的軍隊強得多。德國之作戰，還是以閃電石火之奇襲為其特點。

三、

德國開始對於西歐大陸發動大攻勢，在法國和英國，皆引起政治上的大變動。

英國認為現在必須樹立舉國一致的內閣。面臨國家存亡之英國國民必將發揮其一切的真正力量。張伯倫有許多政敵。他所領導的純粹保守黨政綱，離開工黨之左傾政策太遠，長期論爭，致使鴻溝太深。他的綏靖外交政策，自慕尼黑以來，大受各方面之批評。張伯倫曾經努力於要組織舉國一致的內閣，但工黨公開表明不跟張伯倫首相合作。為著獲得工黨之協助，多數黨的保守黨及其政府，遂不得不更換黨魁。為組織全國上下一致之內閣，張伯倫遂決心下台，並擬以正宗之保守黨的外相哈利法克斯，或非正統保守派之海相邱吉爾為其繼承人，而就當時之英國政情而論，自然而然地要由下院議員的邱吉爾接棒才是正道。

領導保守黨之左翼的邱吉爾是，最適合與工黨聯繫的人選，其實力和分量是沒有話說的。捨去一切私情的保守黨，遂推薦邱吉爾，面臨英國史上未曾有的國難，英國國會提名了邱吉爾為救國的領導鬥士。

對於邱吉爾之舉國內閣，工黨和自由黨都予以協助。張伯倫、辛苦列亞（自由黨）、艾德禮（工黨）都入了閣。哈利法克斯爵士暫時留任外相，後來交給艾登，出任駐美大使。達夫·古巴出任資訊部長之後，出使新加坡，為處理對日關係，統轄在東亞之文武官。

邱吉爾於五月十三日和新閣員出席議會，作為英國之最高領導者，促請英國人之決心，演講表示此時他能夠為英國同胞奉獻的只有自己的「血、淚和汗」（I can only offer blood, tears and sweat），使冷靜的英國人熱血沸騰。

四、

要攻克被喻為「難攻不落」（難以攻下）之馬基諾線實在非常不容易。如果失敗，戰爭必輸。德國參謀本部，依旭利芬之作戰，樹立了令入侵荷蘭、比利時之右翼軍沿著海岸南下，從最脆弱的比利時國境，突破達拉廸兒線之作戰，但在第一次世界大戰，以上士上戰場，以至為總統亦即大元帥之現今的希特勒，接受曼旭達茵之獻策作為攻擊點，選擇了色丹北方為戰線。其背後地為阿爾登山林地帶，不方便於軍隊之調動，軍參謀部不大願意實行這個計劃，但希特勒聽不進去，終於實行其決定。

攻擊之預定日子來了。德軍之銳鋒，集中地上與空軍全部力量進行攻擊。戰爭是立體戰。擁有優秀之空軍德軍，具有和蘇軍一樣立體戰爭經驗，根據德國參謀本部之周延的計劃，發揮了猛烈而果敢的戰鬥力。遭受到意外攻擊之法軍雖然善戰，以一次大戰時之地上平面戰術，絕對擋不住德軍之立體攻擊。突破最堅固之敵人陣地的德國機械化部隊，利用完整的馬路設施，有如雪崩，猛進法英軍之後方，攪亂其背後。

德軍之進攻，遠比法軍之退卻快，法軍之行動，因為逃難民眾而受到很大阻礙。大勢已定。馬基諾線、達拉迪也線，全部從背後相繼被扭轉圍攻，完全失去其功能。突破而來的德國機械化部隊，側面眼看巴黎，直進海岸，壓迫英法軍之大部隊於海岸線。因英軍之善戰，結果免於被德軍包圍，好不容易以丹卡克橋頭堡為背向退至海岸。

五、防衛法國之生命線的馬基諾線，被突破消息之報導，就英法兩國而言，是晴天之霹靂，是致命之打擊。

法軍已經失去其統一，彼送往歐洲大陸之全部英軍之命運，極為悲慘。英軍得法國和比利時軍隊之援助，邊戰邊退到海岸。為的是要越海撤退回到英國。德軍從陸上以及空軍拼命追擊英軍。對於德軍之立體攻勢，英軍拼命抗戰。對於集中的立體攻勢，英軍拼命到底。退卻到丹卡克之英軍，背向海洋，作你死我活的最後拼命。德國之優勢空軍，對於欲横渡海上之英軍不分晝夜，毫不留情地予以轟炸。

夏天之北海風平浪靜，英法海峽也完全沒有海浪。如果是平時，海水浴場之游泳者必定是人山人海。站在走著亦可能渡過的五、六月海峽，從卡列至杜巴之白崖似在煙霞之間。退卻在海濱之英軍，隨時有被轟炸之可能，忍耐疲勞不堪和挨餓望著西邊。此時，從英國海岸方面來了各種各樣蒸氣船。有帆船、貨船、當然也有海軍汽艇，更有泰晤士河之遊覽艇。雖然被德國空軍再三轟炸，由英國男女所操控之數不清的這些小船，有如螞蟻，走近丹卡克海濱。為的是要拯救撤退下來的英國士兵。英國士兵爭先恐後地擠上這些大小船隻，回到英國。英國陸軍的武器，幾乎不得不統統丟棄，軍人，由於英國國民之犧牲奮鬥，大部分（三十三万人）被救出來。根據英國海軍之發表，從五月底到六月初，為拯救在丹卡克之英國士兵而出動的小船，多達八百五十艘，其中七百是英國籍。

失去陸軍之英國的對岸，從荷蘭海岸至布列達紐半島，站的都是德軍。在英國國內，隨時有空降部隊從天空跳下來的可能。要征服武裝的一個師團變成功的英國被認為是可能的。艾登陸相召集了其所動員的民兵，義勇隊扛著獵槍警戒鄉下街道的要衝。沒有防備的英國本土，只依靠海軍和英法海峽以及小小的空軍防衛而已。一百幾十年前，拿破崙曾在英國之對岸集許多筏船，瞪著英法海峽。這一次希特勒站在同一個地方，豪稱「今日海洋毫不成為障礙」。如果英國完全失去制空權，將等同沒有海上之防衛。英國本土的命運，正是有如風前之燈火。

六、

為著替代加姆蘭將軍，從殖民地請回來的佛旭將軍之名參謀長的威剛將軍也束手無策。法軍已經被寸斷，也沒有有力的預備軍的準備。陸軍大臣的柏丹元帥，以為為拯救法國國民和巴黎，只有投降德國之一途。列諾首相透過廣播電台向美國總統和國民，作最後的呼籲，請求其救援，其聲音之淒涼，令人心酸和心痛。

美國誓言要予以援助，表示同情和勉勵（羅斯福總統對於列諾之六月十日的電報，十三日回電，相約將給予一切物資上之援助，鼓勵法國繼續戰爭，暗示美國將參戰。）當時，美國只能做到這樣的程度。英國政府對於法國提議建立英法共同市民權，兩個國家事實上融合成為一體，俾能防止法國之投降，但這只是傷害了富於自尊心的法國人之感情而已。

對於英國沒有良好感情的柏丹元帥，表示不可能繼續戰爭，終於決定投降。列諾、達拉第、艾利奧和魯姆，也先後往北阿爾及利亞逃亡。負責與列諾首相和柏丹元帥聯絡的戴高樂少將，曾經確言馬奇諾（要塞）線不可靠，建議新戰法，並與列諾首相同其行動，暫時逃往北阿爾及利亞，旋即前往倫敦，毅然決然成為繼續作戰的先鋒。

戰爭情勢日有進展，德軍攻進巴黎，整個法國之將被德軍佔領是時間的問題。眼看這個形勢的義大利，不管德國的異議，竟然對英法宣戰（六月十日）。她佔領了沙埔伊國境之山岳地帶。如此這般，義大利正式參加了二次大戰。德國認為，缺乏資源，沒有實力的義大利，最好還是保持中立，這樣對於軸心國家之勝利比較有利。

幾個星期就佔領波蘭，震撼世界的德國，兩個月便席捲被認為世界第一之陸軍的法國，令全世界跌破眼鏡。其在政治上之意義，實在非常之大。於是美國決定要徹底救援英國。日本之軍部深信，德國將獲得最後的勝利。

柏丹元帥向德國投降（六月二十二日），在維西，和達爾朗、拉巴爾一起建立法國政府，拯救法國國國民免於戰禍的柏丹政府，在投降條件中仍然統治法國之大部分，得到法國國民之信賴，許多國家的政府也承認其為法國的正統政府，留下其使領館，日本也這樣做。美國主要為觀察歐洲形勢之發展，羅斯福特派其最高軍事顧問李希提督為駐維西的大使。

七、

羅斯福總統相信英法是美國之安全保障的前哨，相約將運用自己權限內之最大力量來救援英法兩國。百分之百代表英國人之精神的邱吉爾，對於羅斯福總統，萬一英國被德國佔領的最壞時候，英國將全部艦隊移大西洋對岸，動員大英帝國之一切力量，要繼續戰爭直到獲得最後勝利的那一天，美英兩國，在精神上和利害上是完全一致的，英國之滅亡，意味著美國之滅亡。羅斯福所領導之美國，信賴英國之決心、實力和毅力，在美英兩國命運共同體前提下行動。這決定了戰爭的輸贏。

歐洲戰爭之歸結如何，立刻有關這個國家之命運，這裡有兩個因德國之意外的輝煌勝利而一時頭暈的兩個中立國家，一個是西班牙，另外一個是土耳其。佛朗哥的西班牙，因德義之援助而免於被赤化，她參加防共協定，為樞心國之一。戰爭中，極受希特勒之壓迫，參加戰爭，被強迫攻擊直布羅陀，明敏的佛朗哥，於一九四〇年夏天以及其後，對於戰爭之趨勢的判斷，沒有差錯。他抗拒諸多誘惑和壓迫，認識英國之實力，始終是冷靜的戰爭之旁觀者，領導西班牙使其在國際上得到其應有的地位。

受到德國、蘇聯和英國三大國勢力包圍，擁有連接亞歐海峽之土耳其的地位，戰爭中非常之困難。土耳其的政治家，挾在強國之間，根據其多年之經驗，能做冷靜的判斷。土耳其為保持與英國之密切連繫，接受英國之經濟上和軍事上之援助，同時始終確保中立之地位，毫不動搖。德國之勢力迫近巴爾幹半島，幾乎要從中東埃及方面把英國勢力趕出去，分斷大英帝國幾乎將要實現時，或爾後戰勢逆轉，蘇聯勢力受到壓迫，也毫不動搖，對於戰爭之結果，都具有正確的判斷。這些國家，雖然靠近歐洲，方便於觀察歐洲之形勢（因為距離近，反而容易誤判大局），比諸日本之領導，只受到德國宣傳之影響，終於把國家弄到無法恢復之地步，成為極明顯的對照。

史上之偉觀

一、

知悉英國的人，我相信都能夠想像英國人在國家存亡的關頭，會出於怎麼樣的態度。著者在二次大戰期間，滯在英國，親自目睹過英國人。國家愈艱難他們會更加冷靜，會更加有自信，以平常心，能夠克服困難就是英國國民。在丹卡克之後的危機，為政者和走在馬路上的人，不分男女，工人和貴族，都相信他們一定能夠得到最後的勝利。反而是外國人在替他們擔心，可是英國人卻與平常完全沒有什麼兩樣，每一個人都在自己崗位，做自己的工作。其情況，真是了不起。

國會開會了。面臨英國歷史上最大危機之全國國民的代表，要審議丹卡克危機後之形勢，向天下闡明英國的決心。這是一九四〇年六月十八日的事情。位於泰晤士河畔之西敏寺的英國國會大廈，今天顯得特別大。世界的耳目，都集中在這裡。國會坐得滿滿的，沒有空位。旁聽席，外交官席和婦女席皆爆滿。帶著假髮，穿著古服的議員排長龍，如儀悠悠踏入議場。議長與坐下的同時，宣布開會，很有秩序地處理完當天之議程之後，議會靜靜地等待著邱吉爾之上場。

二、

開始了邱吉爾新首相之第一次戰爭狀況的報告演說。議場一遍緊張和肅靜，大家集中精神聽著他的每一句話。

邱吉爾淡淡地，毫無掩飾地和正當地評估在北法國之敗戰，詳細敘述其經過，說明德軍之如何獲得大成功，聯軍雖然力戰卻是慘敗，英軍終於不得不後退，說明救出丹卡克之悲壯而勇敢的軍隊的狀況，善戰的法國軍隊，也終於力盡氣絕的經過，言言句句，根據事實而冷靜地做了很清楚的說明，其為男子漢之敘述，大有令聽者貫穿其肺腑之概。他繼續稱，如果法國脫落，英國必須單獨與這個勁敵拼命。敵人站在對岸。隨時可以來襲。今天是英國歷史上最大的危機。我聽取了陸海空三軍首腦以及專家之意見。他們沒有放棄勝利之可能性的希望。邱吉爾相信英國人之戰鬥意志，能夠戰勝德國所擁有在量上和物質上之優勢。英國人絕不屈服獨裁專制之敵人，他們會戰到最後的一個人。我們確信英國一定能夠得到最後的勝利。「今日英國的戰爭（Battle of Britain），即將展開。人類文明之安危，在此一戰。四自治領，全面支持我們繼續戰爭。勝利或者死亡，我們將要選擇一個。我們要令後世的人讚美：如果大英帝國要繼續生存千年這是我們最光輝的時候（their finest honor）」，邱吉爾這樣演說完了之後，流下眼淚抱著頭坐下自己位置的光景，使目睹者永遠不能忘記。

英國的議會，與歐洲大陸式的日本議會不同，議員的座位是往後圓圓上去雙方迎面而座，演說者站在中間演講。中央之另外一方是有如仲裁者的位子，是議長席。議員位子是執政黨和反對黨正對面而座，不過在邱吉爾之舉國內閣，除共產黨（一席）外，全部是政府黨議員。議員席下方中央位子是資深議員的位子。（關於英國國會的種種，請參考拙譯「英國的國會」一書，此書於一九七四年，由台北幼獅文化事業公司出版—譯者）。

站在議場中央演講完畢的邱吉爾，回到一兩步後方自己位子時，議場之掌聲如雷。在其旁邊位子的張伯倫，站起來和邱吉爾熱烈握手，拿出手帕向大家致意。議場的人統統站起來，手揮議程和手帕，頓腳，狂熱非常。旁聽席也熱血沸騰。這個光景，與宣戰的一年前之議會的冷靜而事務性的氣氛，有天淵之別。英國人有時候也會這樣熱血滔滔的。

議會所表示的決心，是每一個英國人的決心。面臨國家存亡之危機，表示國民決心的瞬間，的確是真正光輝的時刻。英國國民又恢復其冷靜，開始做自己應該做的工作。政府、工廠和家庭，日以繼夜地在努力工作。

著者對於自己政府，報告了參觀這個歷史性議會的「史上之偉觀」。

三、

就德國而言，德軍之席捲法國，德國也覺得預期以上的成績，可是對於要入侵英國，其準備並還沒有周全。德軍堅固英國之對岸，忙於登陸作戰（阿西卡作戰）之準備。英國之上空，以海峽方面為首，天天有偵察機飛過來，展開空襲。

德國對英作戰之準備，夏天之後似乎完成了其準備，迨至九月，轟炸日甚。邱吉爾把它叫做英國的戰爭。亦即德國之對英作戰。德軍到底能不能攻進英國，是決定英國命運之關鍵。格林空軍，與破壞英國軍事目的物之同時，意圖奪取制空權，天天白晝予以轟炸。為防止它，劣勢的英國空軍，即是被擊落，還是繼續衝。當時之英國空軍，被估計為德國空的三分之一，但戰鬥機不少，而且英國之陸上防空設備非常進步。英國空軍善戰，擊落德國戰機數目逐漸增加。經過兩三個星期之後，報導說，一天擊落敵機一百架以上。其損失超過德國之補充能力，因此德國得知其無法掌控英國之制空權。

英國海峽進入海浪日高的時期，沒有制空權和制海權的德軍，至少在一九四〇年，只有放棄入侵英國之作戰。英國之空軍，不僅在防禦，更利用夜間，轟炸基爾和黑利哥蘭。德國抗議英國之夜間的無差別轟炸，但英國卻堅稱是以軍事設施為目標的轟炸，不理德國之抗議。德國為著報仇，對英國開始夜間的無差別轟炸。德國之夜間無差別轟炸，集中於倫敦，更遍及英國全部都市。但這與登陸英國作戰沒有直接的關連。德國對英國之作戰，最後歸於英國之勝利，英國之小空軍，與海軍之所以能夠防止德國之入侵，是英國之軍事上基礎的成功。因為過年之後，英國之戰備特別是空軍之比率，勢將非常有利。是即拯救丹卡克後之英國的危機，實為有如英國人之決心之結晶的神勇的英國小空軍。一九四〇年德國對英作戰之所以失敗，至隔年更加困難是理所當然的事，德國之入侵英國，事實上已經死心了。德國雖然大言壯語說，明年一定要幹，敲鑼打鼓地大事宣傳，但那是一種吹牛而已。

四、

英國的空軍，雖然比德國的空軍差，但卻是有充分準備的。英國老早就按照邱吉爾等之主張，其防空設備，與建立強有力的空軍之同時相當完善。譬如探索短波之方法，在戰前已經相當進步，所以開戰的時候，面向海峽方面，都已經有其設備，可以探悉七、八十英里以內之敵機。以後有更進一步的發展，利用雷達不但能夠防止對英國的空襲，更成為封鎖海上，潛艇戰亦即大西洋戰（Battle of Atlantic）的有效無器。美國承受它，加以改良，在太平洋阿留申列島、阿玆島集體自殺戰爭時，驅逐艦在濃霧中被擊沉令日本海軍覺得不可思議，莫名其妙。

在這一次戰爭，德國在科學上雖然推出了諸多優秀的新武器，但英美更加用心，是他們勝利的有力因素。譬如優秀的雷達（Rader）之發明就是它的一個例子，最後在廣島、長崎投下原子彈，達到其最高峰。

無需說，英國本土之所以能夠免得被敵人攻擊，以及沒有被封鎖，乃是英國得到最後勝利的基礎。

可恥的輕率

一、

丹卡克之後，著者覺得沒有有改變對於歐洲戰爭之最後結果的必要。德國在陸上佔優勢。但在海上，英國是絕對優勢，空中有充分防禦的力量，故德國之登陸英國本土作戰很難得逞。對於殖民地之戰爭，英國是很拿手的。在彼此的封鎖戰，對德國是不利的。美國對英國之援助迅速，故英國之力量在日益增強。德國之佔領地政策，來日必將難上加難。從這樣情勢來觀察，立於不敗之地的英國，因得到美國之援助，故英國將獲得最後勝利是可以預期的。

由於歐洲戰爭，歐美各國之勢力，當然會由東方方面消退，其空間必將由日本勢力填補。但是，對於其順序，日本必須特別慎重。這一次戰爭，促使東亞民族之覺醒，就東方而言，是實現民族主義之機會。日本絕對不可以把東亞民族當作墊腳石，予以壓迫，或侵害其利益。日本是東亞民族之友人，他們的希望就是日本的希望。所以要乘這個機會，無論條件如何，要解決中國問題，恢復中日之關係，樹立對東亞民族之親善政策。否則不管日本在外面如何發展，最後還是會崩潰。因為武力的發展，不但得不到東亞民族之理解，戰後仍然得不到大國的承認。日本之對外發展，要以世界公認之外交手段來調整與列強之關係，必須是漸進，順自然之趨勢的大乘作風和作為。若是，戰後日本之成為大國的有利地位，不管戰爭之結果如何，自然會坦坦展開，著者一向這樣主張。這一點，遠東軍事法庭之判決也這樣指出。

在日本上層以及有識之士，相當廣泛地肯定這樣的意見，但實際上在推動日本之軍部的判斷，卻完全漠視這樣的觀察，日本之實際政策，由今日看來簡直不可思議地，往相反的方向走去。

二、

德國之大勝，無可諱言，對世界，尤其是對於日本，的確給予很大的印象，這是德國極好的宣傳材料，絕對優勢的德國陸軍，站在英國對岸，對登陸英國本土之作戰，只是暫時延期而已。宣傳佔領英國本土只是時間的問題，說是大英帝國之崩潰，近在眼前。這個宣傳對日本最有效果，以軍部為首，政府內部，都不做深入研究，為德國之眼前勝利，眼花瞭亂。希特勒宣稱他們將得到最後勝利，李邊多羅布外相且對於大島大使誇口說，大英帝國之崩潰日子已經不遠，日本應該把握千載難逢之機會。

於是在日本，便有人在思考和掛念，如果德國得到最後的勝利，英國在東方的殖民地不知道將會怎麼樣？荷蘭和法國的殖民地是不是將由德國佔領？日本將會變成怎樣？等等。

他們把最重要的中國問題之解決的根本問題擺在一邊，空談新的南方問題。他們認為，要把日本建設成為大國的國防國家，需要得到所需的資源，需要身為大國的國際生活空間。為此，主張不得已只有片面地使用武力來達到目的。他們在不知不覺中認為，德國之勝利和英國之崩潰為既定的事實，完全聽不進去反對（相反）的意見。

德國獲得勝利，大英帝國英國崩潰之時，如果日本袖手旁觀，英國領土全部將為德國所有，顯而易見，此時日本之地位將比戰前更差。因為德國為要使東洋置於其勢力之下，必將為其所欲為，因此妄信德國之勝利，在此前提下，而又產生恐怖心理。

日本，在戰爭還沒有到最後勝敗之前，就與德國協定戰後世界之勢力範圍，否則不能安心。在上一次世界大戰，日本由德國所獲得之南洋委任統治地區，不知道將會怎麼樣？可怕的德國勢力在東洋之擴張，如果此時不予以阻止，將是千古恨。為此應該伺機參戰，不惜與德國併肩作戰。這是日本的利益。日本如果不趕快採取行動，將趕不上搭巴士。

三、

離開冷靜之現實的判斷，日本的所有人多在相信德國之勝利，對於德國之勝利在構思其對策。如果是德國之宣傳最好對象的軍部那沒有話說，日本之領導層的大部分，具有這一種傾向，著實是日本的恥辱。

妄信德國之勝利的軍部，為著因應德國勝利之後，而急於與德國和義大利聯繫。軍部之腦袋瓜中，要解決中國問題，確保和鞏固將來之日本的地位，認為必須連繫德國。自抗張中國之佔領政策，陸軍與海軍一起採取南進態勢以後，成為斷絕三國同盟之交涉的原因。德蘇互不侵犯條約之簽訂，反而給予日蘇關係好的影響，以減少了北方之危險，而受到歡迎。至此，對於三國同盟之再交涉，覺得沒有什麼障礙，夢想分得德國之勝利的一杯糕的軍部態度，逐漸傲慢，目中無人。

軍部又認為已經完成中國之佔領，且成立汪精衛政權，可是蔣介石之重慶政權之所以堅決反抗，完全是由於英美法等國家之援助所致，由香港走私，雲南鐵路之供給以及緬甸公路之輸血保全了重慶政府之生命，這些國家之援助蔣介石，使中國問題無法解決，認為這是對於日軍之侮辱行為。

四、

一九四〇年七月的一個星期天。英國外相在倫敦聯絡希望立刻能和日本大使（著者）見面。在倫敦，星期天之見面是絕無僅有的。會見舉行於能夠下看公園之大英帝國外交部之部長辦公室。哈理法克斯外相說，他接到東京克萊基大使電報稱，日本參謀本部第二部長，邀去英國大使館武官，要求停止通過香港援助重慶一事說：「英國已經敗北，大英帝國面臨瓦解。雖然如此，英國還在援助重慶，使其反抗日本。日本，今日有實力，日軍在香港對岸有砲兵隊，隨時可以命令其砲擊香港。英國要停止援助重慶，嚴格取締香港之走私。在今日日本，真正具有權力的是軍部。英國所依靠的外務省，既無力量，又不值得信賴。英國應該接受日本軍部之要求」云云，這樣念完了克萊基大使的電報。這個非常沒有常識的言行，著者有的不敢相信。英方可能判斷，日軍之進攻英國領土已經不遠。哈理法克斯外相提問表示，我們和您一起在為改善英日關係正在努力之今天，這個參謀本部當局對英國政府提出這樣的要求，到底是什麼意思？

著者一邊聽著哈理法克斯外相所念之克萊基大使之報告內容，心中痛感軍方態度竟至於此，心感暗澹。參謀本部第二部長之脅迫，即使是一種嚇唬，對於英國這樣大國，是不可能有任何效果的。由於這一種軍部之態度，破壞寶貴的國交，實在非常可惜的一件事。如果真正這樣相信，邦交一定會遭受破壞。著者相信日本的真正意思不是這樣，也不可以這樣。著者反問英國外交部長說，這樣重要的有關國交的政治問題，大使館武官是從誰聽來的？哈理法克斯回答說日本參謀本部第二部長某某人。著者對他說，在日本能處理這種問題的，在東京是外務大臣，在倫敦只有日本大使之著者。著者反駁說，參謀本部部員之狂言，的確非常不應該，但那是不在其位，不負責任者之狂言，不是公家（政府）的話，負責任之著者所說，是維持日英之國交。同時回答：參謀本部之狂言不必理它。

由之，英國外務大臣之態度，變成冷靜和懇談。從此以後，改善邦交之努力，遂由英國外交部和日本大使之間繼續下去。在英國，外相換成艾登，他為處理地中海戰爭，長期出差近東方面期間，日本大使時或和邱吉爾首相直接折衝，終於促成英國實施取締香港人之走私輸出，緬甸公路在雨季期間關閉三個月之問題，希望中日兩國之和解的英國之方針也清楚了。日本顧全大局，使中日關係上軌道，改善與英國甚至與美國的關係，日本得到使日本之外交政策上軌道的最後良好機會。

著者曾經一而再，再而三地這樣建議和警告了日本政府。

但是，日本的實際情況，從今日來回顧，是正如參謀本部第二部長對英國武官所說，實際權力掌握在軍部手上，政府是沒有什麼權力的。英國所伸出的手，和著者的努力，全部泡湯。感覺日本情勢之日非的在倫敦的著者，實過著日日煩悶的日子。

五、

軍部為著要趕搭巴士，決定立刻要與德義連手，開始壓迫米內（光政）內閣。米內內閣雖然得到反對軍部的有識之士以及上層之支持，但對於軍部之橫蠻態度，的實束手無策。

軍之要求恢復締結日德義三國同盟之要求不僅甚急，為著要建立納粹德國般的一國一黨制度，主張解散現有政黨之聲音日強，對於改造國內之軍的壓力日甚。軍遂以米內內閣不適宜處理這樣劃時代問題這樣的理由，決定拒絕與米內內閣之合作。武藤（章）軍務局長暗中工作，於是畑（俊六）陸相提出辭職，同時不肯推薦後任人選。於是米內內閣只有「躺躬下臺」之一途。

在此之前，近衛文麿辭去樞密院議長，解散現有政黨，公開表態要成立一大政黨，集軍部之聲望於一身。

資料

一、有關中國之九國公約

第一條　一九二二年二月六日簽訂於華盛頓。

（一）中國以外之締約國，約定如下：

（二）為使中國建立和維持有力且安固之政府要提供其最完全且最無障礙之機會。

（三）為有效樹立維持中國領土上一切國民之商業及工作之機會均等主義要各盡力。

（四）不利用中國之情勢為求取友好國之臣民或人民之權利之減少之特別權利或特權以及承認有害上述友好國之安寧之行動。

第二條　締約國約定不互相之間或特別協力對其他一國或多國簽訂做違背或為害第一條所記載原則之任何條約、協定、約定或諒解。

第三條　以為使一切國民之商業及工業在中國之門戶開放或機會均等主義更有效適用為目的中國以外之締約國約定不作左列要求或不支持各自國民左列要求。

（a）在中國任何特定地區有關商業上或經濟上之發展為自已權益設定比一般優越權利之決定。

（b）在中國合法經營商業或工業之權利或無論任何種類之公共企業。

第七編　日德義之樞軸（近衛第二次、第三次內閣）

近衛文麿與松岡洋右

一、

日本人非常健忘。第一次近衛內閣究竟做了什麼？就日本而言，它是什麼樣的的存在？都忘得一乾二淨。一般來說，很遺憾，日本人的政治責任感是很單薄的。政治畢竟是國家的事，所以不大會覺得這是國民的責任。政治家一辭職，便會很單純地覺得自己已經沒有什麼責任了。日本人把政治當作好像在看戲，是在觀賞，不覺得自己也是一個演員，不知道自己在戲台上。政治家用心於要如何好好演當天之舞台戲，卻很少用心於思考國家永遠的前途。

近衛除擔任過總理大臣之外，還歷任貴族院議長和樞密院議長，作為舞台劇之演員的近衛，當然很為國民所期待，而且最近宣稱要建立成為輿論之大政黨，而更加得到人民之歡迎和擁戴。政界方面希望借其聲望和聲勢來建立強而有力的政黨，以壓住軍部之跋扈，期待國民之政治力量活潑起來，反此，軍部希望由近衛建立一國一黨之政治，意圖實現強大國防國家之運作。如此這般，全盤集各方面聲望的近衛，得到內大臣和重臣之推薦，掌握已經走頭無路之日本領導權，乃是由於當時之日本政治情勢所造成。此時，木戶（幸一）已經接了湯淺（倉平）的內大臣位子。

第一次近衛內閣是，因為爆發中日事變，致使日本外交失敗之劃時代的內閣。與此同時，第二次近衛內閣是，因為締結三國同盟，導致日本走向毀滅，國破家亡之劃時代的內閣。國民和近衛，並沒有因為第一次近衛內閣時代，而得到任何教訓。極神氣地上台的第二次近衛內閣的陣容，陸軍大臣由航空總監東條（英機）中將出任，海軍大臣是繼吉田（善吾）繼任的及川（古志郎）大將。最具特色的是，九一八事變後擔任滿鐵總裁之松岡洋右出任外相。

二、

近衛內閣之異彩，毫無疑問地是，與近衛不相上下，能夠吸引人們的松岡洋右。他是長州萩之出身，有藩閥意識，留學美國西海岸之俄勒岡大學。由於他是受美國教育的政治家，所以他的英語，無論座談或演講，都和日語同樣流暢。來自美國的思想，不會極端右傾，當然也不會左傾，為日本的愛國主義，對於滿洲問題，表示強硬意見，但對於中國問題，因為他是自由主義之穩健政策的主張者，在一二八事變，為中日之停戰協定，他出了很大的力量。

他上任外相不久，對於中國和東亞的問題公開表示，不賠償，不兼併以及尊重主權之政策，故記者們曾經認為並期待，從歐洲之一角，瞭解自由主義之近衛和松岡的聯繫，以為將壓住軍部，把日本帶往正道。松岡君在外務省經過重要的經驗之後，作為政黨政治家，以及在大陸的企業家，負起長期的責任，因此當初有識之士對於他的期待相當大。

但是，這個期待無從實現。承受前輩之藩閥政治家的山縣（有朋）、寺內（正毅）、田中（義一）等之新日本的建設，眼看國內政治的此種傾向之好大喜功的他，遂隨波逐流，加以其健康有問題，故著者覺得這是國家的一大不幸。

他急功。因此他毫不遲疑地跑在軍部政策的前頭，不是軍部之傀儡，而變成驅策軍部，在第二次近衛內閣，其形象竟比近衛首相更大。這兩個日本政壇的明星，究竟是勢不兩立的。

三、

近衛在完成組織內閣之前，與陸海兩位大臣和外相候選人會面，就新內閣之政策方針協議，獲得意見一致之後才正式組閣，並開始實施其政策。新內閣所採用的政策是，軍部所要求之內外全面的革新政策，在國內建立一國一黨的制度，在國外，要建設日德義三國同盟之樞軸以及推動佔領中國之政策。

軍部向外相推薦的白鳥（敏夫）大使，因為近衛首相之推薦成為松岡外相之外交顧問，大島（浩）陸軍中將（前駐德大使）以及野村（吉三郎）海軍大將（前外務大臣），因為陸軍和海軍之大力推薦，出任德國大使和駐美大使；起用建川（〇）陸軍中將（與三月事件和九一八事變有關係）為駐蘇聯大使。無需說，與德國之連繫，是陸軍所特別最重視的事，由於過去之來龍去脈，由大島中將留任，與美國的關係，也是海軍所最重視的，因此大使由海軍出身者出任。

近衛首相很用心於因應陸海軍勢力。他起用海軍次官豐田（貞次郎）大將出長與軍需關係深的商工大臣，以保持陸軍出身之鈴木（貞一）之企劃院總裁保持平衡。平沼（騏一郎男爵前首相）男爵後來入閣，出任內相。

大政翼贊會

一、

近衛首相認為，沒有以一大政黨為靠山，不可能圓滿地運作政治，因此要求解散現有政黨，並發表他自己要組織一大政黨的意見，因而辭去樞密院院長。旋即立刻政變，社會不知不覺中非常期待近衛出來領導，這是前面說過的。近衛想建立一大政黨，自任黨魁，準備以木戶（幸一）侯爵為副總裁，這是報紙所報導的。可能近衛想順應時勢，以實現新政黨，同時吸收軍部之勢力，或欲予以操縱，或要予以押其勢力，他可能這樣想。

實現第二次近衛內閣時，軍部根據他們本來的計劃，立刻著手組織一大政黨。但是政友、民政之政黨幹部，從感情上來說，很難贊成解散自己的政黨，以軍部一手所建立的一大政黨案，係以實現法西斯政治為目的，因此不大願意贊成。在當時，反對法西斯政治的氣氛相當強，對於有如幕府之存在的反感，相當普遍，反對軍組織新政黨者，不僅是政黨方面的人。同時，不但對於軍所主張之政治新體制，也很反對其所謂經濟新體制。經濟新體制之基本是，組織軍所主張的最高經濟機關，由政府來指揮和監督，對它發出產業命令之案，以及改革企業形態，分開資本和經營，從全部產業排除會融之支配，準備完全由政府來統一管理，經濟之全面赤化，因此這個提案遭遇到實業界和財界的極力反對。平沼男爵和池田成彬等為其先鋒。眼看這樣情勢的近衛首相，立刻急轉彎，但事實上卻往軍之一國一黨的制度走下去。

二、

不相信現有政黨之氣氛仍然充滿於社會，事實上，自九一八事變以來，作為政治上的勢力，現有政黨雖然逐漸失去其勢力，但議會仍然為其所獨佔。軍部之意見認為，政治必須由全體國民參加。不能令政客之中間機關而變成不透明，政治應該是直接連結政治家和國民來運作，因此最重要的是，實踐基於東洋思想之臣道，如果將其適用於議會制度，將能上意下達，下意上達。有這樣適當的政治機構，全國國民才能夠實踐臣道，才能夠實踐翼贊大政，而這樣的機構，必須包括政府機關、政黨成員、有識之士、軍人、地方代表、新聞記者等等，欲實現可以說是日本封建政治思想之德國版，以龐大預算和機構，成立也設有地方分部的大政冀政會，以近衛首相之友人有馬賴寧伯爵為事務總長。但指導和推動大政翼贊會者全部都是得到軍部之同意的人馬。大政翼贊會的日本理論很難　，多依其領導者之解釋，很反動地在行動。

大政翼贊會陸續設有壯丁團，生產聯盟，產業報國運動等等，有如納粹之S・S和蘇聯之工會的制度，對外，對東亞共榮圈增長日本之國力，以指導這些地區為目的，作為大政翼贊會之附帶事業，大規模地組織所謂興亞聯盟。為納粹制度之日本版的大政翼贊會，與滿洲國之協和會，華北之新民會，實具有共同思想之滿洲製的東西，為混合左右之思想，亂七八糟地由軍部政府民間的人們所搞成，而以實際權力來左右的便是以陸軍省軍務局為首之軍部中堅軍官。因此，大政翼贊會只是軍部勢力之裝飾品而已，在實際上和納粹組織完全不同，沒有任何精神上的活力，只有帶著軍部帽子的壯年團等弊端的活動而已。

三、

意圖改造國家的軍隊，欲掌控內政機關，乃強硬要求陸軍大臣兼任內務大臣（內政部長），因反對者太多，終於沒有實現。近衛首相起用接近平沼和國本社運動的軍隊之皇道派的柳川（平助）中將出任司法大臣，俾能減弱軍部之勢力。同時邀請接近皇道派之平沼出任內務大臣。平沼內相在議會不顧軍部之意向說，大政翼贊會不是政治結社而是公事結社。日本絕不學納粹之一黨專制制度，而是要實踐東方式臣道萬民翼政之目的。大政翼贊會如果不是政治性的而是公事性的，便是有關政治思想之事務性的東西，實際上也就是沒有什麼用的東西。

因軍隊之一國一黨的宣傳，以及近衛之建立大政黨運動，一旦能夠翹著腳站起來的政黨，隨與新政黨運動合流，一連串地解散。猶豫到最後的民政黨也解散了。可是由於大政翼贊會不是政治結社，因此解散的政黨無處可以去。此時近衛已經無意組織大政黨，故沒有人能夠收容和接納已經解散的政黨。但議會之運作，只要有憲法，必須繼續。因此舊政黨又集合起來組織所謂大政翼贊政治會，作為政治結社，集議會之大多數，與政府聯絡，圓滑國家政治，以符合軍隊之希望。

大政翼贊政治會，拼命說明它與大政翼贊會毫無關係，搞的是同一批人，這兩個名稱類似的團體，一個說是公事結社，另外一個是政治結社，對這，一般國民完全弄不清楚，也大多漠不關心。大政翼贊政治會，除原來的政黨員之外，還有軍人出身，以及其他官界實業界出身的有力人士，但其主體還是舊政黨和軍部官僚的湊合。

自政黨解散，成為由政府在議會操控之大政翼贊政治會這樣的機關之後，以議會勢力為中心的政黨的政治力，完全被破壞。所以，大政翼贊會和大政翼贊政治會，廢止從前之以政黨為中心的政治活動，實質上以議會做為一個傀儡的手段。由此軍部去除了其欲實行之最後的政治上障礙，而大政翼贊會和大政翼贊政治會，有如德國之納粹黨和蘇聯的共產黨，不能成為黨國之活潑的政治推動力，只是為掌握政治領導權之軍部所左右的無力而雜然的機構，國民的政治意識，只有萎縮和沉滯之一途。

汪精衛　其二

一、

第二次近衛內閣所面對之重要問題的一個是，如何處理第一次近衛內閣時所發生之中日事變的問題。這是近衛首相所感覺的責任。

第一次近衛內閣的時候，近衛曾經發表過「不以蔣介石為對手」的聲明，採取以為中國問題有如滿洲式解決，日本可以片面地解決的方針。爾後，又廣播所謂近衛三原則，馬上暗示可以和蔣介石妥協。這是軍隊內部之意向的反映，軍部之中國派，邁向佔領中國之政策，設立興亞院，意圖建立汪精衛政權。但是，軍隊的其他一部分人，經常在說服重慶政府，希望能夠解決中日間的問題。板垣陸相辭職出任支那派遣軍總參謀長之後，曾經和重慶聯絡和交涉過，但重慶一直拒絕。

成立第二次近衛內閣當初，也有這兩個流向。這個趨勢，成立汪精衛政權之後，仍然在繼續。在第二次近衛內閣，中國完全不相信日本軍部，故松岡外相派遣外交官偕同民間的有志之士，前往香港，透過中方之有力報人張織昌等，與重慶方面，進行妥協工作。

二、

成立近衛內閣的時候，汪精衛政府已經成立了。汪政權採取國民政府還都首都南京之方式。國民黨和政府組織，完全照舊，政府採取五院制度，以孫中山之三民主義為綱領。國旗想恢復青天白日滿地紅旗，得到日方之同意，但在國旗上端要附上和平、建國、防共之黃地三角形布，以便識別，標示汪政權之主張。

如此這般，汪政權在成立近衛內閣的時候，等待著日本之正式承認。

日本政府已經派遣前首相阿部（信行）陸軍大將為特派大使在南京，與汪精衛政府交涉，以調整中日之基本關係，經過是期之交涉，解放汪精衛所代表之中國的要求，也就是中國方面所要求之廢除不平等條約，完成與其不相容的日本的佔領政策，也就是成立了軍部之廣範的設定權益的要求，雜亂雜陳珍奇的協定文書。這就是所謂日支基本協定。由此，日本正式承認汪政權為中國的中央政府，汪政權要援助日本所需要的軍事行動，日本尊重中國之主權，汪方根據日支提攜之原則，給予日本廣泛的權益。與此同時，成立日滿支三國共同宣言，宣稱三國之共同提携，滿洲政府和支那政府要互派代表，互相承認，由日支之間解決長久的滿洲問題。

三、

成立日支基本協定之交涉，在日本樞密院審議的時候，在香港之松岡外相之與重慶的妥協工作還在繼續，因毫無進展，遂死心，乃完成基本協定之審議手續，於一九四〇年十一月三十日，日方和汪精衛在南京簽字，日本正式承認了汪精衛的國民政府。汪精衛的主要協助者，國民黨方面有前國民政府實業部長的陳公博，曾任蔣介石之秘書長的周佛海等，此外，還加上前維新政府主席梁鴻志等等華中的那些人，還算不錯。

影佐（禎昭）少將以最高軍事顧問，事實上為汪政權的最高指導者，在財政經濟方面，最高經濟顧問是，曾經為日本之財政部長的青木一男，他帶去不少專家去指導。為中央銀行之儲備銀行的真正負責者是日本人。日本海軍為指導汪政權之海軍，以少將級者為其顧問。（譯者按：自一九四一年十二月至四二年七月，雖然不長，重光葵曾任汪政權之全權大使）

如上所述，汪精衛手下的國民政府，以佔據點和線之日軍勢力為靠山，在其指導之下降世，同時在名義上把在北京之北支政務委員會也屬於其管轄，作為中國之中央行政機關，走上其多難的道路。

三國同盟　其三

一、

第二次近衛內閣的最重要使命是外交方面。換句話說，在這方面要如何滿足軍之要求和希望。有關大政翼贊會這個國內改造之納粹版翻譯，是與作為對外問題之三國同盟互為表裡的。海軍和米內內閣倒台，山本（五十六）次官出任聯合艦隊司令長官，及川（古志郎）海相，豐田次官對於三國同盟已經沒有不同意見。海軍之實際勢力已經由主張南進之強硬派佔大勢。對於德國沒有知識，不熟悉歐洲問題的松岡外相，已經成為軍部之俘虜，無視外務省外館（使領館）之意見，完全聽從軍部之判斷，原封不動地接受德國之宣傳。

德國已經放棄一九四〇年度之登陸英國本土之作戰。放棄四〇年度之登陸作戰，意味著放棄對英國本土之登陸作戰，也就是與英國之戰爭歸於英國之勝利。最清楚這個意義的德國，為了讓全世界相信德國並沒有放棄入侵英國，只是暫時延期而已，拼命作這樣的宣傳。德國宣傳說，她自信隨時隨地可以成功於英國本土的登陸作戰，這個作戰一定要在一九四一年實施，屆日就是大英帝國潰滅之時，她盡全力要日本這樣相信。日本又利用這樣的形勢，插足東南亞，進攻新加坡，希望大英帝國崩潰時能夠分一杯羹。日本不希望錯過這個千載難逢的機會，機會不會再來，德國當局這樣洗日本軍部的腦。

日本以要趕搭巴士之心態在行動，因此締結三國同盟之腹案，在以組閣為目的的荻窪之近衛公邸會議，得到共識。出席這個會議者有近衛、松岡、東條、吉田等人。海軍對於這個重要決定好像費盡心思，吉田海相以病辭職，及川大將接任，表示贊成三國同盟。

二、

松岡外相一上任，就打電報給在柏林之來栖（三郎）大使，要其暗中探究李邊多羅布外相對於有關簽訂三國同盟之德國的意向。李邊多羅布外相立刻與其見面，得悉日方之時機已經成熟，遂派遣其所信賴的史達瑪公使，以其個人代表身分前往東京。史達瑪公使和奧特大使一起和松岡外相會談，立刻進入三國同盟交涉，與義大利之關係，由德國負責，這樣進行會談。

非常有自信的松岡外相，遵照已經得到共識之政府首腦的方針，親自擬妥草案，以齋藤外務省外交顧問為輔佐，開始進行交涉。松岡案，在實質上，與從前之平沼內閣時代，李邊多羅布所提出之單純的一般軍事同盟一樣東西。要以那一個國家為條約之對象這樣的問題，在國際情勢變化的今日，已經完全不存在了。因此交涉沒有任何困難和障礙。條約之內容為，締約國之一方，被第三國不因為挑釁而受到攻擊時，他締約國要援助受到攻擊之締約國；至於援助之方法及其發動，係主權問題，當由各締約國決定。

三、

當時，德國正在和英法打殊死戰。和蘇聯締結互不侵犯條約，對於○和東歐的處理，時或出於粗暴的交易，德國在東方已經得到多多少少之安全，所以在西方，和義大利全力以赴在對付英國和法國。日本在北方與蘇聯的關係，從平沼內閣時代完全沒有改善，雖然如此，已經開始南進了，在於英美竿的關係，愈來愈和德國同其利害，感覺面對共同的敵人。又日本人相信，北方之危險，暫時，因為德蘇關係之改善而可以放心。

德國在東方，只是得到一時之安全保而已，德蘇關係並沒有根本上的變化，對於日本，德國這樣說，德蘇關係自締結互不侵犯條約以來，好轉很多，因蘇聯尊重德國之意向，對於蘇日關係，德國會居間仲介斡旋，使蘇聯瞭解日本，不是那麼困難，德國更說，締結三國同盟之後，要令蘇聯也參加這個同盟。

德國這樣的建議，受到當時之日本的歡迎，特別給軍部很深的印象，一直影響他們的態度。對於經過共產革命的蘇聯，日本可能還是以俄國之後傳統在看她，因此妄信德國誇口所說對於蘇聯之指導能力。何況，認為以今日德國之戰勝的勢威來說服蘇聯決非難事，在這樣的判斷下，日本進行了他們的計劃。

三國同盟條約之第五條之所以完全把蘇聯除外，是因為防共協定仍然存在，德國和蘇聯之間簽訂了互不侵犯條約，在政治上，在其背後，有如上所述之拉攏蘇聯之希望的緣故。

四、

日德義三國同盟，在東京，松岡外相和奧特大使以及史達瑪公使完成交涉，在柏林，日德義三國，於一九四〇年九月二十七日，簽訂了三國同盟。

本來，昭和天皇和元老，非常反對三國同盟，惟因近衛之說服和輔弼，終於贊成政府之意見。因此特別以詔書申明，今後，日本將以三國同盟為國策之基礎。

則發表了很意外的三國同盟，令全世界有很深刻的回響。顯而易見，世界分成德義日之樞軸國，和英法美民主國家兩大集團，共產國家蘇聯維持其有利的中立地位。由此，日本和英法美之關係，迅速惡化。

可是，近衛內閣對於樞密院說明卻認為，締結三國同盟，與改善日本與隣邦美國和蘇聯之邦交的目的是一致的，但這與一般常識不同。這可能是政府以為，德國可以斡旋改善日本和蘇聯之邦交，美國將因為三國同盟之壓力，會躊躇參加戰爭之德國的說詞所使然。說三國同盟不會成為日本對美英外交之障礙，是改善它的道路，不是吹牛外交，這是一直反對三國同盟之著者等所不能理解的。總而言之，松岡外相在訪歐之回途，在莫斯科，會見美國大使旭達茵哈爾特，討論美日外交，近衛首相善意表示，在不久的將來要開始美日交涉。松岡外相對駐英大使之著者，一再來電報要著者多努力於改善對英國的邦交，著者也曾經和邱吉爾首相交換過意見，表示日本重視英日之邦交。但締結三國同盟之後，著者深感，日本之國際地位降落到已經無可救藥的地步。

隨德英戰爭之激烈，日本軍部之反英親德的氣氛日趨濃厚，成立近衛內閣以後不久，許多在日本的英國人，以間諜罪嫌被憲兵隊監禁，發生了路透通訊社記者科克斯在憲兵隊自己事件，因此與英國的關係日益惡化。軍部似乎認為，日本和英國關係之惡化是理所當然的事。

一、松岡外交

松岡外交是，首次出現於日本的，在某種意義上的革命外交。顯而易見，松岡君似乎在意圖成就改造國家的革新，把出發點擺在日德義三國同盟，要納粹般的革新國內外。他認為，以軍隊為中心之革新日本的時機已經到來，欲乘這個波浪來領導日本。

依照締結三國同盟之主旨，對部下清楚地指示其政策的松岡外相，便以歌頌和支持樞軸政策之人們為外務省的高層幹部，免職以往外交之正流的主要外交官，特別是換掉了幾乎全部的駐外大使和公使。因此，使日本駐外外交機構之機能由之停止一時。因他大多相信軍部所擁有之國際情報，故覺得駐外外交機關的存在是多餘的。這個粗心大意的作法是，他想作日本革新運動的先驅，便在他的管轄的外務省作為示範，但與其預想相反，軍部和其他政府機關，幾乎都不跟他同調。締結三國同盟，決定了日本之走向，依日支基本協定，來處理對中國問題的松岡外交，因軍方之要求，立刻南進。越南的問題是，陸軍和海軍之政策，加上松岡外相之三種因素湊合起來而誕生的。

松岡外相相信德國將獲得最後之勝利，他把一切希望寄託於德國，以其成功為前提，要來建設「大東亞共榮圈」，要把「東亞」建設成「大東亞共榮圈」，以鞏固日本在東亞之地位和積極的角色。以「東亞」為「大東亞」，擴大其意義，以推動希特勒般之外交。松岡外相所實現的締結三國同盟，是簽訂蘇日中立條約，批準日支基本協定，以及其南方政策，都是以它為根本方策。

二、

從越南以雲南鐵路所運輸之援蔣物資，數量龐大，河內完全成為援助重慶之港口。日方判斷和主張，這一種對日本不友好的狀態，不能讓其長期繼續下去。佔領華南方面的日軍，已經到達了越南之國境。

越南總督特．古提督，至少在表面上奉維西政府之命令，維西政府是德國勢力下的法國政府，對於日本政府應該是友好的，可是這個越南，卻在援助一直在對日本採取敵對行為的重慶政府，這是不可以的。日方為探得雲南鐵路被利用於在援助重慶，認為有進駐軍隊於河內等北越地點之必要，陸軍乃派遣西原少將，與特．古總督交涉，松岡外相直接和安利大使和維西政府直接交涉。

越南總督因為日方之壓迫，不得已採取了讓步的態度。這個消極而不妥協的態度，雖然相當刺激日本軍部，但終於答應日軍進駐越南北部。

但此時發生了日本軍部內之失策。日本政府所定，談妥結果要和平進駐的方針，因為軍隊之中堅軍官的策動而被歪曲。第一線陸軍之參謀，也與中央取得聯絡，以武力佔領了越南北部，並要親自管理，完全為九一八事變以來的想法和作為。在安藤司令官之下，有根本參謀長，本來要從海上進來的陸軍，因長（勇）參謀長，從參謀本部來了富永第一部長，直接指揮這個計劃。他們不滿擔任交涉之西原少將之穩健的態度，出於無視其交涉的行動。海軍強硬抗議違反大本營之命令的軍隊的行動，但第一線之陸軍置之不理。因此，因為交涉結果能夠和平進駐的事，卻採取了用飛機轟炸等軍事行動。天皇後來得知這個軍隊的不統制，興嘆誤國的將是陸軍。這個亂來得到彌補，將在共同同意的範圍內，原則上作和平的進駐。爾後，日本與越南之間，成立了通商經濟上廣泛的約定。

三、

歐洲文藝復興和產業革命之對外影響是，發現新大陸（美國大陸）和遠征東方。世界被視為歐洲人之殖民地或半殖民地，歐洲各國之勢力範圍，在睡眠之中，也擴張到達東方來了。日本自立反擊成為大國，但在東方還是完全無法染指歐洲之殖民地。在菲律賓和越南，以及婆羅乃、印尼、馬來西亞、緬甸等等，不要說日本人之活動，連入國也是禁止的，單純的貿易也都有很不自然的差別待遇。這些地區，都是僅僅為其本國的附屬物而已。在這個時代，國際間毫無民主可言，處處皆被資本主義之帝國主義的窓簾籠罩著。如果東亞之各民族能夠得到解放，令其自由交通合作和貿易，這些地區一定能夠發展，提高人民之生活，對世界之和平將有極大之貢獻。

原來，九一八事變之發生，第一次世界大戰後世界性封鎖經濟之結果，感覺需要由經濟窒息拯救日本是為其時代之背景。要養增加之人口，確保大國之地位，必須思考生存的道路。不諳世界之動態的日本，不知道她被挾在國際連盟之嚴格的維持現狀主義，和第三國際的擾亂之間。日本應該慎重熟慮，堂堂正正地主張東亞之經濟解放，大聲疾呼實現國際民主主義之理想，漸進地訴諸美英以及世界之常識。日本沒有明敏和耐性，只看眼前之迫切需要，妄進又妄進，效顰往昔過去時代之歐洲帝國主義。對於依靠日本軍部之力量的過分行為，歐美之會有所反應是理所當然的事，其反應開始於日本最頭痛的經濟戰爭。這慢慢地把日本趕上死路一條。日本為開拓眼前之天地妄進。日本感覺，歐美對她的經濟制裁愈強，愈不得不擴張她的生活圈圈。這個經濟戰爭，和根據錯誤之軍國思想的惡性循環，終於使日本走上第二次世界大戰的道路。此時日本也高唱理想和主張理念。對於美英之條約主義，倡議自衛論，對於維持現狀政策，她主張大東亞共榮圈之理念。在松岡外相之時代，日軍已經進越南，這個惡性循環已經束手無策，這是當時時代的一般情勢。

四、

法國的殖民地政策，遠比美英的政策反動。法國征服安南和柬埔寨，變成法國殖民地之後，法國在越南的政策是極端的剝削政策。對於獨立運動徹底鎮壓，越南人完全沒有政治的自由。在經濟上，越南人百分之百俯首於法國中央，對於法國以外的外國完全封鎖，最靠近最有利於交易的日本的交通和貿易，也予以很大的限制。在東亞之一角的越南，完全被東亞隔離，直隸於法蘭西本國。而印尼之與荷蘭，其情形（關係）也大同小異。

民族解放之颱風，也在東亞開始吹起來了。因歐洲戰爭，被截斷與本國之交通，以及本國忙於戰爭，或被敵國佔領，因此殖民地完全陷於孤立無援，一直被踩在地上的東亞各民族，突然醒過來並站起來了。獨立運動之志士，都逃亡海外，也有不少人前來東京。日本的力量延伸到南洋，面對其實力，東亞民族之民族意識日益覺醒，進而醞釀民族運動。因此這些殖民地之母國，對於日本之態度產生疑惑，把日本的經濟要求，作政治上的解釋。

對日本採取反對立場之各國的，對日本的經濟壓迫，使日本深感必須在地理上比較靠近的東亞方面尋求經濟活動的空間。本來，日本在歐洲各國之這些殖民地，尋求經濟的出路是很自然的事，可是這個門戶卻被關閉。可是由於此時之日本的經濟上要求，與武力進出南方競合，被認為是侵略的一個方式，因而更要抵抗日本。與越南之經濟交涉，成立於日軍進駐越南北部之前，但其實行未能令日方滿意。對於和越南同樣情況的印尼，日本政府起初派遣小林（一三）商相，後來遣派吉澤（謙吉）前外相，以交涉經濟關係之調整，但日本政府不滿意其成果，國內之不負責任的強硬論，對日本之南進政策乘國際上之政治混亂加油，加速了日本荷蘭關係之惡化。

五、

泰國和越南之境界，大體上沿著湄公河，對於該河之沿岸地區，多年來有爭執，泰國一直希望恢復法國以武力所割取的柬埔寨地區。其結果，勃發歐洲戰爭之後，泰國和越南終於發生衝突，從境界地方到海上發生了戰鬥行為。松岡外相認為，東亞的這樣戰爭有損東亞之和平，故表示願意調停雙方之關係，並得到其同意。

因在東京之越南和泰國的交涉，毫無進展，故松岡外相準備停止調停案給雙方看，以斡旋雙方。在日本壓力下終於成立交涉。其結果，泰國獲得其所要求的一半，非常滿足，新國境以日本委員為委員長的國境劃定委員來決定。

東亞之紛爭，由日本主動促成解決是理所當然之事，卻以它顯示了日本之權威，而受到當時之樞密院方面的歡迎。這個泰國和越南之新國境，日本戰敗之後，戰爭中所決定之泰國與其他國家之國境線，被取消其效力，又回歸到其舊的國境。松岡外相之外交攻勢，及其攻擊英美勢力之言行，以陸海軍之武力為靠山，因此，導致英美法荷等諸國之憎恨，促使她們更加團結，對於日本之這些國家的政治、軍事之協議和合作。

英國對於中國和東亞問題，開始以美國為前鋒，為龍頭。勃發歐洲戰爭之後，在東亞，美國代表歐美，其他國家都追隨和聽從美國之指導，結合和團結而行動。如此這般，形成並加強了以美國為領導的A・B・C・D包圍日本之共同陣線。松岡外相結束了仲介泰國和越南之間的國境紛爭之後，為訪問德國和義大利，前往歐洲（一九四一年三月十一日）。

松岡外相之訪歐　其一（日蘇中立條約）

一、

第二次近衛內閣之松岡外相的活動是非常驚人的。因三國同盟，不但決定日德義之合作，甚至決定了樞軸戰勝後之勢力範圍。日本將成為包括南方之整個東亞的指導國家，德國和義大利將在歐洲和非洲設定其活動範圍。日本已經南進，不僅華南，連越南北部都以武力擁有，由之與英美之勢力範圍直接接觸。在歐洲，德軍得到壓倒性勝利，席捲整個西歐大陸，在北非洲，義大利軍雖然敗滅（一九四〇年十二月），德軍越過埃及國境，迫近大英帝國之心臟部。今後最重要的事情是，如何運用三國同盟，密切連繫三國之首腦。

近衛內閣之首腦，特別是軍部，對於締結三國同盟之後的世界情勢和日本的方向，沒有什麼疑問。戰爭之將屬於樞軸之勝利已經不是問題，至於其以後之措施，由於因為締結了三國同盟，在與德義兩國之間已經得到大致上諒解，戰後之日本的地位，也都得到保障而放心。松岡外相，應陸軍中樞之請求，希望他能夠訪問德國和義大利，緊密與其領導連繫，研究軸心國勝利之後的展望，作為日本下一步行動之指針。這對於建立其將來的政治立場是非常有利和有幫助的。

更確保軸心國之勝利的手段是與蘇聯的關係。使蘇聯和軸心國合作是，簽訂三國同盟時，日德兩國之暗中的共識和希望。松岡外相很想加強這一點。

關於松岡外相之訪歐，各方面，因為各種理由，有不少人在反對。海軍憂心松岡外相迎合陸軍之意，對於攻擊新加坡等給予過分的言質。因此，軍部對於軍事行動，特別是當時德國所希望對於新加坡之攻擊，特地叮嚀松岡外相，不能給德方任何方式的言質。關於統帥權，軍部以外有關的事體，陸海軍是絕對排斥的。松岡外相，就這樣沒有帶任何「禮物」，帶著陸海軍武官，往訪德義兩國，這是一九四一年十一月的事情。

二、

平沼內閣抗議德國與蘇聯簽訂互不侵犯條約，辭職已經一年多，情勢發生很大的變化，日本逐漸採取南進態勢，因此，和蘇聯採取妥協的政策。也就是北守南進之政策。就日本而言，這是締結三國同盟當時與德國之默契，因德國之斡旋，認為要使蘇聯參加三國同盟不是那麼困難所致。

松岡外相於三月下旬抵達莫斯科的時候，新大使建川（美次）中將已經到任了。松岡外相曾經要建川大使和蘇聯簽訂互不侵犯條約，以作為日本南進方策之後楯，因蘇聯提出要各種報酬，不容易成功。松岡外相欲乘此次訪問蘇聯之機會，對蘇方提出這個問題，但蘇方反而提出中立條約以代替互不侵犯條約，同時堅持收取其代價。松岡外相於是直往柏林。

松岡外相的腦袋裡頭，還有簽訂三國同盟當時之德方的說辭，覺得有可能把蘇聯拉進來，同時相信德國之斡旋應該不會有異議，因此直去柏林。日本對於蘇聯，同德蘇互不侵犯條約併行，向蘇聯提案簽訂同樣之互不侵犯條約是很自然的事，松岡外相相信這符合簽訂三國同盟之意圖，認為德國是會歡迎的。

三、

在柏林，松岡外相以貴賓身分，受到希特勒總統、李邊多羅布外相等等盛大歡迎，三月二十七日，會見希特勒，並與德國首腦舉行多次會談。在這期間，也訪問了羅馬（四月一日），受到墨索里尼和吉亞諾外相之歡迎，又回到柏林，滯留幾天之後離開德國經由莫斯科回國。

在柏林，他拜託李邊多羅布外相，請德國斡旋改善日蘇關係，使日蘇能夠簽訂與德蘇同樣之協定，對於這些問題，不僅沒有得任何要領，德方甚至表示反對。

回途，松岡外相又到莫斯科，提出與上一次同樣的提案。蘇方維持其主張，不希望互不侵犯條約，表示願意簽訂中立條約。但是，日本所擁有之北庫頁島之石油、煤利權必須還給蘇聯，所以松岡外相在原則上予以同意，同時表示希望日蘇間簽署漁業條約，於是成立了日蘇中立條約。顯而易見，蘇聯把互不侵犯條約和中立條約是分開的（從前和德國簽了中立條約，後來簽訂互不侵犯條約），與波羅的海諸國之互不侵犯條約，蘇聯也毫不留情地予以破壞，與日本的中立條約也成為同樣的結果，其意義是大同小異的。

美國在羅斯福總統之下，慎重觀察和注視著以歐洲戰爭為中心之世界情勢的變遷。美國認為，德國和日本的政策是侵略的，為了防止它，積極在準備其因應的方策，並全面援助英國對德國的戰爭。在太平洋方面，對於日本之南進，表示很大的關心，非常警戒締結三國同盟之後的日德義的共同動作。為著對抗軸心國之勢力，不僅援助英國，也改善與蘇聯之關係，認為有必要把她拉到這一邊，因此在華盛頓，令副國務卿阿姆那．威爾斯，經常和蘇聯烏曼斯基駐美大使接觸。當時，美國最耽心的是蘇聯參加軸心國家陣容。可是，松岡外相訪歐回國途中，突然，成立日蘇中立條約，給美國非常大的衝擊，與蘇聯先前與德國簽訂互不侵犯條約，發動歐洲戰爭一樣，這一次和日本簽訂中立條約，促使日本南進。這完全是同曲異工，由此，覺得太平洋上之危機，終無從挽回。這個掛念，繼續到德國攻擊蘇聯之後。松岡外相在莫斯科的時候，會見老友美國駐蘇大使旭達茵哈爾特，提到美日邦交時，松岡對他明確說清楚：日本外交的根本立場是三國同盟，要利用三國同盟之壓力和剛成立之日蘇中立條約之威力，以盡可能地阻止美國之參加歐洲戰爭。

松岡外相促成了日蘇中立條約。松岡由莫斯科動身時，史達林首相突然前來火車站，並擁抱松岡說，我也是東洋人，表示親密之情意。日蘇中立條約之簽訂，就已經知道德軍即將進攻蘇聯的史達林是非常欣慰的事。

四、

松岡外相在德國時，曾經聽過不少德蘇關係惡化之情況，也知道德國對蘇聯之態度，和締結三同盟當時有所變化，但不知道德蘇之開戰已經迫在眼前。在莫斯科簽訂中立條約之後，在西伯利亞火車上，訪問柏林和在莫斯科的工作，有一些沒辦法接受或矛盾的印象，他慢慢回憶，思考日本之將來。松岡君的結論是，三國同盟無論什麼時候是日本政策之根本大道。而松岡外相回途進入滿洲時，才知道東京有日美交涉的問題。不慌不忙，以悠哉悠哉之態度，於四月底，他回到東京，受到國民之盛大歡迎。國民認為，日蘇中立條約至少可以避免與蘇聯之衝突。

天皇歡迎改善與蘇聯之關係。松岡外相向政府和天皇報告了訪歐的情形。對於簽訂日蘇中立條約，他的說明非常詳細，但對於訪問德義，只是作了形式性的報告。天皇也感覺到這一點，近衛首相等也沒有辦法充分理解松岡外相之態度。

松岡外相對於近衛首相在他不在日本的時候著手的日美交涉，一點都不感興趣。

在日比谷公園之市民的盛大歡迎會，松岡君作了希特勒般的演講，大力抨擊近衛首相和其他閣員，其對政界之態度，簡直是眼中無人。關於松岡君之訪問柏林，日方沒有正式的紀錄。松岡本身也沒有留下紀錄而便去世。因此對於松岡之訪問歐洲，許多真相並不清楚。譬如在遠東國際軍事法庭，根據檢方所提出之德方會見紀錄，解釋松岡外相對於希特勒，約定日本要攻擊新加坡，松岡回國之後，都沒有對任何人說過這一件事，全力搞倒閣運動，想拿到政權，以實現與德國之連繫政策，但這一種想法和說法，著者認為可能不一定正確。又，如德方一部分人所相信，松岡在柏林，被德方告知要攻擊蘇聯之消息，松岡在莫斯科告訴史達林，才獲得中立條約之成功，這個說法也不是事實。

松岡外相由日本動身的時候，歐洲情勢之變化還沒有反映於日本，日本仍然是以簽訂三國同盟當時之心態作為日本政策之基礎，腦海裡具有此種計劃的松岡，前往與簽訂三國同盟當時之情勢完全不同的歐洲。日方對於歐洲情勢之判斷，只追求表面上之現象，一廂情願地取捨其材料，所以總是一年半載之差距。日本人對於國際情勢之感覺是很遲鈍的。德國已經死心的時候，日方還在相信德軍將登陸英國本土（相信德國之宣傳），德國決定和蘇聯開戰時，還希望德國從前說過要斡旋日蘇之親善，認為德國現在還是這樣。是即歐洲之情況是非常複雜而奇怪，因在地理上離開得很遠，日本很難把握其真相，但我們不能因為這樣，便說盲目的決定了其重要政策。這正是證明了日本之領導人何等不諳世界的基本政治情勢。松岡君尤其欠缺對德國的知識和認識。

德蘇關係之驟變

一、

德國在一九四〇年，北從挪威，南至西班牙國境，佔領了整個西歐大陸諸國，但對於入侵英國之作戰，終於未能附諸實施，而過了新年。既然不得不放棄進攻英國本土之作戰，為了防止今後之失敗，必須鞏固德義軸心在歐洲大陸之地位，能夠立於不敗之地。如果不可能進行登陸英國本土之作戰，必須思考不入侵英國本土而能使大英帝國崩潰的方策。為了達到此目的，應該動動大英帝國之要害的埃及、印度以及馬來西亞等的腦筋。日德義三國同盟，從德國來看，其原來的主要目的是要瓦解為其主力的英國，為此，希望把多年來對印度和普魯士灣方面有野心的蘇聯參加三國同盟，協助大英帝國之崩潰最有效。這個辦法，不僅符合日本和義大利之希望，蘇聯也可能歡迎。希特勒在一九四〇年後半所作之戰爭指導方針，是往上述之方向前進的，而這相當左右了日本的軍部。這個方策，當然是英美所最擔心和掛念的。

二、

一九三九年八月，締結德蘇互不侵犯條約時之秘密議定書，兩國之間確定了其勢力範圍，對於實行有關政策，規定要互相協商。波羅的海四國是蘇聯之勢力範圍，波蘭分割，承認〇也是蘇聯的勢力範圍，至於東南歐（巴爾幹），規定德國只有經濟上之利益，沒有政治上之利益。但是，德國在事實上重視巴爾幹，在戰勢上絕對不肯放棄。

德國於一九三九年三月，入侵捷克，並予以佔領，該年四月，義大利佔領阿爾巴尼亞之後，在巴爾幹，德義的勢力已經壓倒地強大。該年九月，德蘇分割波蘭，爾後德國對蘇聯，承認北之波羅的沿岸三國，南之0以及北〇地方之合併，德蘇之關係作了這樣的整理，雙方之勢力範圍，從口經由波蘭中央，以至羅馬尼亞北方國境之線，似乎作了這樣的決定。爾後，匈牙利（一九四〇年九月）、羅馬尼亞（同上）、斯洛伐克（同上）、匈牙利（一九四一年三月）、南斯拉夫（一九四一年三月）以及〇（一九四一年六月），皆陸續加入三國同盟，完全屬於軸心陣容。

德國於一九四〇年八月，在匈牙利與羅馬尼亞之間，仲裁〇領土權（維也納裁定），十月，進駐羅馬尼亞，繼而進兵布加利亞。一九四一年四月，佔領南斯拉夫，更佔領希臘。一九三九年，德蘇雖然有德蘇秘密議定書，但德國還是以巴爾幹為德國之勢力範圍對待。

中歐及巴爾幹，不僅是柏林、巴格達，貫通漢堡、口之道路沿道，也是德國攻擊英國殖民地的通道。與從義大利半島，經由北非〇至埃及之路線一樣，經由巴爾幹之多島海的〇島等，越過希臘之諸島，到達小亞細亞方面之線，土耳其既然是中立，這是德國進攻大英帝國非常重要的路線。換句話說，雖然有一九三九年之德蘇秘密議定書，事實上保持巴爾幹，就德國而言，不僅在維持生活圈所需要，今日，從對於大英帝國之戰術上，實不可或缺。進攻英國本土既然辦不到，只有從義大利和從巴爾幹越過地中海，給予大英帝國之心臟部打擊，沒辦法得到最後的勝利。

三、

一九三九年八月，成立德蘇妥協以來，蘇聯利用歐洲戰爭，一步一步成功於鞏固其在東歐之地位。分割波蘭，合併波羅的三國，併吞口及北口，一九四〇年，在東歐全線，與德國之勢力圈對峙，這是我們在前面說過的。蘇聯之前進，對於芬蘭卻束手無策，因南方之巴爾幹，終於和德國發生衝突。

蘇聯於一九三九年十一月，對於芬蘭要求改訂波羅的海沿岸方面之國境，要求建設軍事設施，同時要求口地區之交通利權，遭受芬蘭拒絕，蘇聯便廢除互不侵犯條約，立刻進行攻擊（一九三九年十一月），芬蘭善戰，蘇聯未能達到目的而停戰（一九四〇三月）。由於對於芬蘭之侵略行為，蘇聯遂被國際聯盟開除會籍（一九三九年十二月）。惟芬蘭參加德蘇戰爭（一九四一年六月），戰爭末期不得屈服於蘇聯（一九四五年九月）。

戰爭當初蘇聯和德國之勢力範圍的決定，當然不可能是最後的版本。其諒解，皆為戰術性的東西，隨戰爭之經過的情況，更會出現下一個戰術。蘇聯乘德國在埋頭於西歐戰爭的時候，希望把波羅的海、黑海和地中海，事實上變成蘇聯的內海。特別是，控制連結黑海地中海之達達尼爾以及博斯普魯斯，這兩個海峽是俄國的傳統政策。因此蘇聯為恢復俄國在巴爾幹之潛在勢力，便利用希臘正教，從事宗教運動，特別對塞爾維亞和保加利亞，以泛斯拉夫運動，大力召喚。不特此，巴爾幹各國之現在政府，參加防共協定，更加入三國同盟，是蘇聯所絕對不能允許的，打倒這些政府，將德國之勢力從巴爾幹統統趕出去，以蘇聯之革命勢力來取代，這是蘇聯的想法和希望。蘇聯對於芬蘭之失敗，希望在巴爾幹挽回和涨補。凡此，都是德國和英國在打仗的時候，認為「混水摸魚」最好的時刻。

四、

自簽署互不侵犯條約以來，德蘇之關係在表面上很順利。通商協定運作得很順暢，蘇聯物資之供應也源源而來。勢力範圍的問題，譬如口的問題，因德國讓步而得到解決。在表面上，這兩個全體主義的獨裁國家，各滿足於其勢力範圍，真正在互相幫助的互不侵犯關係。發生新的事態，要採取下一個行動時，都以互相讓步的態度協定，李邊多羅布外相，再次訪問克里姆林宮，交談甚歡。

一九四〇年快要過去的時候，德國因為軍事上之成功，其國際上權威達到最高峰時刻，簽訂互不侵犯條約一年有餘之後，為了就全面之政治經濟問題交換意見，希特勒邀請莫洛托夫訪問柏林。

應希特勒之邀請，莫洛托夫外相於一九四〇年十一月十二日到達柏林，立刻和希特勒會面。希特勒依照自己想法，勸告蘇聯加入三國同盟，現在是破壞大英帝國之最好時機，蘇聯可以從高加索進出伊朗、普魯士灣方面，對此德國可以給予援助，熱切說服蘇聯參加三國同盟。

莫洛托夫的回答，非常冷靜。莫洛托夫說，對於希特勒之遠大提案不是沒有興趣，在主義上很贊成，但是蘇聯今日所需要的是，在實現這樣遠大理想之前，需要解決眼前的現實問題，蘇聯希望在黑海之出口之達達尼爾和博斯普魯斯兩個海峽設立軍事基地，同時承認蘇聯保障布加利亞之領土。希望德國能夠同意，可是德國最近不但準備出兵羅馬尼亞，要給予領土之保障，這到底是向那一國保障的？就這幾點，請德國先作說明。莫洛托夫又要求希特勒對於上述之海峽的要求回答，於是希特勒遂怒髮衝天。兩個人又再次會談，但沒有得到根本共識而告別。雖然如此，李邊多羅布外相對於蘇聯還是提出了有關參加三同盟的具體提案。莫洛托夫沒有得到蘇聯所提出之回答就離開了柏林。

控制巴爾幹者能夠驅使土耳其，巴爾幹不僅是東歐的鑰匙，也是地中海和小亞細亞的鑰匙。

五、

莫洛托夫之訪問柏林，成為歷史上很大的轉變期。因為由此，我們得知蘇聯到底是軸心的伙伴，還是敵人。希特勒知道蘇聯對於巴爾幹方面有野心，即使在歐洲戰爭，明確而清楚地認識了德蘇之勢不兩立。巴爾幹不僅是英德角逐之場所，也是德蘇之戰場（難怪人們說：巴爾幹是世界的炸藥庫

——譯者）。

從此以後，德蘇之關係一直惡化下去，蘇方對於德國所提參加三國同盟之提案，作了在原則上贊成的回答，但德方沒有把它當作一回事，而趕緊作東方作戰的準備。德國於一九四一年一月，出手羅馬尼亞，出征二十萬軍隊，也進駐對布加利亞。這些進駐巴爾幹的德國軍隊，係以援救受到希臘軍之壓迫在阿爾巴尼亞的義大利軍為目的，目的是要破壞英國在希臘之基地，另一方面，想鞏固德軍在巴爾幹之勢力，以對付蘇聯之插足。蘇聯對於海峽和布加利亞，透過莫洛托夫，表示蘇聯在這個地方設定勢力範圍的意思，對於德國要求說明其進出巴爾幹方面的理由，並明白表示反對的立場。蘇聯為對抗德國插足巴爾幹以及東方之行動，開始集中軍隊於國境，援助巴爾幹之民族運動，一九四一年四月，松岡外相訪問柏林時，南斯拉夫發生反德國政變。德國立即動兵，鎮壓南斯拉夫，巴爾幹之經常為德蘇兩個民族之利害的交叉點，第一次世界大戰以後又得到證明。

德蘇關係在產生異變，逐漸在歐洲及其他國家傳開，莫洛托夫訪問柏林之經過，也相當正確地在世界之首都報導並引起人們之注意。人們感覺德蘇之間在發生不尋常的事體。一九四一年春天，報導在德蘇國境雙方之軍隊，有衝突之危機。

一、戰爭大勢

大英帝國的要害是，除英國本土之外，在地中海方面、普魯士、印度方面以及東南亞方面。失敗於要把蘇聯拉進來三國同盟來威脅普魯士、印度方面之後，德國誘引日本南進。義大利崩潰之後，更是如此。

無法攻取英國本土之希特勒，即是席捲整個歐洲大陸，仍然不許樂觀其戰爭態勢。對英作戰失敗之後，德國之眼前的目標是，在大西洋戰爭封鎖英國之海上以及地中海方面的戰爭。大西洋戰爭，是海上勢力之戰爭，無論從那一個角度來看，德國完全沒有成功之可能，結果一定會使美國參戰。

要判斷松岡外相訪問當時之戰爭的大勢，我們必須說明當時之地中海方面之戰爭。

二、

義大利專心於要建立作以地中海為中心的一大勢力，一九三五年，以東非義大利領土艾利托利亞建立基地，終於征服埃塞俄比亞，以包圍英國領土埃及和蘇丹。一九三九年四月，呼應德國入侵捷克，義大利佔領了阿爾巴尼亞，繼而欲插足希臘，反而遭受希臘之反擊。一九四〇年六月，正式參加大戰在地中海驅逐英國之勢力，夢想實現羅馬帝國之新帝國，派陸軍之精英至北非洲之托利波利、基列那以卡，在格拉吉亞尼將軍指揮之下集中，沿著建設得很好的馬路，向埃及進行攻擊。如前面所說，埃及因為義大利北非軍和在埃塞俄比亞之東非軍之挾擊，又隔著地中海，格拉吉亞尼的北非軍成為義大利之右翼，希臘進入軍成為左翼的態勢。軸心之地中海戰爭，基本上可以說是義大利的戰爭。

義大利軍，到處都不是英國的對手。獲得英國之援助的希臘軍英勇戰鬥，擊敗了入侵希臘的義大利之巴爾幹軍。因此，義大利在巴爾幹之權威和聲望掃地，德國看不下去，為立刻援救她，對本來維持好感的希臘進兵予以佔領，以跳傘部隊偷襲，佔領多島海諸島，克列島、多得卡聶茲以及控制海峽進口之各島。德國於一九四〇年八月，出兵匈牙利，十月，進兵羅馬尼亞，繼而進攻布加利亞，與義大利，把整個巴爾幹，納入為其勢力範圍。

義大利軍，比巴爾幹，在北非洲之主戰場，打了更大的敗丈。格拉吉亞尼之幾十萬埃及遠征軍，依沿著海岸之大馬路，大張旗鼓的宣傳，驅逐英軍而東進，終於越過埃及國境。在英國方面，在威維爾將軍手，威爾遜參謀長等，在極機下準備予以反擊。反擊實行於一九四〇年十二月，橫斷沙漠猛進之英軍，遮斷靠海岸之義大利軍後方，與艦隊共同作戰，包圍它於西得．巴拉尼附近，予以擊破，又在各地，各個予以殲滅。如此這般，義大利陸軍之精華，在巴爾幹和北非洲消聲匿跡。

義大利海軍，空軍，並不比陸軍幸運。堪任哈姆提督之英國地中海艦隊，發現義大利艦隊並稱在海上予以擊破，一九四〇年十一月，空襲義大利南部之海軍要港達蘭特，擊破其主力艦隊之大半。被斷絕燃料之供應的義大利空軍勢力，遂迅速減弱。

如上所述，在一九四一年年初，義大利參加戰爭半年多，其戰鬥力已經完全被摧毀了。因此地中海戰爭，德國便不得不替代義大利承擔全部，是即義大利之戰敗，已經是歐洲大戰戰局全部進入轉變期。

開始歐洲戰爭之初期，駐紮義大利之日本武官認為，如果義大利參戰，在地中海之英國勢力，其第二天就不會有其蹤跡的義大利之戰鬥力，參戰不到一年，與其帝國的夢想，一道潰滅。墨索里尼辛辛苦苦所搞之義大利的近代陸海空軍之戰鬥，的確運氣欠佳。

三、

一九四一年年初，德國軍隊已經完全控制了巴爾幹。因此希特勒對於英國在地中海戰爭，完全能夠掌控其左翼。其右翼當然是伊比利亞半島，如果希特勒策動佛朗哥，將延長到西班牙的戰線，更延長至西班牙，以攻擊直布羅陀的話，地中海戰爭之右翼，將給予敵人嚴重的打擊，如果德軍能夠和西班牙軍共同攻擊直布羅陀，直至摩洛哥，把法國拉來軸心這一邊，將獲得地中海戰爭之勝利是可期的。

佛朗哥將軍具有很大的野心。在北非洲，以摩洛哥為中心，以恢復往時之大西班牙為理想。希特勒再三和他交涉，要其放棄中立，參加戰爭，德國為攻擊直布羅陀，請其同意德國軍隊之通過。佛朗哥對於戰爭之結果看不出德國能得到最後的勝利，很巧妙應付希特勒，拖延時間，一直未答應希特勒之要求。

四、

地中海戰爭對於法國之地位，非常重要。法國政府雖然投降了，但法國國民並沒有投降。本國雖然遭受到蹂躪，但其殖民地卻抵抗到底。在這個基礎上戴高樂將軍，維護了法國之生命。即使是相信德國之勝利的別丹政府，實際上的目的也是要從戰禍拯救法國國民的，完全不是德國之傀儡。因為一九四〇年六月之投降，別丹政府還在管理法國之一半，以及北非洲等其他殖民地。特別是阿爾及利亞、突尼斯和莫洛哥之法國北非洲之廣大地域，和重要的港灣，具有扼制西地中海之地位。阿爾及利亞總督威甘將軍等許多法國人，決不讓德國對北非洲染一指之決心，充分與美英取得密切聯絡，因此獲利許多美國的物質上援助。維西政府加強了達爾朗和拉巴爾之勢力，屈服於德國之壓力，免職了威甘將軍，這個形勢還是沒有變化。

美國認為，萬一法國之北非洲殖民地落在德國勢力之下，德國之勢力將立刻直接及於大西洋，將威脅美國之安全，為防止此種局面之產生，對於維西政府主席別丹元帥，令李瑟大使，萬一維西政府之行動，超越與德國之投降條約範圍之外一步，要警告其對美國具有敵意，一再這樣告訴維西政府。美國採取已經參加戰爭之立場，絕對不許法國在北非洲之領土落在德國之手。這個態度，有如在東亞，對於日本進入越南一樣，北非洲成為實際上戰場，因此，美國更加緊張。

自義大利敗退之後，希特勒派遣羅美爾軍到北非洲，以援救義大利之剩下軍隊。羅美爾軍打破已經進入的黎波里之英軍，追擊至埃及國境，並越過國境，侵入埃及。

希特勒認為，要完全戰勝地中海戰爭，無論如何一定要壓住法國，以其海軍和北非洲為基地來利用。為此，希特勒給予維西政府很大的壓力。維西政府，在達爾朗、拉巴爾之下面，逐漸屈服於德國之壓迫。

五、

德國對於法國之壓迫，不僅是為了要掌控西地中海之法國在北非洲之殖民地。希特勒對於維西政府，尤其要求在東地中海具有重要地位之法國委任統治之敘利亞，作為小亞細亞政戰兩略之基地。

達爾朗在巴黎，為應付德國代表阿別茲大使之要求（一九四一年五月），敘利亞終於成為反英政變之基地。於是邱吉爾立刻佔領了敘利亞。但在東方，被挾在蘇德英三大勢力之中間，一直維持中立的土耳其，終於沒有動搖。當時之德國，因日本要進駐越南，特地請求德國，對法國施加壓迫。美英判斷，德國之壓迫法國，是與軸心國家一定計劃有所關連。換言之，德國在地中海戰爭得到勝利之後，要進出埃及和小亞細亞方面，在此地和日本勢力握手，意圖破壞大英帝國，乃附法國問題以世界意義，而予以重視。在另一方面，德國為使美國之視聽轉向東亞，默認維西政府對美國大使洩漏日本對越南之要求。

北非洲戰爭，已經不只是英國的戰爭了。美國之安全保障的前線是北非洲，不是越南。

六、

對英戰爭失敗之後，希特勒於一九四一年，一定計劃在美國參戰之前，在地中海戰爭勝獲得勝利，以實現與南進之日本取得連繫的態勢。可是，由於對蘇戰爭，終於變成不可能。希特勒似乎要按照其預定進行對蘇戰爭，轉用其兵力，也要進行地中海戰爭。但一切預定都發生問題，羅美爾的遠征軍，在西特．巴拉尼之線遭受到英軍之反擊，受到多次打擊，蹈義大利軍之覆轍，退卻至多利破利方面。非專心於對蘇戰爭的德國，終於無法騰出地中海戰爭之兵力，美國參戰，在地中海戰爭，全面敗北。

松岡外相之往訪歐洲的一九四一年三、四月前後，義大利在事實上已經敗北，希特勒決定要發動對蘇戰爭的時候，美國已經事實上採取參戰之態度，已經變成戰爭性世界之情勢。

松岡外相之訪歐　其二

一、

松岡外相出發日本之前，在大本營會議，就松岡訪歐之使命，內閣與統帥部首腦交換了意見。獲得一致的意見是，德國在對英戰爭佔優勢，登陸英國本土將於今年（一九四一年）成功，以為大英帝國之崩潰就在眼前，對於蘇聯，允許其在普魯士灣方面得到出口，俾使其參加樞軸，要德國作這樣的努力，還是締結三國同盟當時之看法，這牢固在松岡腦袋裡頭，這是我們在前面說過的。

根據德國的文件，德國對於蘇聯曾經提出要其參加三國同盟一事，但蘇聯沒有點頭，此事說思曾經通報日本軍部，但日本政府對於莫羅托夫訪問柏林之內容，完全不知道。又對於德蘇關係之突變，也無法相信。

日本對於新加坡要採取軍事行動，舉凡有關統帥事項，即使是德國之強力要求，也絕對不可以給予任何言質，軍方在這個聯絡會議這樣正告松岡外相。不但如此，松岡外相之軍部出身的隨員，奉命在監視松岡外相之言行。在這樣情況下，松岡外相在這一點特別留意和用心。

二、

身為國際人之松岡外相，當然通曉外國之情況，但對於德國的事情並不熟悉。德國的事體，他相信軍部之判斷，原封不動地相信德國之宣傳，這也是我們在前面說過的。他太高估德國之實力，相信德國所說，其登陸英國本土，今年（一九四一年）初會實行，以為大英帝國之崩潰近在眼前，所以在訪問德國期間，和德國首腦會談時，很想聽到德國之對英作戰計劃，特別是有關對英國本土登陸作戰之開始時機。就日本而言。這一點最重要。著者從倫敦所打有關分析歐洲戰爭之情勢報告的電報，松岡完全置之腦後。在外使節打給外務省之有關時局的電報，皇宮、首相及有關大臣皆有抄本是一種慣例，令人驚訝的是，當時駐英大使之電報中，重要的不經過這個手續，只有駐樞軸國之使節的電報才提供閱覽，我們後來才知道這個事實。

松岡之隨員的加瀨俊一（我認識他，我去過他在鎌倉的家──譯者），一直到最近，在倫敦著者手下工作，詳細知道著者之觀察和意見，可是著者之意見，和松岡外相之想法大異其趣，故他建議松岡外相訪歐期間，能夠和著者會見，多多交換意見。其結果，松岡外相對在倫敦之著者表示，希望在歐洲大陸之適當地方會面。著者以在戰爭中之西歐要旅行非常困難，但我想排除一切困難前往。因著者之拜託，英國政府因邱吉爾首相之斡旋，得到飛機等之特別方便。可是松岡外相因為縮短行程，成為不可能在中立國家瑞士會面，著者拒絕前往柏林，此事終於無疾而終。不久，著者之所以請求調回國內，是想回國之後，能夠直接向松岡外相表達自己意見所致。

盲目地全盤接受軍部之判斷的松岡外相，只是單純的訪問德國，要看清歐洲之真相，談何容易。他與德國首腦之間，會談過各種問題，但他似乎未能充分消化德國所作有關德蘇關係之突變等說明。

三、

他欲得知德國對英國本土登陸作戰之開始時期，話題盡量集中於與英國之戰爭，說明日本對英態度之強化，但對於德國之對英作戰，未能聽出任何新的消息。反此，德國很想由松岡知道日本進攻新加坡之時期。希特勒當時已經決定要發動對蘇戰爭，希望和英國媾和，乃極力要求李邊多羅布外相，李邊多羅布希望日本在遠東對英國施加壓力，以達到和英國媾和之目的（李邊多羅布在紐爾姆別爾希裁判之證言）。如大島大使所預告，德國給松岡外相訪德的禮物應該是，日本之決定進攻新加坡，而松岡所說明日本之所謂對英態度之硬化，只是抽象的。在這一點，松岡外相，站在日本政府的立場，沒有給德國任何言質。但德國方面認為，松岡外相至少在他個人，給德國要攻擊新加坡的言質，德國之文件是這樣寫的。在柏林之德方和松岡外相之會談，在德方和日方，就對英問題，雙方的問答都不得要領，不明不白。

對於德蘇問題大體上也是一樣，李邊多羅布得知日本對蘇聯提出互不侵犯條約很不滿，松岡外相不知德蘇關係之突變，反而對李邊多羅布因締結三國同盟關係，希望德國斡旋調整日蘇之關係，這也在前面說過的。松岡外相回國中途在莫斯科，終於簽訂中立條約，使德國啞口無言。

當時，史達林已經探知德國之意圖。美國政府告訴蘇聯政府德國要攻擊蘇聯之計畫的情報，是那一年一月的事。在東京之間諜左爾格，將在德國大使館得到的最可靠情報，已經電告了莫斯科。松岡君訪問柏林回國中途在莫斯科，再次提出希望簽署蘇日中立條約時，蘇聯一定覺得很意外。克里姆林宮面對德蘇之衝突，與日本簽訂中立條約，使防共協定和三國同盟歸零，東方完全無後顧之憂，當然是蘇聯求之不得之事。要使日本南進，是蘇聯一向之願望。在這一點，德國對日態度是一致的，在東京之左爾格諜報團，奧特·德國大使之行動，其目的完全一致。

四、

德蘇衝突之前哨戰，已經開始於松岡外相在柏林的時候。巴爾幹之中央塞爾維亞之政情，夾在德國英國和蘇聯勢力中間混沌不穩，因外面之操控發生叛亂，顛覆親德系之政府。德國立刻出兵塞爾維亞，採取鎮壓之手段，因此李邊多羅布外相，為處理這個問題，不得不變更與松岡外相之所約會談時間。蘇聯保障塞爾維亞之領土主權，致力於凡斯拉夫運動之宣傳。巴爾幹一直是德蘇衝突之導火線，在第一次世界大戰和第二次世界大戰，塞爾維亞問題為其動機，充分說明巴爾幹問題之如何複雜和困難。

著者認為，要日本堅持不介入戰爭政策，需要自己回去東京，親自說明清楚歐洲之形勢及其趨勢，以完成未能在歐洲和松岡外相談的心願，希望能在日本達成，經過政府許可，終於離開倫敦，踏上回國之途是一九四一年六月的事情。著者出發倫敦大約一個月以前，德蘇國境已經逐漸集結其軍隊的時候，發生一件離奇事。

赫斯事件

一、

一九四一年初夏的大晴天，乘薰風，一架梅沙旭密特單葉飛機，從德國方面越過北海，來到蘇格蘭格之格拉斯哥附近，駕員跳傘下來，飛機燒毀了。那是五月十二日的事。

跳下來的德國人，非常冷靜，想徒步往訪哈密頓爵士公館。他的英語說得不錯，是一個仕紳模樣，他在離開哈密頓公館不遠的地方跳下飛機的。由於赫斯是德國元首希特勒所指定的第一位繼承人，因此驚動世界；但他不是逃亡者。

在柏林舉行的世運，英國有一個代表名字叫做哈密頓爵士。德方主人赫斯和他認識，以後相約爬阿爾俾斯山等，有親密的交往。因為這樣，赫斯便來找他，想和英國政府當局就重要問題交換意見。英國政府發表說要把他當做俘虜處置，沒有發表他來要幹什麼。

二、

赫斯是希特勒之忠誠的協力者。他出生於埃及，受過英國教育，英語說得很流利。他具有宗教家般的熱情和本領，率領納粹，協助希特勒。據稱，希特勒之「我的奮鬥」是他替希特勒寫的。他經常留在黨部，不在政府公開露面，但希特勒非常信任他，在戰爭初期，他便被希特勒指定為第一個總統繼承人，格林為第二個繼承人。

他以我的奮鬥所指示政策為金科玉律，以蘇聯為不共戴天的敵人，以「做掉」蘇聯為一切政策的先決條件，反此，和英國要經常維持和增進親善關係。可是事與心違，今日德國和英國在打你死我活的戰爭，這不是納粹本來所希望的，被李邊多羅布等所誤，德國走上邪道，他認為這必須設法改正過來。

赫斯覺得他在政府和黨中央之地位日趨沒落，李邊多羅布等之勢力日強，覺得這樣下去不行。可是今日的形勢卻變成非與蘇聯決生死不可。所以他排除萬難，挺身而出，為報答希特勒對他的知遇之恩，欲有所作為。

三、

赫斯以後繼續透過和哈密頓爵士保持通信聯絡，與英國當局會見，對於德國軍方之進出政策，得到英國之諒解，策劃早日和英國恢復平常關係。觀看戰爭一年之成績，他認為，要策動英國不是不可能，甚至於可以顛覆英國政府。

認真而非常有誠意的他，應用曾經為飛行軍官之技術，以奇計弄來一架飛機，單身駕駛它，越過北海，順利飛抵蘇格蘭。哈密頓爵士當時服務軍，不在蘇格蘭。赫斯立刻被捕，他的眞意為英方諒解，但他的意見當然不可能為對方接受，而被拘留下來。他很擅長駕駛飛機，最近因為其行動不尋常，故希勒禁止他駕駛飛機。希特勒對於他的胡扯非常氣憤，把他當作精神不正常，並處死了未能阻止其行動的幾個副官。

赫斯在戰後紐倫柏爾希戰勝國軍事法庭，被判無期徒刑。這就是赫斯事件，由此英國著實發覺希特勒陣容的確發生異變。以德國駐蘇大使許列姆布希伯爵為首，知道蘇聯情況的的人，都極力建議不能和蘇聯戰爭，德國陸軍隊內部，也有許多人同他們的意見，但希特勒認為，不打倒蘇聯，將來德國一定會被蘇聯打倒，所以希特勒便先下手。與登陸英國本地作戰失敗之同時，解決蘇聯遂成為焦眉之問題。

四、

著者離開任地倫敦中途，在里斯本等著開往美國之快速飛機時候，和駐在西歐各國之我同僚外交官交談，正在談論蘇德間形勢時，六月二十一日，報導說德蘇開戰。出發倫敦前，邱吉爾首相對於前往向其辭行的著者，若無其事地說德蘇之開戰不會太遠這樣的感想。

在東京，對於德蘇之開戰，都覺得很意外。當時，松岡外相正在招待訪問東京之成立不久的南京偽國民政府主席汪精衛在歌舞伎座觀劇。接到報告之松岡，立刻從會場趕往皇宮，上奏德蘇開戰之消息，並報告天皇，似乎應該採取和德國同樣態度，使天皇非常驚訝。天皇立刻把近衛首相找來，問其意見，近衛說政府要嚴守與蘇聯的中立條約，於是天皇得知松岡之意見為其個人之意見而放心。由此可見，松岡君之政策，皆以三國同盟為其基本方針。

一、美日交涉　其一

締結三國同盟是，為了調整和蘇聯之關係，和改善與美國之邦交，這是政府在樞密院所作的說明，這不是近衛公爵和松岡君在說假話的。這是可以相信的。

關於德國想把蘇聯拉進來三國同盟一事，當時有相當的自信，這如前面所說，又為不讓美國參加戰爭，德國在盡一切努力，這是理所當然的。德國認為，因締結三國同盟，令日本在東亞牽制美國之勢力，使美國很難參加歐洲戰爭，這是德國的用意和盤算。又，日本乘美國之備戰還沒有完成，就對和德義在打仗之英國宣戰，如果攻擊新加坡，美國將被制其先機，又因為輿論之反對，最後失去參加戰爭之機會，這是德國之如意算盤。

把德國的這個想法，原封不動地接受的就是日本的陸軍。但是在日本，有和軍部根本不同想法的人們。擁有這樣想法的人，雖然被大勢所趨使，仍然努力於不介入戰爭，希望和美英兩國維持和改善邦交。締結三國同盟，無論對於蘇聯或英國，並不針對她們，不，日本希望和這些國家改善關係，相信政府之正式聲明，他們在成立三國同盟之後，還是想維持和改善與美英各國之關係。

松岡外相之意見，合乎軍部之意見，相信德國之完全勝利，要以日德同盟為日本之對外政策的根本，有如往年之英日同盟那樣。日美英關係自不必說，日蘇中立條約，只有在運用三國同盟之範圍內，承認其結果。所以，德蘇開始戰爭以後，他便站在德國這一邊，主張參加對蘇戰爭。可是近衛公爵的作法是，面對事實情況來決定政策，故締結三國同盟之後，也把它當作操縱軍部之一個手段，特別是因德國沒有和日本協議就發動對蘇聯之攻擊，同意日本對於三同盟之義務已經發生變化這樣的解釋。關於調整與美國之邦交，與松岡外相把三國同盟之主旨在於防止美國之參加戰爭不同，離開三國同盟，單獨處理美日和平之問題。近衛是實事求是的作法。

二、

許多人開始耽心美日關係。美國之天主教○的特勞特和○瓦○兩位牧師，為傳道常常到東方來，在日本大多住在京都，對於美日關係，特別關心。他們因為其宗教上之地位，與政府、財界和天主教徒有聯絡。他們於一九四○年年底，帶著調整美日邦交一案前來日本，和日本朝野人士研究並得到其同意。這個案的要點為，當時在美國，門羅主義之適用範圍之西半球的定義為，在太平洋，一百八十度變更日子之線為界，此線以西之事，美國不干涉；日本不干涉其以東之事。也就是說，把太平洋分成東西，美國不干涉西太平洋；日本不干涉東太平洋（以及歐洲）事宜，這樣的美日諒解案。若是，雖然無法阻止美國之參加歐洲戰爭，但美國等於放棄在中國之開放門戶等之多年的東亞政策，所以這一日本非常有興趣，但美國政府卻不肯點頭。這個案，完全沒有正式提出來，這這兩位美國牧師遂離開日本，但日本的一部分人卻錯誤認為這是美國的意思。這兩位牧師，在日本期間，除與松岡外相和近衛首相會談之外，在東京，在紐約財務官室工作之芥川某也經常有接觸。

井川氏曾經將與兩位牧師會談之情形，也發布給包括軍部在內的各方面，以倡議調整美日關係之可能性。他承受近衛公爵之意，聯絡之陸軍省軍務局（局長武藤章少將）之軍事課長岩畔（○）大佐。軍部並沒有完成大戰爭之準備，沒有預想對美國戰爭，所以研究美國牧師之提案結果，贊成這樣的旨趣，並開始熱心於調整美日關係。這一點海軍也是同意的。

三、

野村（吉三郎）海軍大將自一九四〇年八月以來，受松岡外相懇請出任駐美大使，因為海軍大臣之積極推薦，才接受這個任務。野村大使於一九四一年一月二十三日離開東京。其前一天的一月二十二日，松岡外相交給他親自執筆的訓令如下。野村大使和松岡外相之方針，非常明瞭（根據外務省紀錄）。

一、除非我國作相當之國策的變更，與美國取得諒解，以確保太平洋上之和平，進而為克服世界之和平，提携策動，更不可能。

二、而且，如果這樣下去，或美國參加歐洲戰爭，或很難保證不會對日本開戰。

三、如果事情這樣，將是震驚世界的戰爭，其悽慘將為前大戰之幾倍，或為現代文明之沒落。

四、已經沒有美日直接諒解提携之途徑，若是，對於英美以外國家之聯絡合作，即使用壓迫威脅也要預防她們對日開戰或參加歐洲戰爭，這不僅是日本（原文為皇國）之自衛，完全為全人類之生存。

五、因為斷定要防衛我國，以及防備世界大戰，只有這一條路可走，故簽訂日德義三國同盟。

六、既然簽訂了上述同盟，日本之外交，將來要以這個同盟為主軸來運用，實有如從前之英日同盟。

七、故如果發生三國同盟條約第三條所規定，三國政府認為發生第三國之攻擊時，日本當然要忠於同盟。

對於這一點不可存疑。日本要下定重大決心前，當然要經過慎重之廟議。

八、現在日本在中國之行動中，或有不當、不義、侵略之指責，但那是一時之現象，最後日本一定會實行中日平等互惠，總有實現日本建國以來之八紘一宇之傳統之一日。

九、要建立大東亞共榮圈實基於八紘一宇這個大理想，No Conquest,No Oppression,No Exploitaition是我的信念。

十、此種思想暫且不談，現實最近的問題是，日本面對必須選擇前進大東亞共榮圈之自給自足的道路。從睨視西半球，更在大西、太平兩大洋延伸的美國來看，能夠說日本之理想和欲望是不應當的嗎？這樣一種事體是不是可以容許日本去做呢？

日本想的絕對不是排他的，歡迎美國也來大東亞圈一起共同開發。其所需樹膠、錫等之供應會斷這樣的疑惑是不值得一笑的。

我從前在日美協會的卓上演說，以及最近在帝國議之外交演說等所表示各點，希望能給美國總統、國務卿等美國朝野有力人士能夠徹底理解。

以上。

松岡外相在這訓令中，說明締結三國同盟一事及其意義，其方策，沒有非常清楚明確地訓令野村大使，由上述訓令末文可以得知，松岡外相希望他能將他的想法公然而直率告訴美國上下。松岡外相之重點把想以日本和德義之三國同盟來壓制美國，防止美國參加歐洲戰爭，表示無意與美國妥協。

野村大使到任華盛頓時，美國之對日感情已經險惡，羅斯福之反日德義政策很露骨，舉國上下在大事擴張軍備，美國之參加歐洲戰爭已經不可避免。奉上述那樣訓令，前往那種情勢之國家的日本代表之野村大使的苦境是不言而喻的。

四、

野村大使赴任時，因重視與陸軍之關係，特別要求陸軍派遣有力輔助人員赴美。結果選派在陸軍要職之陸軍省岩畔（豪雄）軍事課長。

岩畔大佐承受近衛首相之意，以和俄爾旭、特勞特兩位牧師保持關係的井川為口譯人員一起去美國，他們兩個人隨野村大使赴任之後，前往美國。他們立刻與兩位牧師會談，著手起草調整美日邦交之具體方案。這些美日有志之士，以岩畔大佐之起案為基礎，也聽野村大使之意見，完成了一案。野村大使一到任，便完全無視松岡外相之訓令。野村大使沒有讓外務省系之大使館員參與這些美日之私下的交涉。

對於不負責任之井川等的行動，野村大使屢屢接到松岡外相之警告電報，更接到禁止井川等與野村接近之電報訓令（一九四一年三月十七日）。雖然如此，野村大使不但容許井川和岩畔之行動，甚至親自參加兩位美國牧師之調整美日國交之擬訂，可能由於井川在直接和近衛首相保持聯絡，岩畔大佐是陸軍的有力代表，認為以松岡外相之強硬方針，美日關係早晚一定會破裂，希望能夠避免這樣局面之出現，他才這樣做。由於此種原因，外派的使節，不聽直接長官之松岡外相之訓令，而尊重間接和私下聯絡之近衛首相以及軍部之意向，因此所謂美日之交涉，乃是以分裂的外交在推動，所以這自始就被看好的戲碼。我相信後世之史家，不會重視交涉之經過，而將批判其開始之來龍去脈。

五、

特勞特，俄爾旭兩位牧師之後熱誠，打動了美國政府方面之基督教勢力去影響羅斯福總統。特別是烏俄卡郵政部長等同兩個師之力量。兩位牧師與和岩畔、井川協議所得之調整美日邦交之預備具體案（根據岩畔在遠東軍事法庭之證言，是岩畔自己起草的）向羅斯福總統提出採用兩位牧師之案，因此案大力強有力地建議改善美日關係，羅斯福請來哈爾國務卿，一起兩位牧師之意見。根據哈爾之著作，哈爾懷疑採用這個案，如兩位牧師所說，以強化日本之穩和份子，日本政府會不會因此改變其樞心政策，表示相當懷疑。哈爾的態度是，不但要維持美國所奉行之民主主義，即反對侵略政策，不承認侵略之結果的史汀生主義一樣，不能變更門戶開放政策和機會均等（通商上之均等主義）政策，與日本之妥協，只有在這個範圍內才有可能。因此，哈爾得到即使開始美日交涉，其成功的可能性只有五分之一這樣的結論。但是，此時美國還沒有與德日兩國「作對」的準備。羅斯福總統和美國政府，想以非正式美日交涉來弄清楚雙方之立場，以爭取時間，以瞭解事體之真相。事實上，美國國防部想盡量拖延美日關係之攤牌的時間。

一九四一年四月十六日，哈爾國務卿邀來野村大使會談，手交「日本民間有志」所製作調整美日邦交案，並說這是美國民間人以及美日民間人所製作，作為兩國之諒解案向美國政府提出，這個作業，據稱與貴大使也有關係，並問這是否事實，野村大使表示說是時，如果將這個案當作野村大使之提案，美國政府願意進入當作非正式之預備交涉，願意以其為議題來協議。哈爾國務卿的前提是，不能把不負責任者的考案當作議題。野村大使表示同意，並約定將立刻該成案和哈爾國務卿之建議報告日本政府，以確認其意向。

在此之前，羅斯福總統曾經再三暗示和希望新到任之野村大使，和國務院共同詳細研究美日關係之惡化的原因及除去其原因的辦法。

四月十六日，哈爾國務卿面交野村大使所謂美日兩國諒解案，其要點如下（請參考四月十七日野村大使來電第二三四號附錄）。

一、美日兩國之國際觀念及其國家觀念。

二、兩國政府對歐洲戰爭之態度。

三、中日事變對兩國政府之關係。

四、在太平洋之海軍兵力航空兵力與海運之關係。

五、兩國間之通商及金融之合作。

六、在西南太平洋方面之兩國的經濟活動。

七、兩國政府對於安定太平洋之政治經濟的方針。

關於上述各項，美日政府間之諒解正式成立時，羅斯福總統和近衛首相將在夏威夷見面，再詳細協議和協定。

六、

野村大使將四月十六日與哈爾國務卿會見之經過，美日民間人士所撰寫之所謂美日諒解案，立刻電報日本政府。當時松岡外相不在國內，由近衛首相兼任外相。對於政府訊問有關美日諒解案，野村大使於四月二十一日回電（第二四四號），在其文末這樣說：

「要之，本諒解案是，和日蘇中立條約一樣，（應該是帝國日本）國策之基礎的軸心同盟之論理性發展，軸心同盟之基礎的三國條約第三條之效力不受任何影響，要新指出的是，據本使所見，如不顧今日美國之狀態，美國之參戰爆發美日戰爭之最壞情況，早晚會到來，現今折衝，必合乎軸心諸國之大局的利益」。

由此可見，野村大使認為，三國同盟及軸心政策之基礎，可以原封不動，除非和美國談妥終竟美日必須一戰，所以日本要使美國瞭解日本在三國同盟之立場，以防止其參加歐洲戰爭，乃是軸心同盟諸國之利益。幸好有這個諒解案，希望以它來達到目的。如果交涉結果，這個諒解案不成立，「美日關係將逐漸惡化，美國將加強對日本之經濟壓迫，最後，戰爭之危險性將更大」（上面電報第二點），所以務必成全這個諒解案。也就是說，野村大使是欲以交涉來達到松岡外相要以軸心政策之威力來達到迴避美日戰爭之目的的。但是，主張要和美國開始交涉之野村大使的意見，與前述哈爾國務卿之立場，一開始就是不可能兩立的。日本一方面推動軸心政策，同時又要調整美日之邦交，那是不可能的事，兩國當局著手不可能的事，完全是胡搞和亂來，無知的冒險。就美國而言，這是準備戰爭的拖延方策，對日本來說，是要抓住開戰之機會，有人這樣解釋，也不能說完全沒有道理。

七、

要使多年來，其主張根本不同的美日兩國能夠妥協，只有任何一方改變其政策之基本，或者國際情勢發生重大變化。完全不改變日本之對中國政策或南進政策，要美國妥協是很困難的，而美國對日本之政治上經濟上之壓迫政策，也很難使日本屈服。對於這些根本問題，兩國之進路發生變化，是成立交涉之因素。

如前面說過，鑑於歐洲戰爭兩年之成績，羅斯福總統已經決定了態度。歐洲和非洲西海岸是美國國防的前線，英國本土是美國的前哨點，他公開這樣聲稱，廢止了中立法。對於面臨崩潰的法國，也倡議不惜參戰的援助，下來應邱吉爾之請求，依借租法，免費直接給予武器，贈與五十艘驅逐艦，得到在西半球英國領土上設立美國國防基地之權利，事實上，和英國站在共同國防之立場。一九四〇年十一月，羅斯福（破例）第三次當選總統，鞏固其在國內之地位，表示英國戰意之堅強，事實上決心要參戰。他對於輸送武器去歐洲之美國的船隻，命令如果遭受到來自空海之攻擊，警衛他們的美國艦船，應該立刻予以反擊。這些事實已經是不宣而戰的狀態。

日德義三國同盟之簽訂，或許在美國還沒有完成戰爭準備之前，有牽制或躊躇之效果也說不定，但想以交涉使美國答應不參加歐洲大戰，這從美國之國情來說，那是絕對不可能的。何況要軸心政策之威脅，來達到其目的，那是更不可能的事情。但是從美國來說，關於三國同盟，需要弄清楚日本之態度，即必須早日斷定國參戰時，日本到底是不是敵人是最重要的一件事。因此，美國對於美日交涉的基本立場是，日本對於美國之參加歐洲戰爭，日本保證不會發動三國同盟之義務，亦即對於削弱三國同盟之勢力不表示異議，同時日本要改變以往之積極政策，對美英要採取和平政策，對於東亞諸問題，只要不損害美國所標榜之主義，美國可以讓步。美日交涉之關鍵在此。

由此可見，美日交涉之成功與否，完全在於日本能不能事實上放棄三國同盟，能不能根本變更在東亞之武力政策。這就剛剛簽訂三國同盟之日本來講，是非常重要的問題。身為簽訂三國同盟之當事者，剛剛訪問德國和意大利之松岡外相，得知近衛首相等人之意向時苦惱得不得了。如日本不十分理解這個情況，而漫然開始交涉的話，最後必將進退維谷，交涉勢將成為非常危險的國際遊戲。

八、

如前面所說，一九四一年四月十六日，哈爾國務卿對於野村大使說，這是日本民間有志之士所撰寫，提示調整美日的邦交案，野村大使也參與過其起草，徵得野村大使之同意，確認以野村大使之提案，以其為交涉之基礎，以進行非正式交涉，野村大使沒有異議。

野村大使以國務卿既然提出這個案，乃向日本政府電稟「關於本諒解案，曾經作過私下工作，試探美國政府之同意，確認哈爾國務卿在大體上沒有異議，本使亦私下干預，作過各種折衝之後，成為本案」。至少，日本政府以此為美國所承認之美國的試辦方案，美國不會比它更後退，日本可以它作為基礎，提出其對案，開始交涉。在華盛頓看過同樣東西的人，在美國和日本，都有非常不同的看法和解讀。根本的出入在這裡。

接到野村大使之電報的近衛首相非常滿足，立刻召開聯絡會議協議。因接到岩畔大佐之詳細報告的軍部，也了解情況，故在聯絡會議，統帥部和政府之意見一致，毫無躊躇同意和美國政府進行交涉。另一方面，哈爾國務卿又於四月十六日，對野村大使面交所謂哈爾四個原則，作為交涉之前提，希望日方先承認這個根本原則，日本願意不願意放棄軍事征服之今日的方針。所謂四個原則是，一、尊重一切國家之主權；二、不干涉他國之內政；三、尊重機會均等之原則；四、維持太平洋方面之現狀。在交涉之前，哈爾國務卿已經表明了他的態度。

此時，松岡外相結束訪問德國和義大利，回國途中，人在滿洲。大橋（忠一）外務次官曾經主張，這樣重要的聯絡會議延期到外相之回國，近衛首相乃決定等外相回國之後再舉行。

九、

近衛首相前往羽田機場去接松岡外相，一起回來立刻召開聯絡會議，聽取外相之回國報告，並準備決定要開始美國日交涉時，松岡外相以希望思考思考再說，還沒有進入討論，他便以很累而先行退席。對於松岡君這樣的態度，近衛首相和軍部都非常不滿。對於他不在國內時所發生的這個重大問題，松岡外相有無法理解的感覺。近衛首相很難理解松岡外相之態度並責難他。

考察德國和義大利，並與其領導人交換意見，抱著以三國同盟為基礎之滿腔經綸回國的松岡外相，也成功於簽訂日蘇中立條約，所以受到國民的盛大歡迎，有如英雄之凱旋。據說在西伯利亞鐵路中靜靜瞑想之松岡君的抱負，不僅限於外交，也包括革新國家的全般問題。他回國後之態度，完全是納粹的作風。因此一部分的人認為，松岡君有意取得政權，以實現其經綸。第二次近衛內閣，一直幾乎是松岡君的獨腳戲。敏感的近衛公爵，開始懷疑松岡君之態度，並監視他，兩君對於美日交涉之立場，變成完全勢不兩立。不但如此，左右日本之命運的陸海軍部之行動，與外交交涉毫無關係，軍部之想法認為，交涉是交涉，軍事行動是軍事行動，以為外交交涉是支援軍事行動的輔助作用。

十、

顯而易見，松岡外相之態度是，如前面所說，訪歐回途，在莫斯科和美國大使許大茵哈爾特會談時，強調日本外交之基本是三國同盟，「日德之間沒有什麼特別的秘密約定，日本沒有參加戰爭之義務。但是，如果美國參戰，自當別論。德國沒有對美國宣戰的想法，希望美國不要動」。對於與許達茵哈爾特大使的會談，松岡外相於五月二十四日，給大島駐德大使電報說，「一，希望美國考慮不要參戰，二，希望美國勸告蔣介石和平這兩點，三，不許對三國同盟有任何影響，如果美國參戰，日本將應該立刻參戰，希望以以上本大臣個人的口信電報總統」，並對許達茵哈爾特大使說，德國將獲得最後勝利，促請美國首腦自重。松岡君同時宣傳說，他要親自自己前往美國去打開美日關係。在美國長大的松岡君，要終身努力於美日關係是很自然的事情。他更認為，這是他當然的義務，除非他，別人不可能作的事。可是今日與美國之交涉，在他不在國內時候開始了。他已經和烏俄旭特牧師等會見過並交換過意見，所以他以為這一次與美國之交涉，也許是他播放的種子，可是詳細查看，卻完全不同的東西，是跟他想法不同的人所搞的玩藝，是近衛公爵和軍部之一部分人從背後策動的東西。這個美日交涉案。離開以三國同盟為基礎，迫美國不能參加戰爭之松岡君之考案甚遠。他也無法理解，近衛公爵和羅斯福直接會談之腹案。

松岡君判斷，以這樣來龍去脈出現的交涉，從一般國際情勢來看，以及到今日日本所採取的政策來看，認為實際上很難成立，因此非常躊躇。亦即松岡君之不能解決的是，如何調和美日交涉和他剛剛訪問之德義之同盟關係，三國同盟與美日交涉之矛盾，他在腦袋中無法解決。近衛公爵對於三國同盟已經沒有興趣，所以比較沒有這樣的苦楚。

近衛公爵和軍部，以岩畔大佐所起草之原案成為美國政府之提案，主張就接受它，並立刻進行近衛、羅斯福會談，不能錯過這個調整美日邦交的難得機會。但是松岡君不同意美國之提案，並親自起草其反建議案。

對於哈爾國務卿之提案，松岡外相回電說，回答需要兩個星期的時間來思考。所以野村大使的立場非常尷尬。於是野村大使便對政府天天催回答。

日方早已脫軌，在五月三日之聯絡會議，決定在正式回答之前，由野村大使以其自己想法，令其提議簽訂美日中立條約，確信德義之必勝，要其傳達美國首腦以松岡外相之訪歐經驗談，說明美國參戰之無益，或日本對於三國同盟之堅定不移之立場，意圖牽制美國之積極政策，但美國完全沒有任何反應。美日交涉已經在民間有所傳聞，五月四日，因為松岡外相私下通報德義以哈爾國務卿所提出美日諒解案之大要，於是在德國和義大利猛然發生反對運動。對於駐德大島大使之反對，以及李邊多羅布之抗議，松岡外相皆鄭重地保證，絕對不會逸出以往之松岡外交。如此這般，松岡外相確切表示，美日交涉會在三國同盟範圍內進行，它是我軸心外交之輔助手段而已。五月九日，松岡外相要野村大使緩和美日關係，美國不要參加歐洲戰爭，要美國停止援助蔣介石（美國從五月六日起對中國開始適用武器出借法），如果美國挑釁德國，採取敵對行為，日本將履行三國同盟之義務（即是日本要攻擊美國），希望美國反省。

松岡外相之態度雖然是如上所述，對於美日之交涉，德國對日本政府給予很大的壓力，德國駐東京之奧特大使對松岡外相，五月十七日提交德國政府對該大使之訓令說：「德國政府認為，抑制美國參戰最好的方法是，日本斷然拒絕討論美國所提案之交涉。德國政府以日本政府回答美國政府之前，未問德國政府意見為憾。去年所簽訂三國條約是政治上和道德上之結合，其大目標是在於阻止第三國之參加（歐洲）戰爭」。

三國同盟之明文是如此，而松岡外交的確也沿著這個路線。德國之壓迫透過大島大使，極力說服日本之軸心勢力的軍部。三國同盟因開始美日交涉，其基礎發生動搖是免不了的。

十一、

松岡外相所起草向哈爾國務卿所提出之美日諒解案的日本政府回答提案，完成於五月十二日，其內容為，大體上對於三國同盟，不擴大歐洲戰爭，美國也不要介入，提議美日共同重建歐洲之和平，對於中國問題，希望依美國之仲介來解決，如果蔣介石不聽話，美國應該停止對蔣介石之援助，也敘述菲律賓之安全保障以及經濟之均等主義等等。但完全沒有提到羅斯福、近衛會談。總而言之，本案是把它整理成合乎松岡外相之政策的美日諒解案，與美國所預期的毫不相干。提出本案時，松岡外相對於野村大使訓令說：「此次日本政府之所以答應要進行交涉，要向哈爾國務卿提出，一，美國不要參戰，二，美國要勸告蔣政權和平之二條件為前提」，但野村大使沒有這樣做。松岡外相和野村大使對於美日交涉之立場，自始就是南轅北轍。這是非常明顯的事實。

美國本身認為，她要不要參加歐洲戰爭，這是美國的自衛權問題。美國想透過這個交涉來判斷，日本會不會改變以往之軸心政策，承認不承認美國發動自衛權等問題。對此松岡外相的回答是，美國如果參加歐洲戰爭，日本將以三國同盟之情誼，不得不參戰，希望雙方都不參戰來解決懸案，所以和美國之希望，完全不相容。松岡不能接受美國之援助英國參加對德國戰爭是美國之自衛的發動這樣的主張。美國斷定：松岡外相是要和德國在一起，使美國不能發動自衛戰爭，是即阻礙美日交涉的就是松岡。

十二、

關於日本國內對於美日交涉意見之分歧，已經無法隱藏，在東京和華府，支持美日交涉者，對於松岡外相之非難非常激烈。野村大使對於美方說明美日交涉是，松岡外相以外，政府內部，陸海軍部以及天皇都支持，因此，美日兩國都在日益排斥松岡外相。松岡外相和野村大使之關係，已經無法挽回。

對於日方五月十二日案之美國的對案，五月三十一日，哈爾國務卿面交野村大使，野村大使沒有報告就開始交涉。日本政府由陸軍武官之報告得知此事，政府和外館之關係日遠，野村大使再修改五月三十一日之美國案，當作對於五月十二日之回答日本案作為美國之回答案，六月二十一日由哈爾國務卿取得，將它正式報告日本政府。

美國政府所預知之開始德蘇戰爭當天，亦即六月二十一日，美國政府對日本所提出之對案，附有附屬追加文書、交換公文以及美國政府之質疑書。（野村大使雖然說明不得不轉呈交換公文，但這並不改變美國政府之意向）。

自以四月十六日美日有志之士所擬美日諒解案作為交涉之題目以來，這應該視為美國政府之提案才對。其內容為，與上述諒解案相去甚遠，美國自衛權發動（去掉三國同盟之主要部分），維持中國之門戶開放，日本由中國撤兵，通商之一般問題，凡此都是美國一向的主張。日本所重視之承認滿洲國問題，只說在中日之間就滿洲國作友誼之交涉，幾乎沒有提到日本以往一之要求。不特此，這個提案還有一個重要的口述紀錄。

六月二十一日，哈爾國務卿手交野村大使之美國政府的口述紀錄，其內容如下（六月二十六日野村大使電報第四二六號，譯文為野村大使電文原文）。

國務卿對於日美間帶來更良好之瞭解，同時為在太平洋地區建立和平，日本大使及其同事們所做之認真的努力，值得肯定。哈爾國務卿又透過屢次會談，欣賞此等人員之率直的態度。

本政府盼望日美兩國間關係更加良好，帶來太平洋地區之和平狀態，不僅日本大使，國務卿也以同樣精神，對於日方提案之一切觀點，做過很慎重之研究。

國務卿，如上面日本領導人所述，與日本大使及其同事們同其見解，同時，支持為達到這些崇高目的之行動，這是無庸置疑的。不幸的是，在政府中佔有力地位之日本領導者中，有給予支持國家社會主義之德國及其他征服政策無可救藥之誓約，以及這些人所肯定與美國所瞭解唯一之種類，如果因美國實行有關自衛之現在的政策，被捲入歐洲之戰鬥行為的話，日本可能站在希特勒這一邊，與其共同作戰，此種證據從多年來對日本表示善意者之報告，以及世界一切方面之資訊，日益到達日本政府。日本國政府發言人，雖然沒有任何理由卻作三國同盟之下日本的誓約，以及強調其意圖的最近正式聲明之論調是，不容忽視之態度的例證。這樣的領導人們，在公家地位維持這樣的態度，而且不公然將日本之輿論轉變至上述之方向，期待現今研究中之提案的通過，提供要獲得實質上結果之基礎，必將成為幻想。

日方提案中，疑念之其他原因為，對中國政府應該提示日本國政府解決和平條件中，作為抵抗共產運動之合作措施要在內蒙古及華北一定地區，規定承認日軍之駐屯，這是日本國政府之要求，希望把它寫進去。

本政府考慮有關日本國政府提出這樣的提案，與慎重研究之同時，雖然不實質上附議這個提案，但對於日本大使及其諸位同事，在許多場合都有所說明，美國堅持自由主義各政策，美國政府不能走與其政策矛盾的任何道路。又說不僅對於本國有影響之事體，雖然有決定賦予權利之若干裁量之餘地，此時審議中之事項，因會影響第三國之主權，本政府處理這樣事項，最為謹慎和慎重。

因此國務卿說，很遺憾他得到這樣的結論：本政府希望日本政府對於構成瞭解案之目的之追求和平的道路，期待比現在要更明白的某種指示。本政府非常希日本國政府表明這樣的態度。

註：關於美國之態度，為使現今之會談，合乎最新之情況，對於五月三十一日面交日本大使記載「非正式試案亦無拘束力」，又另外面交六月二十一日修正案面交日本大使。以上。

十三、

美國政府之口述紀錄，對於松岡外相不僅是挑戰書，也是對日本政府之重要的最後通告書。任何人都看得出來，這個文件告訴我們：即只要松岡外相在其職位，交涉也沒有用；除非日方根本改變其以往的主張，交涉是不會成功的。

這個口述紀錄，涉及美日交涉之根本暗礁，為有關交涉之前途的重要文獻，但日本之領導者似乎把它當作單純的排斥松岡之文獻。

由此可見，松岡外相之對美國的威脅言辭，是松岡外相之單獨言行，判斷日本政府內部有不同意見，因美日交涉得知這個事實的美國政府，不但無視松岡外相之威脅，為著繼續進行美日交涉，暗示必須排斥松岡外相，回溯至交涉之根本，要求日本全面轉變其政策。

松岡外相於七月十日，在政府大本營聯絡會議席上，手拿哈爾國務卿之口述紀錄，稱他干涉日本政府，無視獨立國之尊嚴，所以只有予以拒絕，至於諒解案，日本只有維持五月案之重點，這不可能有結果。如果要停止交涉，要慎重考慮時機和方法。松岡外相立刻訓令野村大使退還口述紀錄，在十二日之聯絡會議，海軍提出，交涉希望延期至進駐越南以後。如此這般，交涉陷於僵局。

美日交涉突然遇到最壞局面，如果此時美日之間發生任何事件，兩國之邦交，恐怕不可能維持下去。

美國方面，以希特勒為侵略者，為和平與安全的敵人，不惜一戰而在援助英國。其態度，於一九四一年年初，得到德蘇戰爭之迫切的情報，看準歐洲戰爭之輸贏之後，愈來愈強硬，故美日之交涉，實質上，除非日本之全面讓步，不可能成立。同樣為簽訂三國同盟之當前負責人的近衛公爵，可能因為不像松岡君那樣重視三國同盟，認為在華府之交涉，以調整美日關係不是那麼困難。所以，近衛公爵決定排除松岡君，自己親自來指導美日交涉，乃於七月十七日（一九四一年）提出總辭職，仍然由近衛公爵繼續組閣。繼續進行美日交涉，使其能夠成功，這是昭和天皇的意思。

七月十八日，成立第三次近衛內閣，去除松岡外相，由原任商工大臣之豊田（貞次郎）海軍大將接任，以和同樣海軍出身的野村大使互相呼應，以掌管美日交涉，由近衛首相親自指導。其他閣員大多留任。海軍具有多年來反對陸軍之三國同盟的歷史，其氣氛還遺留在海軍的穩健派裡。曾經支持陸軍之主張，簽訂三國同盟之近衛公爵，這一次意圖以反對三國同盟之海軍穩健派的勢力，來使美日交涉能夠成功。在近衛公爵的腦海裡，完全不覺得三國同盟的存在和調整美日關係有什麼矛盾。而這也是近衛公爵欲尋求和平前程的策略。但是，軍部所倡議的軸心沒有任何改變。

御前會議　其一

一、

勃發歐洲戰爭後兩年，英國還沒有脫離困境之前，德國向東方進攻蘇聯是，兩年前張伯倫努力於想實現，欲完成由東西包圍德國之態勢，對英國給予寶貴的時間。其實，這是戰爭輸贏的轉變期。英國毫無致疑地向蘇聯伸出友誼之手，締結不單獨媾和（七月十二日之莫斯科協定），更締結同盟條約（一九四二年五月），約定給予一切援助。與此同時，美國對於蘇聯，根據借貸法，透過普魯士灣、姆爾曼斯克以及遠東蘇聯領土，給予援助。

因蘇聯之參加戰爭，英國之負擔由之減輕許多，英國背後之美國在世界政局之地位得到加強，其世界政策日在推動。因此美國認為對於日本，不但完全沒有修改其在東亞之態度的必要，反而更覺貫徹實行自九一八事變以後，長久以來堅持之政策的時機已經到來，美國對於美日交涉之態度，愈來愈強硬。交涉當初，哈爾國務卿所提出之美日民間有志之士的案，完全連提都沒有提。

與美國之這樣趨勢完全相反之第二次近衛內閣的美日交涉，已經寸步難行，加以給交涉致命打擊的是，日本國策之決定，乃是完成於第二次近衛內閣之末期。第二次近衛內閣，對於美日交涉之主題的三國同盟，以及插足南方（越南），都完全沒有修改其方針的跡象。野村大使於六月十五日，對哈爾國務卿提出新提案，完全沒有變更五月十二日之提案。

二、

如上面所述，軍部之南進方策，不顧日本之對外關係之調整，繼續在進行。前此進駐北越之日本的陸海軍之領導，已經不只是中國的問題。英美之態度，已經不僅是援助中國以繼續反抗日本，而且為直接壓迫日本，首先開始經濟戰爭。

以阻止日本之行動，使日本屈服為目的，美國禁止出售軍需物資給日本等通商上之限制，進而宣布廢除通商條約（一九三九年七月）。英國向美國看齊，在南方擁有領土之各國，也都效法美國之作法，對日本採A（美國）、B（英國）、C（中國）、D（荷蘭）各國之（所謂ABCD包圍線）政治經濟的包圍政策。面對這樣的形勢，軍部判斷，有下定重大決心之必要。不僅需要從用兵之見地，一旦有事之時，南洋之石油，以及其他資源之到手，在經濟上是絕對有必要的。為了作這樣的準備，需要從北越進駐南越，這是陸海軍共同的意見。根據後來近衛公爵對著者之說明，當時大家都認為，這樣做對於美日交涉也不會有所影響。在華府之交涉，美方一再所表示的態度，完全沒有反映到東京。

太過相信德國之實力的軍部，對於開始於六月二十二日之德蘇戰爭，完全相信德國軍部之宣傳。它說，德國將一下子紛碎集中在國境之蘇軍，三個星期可以佔領莫斯科，三個月能夠幹掉蘇聯。日本軍部之北方派甚至認為，德國之大勝，將進攻到西伯利亞，在海蔘威設立根據地，其威脅比蘇聯更加厲害。所以主張要設法阻止德軍之東進。於是軍曾經動員一百萬軍隊，送往滿洲，以防萬一。這就是所謂「關東軍特別演習」（關特演）。松岡外相回答馬立克之質問說，比日蘇中立條約，日本人更加重視三國同盟就是這個時候。但是，德軍之前進並沒有所預期那麼順利，滿洲的情勢也發生變化，故決定將集中在滿洲軍隊轉用於南方，於是陸海軍共同以武力實行南進政策。

三、

一九四一年七月二日，召開御前會議，作了很重要的決定。「不惜和英美一戰」，要進駐越南南部。而且附加「北方問題要在適當時機解決」這樣一句話。在這個會議，決定南進，同時為緩和北方派之主張，遂寫上北方問題將在適當時機來解決這樣的文字。近衛公爵在關特演增兵滿洲時，好像很擔憂北方派之主張，以「因七月二日之決定，不再耽心北方之事」而非常滿意。可是這個御前會議之決定，竟然決定了日本之命運。日本之南進由此完全決定，故除非英美撤退，衝突勢將不可避免。雖然如此，近衛公爵還是在想使美日交涉得到成功。在這個時候，近衛首相可能認為，只要交涉成功，抑制軍部之行動不是不可能。除這個不合理的解釋以外，沒有辦法來解釋這一件事情。但與交涉之同時，毫不在乎地決定這樣重要國策，不是在唬人，就是腦筋有問題，無異是右手在作事，左手在毀事。即使是善意，實充滿錯亂和矛盾。御前會議之秘密決定，立刻被美方所探悉。眼看日本之南進態度的美國，斷定日本沒有成立美日交涉之誠意，關係為之極端惡化。

在這樣情形中，日本政府仍然希望成立美日交涉，因前往之經過，第三次近衛內閣，去除松岡君，重新洗牌。

七月二日之御前會的結果，新擬就之海軍的作戰計劃，永野（修身）軍令部總長於七月三十一日，上奏昭和天皇。因裡頭提到對美作戰，天皇非常震驚，叱責反問能夠和美國戰爭？永野總長上奏，對美戰爭一年半以上不可能，完全沒有戰勝之希望。戰爭不是日本上層所希望的。

一、回國與建言

著者離開倫敦，經由里斯本到達華府時已經六月下旬。在華府初次聽到野村大使美日交涉事。在倫敦，我從英國政府朋友說，美日之間好像在談什麼，到華府時應該和方接觸接觸，我突然想起這一件事。我覺得既然開始美日交涉，無論如何就絕對應該使其成立，對於歐洲問題，為說服松岡外相，下定極大決心，著者準備辭職，趕回東京。

離開舊金山，經由夏威夷，海路回到東京是七月下旬。日本政界之形勢改變，松岡君已經不在其位，第三次近衛內閣是美日交涉的內閣，外相為豊田（貞次郎）海軍大將。雖然如此，著者還是往訪病臥中之松岡君，陳述著者之意見。

此時，松岡君雖然生病，跟著者談論幾個小時，對著者說明形勢之後，最後說「我以要調整和美國之邦交為最後目的而奮鬥，但未能辨到。南方北方都可能著火，這樣，除非日本墜入十八層地獄，國民不會自覺」。他臉色蒼白，已經沒有力氣。此時，不諳國內之重要動態的著者，覺得松岡外相以往所採取之政策，以及今日所作之說明的內容，充滿矛盾，其自暴自棄之言論，使著者感覺其為瘋狂的舉動。著者一直認為，無論如何，日本必須避免插手大戰。可是從今日來回顧，松岡君之上述的談話，毫無疑問地是在耽心七月二日之御前會議之決議的軍的動向。脫韁之野馬，在大聲叫喊痛苦群眾中胡跑亂闖，正是當時之日本的寫照。

二、

著者在皇宮御前演講，聯絡會議席上，對近衛首相和豊田外相，以及各方面都表示了著者之意見。到軍部之根據地的參謀本部，全體軍官之聚會，著者也作了演講。在其他聚會以及主要人士，著者都說了大同小異之內容的話。著者覺得這是著者自己的義務。其要點如下：

首先著者說明了著者之駐紮地英國之國情說，「英國國民之堅忍不拔的精神是他們的傳統。愈遇到困難其決心愈堅強，英國人很能夠忍耐。他們的領導人邱吉爾是一位稀有的鬥士，以鐵血之決心在領導戰時之英國國民。他動員大英帝國之一切力量，與友邦密切聯繫，拉美國完全做為她的靠山。英國在海上之優勢沒有問題，空軍力量日益接近德國。德國之封鎖海上失敗了，而英國之封鎖大陸在日漸奏效。」

其次，著者敘述了歐洲之戰爭情勢。「德國於一九四〇年夏天，已經死心對於英國本土之登陸作戰，在陸上她會長期維持其優勢。但這是就歐洲大陸而說的，至於在殖民地，英國之具有經驗的軍隊佔優勢。英國在海上之優勢是絕對的。對蘇聯的戰爭，不可能如德國所說幾個月就結束，有如日本在中國之戰爭，一定會把德國之武力消耗殆盡。戰爭會拖延相當久。英國完成準備，美國實際上參加戰爭的時候，跟上一次大戰一樣，將是德國壽終正寢之時。

在國際關係方面，「英國與亡命友邦之團結日益堅固，法國也以戴高樂為中心在集結，他們之獲得最後勝利之信念是非常堅定的。美國之動向對於戰爭具有決定性作用，在羅斯福之領導下，美國事實上已經參加了戰爭。今日，美國在南北美洲堅固其軍事基地，自稱為英國本土之國防前哨。英美之國防已經成為一體，美國之形式上的參戰只是時間和機會的問題。英國已經在殖民地戰爭表示有自信。加以德國在佔領地之困難，愈來愈嚴重。所以，英國、蘇聯以及美國之包圍德國之最後勝利是可期的，現在戰爭已經在走下坡了。」對於這個戰爭，一般的看法是，駐英陸軍武官辰巳（○）少將也是同樣意見，他曾經透過著者將其意見書向軍中央當局提出。

著者的結論是，「日本不要介入歐洲戰爭。日本一定要堅持絕對不介入戰爭之方針，使現在正在進行的美日交涉成功，進而解決中國問題，清算中日關係。日本不要介入戰爭，出於以外交解決困難之方策，日本之地位在歐洲戰爭之後自然會提高」。

長期在海外服務，完全沒有得到日本政府及國內情況之通報的著者，自然無從得知軍部之方向和御前會議之決定等等，但著者一直認為，日本人沒有那麼笨，笨到會參加明明會輸的戰爭。

三、

在皇宮的演講，著者曾經詳細說明了離開倫敦之前，與邱吉爾首相會談時，他所表示之英國的決心，英國皇室之動靜，敦刻爾克時之英國的情形，轟炸下之英國國民的鎮靜態度和氛圍。

天皇後來告訴皇后，要著者再去「進講」。著者在參謀本部之演講，聽眾為幾百名的軍官，著者把重點擺在戰爭之大勢，解說英國之不敗和長期戰爭終會得到勝利，給有心軍官銘刻心肺的樣子，因此著者被視為英美派，惡意宣傳，被憲兵跟縱。軍方還在相信德國之勝利。輿論當然壓倒性地在歌頌軸心國家。

近衛公爵和豊田外相，對於著者之說明，好像讚成的樣子。特別是對於美日之交涉，非常熱心，譬如近衛公爵便表明誓死要努力於使其成立，以副天皇之御意。當時著者所接觸許多有識之士中，有不少給予著者勉勵者。對於近衛公爵之美日交涉，著者曾經給予一切援助。但是國內之情況已經很難了。

美日交涉　其二

一、

去除松岡外相之後的第三次近衛內閣，「以誓死之覺悟」繼續努力於要使美日交涉成立，但沒有取消前內閣時代，七月二日御前會議所作要進駐越南南部之決定，由第三次近衛內閣附諸實行，是致命的矛盾。日軍佔領西貢，海軍佔領日俄戰爭當時俄國波羅的艦隊停靠之金蘭灣，欲在其附近建設大機場，這個計劃從七月二十一日開始實施，越南總督特·古採取只有屈服於武力之態度。近衛首相直接打電報給在維錫之柏丹元帥，保障法國對越南之主權，希望答應日本之軍事上要求，請德國對維錫政府施加壓力。維錫政府之對美國提醒留意越南問題也是在這個時候。越南最後接受日本之要求，和日本簽署共同防衛之責任和義務（關於日法共同防衛議定書，在維錫一九四一年七月二十九日由加藤大使簽署）。佔領越南南部之軍事上意義非常清楚。金蘭灣隔海面對馬尼拉和新加坡，陸上連暹羅。英美之東亞根據地，在日軍一擊之範圍內。英美和荷蘭很清楚日本之意圖，故美日交涉幾乎陷於中斷狀態。美國立刻實施凍結令，美國凍結日本商社之資金（一九四一年七月二十六日），全面停止和日本通商，真正對日本開始經濟戰爭。美國之對日經濟戰爭日熾，英國和荷蘭也向美國看齊。日本為養活八千萬國民所需要之海外貿易，除日本軍隊佔領區域以外，不分東西方，全部丟掉了。美國在經濟上，對日本完全掌控了生殺與奪之權。自此以後之美日交涉離開中心點，日本努力的是要如何恢復美日經濟之交往，為由美國輸入石油，日本如何讓步和要讓步多少的問題。

日本軍部好像著魔，妄信德國之全勝，整個腦袋在盤算，德國得到勝利之後，因日本之參戰能夠分贓多少。

二、

近衛公爵對於軍部之判斷雖然有所懷疑，但很奇怪，對於世界之情勢卻相當樂觀，以近衛之所謂智囊團為對手，進行交涉。這個智囊團裡頭包括共產黨之尾崎秀實。

交涉由近衛首相直接指導，透過外相豐田海軍大將，在華府，由野村海軍大將進行，因問題複雜而多方面，非常混亂，哈爾國務卿在其著作說，野村大使不但不十分理解美國之主張，對於日本之提案本身似乎也不大理解。在日方內部，交涉之方針也沒有十分統整。因日軍之插足越南南部，交涉一時斷絕，但美國覺得繼續交涉為上策，總統乃於七月二十四日接見野村大使，以日軍由越南撤退為條件，提案越南為中立地帶（後來包括泰國）。日方於八月六日，由野村大使提出新提案，恢復通商、中國問題以及由於越南撤兵等，對於美國總統之提案沒有任何回答，顧左右而言他，令美國非常不爽。交涉雖然仍然在繼續，但毫無進展。近衛公爵開始焦急之餘，遂對美國提議，直接和羅斯福總統直接會談，以解決兩國間之問題。（一九四一年八月八日）。

美日交涉當初，民間代表所提之提案中，有近衛公爵和羅斯福總統會談之預定。美國對於這個計劃，在原則上也沒有什麼不同的意見，日方對於這個會談寄予很大的期待，近衛公爵之隨員的外務陸海軍之首腦的任命也都內定，等待出發。海軍對於這個會談沒有什麼異議，但陸軍受到八月四日之洋上會談之商量時，以不能變更日本案之基本政策，如果美國總統不諒解日本之真意，要實行現在之美國的政策，立刻決定要與其戰爭為條件參加會談。

三、

美日交涉，自五月開始以來，實質上完全沒有什麼進展。關於最重要問題之三國同盟問題，亦即有關日本要不要改變國策的問題自不必說，關於由中國撤兵之問題，由南方撤兵之問題，以及恢復通商的問題，四月十六日，因所謂民間人之提案，開始交涉以來，日美之主張，實質上其距離愈來愈遠，感情上之鴻溝愈來愈深。就國內來看，軍部之意向不但沒有緩和，因七月二日御前會議之決定，更加強硬牢不可破。非在不變更這些來龍去脈的條件下，進行交涉的近衛公爵，即使美國在美上洋上會談同意交涉，在國內已經背著極大的困難。近衛公爵似乎要在和羅斯福總統會談時，要大大讓步，使交涉成立，然後報告天皇，由天皇命令軍部接受，他曾對著者這樣說，著者贊成他的意見，並這樣鼓勵他。軍部之態度，非常強硬，惟許多有識之士贊成美日交涉之成功是很大的力量。

美國曾經歡迎洋上會談，羅斯福總統指定阿拉斯加之一地點久諾，因國務院研究以往交涉之經過的結果認為，在兩位首腦會面之前，對於一般的重要問題必須事先達到共識，特別是認為鑑於近衛公爵之經歷及其性格，在沒有同意之前之同意是很危險的，甚至於意味著美日關係之緊迫，將失去美國所最需要的時間，故一再要求日方趕緊回答，（可是八月二十八日，近衛首相透過野村大使，直接將文電送往羅斯福總統，表示此次會談非事務性會談，而是要由兩位首腦直接交涉，從大局來處理問題，並要求決定會談日期）。先繼續政府間交涉，對主要諸問題先達到共識是先決問題，美國對日本這樣回答。

日方於九月六日再提出新提案，近衛公爵表示要承認哈爾之四原則，希望美方火速回答，但美方認為日方之新提案，與從前一樣，日方完全沒有讓步，故交涉毫無進展。日方又於九月二十七日提出新案，但這對於美國來說毫無新味。日方愈急，美方便更加悠哉悠哉。

左爾格間諜團

一、

德國在美日交涉當初，松岡外相曾經通告德國此事，德國以這將減弱三國同盟力量而非常反對，這是前面說過的。德國除松岡外相正式通告她以外，在東京，奧特大使從左爾格得悉美日交涉的經過。

蘇聯透過第三國際之世界組織，要破壞美日交涉是理所當然的事。第三國際的政策是，為減弱日本對蘇聯之力量，誘導中日之衝突，使日本由北進轉變為南進，更要使美日發生戰爭。為達到此目的，在中國之共產份子自不在話下，以日本為首之歐美第五縱隊的共產勢力，最為賣力。

在反對美日交涉這一點，互相在打仗之德國和蘇聯的利害是一致的。此時，在日本發生了稀有的暴露共產黨之國際運動間諜事件。這就是左爾格事件，這個事件說明日本政治組織之如何脆弱，日本領導人之欠缺國際知識，以及證明日本人何等不小心於重要政治計劃和保持國家之機密。左爾格事件已經於一九四二年，在日本已經由司法官警發表過，但一九四九年二月，基於佔領日本之美軍之調查，在華府又發表。但其內容在大體上沒有什麼不同。

二、

一九三九年年底左右，從事共產黨地下運動之伊藤律被逮捕時，他供稱：日本共產黨員在日本搜集情報，透過美國共產黨，提供給蘇聯，並稱由美國回國之二世日僑北林特牟子（多牟是日本平假名音譯）跟此事有關係。於是北條特牟子遂被逮捕，與其有關係之琉球出生，在美國為共產支部長之畫家宮城與德也於一九四一年十月十日被逮捕。因此得知在日本有組織龐大的間諜團，其中心人物就是奧特，德國大使顧問希耶爾特・左爾格和近衛公爵之親信尾崎秀實。不久，他們便被逮捕。

左爾格的父親是高加索之一個德國系石油公司之工程師，祖父為卡爾・馬克思的秘書。他於是一八五九年出生於巴庫，一次大戰時從軍德軍，受傷三次。他在德國大學念過書，一九一九年以後，參加德國共產黨，作新聞記者。後來成為蘇聯共產黨黨員，作第三國際的幫兇，為紅軍第四總部（蘇聯最高諜報機關）之諜報員，一九三二年來到日本。他很能講好幾個國家的話，具有豐富的國際常識，為○○通訊記者。在德國，他假裝是納粹黨員，沒有人知道他是共產黨員。紅軍第四總部給他的指令是，（1）表面上和日本共產黨發生關係；（2）給他不是德國人也不是俄國人的白人助理；（3）給他介紹日本的高官；（4）盡量不要和蘇聯大使館發生關係。他在到達日本之前，在上海，經由美國共產黨員之介紹，與朝日新聞社社員尾崎秀實會面，商量了間諜策略。

三、

左爾格之破天荒的工夫是，他雖然是共產黨本部之克里姆林宮直接之機關，卻以納粹黨員身分混進東京，立刻得到有如奧特・德國大使館陸軍武官之情報顧問兼秘書的地位，也參與最高機密。所以，他所提供得自尾崎的日本之秘密，實為奧特大使所最珍重，而他又可以隨時隨地由奧特大使得到德國的秘密。因此無需說，他所得有關日本之諜報，與有關德國之諜報一樣，就克里姆林宮而言，是最為珍貴的。他這樣獲得的諜報，為其協力者的無線電工程師波蘭共產黨員馬格斯・克勞踐（以德國新聞通訊員身分住在日本），直接以弱音短波無線電，報告蘇聯。他的助理，以法國阿巴斯通訊員名義，被派在東京的南斯拉夫人的布朗科・得・華格利吉。

共產黨對於日本的工作，透過許多美國共產黨，而左爾格諜報團也是以美國共產黨諜報機關為母體。當時，日本和東亞，是最適合美國共產黨活動之舞台。

四、

尾崎秀實是朝日新聞之上海通訊員，同時在作共產黨之諜報工作，發生九一八事變之後，第三國際便愈重視在日本之策動及其諜報，他於一九三四年四到日本，與左爾格和宮城取得聯絡。他們之間，互相約定，萬一被逮捕，也要自殺。事實上宮城被逮捕之後意圖自殺，但失敗了。

起初，尾崎在大阪朝日新聞社，後來轉到東京。當時，他是日本最需要的中國通之一個人，很有前途之朝日新聞社之主筆，因此馬上有各方面的朋友，也有機會親近近衛公爵。成立第一次近衛內閣以後，尾崎以內閣囑託（特聘人員），直接輔助風見（章）書記官長，又以近衛公爵之智囊團之一員，透過各種機關，事實上參與國家最高之規劃。以後繼續在第三次近衛內閣倒台之後，到尾崎被逮捕，他一直是近衛公爵之親信，被當作「寶」。近衛公爵常常隨便和別人和議論國家最高的秘密，所以尾崎之地位，最容易達到其目的。他和宮城多年，給左爾格最寶貴的情報。著實，日本在其政治之中樞，養了最危險的間諜。他們遵照第三國際之指令，為改變日本之政策，絞盡其智慧。在實際上，他們完全達到了其目的和使命。

左爾格間諜團，無論在其巧妙的策略，那麼順利地完成其使命者，史上實絕無僅僅有。尾崎一九四一年十月十五日被逮捕，左爾格和克勞踐感覺危險，遂準備逃亡。但他們於十八日被逮捕。

五、

左爾格間諜團之工作是，從發生九一八事變前後以至美日交涉之末期，以中國和日本為對象的工作，這從尾崎之陳述，可以明白其計劃。

在中國，從卡拉罕、鮑羅廷時代以後，對於以赤化中國為目的之共產黨而言，最可怕的是，日本對中國之干涉，因此要盡力予以阻止，共產黨便要悉力抨擊日本之武力積極主義。其所以提到所謂田中奏摺，也是這個時候。隨形勢之進展，日軍佔領滿洲，入侵中國本土，中國共產黨便以日軍為當前之敵人，公然對其宣戰。共產黨將日本之攻擊目標盡量避開蘇聯，將其轉變到在中國之其他帝國主義國家，特別是英國。也就是他們之所謂以一個帝國主義勢力來驅逐其他的帝國主義勢力，使雙方都滅亡的計劃。所以，隨中日事變之進行，使日本武力停止北進，改變向南南進，使其與英美衝突，這是他們傾其心血之目標。

他們對於日本國內之計劃也非常清楚。因國內對立勢力之抗爭的激烈化，盡量讓日本愈來愈混亂。如從巴黎之蘇聯大使館逃出來的前駐日代理大使別瑟多斯基所說，他們將日本之對立勢力在政治上，將舊時代之藩閥勢力分為民政對政友，陸軍對海軍；在經濟上，認為有三菱之進出海洋，和三井之侵略中國大陸之兩派，促進這些對立勢力之抗爭，就是剝奪其勢力，使日本陷於混亂，將成就其革命。

自難波大助之櫻田門事件（〇）以來，日本政府對於共產黨及所謂危險思想之取締日嚴，因此共產黨員便潛入地下，或自首，而他們的暗中活動，在當局放心的時候，浸透到各方面，愈來愈嚴重。

六、

左爾格透過尾崎，從第一次近衛內閣前後，詳細和確實探悉日本之最高政策，向克里姆林宮報告，也大致洩露給德國之奧特大使。他最努力的是，探索日本之對蘇政策，防止日本之北進及侵略蘇聯。在他連續之工作的最後階段，他的最得意報告就是一九四一年七月二日之御前會議所決定日本南進政策的決定內容。松岡君說南北都會著火，而左爾格更正確地向克里姆林宮報告說，北部沒有問題，著火的將是南部。

他對於美日交涉之經過，由在內閣之中樞的尾崎，可以得知其詳細。在要使美日交涉不成功這一點，德蘇兩國的利害是一致的，所以他的工作非常順利。美國之共產黨，為影響美國政府和輿論，展開了極有效的暗中活動。他們的目的是，使美日交涉失敗，使美日兩國打起來。

左爾格的最大一個功勞是，從奧特大使聽取和報告，於一九四一年四月左右，德國參謀軍官所說，德國要進攻蘇聯之計畫的內容。左爾格曾向克里姆林宮報告，德國將於六月二十日左右開始進攻蘇聯。史達林和松岡外相在莫斯科交涉中立條約時，左爾格已經探明德國進攻蘇聯之日期。

七、

尾崎被逮捕之後，對檢察當局表示：「我為帶假面具做很危險的暗中工作，我的頭髮全部變白了」，又說「我們的赤化日本的運動，已經達到了其目的，日本終於進入大戰爭，發生擾亂，必將發生革命。自己的工作已經成功九成，現在看不到其結果就要死，覺得非常遺憾」。

辭職之後的近衛公爵，有一天，對著者談左爾格事件，一再提到尾崎對檢察當局所說，「真是很可怕的事情」。此時近衛公爵又說，「我建立政策方針，表面上得到陸海軍之贊成，要附諸實施時，不知道何故，總是行不通」。左爾格和尾崎，一九四四年執行死刑，克勞踐和中西判無期徒刑，戰後由佔領軍以政治犯，與其他共產黨員，一起被釋放。宮城和維格利吉死在監獄裡。其他的連累者，被判有期徒刑，也因戰爭結束，全部由盟軍釋放。

左爾格事件，只是這一種事件中被發覺的一個事件而已。共產黨在世界之組織，在政治、文化、經濟各部門，或第五縱隊，或間諜，使用一切手段，為達到其目的，在為其信念奮鬥，戰後逐漸為世界的人所知悉。

御前會議　其二

一、

第二次近衛內閣末期，在七月二日之御前會議，決定下定決心要對美英開戰，陸海軍要進駐越南南部。此項決定，如前面所說，決定了日本人之命運。第三次近衛內閣，將此項決定，附諸實施。對此英美立刻反應，一九四一年八月六日，發表共同宣言，對日本實施凍結令（美國一九四一年七月二十五日，英國二十六日），開始實施全面經濟戰爭，在軍事上加強ＡＢＣＤ包圍戰線，這是前面說過的。英美荷諸國，屢屢在華府或馬尼拉、新加坡等地召開軍事會議。

日軍之進駐越南之西貢、金蘭灣方面，以及與英美荷蘭之殖民地，近在眼前，隔這距離，充滿敵意之武力在對立。不特此，雙方之輿論，為反擊而在沸騰。沒有石油等重要軍需資源的日本，如果這樣浪費時間，只有屈服之一途。如不趕快決定美日交涉之結果亦即和戰，日本將待斃。

不僅要為迴避待斃，為使軸心國家之早日戰勝和決定性之戰勝，如德國所說，就日本而言是千載難逢之機會，現在是加入戰爭之最有利時機，乃迅速決定戰爭，正式決定做戰爭之準備，這一種輿論佔絕大多數。無需說，為這個主張之先鋒的就是統帥部。

二、

杉山（元）、參謀總長和永野（修身）軍令部長，聯袂上奏天皇，以以上所述內容之統帥部意見。天皇極為憂慮，乃召來近衛首相，命令其奉陪統帥部之軍務上奏，這是破例之措施。兩總長鑑於形勢之迫切，認為日本軍部這樣旁觀，自是空費時日，不是上策，所以對於美日交涉要盡量早一點作判斷，如果沒有成立之希望，應該以先下手為強，馬上下定戰爭決心，趕緊準備，這樣上奏。杉山參謀總長上奏說，如果開始戰爭，大約三個月，可以掃蕩南方一帶，達到佔領之目的。對此天皇厲聲訓斥說，陸軍之說法根本無法相信，陸軍對中國問題當初說一個月可以解決，到今日四年以上完全沒有解決，比中國還要遠好幾倍，而且那麼廣泛的區域的南洋，怎麼可能三個月就可以解決？永野海軍大將替陸軍辯解說，想獲得和利用南洋之資源，以培養我國之戰力，即使戰爭拖長，也可以挺得過。

昭和天皇不滿意統帥部之說明，遂躊躇作這樣的重要決定，因這不只是統帥事項之決定，遂要求內閣從長計議。

三、

近衛首相與軍部等協議結果，決定舉行御前會議，來做成正式的決議。但是，美日交涉仍然要繼續，使其能夠成立。所謂兩套的作法，與準備打仗之同時，進行美日交涉，以最高之形式來作政策運用上究竟不能兩立的決定。在政治上雖然這樣極端矛盾，但近衛公爵卻仍然在盼望美日交涉之成功。近衛公爵在心情上和無意中認為，統帥部是統帥部，政府是政府，政策問題和軍事行動是兩會事。統帥部之獨立這個國家意思之分裂的弊端，演變到這樣的地步，身不在其中的後來人，再怎麼理性判斷，也是很難理解的。

因統帥部與內閣之意見的一致，才舉行了九月六日之御前會議。即從七月二日之準備和英美衝突之決心，到十月上旬之前，如果美日交涉沒有成功，「決定要開戰」。這個決定案，有美日交涉案之日方讓步限度的記載。在御前會議，對於樞密院議長之各種質問，照例由統帥部回答。

昭和天皇對於這個決定，非常不滿。旋即看看大家之後，從玉座拿出明治天皇之詩歌念：

四方之海皆為兄弟姊妹，為何要興風作浪。

表示希望憑此旨趣來因應，促使在座之內閣閣員及統帥部首腦，即要日本當時之各位領導人自躬反省。天皇之意思雖然是這樣，可是御前會議照其預定還是做了這樣的決定。即對於英美各國準備戰爭。但是如果美日交涉成功，要立刻中止。其內容，遂洩露到外面，東京之外國大公使館，皆立刻向其政府報告。

近衛內閣之最後

一、

九月六日之決定是，日本國家之最高的決定，形勢到此地步，一切會反應於國內和全世界。日本政府自己完全丟棄日本這一條船的船櫓，因此，日本輪漂流於波濤洶湧的大海，一邊驚慌自己氣鑵之騷音，而突飛猛進。

不幸的是，隨美日交涉之困難，海軍方面日益偏向「將會越來越困難」之想法。亦即日本如果完全不動，美國和荷蘭將不賣石油給日本。其他國民生活所必需之物資也買不到。如果這樣下去，日本之武力將萎縮，國力會枯萎，最後日本只有向美英投降，此時不如乾坤一擲，先下手為強，乘機先打他們，佔領南洋之資源，以確保日本所需要之資源，這樣，日本可以長期作戰。這個說法，從海軍開始，變成整個軍部之主張，進而發展成為國民之輿論。這個主張所求的是，美日交涉要盡量早一點得出结論，要看準其成功之可能性。在這樣氣氛中，要作有期限的交涉，其結果如何，不言而喻。失敗是自始就注定。

對於不能自縛待死的主張，近衛公爵和內閣，沒有採取任何對抗方策。好像在肯定它的樣子，讓其自然發展下去。內閣沒有以美日交涉沒有成功沒有關係，就暫時擺在那裡，將來有機會再說，這樣指導國民。結果御前會議作了十月上旬以前美日交涉如果不成功，便要訴諸於戰爭這樣的決定，那是完全沒有道理的。

軍部更進一步壓迫內閣，催促美日交涉在十月底之前沒有成立，必須結束，以便開始戰爭（以武力來解決美日關係）。內閣督促野村大使，提出新案（九月二十七日）進入最後的交涉階段，豐田外相還直接和格魯美國大使會面，向其提出有期限之腹案繼續交涉，但世界之形勢和美國之態度，都已經定了，故交涉毫無進展。交涉成為美國爭取時間的方策，決裂是無法避免的。

二、

近衛公爵之美日交涉，著者敢斷言，既符合天皇之意思，也是一直是誠心誠意的。即使是簽訂三國同盟，他還是相信能夠打開英美日關係，雖然有七月二日之御前會議之決定，他還是盼望美日交涉能夠成立，雖然天皇再有所不滿，還是和陸海軍妥協，決定開戰是矛盾，但這必須仔細研究當時軍所支配之政界及輿論的狀態，不可能以常識來作說明。不過近衛公爵是討厭戰爭的人，所以他一直想使美日交涉能夠成功，以符合天皇之要和平的意思，在這一點，他是決不後於任何人的。他曾經準備和羅斯福總統在洋上舉行個人會談，具有以這個結果來壓住軍方之自信。其隨員，除陸海軍之大將外，實際上具有軍部勢力之首腦，亦即統帥部之兩次長及兩軍務局長等，要統統準備帶去。外交當局，預定外務省之主管局長（司長）等隨員，著者也是被預定為近衛公爵之直接輔助成員。

近衛、羅斯福洋上會談，因為美方主張會談前要有雙方同意之大綱而中止，但美日交涉仍然在很熱心地繼續，近衛首相和豐田外相幾乎百計已盡，最後對著者說，為打開疆局，準備單身前往美國，希望野村大使協助，並請格魯大使幫忙預約快速客機座位。對此著者表示，以達到在華府之交涉成功為前提，主張必須先在日本國內，整合能夠使交涉成功的準備。

三、

軍部之態度，日益強硬。統帥部為發動戰爭，需要明確的時間之決定。軍方沒有以美日交涉不成立就暫時把它擱置這樣的政治思維，要立即採取戰爭行動，這往往是日本人片面的想法，因此交涉不成立，就要當機立斷，採取武力行動這樣的決定。以為如果失去開戰之時機，將失去在軍事上無法恢復或挽回的損失。上面有杉山参謀總長、東條（英機）陸軍大臣的陸軍，其態度非常強硬，九月六日之御前會議之決定，已經決定了要打仗。

海軍之待斃的主張，開戰之形勢已成，但還沒有到達要立刻開戰之地步。對於英美之戰爭，主要是海戰。如果海軍沒有開戰之決心，恐怕只有變更這個方針。海軍之意向如何，是陸軍的態度。海軍陷於進退維谷地位。海軍要負責任地回答這個問題非常不容易。日本之南進，一向以海軍的主張為主軸在實行。特別是自海軍贊成三國同盟以來，其南進政策，終於把國家拖到這個斷崕絕壁上面。海軍已經在推動九月六日之御前會議的決定。但是，以永野軍令部總長和及川海軍大臣為首腦的日本海軍，到最後關頭，還是在猶豫不決，把這樣重要的決定，授權給近衛首相。

近衛首相極端困惑。在此之前，首相以統帥權之獨立為理由，一直不許首相插嘴。可是與海軍統帥事項有重大關係之要不要開戰的決定，今日是最後的關頭，要首相作決定，事實上首相也不知道該如何是好。他非難海軍之不負責任的態度。就首相而言，他很想聽聽海軍之負責任的意見。形勢已經不是推卸責任所能解決的問題。

四、

十月十二日，在近衛公爵邸所舉行之政府首腦會議，終於未能得到共識。為要使美日交涉成功，日本必須改變以往的中國政策，同意由中國大陸全面撤兵。東條陸相絕對反對由中國大陸撤兵。同時問豐田外相，美日交涉能不能在十一月上旬以前完成。外相回答說，如果從中國大陸撤兵等緩和日本之態度，將來之交涉有成功之可能。近衛首相也堅持繼續交涉。但東條大將以陸相身分強硬主張，要決定交涉之成功與否。

近衛首相要求和東條陸相舉行個人會談，以調整彼此之意見，東條陸相以國策已經經過再度之御前會議決定，沒有再交換意見之必要，而拒絕和近衛首相會談。面對陸軍之態度，近衛首相和豐田外相，即使繼續交涉，也不可能在所定期限內成立，於是決定提出辭職，至此，第三次近衛內閣遂壽終正寢。

第八編　大東亞戰爭（東條戰時內閣）

成立戰爭內閣

一、

對於近衛公爵在美日交涉危機中提出內閣辭職，木戶（幸一）內大臣非常不滿。因為這有如日本這一條船正在暴風雨中可能翻船的時候，船長離開了船。內大臣認為，即使上奏免職東條，也必須向國民說明清楚事情之責任所在。

日本之陸海軍已經焦急萬分，一般輿論也極端興奮。美英之態度開始硬化，美日交涉，除非日方讓步，不可能成立。問題在於日本能不能根本改變對外政策，具體來說，就是肯不肯從中國大陸撤兵的問題。此時還有如果要保持和平，是否接受這個條件，或者把交涉擺在一邊，都有可能。但是要把正在往懸崖拼命奔跑的野馬拖回來，在當時之日本國內情勢，必須有非常大的犧牲之準備。近衛內閣的最後，因為陸海軍之意向已經明白，所以如果近衛首相能貫澈自己信念，以國民的後援為後盾，以捨身之決心，和軍部搏鬥，動員上層以及知識份子等一切政治力量，應該能夠達到目的才對。這樣希望和相信的，當然是不只著者一個人。面對國家這樣重要的重大危機，國家主權者之意向，必須表明清楚。陸軍並沒有真正得到輿論的支持。

近衛內閣雖然辭職了，但包括近衛公爵在內之重臣，詳細研究內外情勢，為符合天皇之意思，決心維護和平，同心協力一致，組織能強行的新內閣，即使國內一時發生紛亂，或許能夠救了日本一命也說不定。因為要反對多數之上層一致奉承的敕命，軍部還是不敢的。譬如不顧軍部之反對，組織第四次近衛內閣，重臣也入閣，予以支持，團結在天皇周邊，不怕犧牲前進便有辦法。

把形勢帶到這樣情況的近衛公爵，和普通的政府更換一樣，終於辭職了。面臨日本開國以來的危機，新內閣的組織，是事務性般進行的。完全沒有採取形勢之變化所需要的任何根本措施，只是為防止爆發擾亂，把重點擺在軍隊之統制，因此受到九一八事變以來所造成之情勢的支配，為軍部勢力所壓倒。對於軍部之一般的敗戰主義，終於使日本亡國。

二、

事實上，當時之上層，沒有人喜歡戰爭的。問題是如何避免戰爭，天皇的意思也是這樣，大家都這樣相信。惟妄進戰爭的只有以軍部為首的勢力，要重臣抑制軍部勢力，強行天皇之意思一致行動，但在當時之不安與疲勞情況中，很不幸，實在很難。他們大多對於國際情勢的知識不夠，以為弄些外交技術就能夠說服對方，能夠有利地使交涉成功，妄目而簡單地在看外交。但外交是最現實的，不面對現實，以自我為是。

不抑制軍隊之妄進，而與往前一樣，把重點擺在軍隊之統制。也有人認為，為著統制軍，應該起用皇族來組閣。但歷史告訴我們，皇族之統制軍，往往會被軍隊所利用，今日要在皇族中找到能夠強行天皇之意思的人物是不可能的，如果皇族內閣被利用為所欲為，皇室將為國民之怨恨的對象，相反地，如果以皇族來控制軍，皇族之力量不夠時，受到軍隊之反抗時，可能變成內亂，會連累到皇室，皇族如果有政治野心，或者被有政治野心的人所利用，則非常危險，這是木戶內大臣的意見。此時重臣認為，最好的處置方法是起用能夠統制軍的人物（軍人）。

三、

於是召開了上奏新內閣之首相人選的重臣會議。天皇命令曾任首相者舉行會議，由內大臣上奏其結果。

重臣會議在緊張而充滿期待的氛圍中召開。出席的前首相清浦（奎吾）伯爵、若槻（禮次郎）男爵、岡田（啟介）海軍大將、米內（光政）海軍大將、阿部（信行）陸軍大將、廣田（弘毅）氏、林（銑十郎）陸軍大將等等。木戶內大臣和原（嘉道）樞密院議長列席。清浦老伯爵拖著老命，由護士小姐陪同出席。平沼男爵遭受惡漢狙擊受傷還在療養，故未能出席。

在這樣的機會，對於政府和統帥部所採取之政策和態度，重臣應該毫無保留地表示其意見才對。為體貼天皇之意思，指導政治之基本，就重臣而言，這是唯一絕對的良好機會。在會議席上，是討論了政策問題，因為重臣會議之目的是限於推薦下一任的內閣總理大臣，以奉答天皇之諮詢，所以沒有討論有關戰爭的國家根本政策問題，把重點擺在不能讓陸軍之統制亂，圓滿組織新內閣。

重臣會議之前，軍部主張要以東久邇宮（稔彥）來組織皇族內閣，東條陸相將其意思轉達近衛、木戶及陸軍出身之重臣。木戶內大臣覺得軍部所推薦之皇族內閣非常危險。在重臣會議，陸軍方面雖然有人提出東久邇宮皇族內閣，但沒有大力主張。以宇垣（一成）大將無法統制陸軍而沒有成為討論對象。最後，木戶內大臣說，只有讓有統制能力之東條陸相來負責，由他來實現天皇之意思，因重臣會議也沒有別的不同意見，乃只舉行一次會議就結束了。於是木戶內大臣遂上奏由東條組織下一屆內閣。

天皇召見了東條陸軍大臣。所謂重臣對日本這個國家負起這樣重大責任史上還是第一次。

四、

天皇下命東條陸軍大臣組閣。此時天皇命令東條新首相說，新內閣不要管九月六日之御前會議的決定，應該從一切角度來思考和研究情勢，以決定國策。命令海軍大臣，要和陸軍合作，不能有不一致的情形。在此之前，木戶內大臣也非難九月六日之可以解釋為決定要戰爭的御前會議之決定，為實現天皇之和平的意思，一定要取消這個決定。如此這般，東條內閣從零開始，自由自在重新檢討國策，以負起這個重責大任。

立即成立東條內閣（十月十八日）。東條昇任陸軍大將，首相兼陸相，一時還兼內相（內政部長）。海軍大臣，及川（古志郎）大將推薦上任橫須賀鎮守府長官沒有多久的嶋田（繁太郎）大將依敕令要其陸軍合作出任東條內閣之海相。外相為東鄉（茂德）氏，藏相（財政部長）賀屋（興宣）氏，鈴木（貞一）陸軍中將出任國務大臣、企劃院總裁，寺島（健）海軍中將就任遞信大臣，以保持與陸軍的均衡。書記官長為曾為滿洲建國盡力的星野直樹，為東條新首相之關東軍參謀長時代的協助者。

因為這樣成立了以現役陸相同時又是首相以前所未有過的陸軍內閣。東條大將所統制之陸軍，一直是最強硬主張戰爭的。這個新內閣，只有以「外交手段」繼續美日交涉，使其成立以外，完全不可能僥倖得到和平。

五、

美日交涉，因代表陸軍之東條陸相的態度，不可能繼續，因而近衛內閣倒台，這是公開發表過的事實，為一般人所知道的。主張繼續美日交涉的近衛公爵，再沒有出任閣揆，美日交涉由之中斷，主張開戰的東條陸相出來組閣，因此不管國內外，皆斷定新內閣為戰爭內閣，認為日本必將往戰爭邁進。可是新內閣決定不管以往之國策，要研究新的政策和決定新的政策，並發表要繼續美日交涉。一般國民沒有能夠真正理解更換內閣之內情，所以還抱一些希望，在注意美日交涉之經過。社會之政治常識，大體上不但認為東條內閣是戰爭內閣，美國之以東條內閣之重新檢討國策，乃是拖延時間在準備戰爭的欺騙手段而已。

此時著者再次確認，美日交涉之工作，與近衛內閣之辭職同時已經結束，回國時表示要辭職。

美國與東亞

一、

日本一直以之為交涉對象，現在將要與其戰爭的美國，到底是怎麼樣的一個國家呢？

在無限的天地，經過幾個世紀，以一切的活力，歐洲白人所建設，依基督教精神，科學文化國家就是美國聯邦。像美國這樣的土地，擁有自然資源的國家，沒有其他的例子。其大自然最有用，對人類最有潛力，提供無限的活動舞台。具有文藝復興以後，自由解放之精神的人類，經過一切精神上和肉體上進化之考驗，征服廣大無邊之自然所成立的國家就是美國。盎格魯撒克遜裔之自由不羈的精神成為推動力，條頓裔科學研究心成為頭腦，拉丁裔之感受性成為油，歐洲科學文化和基督教文明，不拘過去之因緣（因素），以生動活潑的形態，自然而無拘束地在天地培養，開花結果的就是美國文化。

人類文明，過去幾千年，經過幾多浮沉，起自希臘、阿拉伯之科學文明，與基督教教養一起，乘人類解放之風氣，不斷的進化。這個文化在美國廣大無邊的新天地，以清教徒教義，順應人類解放之氣運，前進無限的進化路途。這個文化在美國這個廣大無邊的新天地，以清徒精神移植過來之後，更加迅速發展。征服大自然，國民生活逐漸接近飽和水準，渾然發展成為一大國家的就是今天的美國。一切東西有其長處也有其短處，這是自然的道理，所以判斷美國的時候，不宜過分重視其短處。

美國之真正力量，不是因為其資源，而是創造它的偉大合眾國文化之美國人的精神和能力。站在二十世紀人類進化之先鋒的是美國，這是毫無疑問的。從海上，進去紐約，或從西方舊金山進去，觀察眼前所展開之美國的面貌，自可立刻瞭解以上所說之虛言。

人類之進化，其國際關係之領導權，由羅馬帝國到大英帝國，今日已經由大英帝國移到美國了。

二、

經過第一次世界大戰，美國完全脫離殖民地之性質，在思想上和物質上融合在美國精神之下，在國際上具有領導世界之實力。威爾遜總統因為令美國參加世界大戰創造了今天的大美國，現在準備以這個實力要來領導世界。可是因為美國國會還不十分自覺美國之實力和使命，所以美國回到其孤立主義。沒有得到具有偉大實力之美國協助的世界，在政治上和經濟上，面對無法挽回的困難。

戰後採取孤立主義的不只是美國。國際聯盟普遍存在於歐洲，表面上政治採用國際主義，為政治之基礎的一切經濟方面，各國在實際上都在採取極端的保護主義，都是在採取孤立主義。英國依渥太華協定，樹立了經濟帝國主義。這個傾向，於一九三三年倫敦經濟會，為重建世界經濟請美國協助失敗之後更加嚴重。在經濟上，已經變成狹窄的世界各國的割據主義，使國際經濟之調整變成不可能，進而造成了經濟恐慌之因素。採取個人自由之資本主義之孤立政策的美國，首先遇到原來具有世界性之戰後經濟的困難。成為世界性之一九二九年以後幾年的經濟不安是，人類欠缺處理一次大戰以後國際經濟之能力的結果，這是今日經濟科學家所一致認定的。拯救它的方法是，統制世界的經濟，只有隨人類之需要，安排適當的生產之一途。但在國際上實行之前，人們認為要先在國內實行，才是最好的方法。在美國，經由共和黨之孤立主義時代，佛蘭克林・羅斯福之統制國際主義的新政，為克服經濟恐慌出現可謂應運而生。美國逐漸由個人自由主義的資本制度，轉移到社會統制主義之資本制度，世界之中心也逐漸由英國轉移到美國。

羅斯福成功於計劃經濟之新政，再次當選連任總統，美國之經濟力量作國家性之組織，由之國家力量更加充實和進步，美國以百分之百的自信，從孤立政策走向世界政策。

以日本為交涉對象之美國，比當時之日本，至少有其十倍的國家實力，這是沒有疑問的。此時，美國已經有大英帝國之兩倍的國力，以人來說，這有如日漸在進入全盛時期之充滿鬥爭精神拳擊選手。

三、

美國之對外政策，可以門羅主義（一八二三年）這一句話作為代表，其內容是說，美國之國策，係隨其國力之增長而在增長。門羅主義從宣言當時之極端孤立排他的，變成最近之極端的世界性協力的，是因為其國力非常迅速發展的結果，同時這也是重視盎格魯薩克遜之保守強韌性，以及適合新時代和前進而實際性的兩種特質所使然。

門羅主義是美國南北美洲解放時代，意味著排斥歐洲勢力，不許其干涉美國之排他孤立政策。隨美國國力之逐漸增強，這個主義被利用於擴張美國之勢力（譬如西班牙戰爭，加勒比政策，以及巴拿馬問題），被視為瑟奧多爾．羅斯福時代共和黨之所謂帝國主義政策同樣的意思。美國在這個政策之下，飛速地發展，對其國力具有非常的自信。這是第一次世界大戰末期之威爾遜總統的國際主義政策。為其反動，共和黨實行孤立政策，迨至佛朗克林．羅斯福之民主黨時代，門羅主義大為轉變，變成柯得爾．哈爾所力倡之所謂善鄰政策。他說，美國在南北美洲之任何地區，沒有帝國主義野心，美國所希望的是，南北美洲之各國的和平發展，其目的是共同繁榮和安全，所以，美國將給與這些國家所希望之援助，確保共同的安全，對於來自外面（美洲以外）之侵略行為，要共同來防禦。屢次之泛美會議（曾經在孟德維迪奧、布宜諾斯艾利斯、利瑪、巴拿馬和哈瓦那開過──一九四〇年），終於發展成為共同防衛會議，一九四五年二月，在墨西哥市舉行了外會議，締結共同防衛同盟條約。

美國在羅斯福手下，以善鄰政策，集南北美洲之信望於美國（雖然和靠近歐洲之阿根廷有過幾次不愉快事）呼籲這些國家，作為聯合國組織中之地方聯合，使南北美洲各國之間，共同得到安全感和利害感，成為國際政治上的一大事業。這完全是與美國對於其國力具有自信之同時，對於共同之安全，感覺具有責任所致。因善鄰政策之成功，進而奠定了美國之世界政策。

四、

由於南北美洲之結合，既然有共同之安全感，美國為維護這個安全，對歐洲，對東亞，都非常關心，這是門羅主義當然之解釋。為著確保美國之安全，以及擁護美國思想，大西洋和太平洋對岸之事，自不能不關心。

威爾遜認為，對於美國可能具有敵意之歐洲大陸之一個國家的勢力達到大西洋西岸時，美國之安全受到威脅。這個主義，由承受威爾遜思想之羅斯福，具體地在大西洋主義（Atlantic Doctrine）名稱下，以門羅主義擴張解釋。所謂大西洋主義是，可能成為美國之敵人的國家，面對歐洲或非洲之大西洋海峽地區，或者通達大西洋之海門（sea gate），不許控制譬如北海之出口，英法海峽或直布羅陀海峽等地方。

美國對於太平洋方面之政策，普通不包括狹義的門羅主義，在對於中國之門戶開放主義

（一八九九年）名義下，被擴張解釋和運用。在羅斯福時代，門戶開放主義，從本來的經濟上意義，擴大到保障安全的意味。亦即破壞中國之獨立，預防動員中國及東亞之人及物資源來攻擊美國為目的，非常廣泛。羅斯福於一九三三年就任總統，肯定了九一八事變時所發表史汀生主義（不承認變更現狀）是不待煩言的。

意味著美國外交政策之門羅主義，發展成為總括大西洋主義和門戶開放政策之美國世界政策的實體。隨美國對於大西洋和太平洋之安全感的擴張，孤立思想逐漸消失，美國從威爾遜所企圖之國際主義（國際聯盟），發展成為世界主義（世界國家一國際聯合即聯合國）。

羅斯福之所謂美國安全保障之觀念，已經不是從前之局部地區的東西，而是和世界之安全保障是一體的。羅斯福認為，納粹德國在歐洲之突然勃興，以及日本軍閥之插足中國，都是和以美國之安全為基礎的世界政策不符合的。以這樣思想警告美國國民，預告世界所採取的手段就是一九三七年十月五日羅斯福在芝加哥之隔離日德之演說（Quarantine Speech）。他的想法是，美國的安全感，已經不是他國以武力來攻擊，美國國土遭受到侵害，地理上的狹窄意義，而是從世界和平觀點所看的危險病源。是大膽地要在國際上隔離日德的積極政策。知道美國之實力的羅斯福，標榜不介入戰爭之同時，強調世界安全之不可分，將美國引導到防衛（自衛）美國之後戰爭的道路。

五、

佛朗克林・羅斯福非常留意在歐洲之納粹法西斯勢力之抬頭，一九三八年，已經對於英國首相張伯倫，以維持和平為目的，提議在華府由美國主辦有關主要國家之首腦會議。他似乎意圖要組織世界之和平機構。

羅斯福之世界政策在與邱吉爾連繫之下，迅速而全面地實行，美國之民眾相信，這是確保美國之安全，擁護民主主義之唯一的方法，無條件地予以支持。最理解美國之國情的是邱吉爾，他曾經越過大西洋訪問過華盛頓好幾次，身為白宮之貴賓，悉力喚起美國之世界性的責任感。邱吉爾最清楚美國終於參加歐洲戰爭之整個經過。

一九四一年八月，在美國參加戰爭之前，羅斯福和邱吉爾在大西洋會面發表所謂大西洋憲章，它既是美英德謨克拉西世界政策之基礎，同時也是美英共同政策之預告。

如上所述，羅斯福總統在法國投降前一天晚上，已經暗示要參加戰爭，保證給予最大的援助，對於決心要戰爭到底的英國，立刻給予不少援助，制定借貸法（一九四一年三月十一日），以租借軍事基地為代價，讓渡驅逐艦（一九四一年四月），一九四一年十月，下令美國國海軍，要護送運輸軍需品等援助物資之商船，對於妨害運輸之德義海空軍，要立刻予以摧毀，參加沒有宣戰之戰爭。宣戰是國會之專權。美國政府對這些措施說，都是為防衛美國之安全所採取的自衛權之發動。

六、

美國之對中國政策是，為著對抗列強之設定勢力範圍的，約翰，海以來之門戶開放機會均等之政策。這也是想插足東洋之列強的半殖民地政策。所以，從門羅主義之具有消極意義的時代，美國之東亞政策為積極的，同時反對列強之擴張勢力，同情民族運動。

日本防禦俄國插足滿洲之時代，美國同情日本。自日本對中國採取積極政策之後，美國之政策，對日本，更嚴格要防止其「侵略」。美國之對中國政策，一直以中國之自由解放為目的，同情革命份子，美國之國情，經常著眼於群眾之動態。在這一點，與往往只注意眼前利益，偏於一黨一派之日本對中國政策，有很大的不同。

英國是，自鴉片戰爭以來，在中國之最大權益國家，長久在東亞擁有優勢地位。其地位，自日本以強國出現以後，和日本共同才能確保。這是英日同盟時代。因為英日同盟，英國擁有了其龐大的權益，日本由之得到插足中國之方便，凡此皆為美國所不願意看到的。

英日同盟在一九二二年華盛頓會議，被換成國際聯盟和華盛頓會議體制。這是英國之政策，自第一次世界大戰以來，成為美國第一主義，這意味著英國在東亞，與日本合作，不如和美國合作，形勢已經變成這樣的地步。於是廢止英日同盟，多年來之英美共同的政策又在中國繼續。

從九一八事變以後，美國倡議史汀生主義，不承認改變現狀，援助中國，公然採取反對日本之態度，這一種傾向，隨日本之愈大力對中國之戰爭，以及更加南進，美國終於廢除與日本之通商條約，實行凍結令。美國對於東亞之政策，並沒有因為美日交涉而有所改善。

羅斯福領導下之美國的世界政策，以充足之國力為背景，其目的是要實現美國之國際理想，在東西兩方面，與英法蘇和荷蘭比利時等西歐各國聯繫，明確斷定軸心國家為侵略者，敵視這些國家。無需說，跟侵略者是沒有任何妥協或讓步之餘地。

與日本南進之同時，ABCD各國之包圍日本之態勢，日愈緊縮，迫日本不得不表態和戰之態度。

開戰

一、

世界已經預感太平洋之狂瀾了。美國的艦隊集中在夏威夷的珍珠港。英國和荷蘭也正在準備戰爭。日本之輿論充滿「待斃」氣氛，東條新內閣，以美日交涉為中心，再檢討御前會議之重大決定，統帥部與內閣之聯絡（聯席會議），日以繼夜地舉行會議。

美日交涉由東鄉外相負責，政府為向美國提出新的方案，擬訂A案和B案，在十一月五日之御前會議作了決定，決心要戰爭，訓令交涉於十一月二十五日，下來定為二十九日以前，如果沒有結論，即將開戰。為輔助野村大使，東鄉外相特別令前駐德國之來栖（三郎）大使趕往華府，來栖大使搭乘前內閣末期，請格魯駐日大使所保留之快速客機之座位，由香港趕往美國。於是在華府之交涉，便由野村、來栖兩位大使負責。

交涉，除非日本之態度有根本之改變，否則已經沒有轉變之餘地，這是前面我們已經說過的。

二、

要調和美國之世界政策之一環的東亞政策和日本軍部之外交是非常非常困難的。美日交涉，如前面所說，一九四一年四月，哈爾國務卿所提出，美日民間有志之士起草之妥協案，愈交涉，在感情上愈走愈遠。日本政府曾經幾次以新提案之方式提出，但美方之態度一點都沒有接近它。因為雙方的想法，根本不同。當時，美方已經解讀了日方之電報密碼，國務卿在和日本的大使交涉之前，已經知道日本之意圖，故可以作應付之準備。

在日本，戰爭之氣氛日強。曾經認為不可能戰爭之永野軍令部長，被海軍隊內部「待斃」之強硬論所迫，從戰爭在一年半以上不可能，轉變到一年半左右應該沒有問題這樣的意見，甚至認為，因開戰初期之勝利，可以確保南洋印尼之石油等其他資源，所以，即使進入長期戰後爭也沒有問題這樣的意見。

島國日本之要參加戰爭，制海權是勝負之關鍵，所以要不要開戰，海軍之看法和決心非常重要。在海軍，強硬終於佔優勢，坐而「待斃」屈服，不如自己去獲得資源，以獲得最後之勝利。海軍之意見，超越有關統帥之意見的範圍，政治論佔優勢，這只有從外面來反駁它。早已決定要開戰的陸軍，歡迎海軍之新的決心。

至此，對於美日交涉，日本之能夠讓步的限度是有限的。軍部既然有自信，自不能不顧其面子去妥協。日本政府對於美國政府提出最後之提案，東條首相和東鄉外相，在議會表示日本之讓步有限，出於強硬的態度。

三、

東條內閣一組閣，在聯絡會議，製作A案和B案，作為對美交涉之新提案。A案係沿著以往之交涉底線之新的最後妥協案，B案是，如果這也不妥協，日方將把日軍由越南部撤至越南北部，美方要停止對蔣介石之援助，撤消凍結令，空氣稍稍緩和之後再重新出發。野村大使依照訓令，先提出A案。

東條內閣令野村大使，先提出附有期限之交涉方針的提案。日本政府拚命督促美國政府對於日本新提案的回答。野村、來栖兩大使，為在所指定期間內使交涉完成，也提出B案（十一月二十日），悉力以赴，但對此，東鄉外相之訓令電報是最不許妥協的。東條內閣之強硬態度，立刻反應到美國，因解讀密碼，熟悉日本政府之態度的哈爾國務卿，不相信兩位大使之提案。美國方面認為，野村大使之所謂最後案，關於有日本之對外一般政策之三國同盟，以撤兵為主的中國問題，南方問題和經濟問題，不但實質上完全沒有讓步，反而在實際政策上加強。又特地派去的來栖大使，完全沒有帶去任何新提案，因只是參加交涉，故美國政府懷疑來栖大使之使命，完全不相信其說明，反而增加其猜疑（哈爾國務卿著作，一〇六四頁）。

哈爾國務卿和英中荷法等與九國公約有關係之各國代表，協商回答日本之最後提案。與日本焦急心情一樣，在美國，大多認為，要使日本對於和戰明確表態。也就是說，不要搞遷延方策，意圖要搞清楚日本之敵性。

美國對於日本之最後提案的回答是，十一月二十六日，告訴了野村、來栖大使。這個回答是，綜合美國與其友好國家之主張編輯而成的，比美國從前之任何時候的態度更加強硬。在美國政府內部，也因為有軍部之要求，哈爾國務卿提出內容稍稍緩之暫定協定，以爭取時間，惟因受中國（蔣介石）以及英國意見之影響，變成最強硬內容的回答，成為最後之攤牌的局面。一言以蔽之，美國之回答是要求回歸到發生九一八事變以前之狀態，一直到最後困難的以為要從中國本土撤兵一事，根據這個回答，不僅要式從中國本土，也要求從滿洲國撤退。在美國，總統和國務卿認為日本不但不可能接受，由此日本必將採取軍事行動。

四、

美日交涉之主要妥協點是，事實上承認滿洲國。日本是欲以它作為最低限度的「戰利品」來進行交涉的。從滿洲撤兵，意味著滿洲國之解體。東條內閣之態度，已經於十一月十五日之聯絡會議已經決定了。日本政府以為，美國之新提案是美國強日本之難的最後通牒。

美日交涉突然進入攤牌的局面。根據美國正式公文之記載，美國政府把這個美國之對案當作最後階段，預期日本不可能接受，並命令太平洋方面之美國陸海軍進入非常警戒狀態。邱吉爾表示，萬一美日開始戰爭時，英國將在一個小時以內參加戰爭，以鼓勵美國。日方，統帥部自不在話下，政府也下定了決心。

本來，美日交涉，一開始雙方就有根本的誤解，這個誤解到最後一直沒有解過。交涉由與日方之意思不同的諸多交涉關係者，搞得愈來愈複雜，致使無法收拾。美日之間，一開始便有無法調和的對立。美國已經確立了要幫助英國消滅納粹德國的基本政策，不惜參加歐洲戰爭。如果日本可以清算三國同盟之與德國的關係，採取對美英之合作政策，願意從中國本土以及南方撤兵，對於滿洲問題等，美國可以作若干讓步，和日本妥協，美國絕對不會放棄一直所採取之主義上的政策。不特此，美國之態度，隨交涉之進展，以及蘇聯態度之明朗，更加堅定。日方之直接參與交涉的人們，其善意和熱情沒有話說，但左右日本政策之軍部，和這些和平主義者的想法完全不同，另外有其積極的行動的預定，毫不改變。美方為對抗日本軍部之計劃的準備，利用美日交涉，以爭取時間。日本軍部欲依美日交涉之停止，抓住採取直接行動之機會。美日交涉，一開始就是矛盾和交叉的累積。

五、

此時，日方所能選擇的道路是，要立刻發動戰爭，還是使交涉停頓，以觀望世界之形勢，只有這兩條路。當時著者無從得知東條內閣之交涉經過，以及聯絡會議之決定，但認為只要不介入戰爭，將來日本還是會有前途的。同時認為，要努力於阻止將陷日本於國破家亡局面的發動戰爭。著者經過熟慮之後，首次往訪成立東條內閣之後的外務省。因東鄉不在，故與西（春彥）次官面談。

「我今日前來不是想知道美日交涉之秘密。我來外務省的目的是，要說再換幾個大臣，也不能負戰爭之責任這一點。我們以敢面對難局之外務大臣為榮，但請轉告大臣這一點」。這樣說完著者就走了。外務大臣辭職之後，陸軍大臣之總理大臣可能兼任外務大臣，以實行其信念。但是著者認為，外務大臣之強硬態度，對將來，將是日本之有力的棄子。

開戰不久，著者奉派駐中國（汪精衛政權）大使，當時問過東鄉外相為什麼贊成開戰。他說，軍部自不必說，企劃院所提出之計劃判斷，認為日本一定會贏，因無法反駁，沒有反對之餘地，並說明當時之政府內部的情形。著者只說，要不要參加戰爭不是計劃的問題，而是最高的政治問題。當時之會談，舉行於日本海軍在珍珠港和馬來海面，都有過世界戰爭史上前所未有之戰果，當時日本舉國上下醉心於戰勝氣氛，為打勝仗要作最大的努力和最大的犧牲。

十一月二十六日之美國政府的回答覺書，如所預期，使日本決定其態度。海軍隊內部在那裡猶豫不決的份子，對於政府其他方面之不同意見，統統贊成開戰。日本無法接受美國之要求，這是當時的結論。疲倦的輿論也是開始興奮了。御前會議，十二月一日，審議「對美、英、荷開戰之件」，決定要開戰了。

六、

軍部已經開始行動了，艦隊奉命於十一月二十二日動身，集結於千島。如果今後的交涉，「美國不反省，交涉最後不可能成功的話，決定十二月X日開戰，立刻攻擊敵人」，作了這樣的安排。日本艦隊奉秘密命令出發，在X日以前交涉成功的話，艦隊應該立即回國。X日為目標，野村、來栖兩大使在華府會見哈爾國務卿，依政府之訓令，準備在艦隊攻擊之前，要手交停止交涉之通告。

外務省認為，必須依照海牙條約之戰爭行為之通告，事前絕對要完成這樣的手續。統帥部和政府也沒有異議。可是海軍希望盡量縮小其通告時間和攻擊時間之差距，俾能收奇襲之效果。其時間之商量，委任統帥部和外務大臣負責，惟因海軍軍令部之大力主張，停止交涉之通告，縮短到開始攻擊的三十分鐘前。提出這個通告之訓令電報，在前一天，由外務省打給日本駐美大使館，其內容是表示要停止交涉，最重要的部分是最後打的。美方完全解讀了日方的電報密碼，事前已經完全知道其內容。東京命令野村、來栖兩大使，要事先約定十二月八日下午一時去拜訪哈爾國務卿，談重要事。

七、

一切的事情，在秘密中而且迅速地進行。舉行了軍事參議官會議，十一月二十九日也召開了重臣會議。對於重臣，政府說明了一般情勢和美日交涉之內容。此時，除若槻重臣對於經濟說了耽心的話以外，沒有實質上的問答。爾後，重臣在總理大臣陪席下，由天皇徵詢意見。

在皇宮的這樣重要聚會，沒有人反對戰爭，也沒有人發表憂心國家前途之意見。當時，國論沸騰，有識之士，天天對於和戰之形勢，憂心忡忡。政府邀請重臣聚首皇宮，對其說明國家所面臨之內外形勢本身就是破例的事情。爾後，特別由天皇下問，徵詢意見，更是破例之破例的事體。為什麼要舉行這樣破例的聚會，由天皇徵詢重臣之意見？重臣中不可能沒有人不知道其意義何在。面臨這樣的國家危機，最高主權者之天皇，給予直接表示意見之機會，重臣如果反對戰爭的話（他們是反對的），卻沒有毫無保留地和大膽地表示自己的意見。故重臣之態度可能認為，只有讓事情發展到最後才會轉回來。在這裡，應該充滿了對於軍部之戰敗主義的空氣。在此之前，高松宮（昭和天皇之第二個弟弟）突然在最後階段報告天皇說，海軍還沒有自信，故反對開戰。聽到這一句話的天皇，立刻召見嶋田海軍大臣和永野軍令部總長，詳細垂問海軍之真意。大臣和總長奉答，海軍對於開戰之決心以及對於戰勝之自信，如在聯絡會議所報告，沒有問題。一切按照聯絡會議所作之決定進行，十二月一日召開御前會議，正式決定一切手續，也核准了開戰之詔書。

八、

十二月八日凌晨，東京之電話忙得不可解交。消息靈通人士早已電告朋友攻擊珍珠港之輝煌戰果。旋即收音機廣播日本對美英開戰之新聞，同時報導，市民正襟恭聽宣戰詔書。他們聽到奇襲之好消息，多覺得很放心。這個感情，與其說是對於奇襲成功之高興，毋寧說是長久以來，在陰慘空氣下煎熬戰爭的空氛，因為這個決定，告一個段落這一種日本人特有的感情。大部分日本人的人生觀為，大有盡其全力，鞠躬盡瘁而後已之概。他們不大深思熟慮其內涵。

格魯美國駐日本大使，於十二月七日開戰前夜接到從一、兩天就在華盛頓所預報美國總統打給昭和天皇之請維持和平之電報，乃和東鄉外相商量處理辦法。但一切都來不及了。外相深夜進宮，呈天皇以美國總統之電報，但此時已經開始進攻珍珠港了。開戰在眼前，給美英大使館之電報都已經送了，美國總統之電報雖然新聞電報有預告，參謀本部之有關官員的指令，電報之送達遲到許多，這是在遠東軍事法庭所提出來的。

東鄉外相計算在華盛頓，野村、來栖兩大使通告哈爾國務卿停止談判之預定時間，約格魯大使於十二月八日早上見面。交給出現於外相官邸之美國大使的是在華府所提出之停止交涉的抄本。格魯大使以為這是對於美國總統電報之回答而回去。此時格魯大使還不知道開戰之事實。他回去時，美國大使館之電話完全不能和外面通話了。

九、

在華盛頓之停止交涉的通告，很不幸，比預定遲到了。由電報製作文件，因為事務之不統制，很花費時間，說是文件之騰寫而致使沒有趕上。野村、來栖兩大使之會見哈爾國務卿會面時間，比預定慢了一個小時以上（下午二時二十分）。這個重要的差錯，汙衊了外務省的傳統。哈爾國務卿已經知道兩位大使為何事來會面，因為來自日本政府致駐美大使館之電報，已經被美國當局解讀了。所以和日本大使見面之前，哈爾國務卿已經由白宮以電話告知珍珠港發生了什麼事。滿面興奮的兩大使，得到哈爾國務卿之冷淡態度之接見。國務卿聽完兩大使之說明之後說，在我五十年的公務員生活中，從來沒有看過這樣虛偽不誠實的行為，指著辦公室之門（下逐客令）。兩大使以非常緊張的表情，告別國務院，回到日本大使館，才知道開戰的事情。

十、

從前是事變。現在是戰爭，正式發布宣戰詔書。戰爭開始於海軍之攻擊珍珠港。海軍主張把這個戰爭叫做太平洋戰爭。但陸軍不贊成。因為這個戰爭，日本因三國同盟所預見，將到大東亞之領導地位，陸軍主張要把它叫做大東亞戰爭，故遂命名為大東亞戰爭。

海軍和陸軍，各從其立場，開始這個戰爭。可是就日本而言，這個戰爭，不是單純的太平洋戰爭，也不是單純的大東亞戰爭。這是太平洋戰爭，同時也是大東亞戰爭，正是世界的大戰爭，把全世界捲入世界之怒濤。大東亞戰爭和歐洲戰爭，太平洋戰爭和大西洋戰爭，都不是個別的，而具有密切關連的一個世界的戰爭，日本以狹窄的想法，即使把它叫做大東亞戰爭，也是無濟於事的。忽視世界之情勢的日本領導者之狹窄想法，是誤國的根本原因。

德國和義大利，也以三國同盟之友誼，立刻對美國宣戰，躋身和日本同樣之戰列。

歡迎德蘇開戰之邱吉爾，得到日本之進攻珍珠港消息，遂堅信這個戰爭一定會贏，他大聲疾呼說「這樣一來這個戰爭完全贏定了」。由此英國堂堂正正能夠得到美國之精神上和物質上的援助，美國將英國的後盾和靠山。

日本與作戰　其一（全部情況）

一、

從現在開始，著者要很冷靜地來談談在第二次世界大戰，日本為什麼打敗仗的歷史。無可諱言，日本之戰敗是到戰爭之十多年來之政治破產的累積。

無論國家或個人，獨善而不反省者，會自己蒙眼而妄進。在今日之國際生存競爭場合，國家要能夠真正生存，必須有大智。對於世界之形勢，作大局之判斷錯誤的國家是不會前途的。不幸，日本不但在大局的判斷錯誤，更為日本式焦躁感所誤。其結果是玉碎型（同歸於盡）的思維和行動。政策的玉碎型，成為作戰的玉碎型，戰爭中之日本人心理，許多是這樣。玉碎帶有感激，但堅忍和睿智更是可貴。

開始歐洲戰爭之後，締結三國同盟，捲入漩渦，德蘇戰爭之結果令人擔憂時實行南進，歐洲戰爭之大勢已定時，竟以世界最大之兩大國家為敵，搞起世界戰爭，凡此都是日本的玉碎型。

在這大戰爭中，作戰上內外統帥上有過不一致，導致物質力之測定的錯誤，成為敗戰的根本原因。日本之指導，在政治上經濟上心理上以及一切的一切，都欠缺冷靜而科學的檢討，這在戰爭中暴露無遺。

二、

東條大將在巢鴨監獄曾經對著者說過敗戰的原因。他說「根本的原因是不統制。負責一個國家之命運的總理大臣，對於有關軍的統帥沒有權限的國家，當然打不了勝仗。其統帥，陸軍和海軍又完全分開，各自為政，合作非常困難。我得知中途島之敗仗，是一個多月以後的事情，至於其詳細，我完全不知道。如此這般，到最後的最後，作戰上完全沒有統一」。一直保持沉默的他，到最後才這樣回憶說，一定有他的特別原因。東條大將起初是陸軍大臣，繼而為首相兼陸相，指導戰爭，最後還兼參謀總長，意圖統制政治和統帥，集權力於一身。面臨死刑之他所說的話，應該有其不少的價值。現在，著者擬以他在監獄中對著者所說者為重點，參考出現於遠東軍事法庭審判之材料，來敘述日本軍部之一般作戰計劃。

三、

日本軍部之作戰的基本是，以德國之勝利為前提，日本之參加戰爭，促進共同的勝利，以取得戰後之有利地位，這是我們在前面說過的，自締結三國同盟之後，即使有客觀一般情勢之變化，它還是不改變。要把蘇聯拉進來三國同盟雖然沒有成功，且開始德蘇戰爭，德國準備打敗蘇聯之後，從高加索南下伊朗、印度方面，打這樣一廂情願的算盤，日本軍部是以它為前提計劃其作戰的。日本軍部以大英帝國之崩潰為目標立其作戰計劃，與開戰之同時，占領英國之東南亞之根據地的新加坡，海軍甚至前進至印度洋，以和由北非洲和中央亞細亞東進或南下之德軍會合和連結，實現日德兩國完全的共同作戰，以確保最後之勝利。日本軍部的這個想法，是基於相信德國一定會得到壓倒性勝利，這是完全相信德國之宣傳的結果。

四、

海軍的想法是太平洋戰爭，其作戰之目標是美國的海軍。本來對美作戰是以美國之渡洋作戰為標的，破壞美國之渡洋艦隊是日本海軍的作戰中心。所謂美國之渡洋作戰是，在菲律賓支撐日本之攻擊時，美國艦隊將趕來相助，以圓形陣形前來。拯救菲律賓之危急之後，再轉向進攻日本。這從美國之常識來看，是定型的。反此，日本海軍之作戰中心，擺在要如何殲滅美國之渡洋艦隊。日本之島嶼（小笠原群島以及委任統治地區），位於美國和菲律賓中間，把太平洋縱斷分成南北。以馬爾卡斯島和馬紹爾群島為前哨線，小笠原、馬里亞納、卡羅林三個群島在東京灣南邊，經由俾斯麥群島，接觸新不列顛島以及東部新幾內亞，成為西太平洋之最佳堡壘。美國渡洋艦隊必須突破這個防線。日本海軍利用它來殲滅美國艦隊，這是日本海軍之作戰計劃。

但是，這個作戰是以美國為對象的計劃，美國以外，以英國以及其他國家為對象的，戰線從南北太平洋擴大到印度洋的時候，必須考慮到空軍在洋上之立體戰爭的情況，尤其最近特別增強其勢力的日本海軍，自不甘於前述之被動的作戰。作為對於美英兩大海軍之作戰，必須早日對其其中一國之海軍予以打擊，不給予敵人恢復之機會。否則，只有「待斃」，因此便實行偷襲珍珠港。成功於解讀日本海軍之電報密碼的美國，已經預期開戰，正在作一切的戰爭準備，要攻擊其根據地，即使是偷襲，懸軍萬里，進行偷襲一還是很大的冒險。由於敵人之粗心大意及偶然之幸運也是事實，偷襲珍珠港是周密的計劃和長期的特別訓帶來史無前例的成功。

珍珠港之一擊，使美國人之熱血沸騰，舉國走向戰爭。「勿忘珍珠港」這個口號，使美國對日本戰爭勝利這樣的觀察，在外國人之間，特別是美國人最為真實。如果日本海軍沒有攻擊珍珠港，其行動如果局限於包括菲律賓之南方作戰，出於等待美國艦隊渡洋，予以擊破這樣的作戰，堅持大東亞戰爭這個意義的話，將是政戰兩略一致，美國輿論也將大不相同，在海軍戰略上，或許比較有利也說不定（譯者贊成這個看法）。但是，如果沒有偷襲珍珠港，就日本而言，至少在當初，戰爭會更加困難。

總而言之，偷襲珍珠港之成功，使美國人站起來，使日本人自大自滿是事實，以後日本海軍之失敗，實種因於此。

五、

陸軍的想法是，不是太平洋戰爭而是大東亞戰爭，希望儘快和德國之武力連繫，重點擺在要使大英帝國屈服。陸軍以對英作戰為主，海軍把重點擺在對美作戰，所以陸海軍之想法基本上是矛盾的。海軍從一般作戰之見地，對於陸軍之作戰沒有不同的意見，但把主力擺在印度洋方面之攻擊，為擁護其側面，對於美國太平洋之艦隊，還是需要給予讓其再也站不起來的打擊，這是當初海軍之主張，這是當然的主張。但是由於偷襲珍珠港得到意外的大成功，南方初期之作戰也很順利之後，以無敵艦隊之自詡的日本海軍，作為太平洋戰爭的想法，日益擴大，極端派把作戰擴大到整個太平洋，佔領夏威夷群島，主張擴大到南太平洋一帶。反此，陸軍希望集中其勢力於東南亞方面。雙方之意見的這個傾向，在戰爭過程中，其協調非常困難。結果是，相繼同時實行雙方之意見，日本之作戰便沒有統制，作戰區域愈來愈擴大。

其結果，作戰遂忽視距離和時間，成為桌子上的「紙上談兵」，成為排斥物資上之實力計算的東西。這樣廣大而遙遠的洋上作戰，與後方聯絡是基礎的要件（當然包括補給）。日本海軍要對於世界兩個最大海空軍國家在西太平洋掌握制海權和制空權，是史上最令人驚訝之事體（談何容易）。

開戰當初，日本海軍所擁有之制海、制空權，隨戰爭之進展，逐漸失去，日本軍隊，無論在太平洋上大小島嶼，或在東南亞方面，皆陷於「全部陣亡型」（原文為玉碎型），最後，日本整個國家準備「同歸於盡」。

日本軍隊的確善戰。在戰鬥，沒有留下臭名的人。到處是玉碎戰，對世界表現日本魂為何物。得知在阿留申列島阿茲島，山崎部隊戰到最後一個人（公布於一九四三年五月三十日）消息的日本國民，全部哭了。國民稱贊其悲壯的死訊，對其勇敢的犠牲，表示無限的感謝和同情。但是，最早之悲壯的玉碎戰，是日本全部戰之一部分，對於戰後之大局沒有什麼幫助。

六、

開戰當初，敵人還沒有準備好之前，日軍便採取積極的作戰。偷襲是日軍一向的信條，是他們所擅長的。不到一年，以南方為首，日軍到處插足預定之地方。其進攻作戰，陸海軍都有非凡的表現，令全世界震驚。尤其是海軍之空軍（當時之日本軍隊分成陸海軍，陸海軍各有其空軍—譯者）精銳無比，在南方之日本陸軍的〇戰更是他們最拿手的。陸海軍互相競爭立功。因起初之成功，在西太平洋方面，南方一帶以及東南亞方面，日軍儘量伸出其手，擴大其占領區域，到處最大限度作其戰術上和政略上之布置。

對於這樣廣大而隔絕地區之軍方的海上補給，即使動員當時之日本所有船隻還是絕對不夠的。如果以這樣陣形，萬一失去制海權的時候，各地之日軍，立刻將陷於孤立無援，只有被敵人集中攻擊，各個擊破。緒戰之成功，不到一年就逆轉，制空權自不在話下，也失去制海權，由之在各地之日軍，在實際上便陷於孤立之命運。

日本與作戰　其二

一、

作戰開始於十二日八日（X日），同時向各方面採取行動。以南雲（○）中將所率領之航空母艦為主力的艦隊，由千島列島南下，目的是要摧毀美國太平洋艦隊，偷襲珍珠港。因為這個偷襲開始了美日戰爭。這個報導，有如晴天霹靂，傳遍世界，大家都覺得該來的來了。

日本艦隊偷襲珍珠港得到大成功，因此，集中在珍珠港之美國太平洋艦隊，幾乎全部「報銷」。這是被稱為「月月火水木金金」（沒有星期六星期日之一週）之日本海軍平常之訓練奏效的緣故。

南方新加坡是，日軍的目標。需要拉泰國作朋友，故與泰國作外交交涉之同時，強求與泰國簽訂攻守同盟條約。待機在越南南部之日軍，一部分進入泰國，其他的由有力海軍部隊護送在英國領土馬來半島之北部的科達巴爾登陸，為進攻新加坡而南下馬來半島。這是山下（奉文）將軍所指揮的南方軍。其他一支軍，以臺灣為根據地南下，在○登陸的是進攻菲律賓之本間（雅晴）中將所統率的部隊。

日軍進攻馬來的作戰，雖然派在新加坡之英國政府辦務官，國務大臣達夫・克巴在開戰前之大言壯語，疾風迅雷般進行。此時日本海空軍也獲得了前所未有之戰果。英國海軍最自吹自擂，世界最大最新不沉戰鬥艦，在這艦上羅斯福總統和邱吉爾首相會面，發表大西洋憲章的威爾斯王子號，同樣為戰鬥艦的列巴爾斯號，為妨害日軍之登陸辛哥拉方面，由新加坡出發，並排舳艫北上途中，遭受到以越南南部為根據地之日本海空軍機群攻擊，終於沉下南海。這是開戰幾天後的事情，英國東洋艦隊司令長官菲立普提督戰死。這給日本海軍真正無敵之一般印象，日本國民之士氣由之大振。

山下將軍之遠征軍僅僅兩個月，便攻陷新加坡（一九四二年二月十五日），日本陸海軍以新加坡為中心，展開於印尼和南方一帶，以周密而果敢的作戰排除敵人之抵抗，很快就佔領了廣大區域之主要地點（三月八日佔領仰光，三月九日征服爪哇島，三月二十三日佔領安達曼，一月三日佔領馬尼拉，四月四日佔領科列希托爾）。海軍且進入印度洋，擊沉敵方艦船，砲轟錫蘭島和馬達加斯加島之敵方海軍設施，並偷襲南太平洋之澳洲的雪梨。

佔領菲律賓，比預定困難很多。因為美軍在馬尼拉灣口之巴丹半島和科列希多爾島築城頑強抵抗，故淪陷後之馬尼拉的戰鬥，需要意外的時間和預定之外的增援部隊。麥克阿瑟最高司令官乘小艦，與其家族，留下「我一定會回來」這一句話逃往澳洲。

二、

日本陸海軍共同迅速地佔領了整個南洋，菲律賓、婆羅州、蘇拉威西島、爪哇以及蘇門答臘島等自不必說，也佔領了新幾尼亞西、新不列顛島、帝汶島等等，在西方，進軍緬甸，甚至安達曼以及尼科巴爾諸島之印度領域，在太平洋上，排除抵抗，很快佔領了位於中途島和關島中間的威克島。

海軍在太平洋上之陣形，沿著亞細亞大陸，琉球、臺灣、菲律賓、婆羅州，蘇門答臘之線為第一線，從東京灣至小笠原、馬利亞那群島、卡羅琳群島、俾斯麥、新不列顛、新幾內亞東部之線為第二線，更前哨線是威克、馬紹爾、基爾巴特、所羅門等各島，把澳洲北方諸島統統置於勢力之下。日本海軍所到之處，有如走向無人之境，佔領地區，在敵人準備還沒有好之前，擴大到最大限度。

要把蘇門答臘和婆羅州的石油資源完正地拿到手裡，用盡苦心，日本最早的跳傘部隊出現於

○○。為挖掘石油，必須把日本國內的重要設備和工程師送往當地。

由於佔領整個南洋，開戰之第一個目的如照預定已經達到了，能夠獲得重要的資源。日本建立了大東亞共榮圈之基礎，可以得到長期戰爭所需要的一切資源。如果能夠維持和活用它，獲得戰爭的最後勝利是毫無疑問的，此時連德國都很羨慕日本這樣輝煌的成功。軍部誇耀作戰之成果，其態度甚至很傲慢，海軍之負責宣傳的平出某，在廣播放言說要華府白宮訂城下之盟而被傳誦一時。這個緒戰之軍事上的大成功，令人錯覺必能獲得大東亞戰爭之最後勝利，由之一時使一般國民非常驕傲，因而使其不可能真正認識世界戰爭。這個情勢，和美國之「勿忘珍珠港」成為很好的對比。

三、

對於南太平洋的作戰，從新不列顛到延所羅門群島之東南端瓜達爾卡納爾。如果進一步佔領新黑布理第斯和新喀里多尼亞（法國領土），可以威脅澳洲和美國之海上聯絡，在為維護這些進出地點之背後的意義上，以及由帝汶島過海到澳洲北端達爾文軍港，因二月十九日日本艦隊之空襲，與碇泊船隻，皆遭受致命之打擊，軍港廢掉了。為著攻擊新幾內亞之東南部澳洲領土巴布亞之首都莫斯比利港，在地勢上從海上進攻最為方便。海軍帶著載運運輸陸兵之護送船，從拉坡爾繞新幾尼亞東端，出去珊瑚海，計劃從海上攻擊莫斯比利，但被敵方航空母艦阻止了。

阻止日軍之莫斯科比利登陸作戰的是，以列基新頓和約克坦為主力之費吉艦隊（奧布列・W・費吉少將），在珊瑚海，與原（忠一）少將所率領之日本航空母艦交戰，列基新頓沉下去了。這是五月八日（一九四二年）的事情。約克坦也受到不小損害，但終於能夠逃脫珊瑚海，在珍珠港緊急修復之後，六月五日參加中途島之海戰。因日方也受到相當大的損傷，故遂放棄要從海上攻擊莫列斯比之計劃。爾後，有過準備從陸上攻擊和佔領莫列斯比的計劃，這也失敗了。因此，日本對於插足北澳洲方面之計劃，不但沒有成功，進出所羅門之日本部隊的後方聯絡，因美國艦隊之積極作戰，變成非常困難。珊瑚海海戰，戰鬥本身，日本海軍雖然險勝，但在戰略上，日本海軍之插足太平洋戰爭已經不可能，給予瓜達爾卡納爾島一帶之戰爭很大的打擊。就日本海軍而言，珊瑚海之作戰和中途島作戰是最後的積極作戰。

四、

為反擊日軍在緒戰所獲得之成功，美英努力日以繼夜地在作準備工作。澳洲對於日本作戰之準備，要與美國連繫才有實際上效果，美國在西海岸之諸港，在澳洲，麥克阿瑟手下編成訓練的澳洲軍及美軍之補給基地。

粉碎美國太平洋艦隊之主力之後的日本海軍，為因應美澳軍之反擊，擴張太平洋作戰，必須考慮通往澳洲之南太平洋，乃思考威脅美國對澳洲之補給。為此目的，日本海軍，遂出於其第二期作戰。

五、

美國空軍，知道日軍將攻擊中途島，乃等待其前來。以從印度洋回來之以航空母艦為主要勢力的南雲艦隊為前衛，山本（五十六）聯合艦隊，率領載運一個旅團之陸兵的許多運輸船艇，走向中途島時，美國空軍已經由夏威夷本島，移往中途島，美國航空母艦，也集中於這個方面。

正確探知日本艦隊之接近的美國艦隊的空軍，先進行攻展開了戰鬥。日本航空母艦之飛機在進攻中途島時，航空母艦主力約克坦外，從斯布魯安斯提督率領之艦隊，突然許多飛機從側面攻過來。日本艦隊為立刻應戰，從陸上設備轟炸之準備，轉變成海上戰鬥，裝載魚雷耽擱一些時間時，遭遇到敵人飛機之攻擊。其中有若干突破日軍之防空砲火，轟炸滿載飛機之幾艘日本航空母艦，由之引起所載物品之爆炸。這個時間僅僅幾分鐘。這是造成日本航空艦隊毀滅的原因。鑑於這樣情況，山本長官遂放棄攻擊，艦隊在混亂中撤退，日本航空母艦，邊打邊一艘艘地沉下去。進攻中途島之日本軍機，被美國雷達監控，從機場一起飛，美軍飛機已經從機場飛出去，飛回來的日機，因航空母艦已經被擊沉，變成「無家可歸」。在這個戰鬥，日本海軍的優良航空母艦幾乎全部（最好的四艘航空母艦），與長期訓練最好的飛行員，全部「報銷」（一九四二年六月五日）。艦長也大多與艦同歸於盡，南雲長官雖然被救出來，但後來在塞班島戰死。

因中途島之戰鬥，美日海軍之均衡實質上已經不存在，加以以後日本連續在海上之戰敗，太平洋之制海空權，迅速落在美軍手裡。是即中途島戰鬥是美日戰爭之分水嶺。美國之士氣大為之大大上昇，因其巨大經濟力量之戰備，迅速增加，軍隊之訓練和技術有驚人的進步，因物質的機械力量，美日雙方之實力日益擴大，以後，日方終於未能挽回局勢。

給予全盤作戰指導極大影響之日本海軍在中途島的戰敗，都沒有讓日本國民和內閣知道其真相。連海軍隊內部只有少數人外都守秘密，從當地回來的，統統禁止談這一件事。

日軍是不許失敗的。更不許承認失敗。日方對於中途島之戰鬥，發表敵人的損失比我方大。不發表事實，隱藏失敗，這是日軍最大的弱點。這是陸海軍共同之封建態度的一個現象，不是真正的強韌（堅強）。這個陸海軍的態度，一直繼續到戰爭之末期。

在第二期作戰，對於阿留申的作戰成功，而佔領了基斯卡、阿茲兩島，但因中途島之失敗，終於放棄了南方斐濟和新喀里多尼亞作戰。也因此，日本海軍才那麼執著進出所羅門島、瓜達爾卡納爾島以及布干維爾島，以確保日軍之前進基地，在隔絕的所羅門海空，開始和日漸充實其實力的美國海空軍，作極不利的消耗戰，展開了幾多勇敢而悲壯的海空戰，由之從這個戰爭以後，美日之戰力完全失去其均衡，制海權和制空權，完全落在敵人手裡。由於失去制空權和制海權，增援軍大多被埋葬海裡，各地軍隊，在該地，吃草根樹皮或蛇、老鼠，許許多多的士兵餓死。

美軍自成功於奪取瓜達爾卡納爾島以後，以其優勢之空軍和海軍之援護，以水陸兩用軍，採取跳石頭戰術和不理戰術，一個一個地前進其航空基地，伏爾加、新不列顛：新幾內亞、〇一一呂宋在空海軍援護下，一點一滴席捲日軍而北上。這是麥克阿瑟從馬尼拉逃往澳洲，花費一年時光準備和累積的成果。

日軍放棄在太平洋之最前線瓜達爾卡納爾島之前，德國在南方最前線之北非洲的羅梅爾軍已經敗退，進入蘇聯之戰爭，在口河畔史達林格拉，形勢已經逆轉（史達林格拉之德軍敗退：一九四三年二月二日發表）。從一九四三年初期，軸心國之戰勢，不分東西，已經絕對大不如前。如日軍所期待，要在印度洋和德義勢力握手，在一九四三年年初，不但已經不可能，而且日本面臨計劃如何整理那樣擴大的戰線的問題。在戰鬥上，只知道前進不知道後退的日軍，在作戰上，以偷襲擴大佔領區為能事的日軍，實不擅長於收束。

德國與作戰

一、

在歐洲，一九四一年是德國對蘇聯開始作戰的一年。

根據德方的說法，如果能夠擊破集中在國境之一百幾十個師團之蘇軍，以後將有如前進無人之境界，蘇聯問題之解決，不需要三個月的工夫。一九四〇年十一月，自莫洛托夫訪問柏林以來，德蘇關係開始惡化，發現蘇聯為德國之危險敵人的希特勒，立刻移牒軍部，當時軍部也以要處分蘇聯之機會已經到來，油特爾將軍起案之進攻蘇聯之命令第二十一號，巴爾巴羅沙作戰，於一九四〇年二月十八日，極機密地下達命令，「英法戰爭雖然尚未結束，軍要迅速對蘇聯發動戰爭，一舉毀滅蘇聯」，在一九四一年五月十五日以前，命令完成其作戰準備。德國從前對英登陸作戰，轉變到對蘇作戰。

依希特勒之進攻命令，德軍於一九四一年六月二十二日採取行動，潮水般入侵蘇聯，遭遇到具有最新全體主義國家之武裝與訓練之蘇聯的頑強抵抗，為其背後之游擊戰所苦，德軍之軍事行動不如預期那麼順利。北方列布軍，雖然曾經迫近列甯格勒，卻在那裡過了冬天。中央坡克軍，向莫斯科進擊，蘇聯政府遂搬到傀布伊舍夫（十月）。連接莫斯科和列甯格勒的鐵路已經被遮斷，也野戰過其冬天。

對於德蘇戰爭之德國軍部，與希特勒總統之間，在作戰上有強嚴重的對立。總司令布勞希吉要以倫特旭得特之入侵烏克蘭軍，和中央坡克軍共同，擊滅在莫斯科附近之蘇聯的總預備軍，主張先破壞敵人之野戰軍。希特勒從政治上之考量堅持進攻烏克蘭，終於趕走布勞希吉，自己親自指揮，哈爾達將軍續任參謀總長。一九四一年，雨期長，進擊烏克蘭也不順利。

希特勒的冬將軍又走了拿破崙敗退的同一條路。一九四一～一九四二年冬天是，幾十年來最冷，沒有工夫作嚴冬之準備的德軍，遭受到前所未有的打擊，但還是撐過了，真是了不起。德軍不但被嚴冬所困，更受到在冷凍中受訓之蘇軍的反擊，更被後方游擊隊之攻擊，遭受到很大的犧牲。一九四一年之對蘇作戰之不順利，意味著德國整個東方戰爭之失敗。

二、

關於對蘇聯之攻擊，與蘇聯締結互不侵犯條約時候一樣，德國對於同盟國之日本，沒有協調或事先之通告。希特勒本身也沒有對大島大使表示，對蘇聯戰爭是德國的獨斷，自己來解決，不會要期待日本之任何援助。日本與德國之間，對於戰爭之指導，沒有直接的合作。

對蘇聯戰爭不順利之後，李邊多羅布外相曾經對大島大使，慫容日本採取軍事行動，力倡這是日本在東亞除去蘇聯之危險的不二機會。軍部中過於相信德國之力量的人們，為這個說法相當心動。

不特此，如李邊多羅布外相所說，從去除蘇聯在東亞的危險之外，更進一步德國處分蘇聯之後，其勢力可能及至西伯利亞，甚至海參威時，故要設法予以對抗。這有如德國席捲法國時，深怕德國勢力延伸到南洋時候的同樣心態。陸軍以「關特演」（關東軍特別演習）名義集大軍於滿洲是這個時候。

但日軍南進之方針已經決定，一部分北方派暫且不談，整個陸軍並沒有嚮應德國之誘惑。不特此，日本反而於一九四一年年底，偷襲了珍珠港。德國希望日本進攻新加坡，或攻擊蘇聯，但德國最不希望日本攻擊美國。

三、

就德國的對蘇戰爭而言，一九四二年是決戰的一年。如果不能在一年解決蘇聯，蘇聯將加強與美英之連繫，得到美英之援助，從而加強蘇軍之戰力，反而將形成包圍德軍之態勢。一九四二年度之對蘇聯戰爭，完全決定了軸心勢力之興衰。在東方，日軍之戰爭，在該年年初，其戰果最輝煌。此時日德在暗默之中，最需要有作戰的聯絡。當時的實際情況是，日德雙方皆太高估同盟國彼此的實力。

德國軍部（參謀本部），在哈爾達將軍之下，也沒有變更對蘇作戰。它的根本思想是，先消滅敵人之野戰軍，擊破敵人之武力，這樣就自然而然可以達到政治目的，一九四二年，德軍傾其全力進攻莫斯科，遮斷蘇聯之南北交通，殲滅蘇聯之主力，這是德國軍部的計劃，認為爾後要掃蕩各地不是問題。

從軍事上之觀點，軍部非常這樣主張。作戰之目標，要破壞敵人之野戰軍，是毛奇以來的鐵則。希特勒認為，今日之統帥，不能只從軍事上，也應該全盤思考政治經濟上的問題。對於對蘇作戰，希特勒從政略上的觀點，認為應該進軍南方，由烏克蘭再進擊高加索，佔領石油地帶，截斷來自普魯士灣之英美對蘇聯之援助，將德國勢力延伸到中央亞細亞，進而可以呼應日本之進出印度洋。日本軍部，自簽署三國同盟以來就是這一種想法。海軍，在中途島之後，和陸軍，令在柏林之野村武官，拼命建議希特勒插足高加索。

一九四〇年在西歐戰得到自信的希特勒，這一次又壓下參謀本部之計劃，堅持自己主張，免職哈爾達將軍，強行了插足烏克蘭。

四、

德軍，除義大利軍外，混用羅馬尼亞軍和西班牙軍，入侵烏克蘭，更佔領敖德薩和克里米亞半島，迫近高加索。但是一九四二年之戰爭還是不那麼順利。戰線，從列寧格勒至莫斯科西方，縱斷歐洲俄國，在史達林格勒，達伏爾加，更進入高加索，及於黑海，為陸軍前所未有之很長的單一戰線。蘇軍仍然維持列寧格勒、莫斯科、史達林格勒之鐵路幹線，具有作戰之內戰的方便。不但如此，得於保持來自普魯士灣之美英的援助管道。從一九四三年一月所開始之德軍的史達林格勒的攻圍戰，以遮斷蘇聯之南北戰線為目的的激烈戰鬥，但終於沒有成功。具有東西兩個戰線，在國內之動員力不大的德軍，隨佔領地區之擴大，比能夠大量動員的蘇軍，在兵員數量上，差得太遠。

蘇軍集中其兵力於史達林格勒，轉於大攻勢。蘇軍首先成功於突破義大利軍和羅馬尼亞軍正面，終於包圍殲滅史達林格勒方面之鮑爾斯軍，分割在烏克蘭之德軍，使其陷於混亂。在史達林格勒之德軍發表結束抵抗是一九四三年二月二日。德軍損失極為慘重，乃不得全部撤退，敗走。就撤退之德軍而言，與蘇軍之冬季戰爭非常痛苦，對於游擊戰，每次德軍都有數不清的犧牲。

一九四三年初期，東西雙方戰場，軸心國家的戰爭情勢已經惡化到不可能挽回，日本和德國要在印度洋握手之一般作戰上的想法，已經完全消失。自此以後，日德只有在觀念上和在另外一個戰場從事另外一個戰爭吧了。

五、

希特勒在事實上真是一個天才的獨裁者。如前面所述，軍國德意志之軍部的戰術，以大〇之鐵則的擊破敵人之野戰軍為作戰之目標，粉碎敵人的武力之後，自然能夠達到政治目的，這是它的基本思想。希特勒認為，在全體主義戰爭，武力雖然是戰鬥力的主力，但它只是其一部分，所謂戰力應該是政治、經濟、思想等一切要素的綜合，要立體地予以利用，相當考慮政治上因素。希特勒以這樣的新思維，拋棄德國之老舊的陸海軍之平面作戰方法，在挪威戰爭和對法戰爭都獲勝很大的成功。

完成希特勒之綜合戰術的是蘇聯。從物質之科學主義的馬克思，到列寧和史達林，布爾什維克・蘇聯，已經早已練成全體主義之軍隊。革命後二十幾年，在蘇聯，成就了黨部和軍隊的融合，蘇聯之武力是政治、經濟、思想及科學之綜合力量。蘇聯軍隊之建設，大多得之德國人之援助，有許多德國之想法，其近世之軍隊的完成，革命後僅僅七、八年，便比德國軍隊還進步。一九四一年之史達林的軍隊，當然比一九一四年之〇軍隊要強得多。尤其是，保衛祖國之戰爭的威力，實極強無比。這是為什麼能夠保衛列寧格勒和史達林格勒，在冬季戰爭中，能夠擊破德軍的主要原因。

在西方戰場非常成功之希特勒的的戰術，在東方戰場，完全歸於失敗。這是因為對方的素質不同所致。他排斥軍部之意見，太重視政治上考慮之高〇東戰，是其對蘇戰爭失敗的根本原因。

德國軍部是德國傳統支配階級（容克）之代表性的勢力。革命納粹勢力抬頭之後，希特勒悉力於軍部和黨部之統合，但這不是那麼容易的事。處分激進派之馮．羅姆的事件，是這樣發生的。重視秩序，尊重能力是德國人的國民性，所以希特勒幾年的統治，也逐漸統制軍隊，黨部和軍部漸漸融合，與軍之老前輩布羅姆別魯希將軍的關係也良好，但無論如何，七、八年之歲月，為其完成，還是太短。

兩次排除軍部之很大的反對所實行之對蘇作戰失敗之後，軍部之對黨部和希特勒的反感，立刻又燃燒起來。原來，德國陸軍傳統上對於俄軍大多有好感，史達林格勒之失敗，終於造成了德國東部軍之崩潰的動機。機械性地以強力統制的德軍，面臨這樣的頹勢時特別脆弱。軍隊首腦已經不屬於希特勒和納粹，甚至在反抗。暗殺希特勒之計劃和反抗陰謀，一再發生。甚至於意圖投降蘇軍。在東方，將軍、軍隊對於戰爭都在「盜工減料」，因此德軍完全失去其面目。

東方軍之精神上破產，很快傳到西方軍，一九四四年六月，美英軍登陸諾曼第之後，德國軍隊之統制，在西方已經失去了。

一、

九一八事變之發生，就某種意義上來說，是為了日本之自衛。因為中國對於日本在滿洲之重大權益，要以直接行動來排拆是事實，日本要養活其增加之人口的糧食問題是國民的生活問題，所以日本在滿洲之權益，就日本而言，是其死活的重要問題。問題是其行使武力。又統治滿洲之方式，雖然以五族協和為主義之滿洲國獨立之形式，實際內容是以軍之軍國主義之舊思想作基礎，這是鐵的事實。

從某意義來說，處理滿洲是來自對日本之經濟上的壓迫，與此同時，也具有處理日本之經濟力的實力。但是日本沒有更前進一步的理由，也絕對沒有這樣的經濟力量。要擴大九一八事變，日本在經濟上會破產，這幾乎是一種常識。可是在當時，軍部之經濟財政論支配日本，以為財政只靠印刷鈔票，就像滾雪球一般，與武力伸張之同時，可以往國外自然發展。好多官員和學者以軍部的想法為靠山。軍部不管三七二十一地，以強化日經濟之美名，或以獲得資源為目的，深入華北工作，終於以武力展開於南方。

日本只以經濟的觀點來看中國，卻沒有解決中國問題的力量。何況，佔領地經濟和軍事力和政治力是息息相關的。

二、

日本搞了中日事變這個不自量力的名堂是其敗滅的原因。華北工作變成中日事變，更演變為中日全面戰爭，日軍佔領了中國之華北、華中和華南要衝。僅僅以一百萬以下兵力，要完全佔領中國是不可能的事情，日軍只能佔領點和線。或許說佔領線更加貼切。

實際情況雖然如此，軍部之佔領中國之政策，卻只是基本條件完全不同之滿洲政策之延長。政治工作、文化工作和經濟工作，都是滿洲式的。惟因非常欠缺實力，其結果極其差勁，譬如所謂文化政策，幾乎等於零。尤其失敗的是經濟方面。對於滿洲國，日本在經濟上是利益的提供者，但對於中國，隨時間之經過，為利益之片面的「享受者」，因而中日之間產生情感上之很大的隔閡。嘴巴上雖然在說中日經濟合作，共存共榮，但從正在打中日戰爭之當時的一般形勢來說，是非常困難的事，在實際上是從「物資之取得」變成「經濟之剝削」。

因封鎖經濟所造成之通商貿易的障礙，在九一八事變之後，更加厲害。日本要維持大國的經濟，必須逐漸集中隣近國家之經濟和交通，因此愈加仰賴中國提供原料物資，反此，日本對中國之生產品的輸出也隨之增加。從這一點來，便在倡議日滿中共榮圈，日滿中經濟提携等等。中國對於日本提供物資，日本能夠提供生產品或東西（包括金錢）的時候，因利益是互惠的，因此可以說是提携。可是取得物資用於製造軍需品，很少用於一般生產，或因為沒有從其他國家輸入原料，對中國之輸出品由之逐漸減少，由之日本對於在中國取得物資之支付便愈來愈困難，這是理所當然的事。而且，為繼續戰爭，必須取得軍需物資。於是開始印刷軍票同樣的佔領地貨幣來支付。因而引起通貨膨脹。因不得不勉強，便愈加強佔領軍之威力，惡性循環。

佔領軍為使取得物資之方便，遂令日本人的組織參加這個取得機關。成立中日合辦公司，這不只是設定利權，實具有這樣的直接目的。

三、

要指導佔領地區之政治、經濟、文化等各方面，興亞院聯絡部這個好大機關在各重要城市設立機構，也指導中國政治行政機構，這是前面說過的。

華北有「北支政務委員」。南京最早成立的維新政府，後來為汪精衛國民政府所吸收，北支政務委員會也附屬於它，而這些中央政治機構和地方行政機關，三層地受日本之監督。第一是日本人顧問和日本人職員之內部指導；第二是興亞院聯絡部之外面的監督；第三是駐紮中國之日本陸海軍之監督。喜歡干涉之日本人的性格，和不喜歡別人干涉之中國人的性格是根本不能相容的。華北有模仿滿洲國之協和會，以中國人為會長，日本人為副會長的新民會，為支持政治的民間活動。新民主義是仿效三民主義之儒教王道主義運動，與現代中國之民眾沒有任何關係。

這樣與時世之要求乖離的政策，在以點和線所保持的廣大地區，行使其政策，因此反擊它的重慶（國民黨政在）和中國共產黨的工作，所以非常容易。日軍為守備鐵路，沿著線路挖掘○○，在一定的間隔建設堡壘。在華中，以清掃地區（所謂清鄉運動）之美名，把廣大鄉村用○○圍起來，調查其範圍內之居民，實行所謂處分「不良份子」，幼稚至極，幾乎完全沒有達到其目的。不特此，在中共之首都延安，日本共產黨之首腦野坂（參三）等人在這裡，以日本人俘虜為中心，施以共產教育，從事攪亂日軍之工作。即使是中國之與日方提携的人們，是希望與日本之提携，來開拓中國和中國民族之將來，絕對不是日軍之傀儡，更幾乎不會盲目地協助違反他們自己目的之工作。

四、

一九四二年年初，著者以大使身分赴任南京（汪精衛政權），因戰勝之報導，日本之權威達於最高峰的時候，經濟情況也很不錯。日本與中國之交通沒有問題，物資之輸入輸出都很自由，聯銀券、儲儲券都可以和日本貨幣交換，交易也很方便。中國商人買進許多日本商品，賺了不少錢。

著者意圖在中日關係順利時，重建根本政策。認為要實現多年來著者所想的對中國政策是這個時候，覺得現在不實行它，日本之真正精神將永遠無從表現。那是在政治上經濟上之指導要由中國人自己擔任，日本完全不干涉中國之內政，並給予中國人所要求之自主重建以協助，換言之，要把中國當作一個完全獨立的國家來對待。完全廢止日本與中國之間的不平等條約關係，建立完全平等之對等同盟關係，自動在政治上和經濟上要互相幫助。隨戰爭之進行成為不必要的時候，日本要由中國完全撤兵，把一切利權歸還中國。除中日平等和互相尊重之政策以外，無論日本戰勝或戰敗，實在沒有調整中日關係的辦法。滿洲國之問題，中國已經承認（不是承認而是默認—譯者）所以已經沒有問題。這一種政策的轉變，只有日本充滿以為支配了東亞這樣的自信才有可能的出現。著者在九一八事變前駐紮中國時候所想的政策，很想乘這個機會來實現，以建立尊重主權和平等對等之關係，除非以這樣的態度和政策面對以中國為首的東洋民族，就日本而言，這個戰事實在毫無意義。著者認為，如果能夠建立這樣的政策，著者過去之對中國行動，自然多多少少得到成果及有其意義。

著者回國之後，在東京，一再對於要人、上層、軍部等說明這個政策之重要性。天皇全面嘉納。東條首相亦體會天皇之意向，逐漸準備實行這個政策，盡力在陸軍隊內部努力於得到共識。但花費了戰爭中寶貴的一年，日本政府終於決定全面實行這個政策，這就是所謂「對支新政策」。

五、

對於一直非常困難的中國問題，雖然是表面上，軍部也改變了他們的態度，是因為天皇交代東條首相兼陸相要實行的結果，雖然枉費了一年光陰，但時機成熟了。

第一，自一九三七年以來，將近一百萬的日本青年士兵，長期在中國大陸各地一邊打仗，一邊觀察中國。他們自問自答為什麼要和中國打仗？但找不到非打仗不可的理由。他們大多認為，中日兩國應該和好，不要相爭，眼看流血的活生生的事實得到這樣的結論。他們逐漸明白，中日兩國本來就應該親善共同繁榮。過去有過很大的犧牲，經過這樣大的犧牲日本人之感情才走上正常的軌道。

第二，日本人之眼界，進入大戰爭之後，才開始廣闊起來。日本之使命在於亞洲。日本在中國以武力設定中國目前之權益，這實在是違反日本之真正使命，日本對於亞洲之使命，是和中國共同的責任，日本不能穿牛角尖般地只搞中國問題，〇〇近視眼的感覺由之減退。日本要以東亞，東洋之前軀自居，與亞洲民族並駕齊驅，與亞洲民族共存共榮。得知東亞之解放，亞洲之復興為日本之使命的日本人，逐漸惡夢初醒。第三，日軍要在中國取得物資，不但已經到了盡頭，隨戰爭之經過，日本之平時生產迅速減少，而且由於船之減少，交通更加不方便。因中日貨幣之交換的規定，日本之貨物一時充滿於中國人之手，但沒有成為取得物資之根據？隨日本〇物資之缺乏，中國遂開始通貨膨脹，為維持日本之軍隊需工廠取得原料，愈來愈期待中方之自動自發之合作。自動自發之合作當然不是無限的，但必須比日方片面態度更有效。武力政策，對中國還是有限的。不僅是經濟問題，對於一切問題，希望中方能夠願意合作，包括軍事行動的各種事體，都需要中方之合作。無需說，這是中方求之不得。

六、

此時，產生了要設立大東亞省的問題。

軍部在九一八事變以後設立了對滿事務局，把滿洲問題從一般國際問題分開。勃發中日事變，創立興亞院，同樣把中國問題和一般國際問題分開處理。這一次開始大東亞戰爭，軍隊插足南方各地，需要處理中國以外的廣大地區，在這個地區，軍隊絕少直接實施軍政，大多留下從前的行政機關，軍隊只是採取監督的立場。南方還有不少不在日軍的佔領地區。其顯著例子就是暹邏，泰國是完全獨立的國家。

有關滿洲國、中國以及南方一帶之全盤東亞的計劃，不應該是以普通國際關係來規劃的工作，就日本而言，它應該是特殊關係之大東亞共榮圈地域的工作，軍部主張把這個工作從外務省的管轄分離，把興亞院和對滿事務的工作併在一起，新設立大東亞省來主管，在內閣獲得通過。

根據這個案，日本把大東亞地區當作特殊關係地區，欲設立一種殖民省的機構。從規定的表面來看，把外交分成有關東亞的部分，及其他的部分，將外交權分而為二，把外務省分成兩個地區，毫無道理的奇怪現象，亦即有兩個關輔弼的兩個大臣。

這個制度，對內面，排斥外務省，意圖縮小其權能，要消滅戰時外交，這是軍部的思想；對外面，來自要特殊因應大東亞地區之獨立國家（當時之中國〈汪精衛政權〉、滿洲國和泰國）的思想，所以完全違背對中國新政策之精神。

由於出自這樣趣旨所設的大東亞省，不管外務省和樞密院等的大力反對，由東條內閣成立了。東鄉（茂德）外相因此提出辭職。

由於新設立大東亞省，沒有實行新政策之可能性，著者乃決心去職（當時重光葵為外務省次〇）。可是東條首相對著者的說明，卻與著者之判斷完全相反。他強調說：「是為實行新政策才新設立大東亞省，大東亞大臣要任命在南京擔任汪精衛之顧問，共鳴新政策的青木一男氏（曾任大藏大臣、駐汪政權之日本大使館囑託）。外務大臣要任命對新策最理解的谷（正之，譯者認識這個人）情報局總裁，令其協助運用大東亞外交，希望新政策之中心的著者前往當地實行新政策」。為實行新政策，著者答應了。但是，對於新政策之認識，東條首相和著者，應該是不一樣的。著者意圖以自己想法，和同去指導日本應該走的道路。

七、

對於戰爭之將來，著者在前面已經說過。著者認為不管戰爭的結果如何，新政策是正確的，合乎大局上之利益而工作。著者相信：日本之錯誤的道路，始自對中國問題，要改變它，自應該從中國問題著手。也就是說，以對外事變（九一八事變）發生的革命，很難只以對內的力量來收拾。要使政治上軌道，還是只有藉對外的政治力量來因應，所以要以新政策之精神逐漸及於對內政治，以改變日本要走的道路。根據著者的想法，新政策不僅對中國或東亞，對國內也要實行，即內外政策共同才行。首先，在對外要以把握機會先實行對中國新政策，並將其擴大到整個東亞，鼓吹其精神，同時將此精神應用於國內的政治。這樣可以矯正軍部使日本走向錯誤道路的策謀，能夠鎮定昭和之動亂。

對中國新政策之內容是，中國多年來要求日本而未能到手的東西。如果能夠實行它，中日自不會發生衝突。時至今日，才以南京之汪精衛國民政府為對手便有實現的可能性，如果能夠實行新政策，重慶之蔣介石政府就沒有和日本打仗之理由，於是可能產生蔣介石和汪精衛的妥協問題，進而可能產生蔣介石和日本的和平問題。日本不改變政策，再怎麼樣想和重慶和平，那是絕對辦不到的。著者以政策作為汪、蔣和日本妥協的大前提或擬訂以它為背景的外交政策就是由於這個道理。日本政策之根本更新，其實是要消除戰爭之原來，為全盤和平的關鍵。

對於中國，美英在給予很大的援助。即使蔣介石沒有和日本打仗的理由，要和日本妥協，與美英友好關係也作不到。但是，因日本之對外政策的新政策，變成和美英所希望所主張者沒有不同，通達世界之大道的話，因此不僅蔣介石慶慶政府，美英也有妥協之空間和可能。如果美日交涉當時，採取新政策的話，交涉應該會成功才對。無需說，新政策可以利用作為一般和平的基礎。亦即新政策是恢復一般和平，為對於內外的基礎工作。這一點，後來因為發表大西洋憲章及與其精神同樣的大東亞宣言，更加清楚。

新政策之意義，在國內愈明瞭，愈促進政界之覺醒，與議論戰爭之目的，轉變國內政治氣氛也大抬頭。新政策之最後目的是，要清算日本過去之錯誤的政策，自然而然會直接影響戰爭本身。換句話說，看穿戰爭之結果，要盡快對它作好其準備。

對中國政策　其二

一、

昭和天皇非常瞭解新政策之內外的重要意義，期待其能夠實行。天皇鞭撻東條首相，並批准三笠宮（〇）駐中國（汪精衛政權）總司令部輔任，特別令其監督新政策之實現。三笠宮在上海，在日本軍部、官憲以及民間之重要聚會，訓示大家要實行新政策，再三說明和強調天皇如何關心新政策之實現。東條首相體念天皇之意向，認真努力於其實現，親自出差上海和南京，大聲疾呼新政策之意義，命令大家要實現它。

東條首相對於新政策到底體會多少，有多大決心，實不無疑問，問題是，他之指導實行新政策，主要是因為他覺得這符合天皇之意向。與與同時，他對於新政策之理解，遠比其他軍之首腦和軍人政治家等人最深，努力要想戰爭目的成為公明正大，這從大東亞會議，以及他的言行可以看得出來。

二、

一九四二年所準備的對中國新政策，從一九四三年初開始實施。對中國新政策，大體上為政治上的和經濟上的。

得知日本新政策的汪精衛政權，以為這樣可以達到其建立「南京政府」之大目的，非常大振作起來。可是對於實行這個政策，日方卻有不少問題和誤解。主要是來自以往與軍部思想亦即新政策的隔絕，以及日支（中日）基本協定所表現的作法。又中央之命令在當地部隊很難貫徹。譬如，中國依中國人之方針，已經歸還中國人之工廠，大半之機器已經不能使用等等。

人人努力於實施新政策。與外務省關係比較多的政治方面，比經濟方面多，逐漸附諸實施。

九一八事變之前，著者努力於想實現修改不平等條約，開始於歸還各地之租界。

我們辦理了解歸還蘇州、杭州、漢口、天津之日本專管居留地，國內之聯絡會議或內閣自不在話下，需要辦理樞密院手續，此時樞密院並沒有反對。至於上海、廈門之共同租界，因與其他國家有關，與軸心國（義大利）之關係，日便予斡旋。

租界問題之後，我們也審議了法權問題。關稅問題已經獲得解決，義和團議定書（關於北京與港口之間的聯絡之駐兵權問題），決定予以廢止。如此這般，不平等關係，中日兩國已經同意要全部予以廢止（一九四三年一月）。

三、

一九四三年四月，為商議實行新政策之下一步措施，回去東京時，東條首相希望著者出任外務大臣。著者表示，為在中國推行新政策，著者需要留在中國。東條說，希望著者以外務大臣身分在中央大力推行新政策，以及參加大東亞地區之外交，同時很熱心地表示，準備以谷（正之）外相來接替著者，想外相和大使對調，目的是要加強新政策在中央之推動，所以著者接受了。著者在心裡想，在中央加強和擴大實行新政策之推行，俾早日能夠早日實現一般和平。

昭和天皇不但一再特別要著者實行新政策，也很操心恢復和平。東條首相也很清楚這一件事。對中國新政策，著者和谷新外相合作漸漸附諸實施。準備全面具體地清算中日間之不平等關係，擬在平等對等關係上建立同盟關係。與此同時，必須正式廢除日支基本條約等一切不平等條約。其手續，在國內非常複雜，處處有難題和障礙，其所以能夠突破，是因為前面所說時世之變化。在中國要恢復和平時，東條首相發表將全面撤兵之宣言，這是非常的進境。

著者立刻著手把新政策向整個東亞推廣。同時透過議會努力於讓國民理解新政策，這個努力強調以前不大講的日本之戰爭目的。日本之戰爭目的是要解放東亞，復興亞洲，使東亞民族脫離被殖民之地位，使其各國平等，是世界和平的基礎，其實現乃是日本之戰爭目的，實現這個目的，日本將為非常滿足。

四、

對汪新政策的基本於是逐漸上軌道。在中央的困難漸漸減少，要實施歸還中國之租界，廢除不平等條約，設定新同盟關係也正式完成，汪政權與日本之對等平等關係也成立了。日軍之駐屯中國，因為同盟合作之結果，在面對共同敵人的意義上，在中國如果沒有抗敵關係，正式聲明日本軍隊將立刻由中國大陸撤退。

如果汪精衛政權與重慶政府實現和平，中國能夠統一的話，中日之間自可以講求和平，下一個問題便是一般的和平（對於美英之和平）。

思考自九一八事變以後之中國的國際關係，今日重慶政府完全在美英指揮之下，要中國反抗美英之意向，和日本實現和平當然是不可能的事，更不可能扮演仲介日本和美英之和平角色的實力。恢復中日關係之企圖，因有太多的壞因緣，蔣介石之對日戰爭已經無法抽身。特別是自一九四三年十月一日，在開羅之羅斯福和邱吉爾的會談，發表開羅宣言以來，更是如此。現實的問題是，重慶的蔣介石如與日本實現和平，或實現一般的和平，除非日本投降，在實際政治上是不可能實現的。

但是，著者相信，如果日本以中國國民為對手，推行對中國新政策，日本之行動和政策以公正的理想為基礎，讓世界人士理解的話，可以實現和平的根本條件，不管戰爭的結果如何，為恢復中日兩國之關係，是絕對必要的。

日軍對於中國之態度，實在太武斷了。日本之政策，一定要令中國民族理解日本民族之公正精神。新政策不是以汪精衛政權為對象，也不是為了要和重慶政府討價還價，而是日本要透過中國政府以中國的一般國民為對象，令其知道日本人的真正意圖是什麼，要以實際行動證明。

五、

不管軍當局如何說明，戰爭情勢是意外地在惡化。既然是戰爭，日本國民必須自覺盡最大努力為戰爭賣力。但為此日本人不能妄目。著者盡可能地客觀分析世界情勢，內閣自不必說，透過議會、樞密院、翼贊政治會以及企業家等之聚會，對國民提供批判性觀察之資料。當時對於戰況之發表和說明，完全是軍部之專管事項，規定得非常嚴格，所以新政策之推動，相當困難。

著者在議會，實在束手無策。可是為訴諸國民，只有透過議會，乃歡迎認真的外交討論，可是在議會，著者聽到的全是軟弱外交這樣的非難，好多議員人批評著者之態度欠缺同仇敵愾之心。當時之外交被分割，外務大臣之權限在法規上被縮小許多，所以要作外交上全盤之運用，事實上有許多困難。但不管權限如何，身為外務大臣之著者，要盡量推動統一的外交政策。當時，著者在議會之公開的或秘密的演講或回答，全部出於這樣的旨趣。其主要內容如下：對支新政策必須貫徹。要把它擴大，使其及於日本力量所及地方更是重要，對支新政策應該成為大東亞新政策。新政策將促使亞洲民族之覺醒，實現其解放和復興，以貢獻和確保世界之和平為目的，就日本而言，建設各民族和國家之善鄰友好關係是其國際親善政策。日本和蘇聯訂有中立條約。當然要嚴格遵守中立條約，強化和延長它合乎善鄰政策。

正在從事大戰爭之日本，要堂堂正正主張其戰爭目的。為自己生存自衛而戰，是要戰爭之心情的問題，不是主張的問題。解放東亞，復興亞洲是日本的主張和戰爭之目的。光明正大的戰爭目的，只有國民理解，戰爭才有意義，才能提高士氣。如果不能達到戰爭目的，隨時可以恢復和平，所以強調和限定戰爭之目的，是恢復和平的基礎工作。既然開始這樣的戰爭，自不能隨便半途而廢。犧牲再犧牲是不得已的事的。不過個人也好，國家也罷，尋求至善本身是偉大的力量，為神聖的事情。只有這樣，無論戰爭的結果如何，國家和個人才發現其很好的前途。神聖的工作，任何時候都絕對不會太晚。以上旨趣是著者在外務大臣任內，在國會及其他場合所發表演說之內容。

大東亞新政策

一、

顯而易見，第一次世界大戰正以民族之解放為理由的戰爭，在歐洲白人種族之間，實際上在巴黎會議確認了民族自決主義。但是民族主義沒有及於是歐洲以外。亞洲仍然是殖民地或半殖民地。第二次世界大戰應該是建立亞洲民族主義的戰爭。亞洲民族應該以這個戰爭的機會而覺醒，為其解放復興而奮鬥才對。

亞洲和非洲得到解放和復興，對世界和平有所貢獻才是人類之進步。只要歐洲各國以亞洲和非洲為墊腳石，作為剝削之對象一天，世界不可能有和平。日本之戰爭目的是要解放東方，復興亞洲。除此之外，日本沒有任何野心（這一句有問題。日本是想取代他們，作為東方之霸主，對中國有野心——譯者）。這是日本發動大東亞戰爭之動機和目的，只要實現它，日本可以隨時結束戰爭，這是我們的主張（著者之主張——譯者）。

由於以上之主張，日本對於在東亞還沒有獨立之各民族，一個一個地承認獨立之國家。東條首相親自往訪南方地區，奠定了這樣的基礎。緬甸之獨立得到日本之承認，菲律賓之獨立也獲得日本之承認（緬甸為英國殖民地；菲律賓為美國殖民地——譯者）。印尼（荷蘭殖民地）也在準備獨立。日本也在考慮其領土的朝鮮和臺灣之參與政治和自治。日本要援助印度（英國殖民地）之獨立，並承認自由印度之臨時政府。日本在其力量所及範圍內，皆要實現其民族政策。對於這一件事，當然內部還有不少障礙，但都一一克服了。

二、

日俄戰爭以後，亞洲之民族主義怒潮澎湃。在東亞各地，出現民族獨立之志士。其代表人物，在菲律賓是勞列爾博士，在緬甸為巴莫博士，印尼是蘇加諾。此外，安南（越南）之志士也來過日本。這些東亞民族之偉大領導者都希望自己國家脫離歐美之殖民地地位，成為名符其實之完全獨立的民族國家，其獻身的革命事業，使不爭氣的人們振作起來。即使日本戰敗，他們的精神將永遠在東亞天地生根。

日本立即承認菲律賓之獨立。凱宗氏之友人，現任高等法院院長之勞列爾博士獲選為其總統。他的鐵血意思及其非凡的人格是，領導菲律賓民族獨立的至寶。緬甸獨立政府之領導人是巴莫博士，多年來之獨立運動的苦心成真了。他的崇高的精神和知識，奠定了緬甸之獨立基礎。印尼還在獨立之準備時期。熱烈的愛國者蘇加諾氏之長期領導的獨立運動，因為日本之援助逐漸在進行（馬樹禮著「印尼獨立運動史」，香港新聞天地版，台北正中書局版，很值得參考──譯者）。這些人，先後訪問過日本。

論述亞洲之民族主義，我們不能不提到偉大的印度英雄江多拉・坡斯。

三、

在英國統治下之印度獨立運動，具有很長的歷史。因為甘地之不合作運動，印度之民族運動熱絡起來，甘地徒弟的江多拉・坡斯認為，印度之獨立不可能只以甘地主倡議之不合作手段就能夠成功。對於力量必須以力量來對付，對於直接行動要報之以直接行動，因此準備以力量來推翻英國之統治印度。

江多拉．坡斯是以印度人中之印度人出生，留學英國，在牛津大學研究讀政治經濟。他說很漂亮的英語。為印度之獨立，他奉獻其一生，因此他放棄其一切之個人欲望，一直到戰時四十幾歲還是過著單身生活，領導同志。他是熱血沸騰的男子漢，但絕非狂信者。具有深謀遠慮之智力和熱情的他的決心，名實相符地顯現於其相貌、舉止和表情，其態度，一旦接觸他，聽他演講，沒有人不感動。他真是一個勇者。

反抗英國在印度之統治，與英國之官警衝突，因而入獄十幾次，發生歐洲戰爭之後，偷偷越獄，逃往阿富汗，得到日本之援助不久逃往德國。從此以後，他投身軸心國家。於是，他得到以第二次世界大戰為印度贏取獨立之求之不得的絕好機會。

他在柏林，以印度兵俘虜為中心，編成印度獨立軍大隊（連），因德國之戰勢也沒有進展的樣子，乃靠日本，決定在東南亞和英國打仗，於一九四三年年初，乘德國潛艇前往印度洋，再換乘日本潛艇前赴馬來西亞，在此地編成印度自由軍。

他來過日本三次。第一次是要和日本當局取得聯絡。第二次是為參加大東亞會議，第三次是戰爭情勢惡化，為作最後商議而來的。他在大東亞會議議上場所做的演說，以及政府和一般歡迎會席上的演講，皆為聲淚俱下之呼天叫地的聲音。

日本接受他的懇求，在日軍所佔領之唯一印度領土安達曼、尼科巴爾諸島，作為他所主持自由印度臨時政府統治之下。日軍越過緬甸北部國境，硬搞英帕爾作戰是沒有道理的，但這是要在印度大陸之一隅，援助印度人創造其自由天地之他的計劃的結果。此時（一九四四年三月二十日），他以自由印度臨時政府領袖身分對於印度國民呼籲印度之獨立，這是永遠不可磨滅的文字。英帕爾作戰是非常勉強的作戰，起初雖然成功，終於未能達到目的而失敗，日軍餓死幾萬人，但對於促使印度人覺醒有過很大的作用。

戰爭終於戰敗而苦悶的他，第四次飛往日本。飛機起飛台北機場時掉下來，印度之英雄及其他乘客同歸於盡。但他是為印度之獨立奮鬥而死的。坡斯去世之後，印度人還是不相信他已經離開人間。

戰後，他的部下統統被逮捕，附諸軍事審判。在印度首都的審判，辯護方面要求著者或著者之代理人，以證人身分證明江多拉・坡斯不是日本之傀儡，以反駁推翻英國檢方之主張。著者之代理，前往印度之外務次官，或者駐緬甸大以及與其接觸過之外務省官員的澤田廉三、松本俊一以及太田三郎之三位，在法庭，都證言強調江都拉・坡斯不但不是日本的傀儡，而且一生為印度獨立之鬥士。在印度之英國的法官，對於印度的愛國者均宣判無罪。

印度知道，第二次世界大戰對於亞洲具有怎麼樣的意義。印度人和江都拉・坡斯一起為印度之獨立共同奮鬥。與此同時，英國也知道印度之獨立時期到了。戰後英國自動承認印度之獨立，說明英國之偉大的政治性。

四、

一九四三年十一月，在東京舉行了歷史性的大東亞會議。這是自覺的東亞民族之聚會，是要協議亞洲人之世界觀向世界宣言的。出席這個會議之東亞的獨立國家，有支那（汪精衛政權）、滿洲國、泰國、菲律賓、緬甸和日本，自由印度臨時政府也參加了。日本在戰爭末期，也承認了印尼和越南的獨立，但沒有趕上這個會議。出席者有汪精衛、張景惠（滿洲國）汪歪公（泰國）、勞列爾（菲律賓）、巴莫（緬甸）、江都拉・坡斯（印度）和東條英機（日本），日本代表被選為主持人。

這個會議，通過了一個共同宣言。這個宣言誓言（約定）大東亞各民族在獨立平等立互相尊重其主權，依共存共榮之精神，為東亞之發展和提升，要互助合作，宣稱通商之自由，和文化之交流，為亞洲之解放和復興，要奮鬥到底。在其內容，相對於一九四一年所發表的大西洋憲章，在其精神，許多是共同的，但它不像大西洋憲章只是主義的聲明，而是聚會各國要實行之政策的宣言。這就是大東亞宣言。

大東亞宣言是從對支新政策發展而來之同一旨趣的東西，為真正之日本精神的表現，是戰爭目的之發表。這個戰爭目的之核心的民族主義是戰時美國所強調的，戰後，得到聯合國之支持，在亞洲逐漸在實現。

亞洲人之這個戰爭還沒有結束。亞洲民族不僅要自求解放，還要自求復興，要積極努力為世界和平有所貢獻。不止要求解放，得到解放的亞洲，要和歐美同等資格奉獻國際關係更加困難。為此，亞洲不能忘記，必須充實物心兩方面，努力向上才行。

戰時外交

一、

日本在戰時外交上，與大東亞政策之同時，必須用心的是對蘇聯關係。日本和蘇聯有中立條約，故只要這個條約繼續存在，即使是戰爭中，日本和蘇聯是可以維持和平的。對於德蘇戰爭，日本是中立國，蘇聯對於日美英戰爭也是中立國家。日本相信中立條約，決定尊重中立關係之政策，一再作這樣的表態。戰爭期間，為尊重對蘇聯之中立關係，在海上或陸上發生問題時，對於其解決，日方曾經作了最大的努力。對於滿洲之國境事件，在遠東軍事法庭追求日本之侵略戰爭責任的蘇聯，對於日本之遵守中立沒有話說。

問題是，蘇聯會不會遵守中立條約。日本相信蘇聯會遵守中立條約，並倡議其加強。松岡外相於一九四一年四月在莫斯科簽訂中立條約時，蘇聯希望取消日本在北庫頁島之石油和煤炭，日方以成立防共協定，重新開始自一九三六年以來中斷之漁業條約的交涉，希望消除每年很困難的暫時決定的這樣問題。著者把這個問題當作日蘇間交涉的問題。有關取消日本之利權的交涉，需要克服日本內部之困難，而漁業條約之交涉，需要相當多的時間，這也妥協成立了。總之，這實具有強化中立條約之意義。這些交涉，是一九四四年春天，在莫斯科由佐藤（尚武）大使和莫洛托夫外相簽訂的。

二、

日方有意與蘇聯更進一步改善關係的意思。這是締結三國同盟當初，就想把蘇聯拉進來，希望趕緊結束德蘇戰爭，使其和解。

當時在直接指導戰爭之日本軍部，作為進行戰爭之手段，希望德蘇和平，以同樣目的，希望和重慶進行和平工作。要以軍事上之桌上論來處理實際上之外交不是那麼容易的。想以玩弄外交手段來操控別人國家，使兩國家馬上打起來，這是非常幼稚的想法。但是，如果從要恢復一般的和平基礎這樣的遠大目的，和重慶之和平氣氛一樣，營造德蘇之和平氣氛同樣是一件好事，特別是從改善日蘇關係這樣意義來說，提出德蘇問題是恰當的。

著者基於這樣的意思，乃提議遣派元老級人物之廣田前首相前往莫斯科。首先努力於更加改善日蘇之關係，必要時從蘇聯經由中立國前往柏林，給予為恢復德蘇關係以及建立一般和平盡力的權限。為完成這樣重要的任務，必須請出多年來與蘇聯問題有關係，對外有信用的老練人物。

這個提案，在日方已經得到各有關方面之贊成，但蘇聯政府以為這個提案（沒有說明重臣級人物廣田之名字）是普通的斡旋德蘇之和平，而予以拒絕。這個提案後來又再度提出，更準備了改善日蘇關係之具體方案，蘇聯鑑於一般國際情勢，明白表示不是蘇聯可以接受日本特使之時機。查看美國方面之記錄，蘇聯每一次都將日本之提案，通告美國政府。

三、

莫洛托夫外務人民委員（外交部長）對駐蘇佐藤大使再三表示，蘇聯會遵守中立條約，對於日本所提出延長中立條約之提案，以需要更多時間來思考，而予以婉拒，最後一九四五年四月，蘇聯通告廢除中立條約，莫洛托夫還對佐藤表示，到中立條約之失效，還有一年以上的有效期限。

著者就任外務大臣時（一九四三年四月），蘇軍已經轉為攻勢，爾後一直到戰爭結束維持連戰連勝之勢力。勝利之戰勢影響蘇聯對日本之態度，故在有關強化中立條約之交涉，以及日本要派遣特使之交涉，蘇聯對於日本之態度，逐漸在改變。蘇聯對於戰爭之結果，在打精細的算盤。蘇聯不管日方之抗議，讓攻擊日本之美國飛行員容易降落蘇聯領土，而且加以隱藏。當時美英不僅要求蘇聯協助其飛行員，令蘇聯違反中立行為，更是蹂躪中立條約本身，以極大的代價要求蘇聯對日本開始戰爭，由此可知美英對於遵守條約之態度和觀念。

研究蘇聯之唯物主義外交的人，要判斷蘇聯之態度不會感覺有什麼困難。從戰時日本努力於要改善日俄關係之外交交涉的過程，可以很清楚地判斷蘇聯對於東亞之意圖。特別是，一九四五年二月之雅爾達會議之後，蘇聯隨時可以參加對日本的戰爭，這可以從美國等報紙資訊材料得知。在這一點，蘇聯之通告日本要廢止中立條約自不足為奇。

四、

因為三國同盟條約，與站在共同戰線之德義兩國從事戰時的交涉，實在非常複雜。盡一切力量互相援助，俾能得到同盟之實，但在著者擔任外相的時代，因為德義和日本之戰場完全不一樣，所以完全沒有戰爭指導之合作的餘地，許多都是同盟儀禮上的事體。

反觀美英之日益緊密，軸心國家分成東西完全不同的戰場，軸心國家戰敗的第一個原因是，軸心國家想在印度洋把東西之戰爭連結起來，成為一個戰爭的作戰，這在當初就徹底的失敗。

德國眼看對蘇戰爭之不如預期，曾經試過要日本攻擊蘇聯。對於日本軍部自不必說，為直接勸動日本政府，德國駐日本大使，曾經對日本之外務大臣（著者）說，蘇聯違反中立，提供美國飛機或潛艇以基地，給予攻擊日本之美國飛機方便，或者為遠東蘇聯軍備給予許多軍需品從美國輸入進來。著者為使德國政府發生誤解，每一次都對其清楚地說明：日本沒有違反日蘇中立條約之意思，對於美英戰爭沒有多餘力量之軸心國家，不該擴大戰線，縮小戰線才是日德兩國之利益。德國大使對於日本之這樣的態度，沒有任何誤解。

史達瑪德國大使是，著者在南京之同伴，在當地非常理解日本之對汪精衛政權政策，並有同感。著者透過他對德國政府建議，德國亦能採取同樣的佔領政策。著者以為德國必須由鎮壓的佔領地政策絕對需要改變為實現一般的和平政策，後來才知道這幾乎是不可能的事。希特勒本身不但對於斯拉夫等異民族有不可理解的侮蔑觀，對於佔領地行政，因為委任波羅的海出身之偏狹的羅剪柏爾希在管理。著者所建議樹立全面和平之提案自不必說，拒絕對蘇和平問題之希特勒的態度，一直不是勝利就是死亡，沒有中間之選擇，極其悲壯。

五、

在東亞，法國的地位一直很困難。因為在中有租界、租借地和鐵路等，與英國一樣擁有很大權益，因多年來排斥日本之法國殖民地越南是日軍南進之通路，所以中國大使之科史姆大使，接任在日本去世之安利大使，戰爭中途來日本上任。他是具有法國人之俊敏天資，很能勝任困難角色，令人欽佩。法國人無論在日本、中國或越南，都得顧慮其國內情勢。維西政府在德國佔領下之地位，和戴高樂將軍在美英陣容所想代表的法國，與在東亞對日本完全不同的關係。因為維西政府對於軸心是同樣立場的關係，可是戴高樂政權對於軸心的日本是宣戰（敵對）的關係。在東亞之法國官憲在大體上並不積極敵對日本，始終只是消極抵抗以維護其最大利益而已。但是在戰爭末期，戴高樂將軍回去巴黎，多．辜越南總督對戴高樂將軍表示忠誠之後，很明顯地越南對日本開始具有敵性。不得已，日本便排除越南之敵性官憲，以確保日本軍隊之安全，同時因應安南、柬埔寨一帶之民族的要求，和基於大東亞宣言之精神，容許他們建設自己的獨立國家。

葡萄牙在華南澳門擁有工廠，在南洋有帝汶島，因此在戰爭中與日本的關係相當機微。澳門幾乎是華南唯一的中立地帶，成為盟邦之情報機關的活動根據地，帝汶島是印尼和澳洲之間的要衝，佔領其西半荷蘭帝汶之日軍，追擊敵人之倒退，予以佔領，遂發生問題。尤其是葡萄牙提供阿左列斯群島給美英使用以後，日本與葡萄牙之關係相當困難，但在戰爭中日本和葡萄牙還能夠維持邦交算是難得的一件事。

因西班牙本來就是軸心之盟邦，故和日本有良好之關係，但到戰爭末期，隨軸心敗北形勢，遂改變態度，最後因與在菲律賓之權益問題，日方曾經努力，但終於斷交。

探究和平　其一

一、

要怎麼樣結束戰爭，探究和平的問題，當然是外務大臣最大的戰時課題，著者認為本人入閣之意義在此。因為入閣時，東條首相曾告訴著者天皇在關心和平之時期。但是這一次戰爭不是像日俄戰爭那樣國家與國家之搏鬥，而是一個國家之生死存亡的全體性戰爭，日本軍部表示這個戰爭一定要打到到底，如果有人要講不三不四的和平，將予以不客氣的制裁。軍部之獨裁實權，以陸軍大臣為中心強力運用，為擁護其政策，把憲兵隊當作政治警察來使用。憲兵把在國內倡議和平者當作反戰主義份子，以嘴巴上說敗戰的人為反軍思想家而予以鎮壓。軍隊以為這樣幹才是走上勝利之路，才能保住國家。憲兵嚴格監視重臣、閣員、國會議員和自由主義者，當然包括外務大臣在內。因此，處理和平問題非常困難。以這樣政治方式作招牌，有軍隊的首腦，所以日俄戰爭的時候，伊藤（博文）伯爵協助內閣，思考和平那樣的時代，情況完全不同了。軍部之實權，當時實及於全部政治，憲法之運用在表面上沒有變化。宣戰媾和大權仍屬天皇，從憲法規定所產生天皇之外交大權，是外務大臣在輔弼責任範圍，外務大臣就和平問題能夠直接知悉天皇之意向，根據它計劃和運用外交。當然，要附諸實行時，需要和首相及內閣協議，此時當然需要有共識，但到實現和平之一切準備等等，自不可能一一和軍人首相和軍人內閣商量。這些事要如何細心辦理，從當時之日本政情，不言可諭。

二、

對於恢復和平，自著者出任外務大臣以後不久，有關天皇之意向，著者先聽取木戶（幸一）內大臣意見，在好幾次上奏外交問題時，也直接拜聽天皇之意向，也屢屢上奏管見。天皇之意向非常清楚。天皇以只要能夠維持國家榮譽，必須早日恢復和平，海外領土都不是問題。有關和平之最高方面的議論如果漏出去的話，國內可能發生「天下大亂」，所以這個問題只是在木戶內大臣和著者腦海裡。

著者就任外務大臣以後不久（一九四三年五月），便和內大臣就恢復和平問題談得很深入。木戶內大臣對於恢復和平說了各種意見，認為對於南洋方面日方如果能夠作某種讓步，交涉有成功之可能。著者認為，這一次戰爭和日俄戰爭不同，在實際上這是全體的戰爭，不幸，這是軸心和盟邦之全面對立的戰爭。恢復和平，鑑於今日之戰勢，需要準備全盤接受對方之主張（條件），因為已經不是可以仲裁者之斡旋，一邊戰爭一邊談和這樣的情勢了。美英兩國之首腦，於一九四三年一月，聚首於卡薩布蘭卡，宣言除非軸心各國無條件投降要戰爭到底（十一月也發表了開羅會談）。

實行對汪新政策和大東亞新政策，以及有關改善與蘇聯關係之交涉等等，以有諸多刺激之天天的戰報渡日，一九四三年很快就過去了。

三、

關於恢復和平的問題，最需要考慮的是，與德義同盟國之不單獨媾和的問題。這是開戰當初，由日本所提倡，由日德義三國所簽署的盟約。因為和平是整個軸心國的問題。可是，一九四三年夏天，義大利脫離戰線。問題遂成為日德兩國間的事。

要令德國和與日本維持和平之蘇聯恢復和平，是樹立一般和平的第一個手段。史達瑪大使個人並不反對，但德國政府不僅不贊成，甚至拒絕日本和蘇聯交涉這樣的事。與恢復一般和平有重要關係之變更佔領地政策德國都不肯，這在前面我們已經說過的。希特勒一直對於大島大使說德國一定會打贏這個戰爭，他同時決心如果打不贏，他要自盡。

日本要和德國共同恢復和平已經不可能。如果日本想和平，必須等到德軍崩潰，希特勒之死亡。此時日本才能夠單獨媾和。所以著者非常用心觀察德國之戰爭情勢。

四、

一九四三年年底，舉行開羅會議，蔣介石出席，美英中三國重新確認要對日本要求無條件投降（卡薩布蘭卡會議），日本之領土要回歸到甲午戰爭前之狀態。

著者不斷地與時時負責輔弼天皇之木戶內大臣詳細討論戰爭之情勢和恢復和平一事。著者又在皇宮定期地召開重臣會議，加強和平份子之意見，提議使其成為實現和平之政治勢力，鑑於重臣之性質及其個人之背後勢力，反而不能達到目的。在軍部支配下之內閣，除非到最後關頭，自不能協議結束戰爭的問題。和平運動如果被軍部探悉，事情一定會失敗。當時之憲兵，對於敗戰主義者是手下不留情的。所以只有看時機已經到了，只有以天皇之絕對命令（當時我們把它叫做鶴之一聲）來結束戰爭。這個時機是戰爭大勢已定，德國崩潰，日本已經沒有三國同盟之義務的時候。這是能夠得到國民諒解的時機。在這個時機還沒有到來以前，我們便在各方面作這樣的準備。為此，由木戶內大臣和外務大臣之著者負起全部責任，互相約定，皇宮由木戶負責，政府由著者來想辦法解決，我們就往這個方向盡力去做。

五、

迨至一九四三年後半，戰爭情勢日益對軸心國家不利。在太平洋之北阿留申群島的阿茲島，山崎部隊全部同歸於盡，南瓜達爾卡納爾島、布干維爾島相繼全部戰死，新幾內亞東端之新布列顛島，以及作戰要衝阿特密拉爾迪島也被美軍奪回去。日本在太平洋上以及空中之後方聯絡，因為敵方優勢的潛艇和空軍，處處步步難行，日本艦艇和空軍損失很大。

海軍終於不得不縮短其防禦線，大本營變更其作戰的基本方針，作成防禦線改成從小笠原島連結馬紹爾群島、卡羅林群島、北部新幾內亞之線這樣絕對要防守的腹案，提出御前會議（一九四三年九月三十日）。在御前會議，原（嘉道）樞密院議長對統帥部問說，幾年來變更好幾次計劃，這一次，有沒有確保這個線的自信？軍隊令部總長永野元帥回答說，戰爭的事誰都不可能有絕對的自信，引起爭論，遂取消其發言。海軍對於新方針，說沒有把握應該是真心話。

因目睹戰爭情勢之不妙，所以對於結束戰爭之方法，便與同其心的人討論，有過各種意見。吉田（茂）大使（後來之首相）表示，想和近衛公爵滯在瑞士，以等待轉機，且作了其具體的研究，但前往歐洲，只能利用潛艇。重臣之中，近衛公爵，最關心和平問題，他經常和木戶內大臣與著者經常取得聯絡。

一、美英之作戰　其一

多數國家間之戰爭，其成敗主要在於盟邦之團結及其作戰之統一指導是否成功。這完全取決於對於物心兩方面之力量有沒有共同的自信。羅斯福總統和邱吉爾首相之戰爭指導手腕是，決定二次大戰之勝負的關鍵。在他們兩個人領導之下，英美之物心的力量逐漸結合在一起，克服危機，終於獲得最後之勝利，真是難得。

在軸心國方面，一開始就沒有精神上之共同的政治上團結，至於其物質力量，想依靠其不可靠的物質，在各個戰場，各自作戰，這是其戰敗之最大原因。獨裁者之戰爭指導有根本上的錯誤。就日本而言，這個戰爭和日俄戰爭當時之情況完全不一樣，連國內都不一致。

美英兩個國家，從開戰當初到一九四二年年底，兩年半為危機的連續。特別是一九四〇年法國脫落前後，面臨了最大的危機。也就是說，在二次大戰前半，以一定之計劃偷襲的期間，對於軸心國的戰勢是有利的。可是美英能夠克服危機的時代，完成戰爭準備，積極出於攻勢，是德蘇戰爭一年，和日本的戰爭經過半年以上，美英完全完成共同作戰以後的事。他們之反擊的攻擊，在一九四三年一月之卡薩布蘭卡會議，以「要求無條件投降」和「歡洲戰爭第一主義」之作戰形態對世界發表。

英國如何突破一九四〇年之危機，克服「對英作戰」，對於「大西洋戰爭」具有自信，德蘇戰爭（一九四一年六月）怎麼樣發生，它如何給英美自信，羅斯福如何支援崩潰的法國，邱吉爾代表英國國民，接受沒有參戰的參戰，終於於一九四一年八月，和邱吉爾向世界宣布大西洋憲章，對世界英美採取共同政策，表明美英和戰與共，一體不分離，偷襲珍珠港之來龍去脈，對於這些重要歷史之展開，由上述可以知悉。英美之德謨克拉西，已經是一體的。以下我們來敘述其以後的形勢，以後其戰爭指導的梗概。

二、

因德蘇開戰，英國立刻和蘇聯開始進入同盟關係，完成包圍德國之作戰，更因為日本偷襲珍珠港，美國便全面參加戰爭。至此敵我分明，第二次世界大戰遂在大西洋和太平洋，以及歐洲和東亞展開。美英最費心費力的是，與蘇聯的協力關係。援助蘇聯，為鞏固對德國之包圍陣線，邱吉爾和艾登的努力非常之大。德蘇開始戰爭之後（六月二十四日），羅斯福已經聲明要援助蘇聯。英蘇間之互助合作，不單獨媾和之協定也成立了（七月十二日）。隨傳說對於德軍之壓倒性攻擊蘇軍善戰，蘇聯成為美英及盟國之很可貴的存在。大家認為，要打破德國，依靠蘇聯之陸上軍力是捷徑。各國便爭先恐後地要和蘇聯建交，或與其恢復邦交，或簽訂通商協定。從前以其為帝國主義戰爭，反抗進行戰爭之各國共產黨，與德蘇開戰之同時，遂改變其態度，成為共同戰爭之尖兵，各國在其國內內部之左翼團結一致支持戰爭，其勢力日益壯大。美國共產黨及其同路人，為在其內部產生政治作用，完全利用這樣的氣氛和趨勢。

偷襲珍珠港之後，一九四一年十二月下旬，美英首腦，便聚會於華府，協議歐亞兩面作戰，商議成立包括蘇聯在內之二十六個國家的反軸心同盟。關於蘇聯部分，英國所扮演的角色非常重要，艾登外相於十二月二十八日訪問莫斯科，就對德國作戰，與史達林和莫洛托夫協議。於是美英加等國家和蘇聯前前後後簽訂了物資的援助協定，英國經由普魯士灣、魯姆曼斯克和海參崴送往蘇聯武器、軍需物資不計其數，由之增強了蘇聯的戰力。美英蘇三國之聯繫，日益堅固。

三、

德蘇開戰，德國強大軍力東進，這對英國有利。一九四二年五月，美英和蘇聯之間已經發生作戰上的大問題。這是以直接攻擊德國為目的之所謂設定第二戰線的問題。

原來，就蘇聯而言，無論從那一個觀點來看，她和美英完全極端不同的國度，開始德蘇戰爭之前，蘇聯和美英並沒有特殊的聯繫，對於德國完全採取自己主的態度。因為受到德國之攻擊，蘇聯才和美英共同作戰，但對於美英之關係，不可能像美國和英國之關係。蘇聯的目標是，不管是和平還是戰爭，都想蘇維埃化世界，為達到此目的，必須保衛共產祖國蘇聯，更必須打勝仗。因此也就當然需要充分和盡量利用美英之力量。欲蘇維化世界的蘇聯，和以要民主化世界為目標之美英，因對德戰爭之奇緣，開始直接接觸之以後的雙方的交涉，是世界外交史上之異數。

四、

對德國來說，一九四一年之對蘇戰爭，雖然不如預期，迨至一九四二年德軍重整其鼓，如潮水般侵入烏克蘭，進去高加索。另一方面，在北非洲方面，龍梅爾軍援助義大利軍，一時迫近尼羅河。在東方之日本的戰爭情勢，在一九四二年前半有很大的進展，德義日之軸心共同作戰，在表面上好像將要成功的樣子。從一九四一年後半至四二年前半，對於美英盟邦來說，這是一九四〇年以來的重要大危機。蘇聯政府於一九四一年已經搬到揆布以舍夫。

蘇聯政府於五月（一九四二年）遣派莫洛托夫外相前往華府，提出作戰上之重要要求。莫洛托夫外相在倫敦簽訂英蘇同盟條約（五月二十六日）之後前往華盛頓。他在華盛頓白宮是美國總統的貴賓，美國如果不接受他的要求，蘇聯可能打不了這個仗，暗示或許只有脫離這個戰線。莫洛托夫的意思說，蘇聯負責在東方和德國全部陸軍在打仗，如果美英不能牽制德軍四十個師團的東方蘇聯戰線，在西歐北部登陸軍隊，在（一九四二年）九月之前，開闢第二戰場，蘇聯可能無法繼續戰下去。英美等國家之共產黨，齊聲主張和宣傳應該立刻開闢第二戰場。

羅斯福總統聽了莫洛托夫的說明之後，答應其要求，並希望他回莫斯科順路在倫敦，和英國政府再協議。羅斯福總統將這個問答旨趣和莫洛托夫外之訪問華盛頓之事實公開發表了。羅斯福認為把蘇聯拉到這邊是勝負之關鍵，把蘇聯評估的非常之高，對於莫洛托夫之要求，沒有問問英國之意見，毫無猶豫地，一口答允。

莫洛托夫在倫敦受到歡迎，得到一切援助之口約，至於開闢第二戰場之時期，除要儘快以外，沒有給予任何言質。就英國而言，要在法國北部進行行大規模之登陸作戰，的確是有關她的死活問題，是絕對不許失敗的。因此，必須作萬全而周密的準備。邱吉爾對羅斯福答應莫洛托夫的事給他增加好大「麻煩」。美國希望她準備好了以後，儘早將美國軍隊最有效的出擊德國正面戰場。這個英國和美國在作戰上的不同，一直延續到戰爭結束。

五、

因羅斯福對於莫洛托夫之承諾，美國之作戰計劃在原則上定了。這個計劃是要在一九四二年九月以前，由法國北方進攻德國，一拳決定輸贏的。所以，必須和英國好好溝通和商量。於是羅斯福總統派遣陸海軍統帥首腦馬歇爾上將和金提督之陸海空之領導者，以及總統個人代表霍布金斯前往英國。

在倫敦之美英最高統帥會議，雙方首腦之間的意見有相當大的距離。這個會議是美英在作戰上最重要的一次。

英方以邱吉爾為首，絕對反對在本年度內開闢第二戰場。如果在德國防備最堅固的法國北部，沒有充分之準備來進行登陸作戰失敗，必將導致戰爭全局之崩敗。與蘇聯把重點擺在要儘量減少其損害，完全相同。因此，要在法國北部開闢第二戰場之冒險，必須延期到有絕對把握的時候。他們堅決主張，美英之武力，首先應該集中在地中海方面，以攻破軸心之最弱點的義大利。

反此，美國方面主張，把第二戰線設定在法國北部，答應蘇聯之要求，東西互相呼應，立刻夾擊軸心之主軸的德國本身，進攻希特勒之大本營，以決定勝負，至於地中海作戰，大英帝國之戰爭，以後再說，如果英國一定要反對，美國只有用其主力於太平洋的對日本戰爭。

這個爭論相當激烈，美英之軍事專家的意見，據稱從來沒有這樣對立過。這個對立的議論，包括各種很重要的問題。第一，歐洲戰爭和太平洋戰爭是不是要同時進行，或歐洲戰爭第一主義的的問題；第二，要不要直接攻擊主要敵人德國，還是要先攻擊義大利，使其先挫敗的問題。英國以歐洲戰場為第一優先，在地中海進行攻擊，使義大利無容身之地，下來再圍攻德國，日本在其後面，這是英國堅決主張的。

因和蘇聯之關係，美國很難反對歐洲第一主義。羅斯福總統發揮其極大政治力量，從華盛頓指示美國代表團，為大局要其接受英方之意見。與此同時，羅斯福命令要在本年（一九四二年）內，美軍要德軍直接交戰。於此英美首腦決定共同登陸非洲北部，共同作戰。在英國訓練之艾森豪美軍之大部分，立刻送往非洲，與其他從美國派遣之軍隊，決定共同進軍突尼斯。美英軍之登陸北非，實行於一九四二年十一月。

在倫敦之美英會議，壓住美國太平洋派之主張，決定歐戰第一主義，又延期第二戰線之設定，美英與蘇聯之關係惡化，史達林公然痛罵邱吉爾。

六、

美軍之登陸北非作戰計劃順利進行。實施了從非洲中多哥、喀麥隆，縱斷沙漠而北上的大規模計劃。其主力和英軍合作，於一九四二年十一月，從墨洛哥登陸，遵照羅斯福之命令，在年內在北非和德軍接觸。

大規模出現於戰線的新銳美國部隊，和英軍聯袂，追擊德國之北非軍，進入突尼斯，成功於掃蕩德國之北非軍。羅斯福和邱吉爾立刻和雙方的專家在卡薩布朗卡（一九四三年一月）舉行第四次美英首腦會議，確認歐洲戰爭第一主義，同時協議地中海方面之作戰計劃，聲明要求軸心國家之無條件投降。從此以後，美英兩國之作戰，出於攻勢。

七、

美英首腦於一九四三年五月中旬，在華府召開第五次會議，協議北非作戰之後的對義大利作戰計劃。此時，在東歐之德蘇戰爭，蘇軍已經轉為大規模的攻勢，在史達林格勒之德軍的反抗完全結束（發表於一九四三年二月二日），在烏克蘭追擊德軍，在太平洋方面，日軍聲明要從羅門群島之布那、瓜達爾卡納島退卻（該年二月九日），軸心國戰勢，在東西戰線到處在逆轉。

義大利本土作戰，開始於西西里島登陸作戰（一九四三年七月十）。西西里島作戰下來是對於義大利半島之本土作戰。此時，義大利自豪之威壓地中海的海軍和空軍都沒有發揮任何威力，格拉吉亞尼的陸軍被英軍擊破，英美空軍在一九四三年前半，陸續破壞義大利之各城市，義大利民心離開了墨索里尼政府，王室、政治家和軍人也大多背離墨索里尼，參謀總長巴多里奧將軍幽禁墨索里尼，解散法西斯黨，擁戴王室，建立了新政府（一九四三年七月）。他意圖和美英媾和，派使者前往中立國西班牙折衝。一九四三年八月，巴多利奧．義大利政府決定投降，九月三日正式簽署投降協定，立即參加美英陣容，對原來之盟邦德國和日本宣戰（九月九日）。

在另一方面，因希特勒派遣之空軍，從山中幽禁處把墨索里尼救出來（九月十二日），在義大利北部維持義大利法西斯政府於一時，惟因德軍之敗退而沒落，終於被共產黨系之叛亂軍殺死，死的很慘（一九四五年四月）。墨索里尼之女婿吉亞諾伯爵，因參加推翻墨索里尼之陰謀，被捕處死。他之成為抨擊墨索里尼之先鋒，也是敗戰的一個悲劇。這是義大利脫離軸心最後的一幕。

八、

一九四二年五月，羅斯福總統給莫洛托夫外相之一九四二年九月以前，要在非洲北部開闢第二戰場的口頭承諾，因為英國之不贊成沒辦法實現之後的半年，美英和蘇聯之關係一直惡化下去。美英從北非洲戰爭進攻義大利的時候，蘇聯一直脅迫要求美英開闢第二戰場。美國之軍首腦以及政府當局認為，為使蘇聯繼續打下去，必須採取一切方法，給予依援助法迅速提供軍需品。除開闢第二戰場以外，蘇聯的希望統統實現了。一九四二年八年，邱吉爾和代表羅斯福的哈理曼一起訪問莫斯科和史達林懇談，全力消除蘇聯之危機。認為要戰勝日德，必須借用蘇聯之力量的美英，要最大限度地滿足蘇聯之要求。蘇聯透過羅斯福之代表霍布金和哈理曼，看穿美英之態度，因此最大限度地予以利用。蘇聯更利用對德戰爭之優勢，為達到此目的，全力動員在美國國內以及世界之同情蘇聯的共產組織。

美英與蘇聯之危機，因義大利之投降，迅速改善了美英之戰爭態勢的大局變化而得到改善。邱吉爾所領導之英國的作戰著著有成，尋找軸心國之弱點，先攻破義大利，以達到其第一個目的，於是地中海又變成英國的內海，確保了大英帝國的聯絡線，至此，美英之聯合勢全部集中於歐洲大陸，其攻擊完全針對軸心之大本營的德國。

美英之作戰　其二（魁北克會談）

一、

地中海戰爭結束之後，戰爭之大勢，已經到達直接可以攻擊德國，此時才開始考慮開闢第二戰場，能夠滿足蘇聯之要求了。為審議美英蘇三國之共同對德作戰，一九四三年夏天，美英曾經對蘇聯提出在魁北克舉行三國會談，但為蘇聯所拒絕（八月十二日）。因此魁北克會談以羅斯福和邱吉爾為主，由美英首腦進行會談。這個聚會是，要進入戰爭之決勝期的暖身和用心。

在魁北克會談，對於要開闢第二戰場首次正式得到共識。這個時期決定為隔年（一九四四年）的夏天。承諾莫洛托夫外相要開闢第二戰場，延期兩年之後才完成其準備，邱吉爾覺得要使德國「壽終正寢」的時機到了。

關於對德國之決戰，邱吉爾和美國作戰指導者之意見，一直沒有完全一致過。邱吉爾一向重視地中海以及巴爾幹方面之作戰，反此美方思慮與蘇聯之關係，非常熱心於要在非洲北部開闢第二戰場。邱吉爾之所以重視地中海作戰，不但是想盡量減少英軍之損失，以得到最大之效果，控制巴爾幹，戰後能夠防範和對抗蘇聯，取得大英帝國內部彼此之連繫，任何時候都很容易維持其安全的大英帝國政策。這個英國式作戰和美國之以世界政策為基礎的作戰，自然不同其規劃。美英所得到的妥協是，在法國北部開闢第二戰場，使其成為對巴爾幹方面作戰最有效果的作戰。

英國之帝國政策在於調和美國之世界政策，由邱吉爾之保守主義轉移到艾德禮之自由主義，戰後英國之帝國政策在美國世界政策的輪廓內，能夠獲得成功。關於有關開闢第二戰場之美英意見之協調，在這個時候已經非常明顯。把戰爭帶到勝利之鬥士邱吉爾的領導大英帝國，與羅斯福所企圖的美國之領導世界政策走向調和的康莊大道。

二、

在魁北克會談，以美英之主力針對德國之以往的歐洲第一主義的作戰，沒有任何改變。似乎也審議了軸心諸國之戰後處理，有關從戰時到戰後之國際機構，在會議之內外，美英首腦都交換了意見。總而言之，魁北克會談係以絕對會戰勝為前提，全盤協議今後之作戰和作戰的聚會。其結果，不止以戰線之軍隊的進擊，也顯現於國際場合上之他們的活動。

魁北克會談的時候，恰好進來義大利屈服之消息，美英陣容之士氣大振。會談之後邱吉爾前往美國逗留華盛頓相當長久，與羅斯福總統就一般問題繼續廣泛交換意見。邱吉爾有一天在哈佛大學，就美英在今後世界之地位和責任，發表美英兩國之共同市民權，為領導戰後之世界，主張美英合而為一的主義。

三、

開闢第二戰場之決定，必須儘快通知蘇聯。關於其他的各種問題，期待多和蘇聯溝通意見，為告訴魁會談結果，準備派遣哈爾國務卿前往莫斯科，徵詢蘇聯政府之意見。因蘇聯表示歡迎，故美英蘇三國間之危機遂消逝。當時，德蘇戰爭蘇軍已經佔絕對優勢，第二年度之蘇軍夏季大反攻即將開始，在莫斯科又新設立波蘭共產黨之解放委員、自由德意志委員會，因美國之意思而解散第三國際，蘇聯準備驗收戰勝之收穫，在北非洲之戴高樂政權，以自由法國政府得到美英蘇之承認。在太平洋方面，瓜達爾卡納爾方面之消耗戰，美日海上勢力之決戰已經越過其分水嶺，阿茲島全部戰死（五月），在中國，共產黨發表抗日統一戰線宣言（七月）。

哈爾國務卿和艾登英國外相，於一九四三年十月底抵達莫斯科，在這裡和莫洛托夫舉行三國外相會議。

在這個會議，審議了開闢第二個戰場，德國之處分，以及設立歐洲諮詢委員會等問題，而哈爾國務卿特別賣力的是，為聯合國之母體的美英蘇中四國簽署的戰後國際機構的協約（四國莫斯科宣言，一九四三年十月）。為實現美國之戰後世界政策，除美英合作之外，必需得到蘇聯之支持。又需要以中國為亞洲之代表，以大國來對待。哈爾在莫斯科，對於這些問題，取得了史達林的承諾。哈爾又對史達林力倡舉行羅斯福、邱吉爾、史達林三巨頭會談之必要性，故後來有德黑蘭會議之舉行。史達林對於第二戰場之開闢，已經不像從前那麼熱心，反而告訴蘇聯有意對日本開戰，使哈爾非常驚訝。蘇聯和日本有中立條約，一再對日本保證會遵守中立條約之蘇聯，卻於一九四三年秋天由史達林親口對美國說出來，故此時蘇聯和日本之間有過此種含義之各種問題的交涉。從這個時候，透過交涉蘇聯之真意反映於日方，給予日方相當的不安。拒絕日本要派遣親善特使，就是它的前奏曲。日方認為在滿洲之勢力均衡破裂時日蘇關係將發生危險，因而經常在提高警覺。

拖著老軀往訪莫斯科的哈爾國務卿，安全回到華府，受到參眾兩院的熱烈歡迎，並向國會發表演說。一般美國人對於蘇聯之合作相當滿意，雖然遷延了第二戰場之開闢，美國國會很感謝哈爾之報告。因哈爾國務卿之訪問蘇聯，美英恢復了與蘇聯之合作關係，於是開始了美英蘇之共同包圍德國之作戰。

基於魁北克會談以及爾後羅斯福和邱吉爾之會談的共識，羅斯福所領導之美國的政策，在二次大戰的最後階段，為獲得其成功，得到蘇聯之合作，尤其重要。這個曙光突然出現，就美國而言，特別珍貴。

美英與作戰　其二（開羅會議）

一、

美國在作戰上，有大西洋和太平洋的兩個正面。大西洋正面即對歐洲大陸之作戰是與英國的共同作戰，太平洋正面是對日本本土的作戰，以美軍為主力。美日之戰爭，始於日本之偷襲珍珠港。關於美國應該以歐洲戰爭為主，還是以對日戰爭為主，美國統帥領導人之間，自始就有不同的意見。從美國的感情來說，希望先解決對日戰爭，但羅斯福總統站在大局立場上，支持歐洲戰爭第一主義，這是前面說過的。但這不是要延期對日作戰的意思。它只是把重點放在歐洲，在這個方針之下。全力從事對日作戰。

偷襲珍珠港之後，經過美國重整其鼓之準備時期，在華盛頓召開太平洋軍事會議，是在中途島海戰之後，一九四二年十月的事情。從此以後，很明顯地美國轉為攻勢。一九四三年後半，太平洋戰爭已經決定性地越過分水嶺，日軍被擊退，到處採取同歸於盡之戰略，但日軍仍然確保其大部分佔領地，在中國，還有餘力的日本陸軍，還進行了打通漢口廣州之作戰的鐵路，暗示要進攻重慶，在印度國境還進行英帕爾作戰，在客觀上，美軍雖然打敗了日本海軍，但要打垮日本陸軍還得要用好大力氣。對於日本之決戰，決定在打敗德國之後，所以對於日本之攻略，可能還有幾年工夫。在這期間，要援助和鼓勵中國自不必說，如果可能，要把蘇聯拉進來參加對日作戰，必須密切聯絡盟邦各國，更加團結以對付軸心國。中國當時的情況是，表面上是國民黨和共產黨合作，上下一致對日抗戰的時代，由於其背後有美英蘇之支持，不能讓中國脫離抗日戰爭戰線，因此鞭策重慶國民政府，為維繫因長期戰爭發生動搖之中國民心，美英有明確對世界表明要領導太平洋戰爭之必要。這不僅要對於在太平洋戰爭正面戰場中佔最重要地位的中國，對於美國、英國、澳洲在共同作戰上也非常重要。

在魁北克會談，得到基本共識的美英，為出於決定性性的攻勢，開始處理這個問題。

二、

羅斯福和邱吉爾於一九四三年十一月前往開羅。在此地邀來中華民國之蔣介石委員長，以決定有關美英中對日作戰之最高方針。除蔣介石、宋美齡女士之外，率領首腦出席是項會議。

會議之決定，事先由美英所協議，有關對日戰爭之目的問題，主要是要令蔣介石高興的。要剝奪一九一四年第一次世界大戰以前，日本所獲得之太平洋上一切島嶼，日本由中國所取得的領土，滿洲和關東州自不必說，臺灣和澎湖諸島等等，統統要歸還中國，並要令朝鮮恢復獨立。

沒有參加對日戰爭之蘇聯，故意不參加開羅會議。與日本有中立條約之蘇聯，這樣用心不刺激日本，後來知道此時蘇聯已經決定要在對日戰爭之最後階段參戰，以便取代日本在亞洲之地位。蘇聯依後來參加波茨坦宣言而參加開羅宣言。

羅斯福與邱吉爾結束與蔣介石會談之後，為了要和史達林會談，由開羅前往德黑蘭。

三、

在第二次世界大戰，大英帝國要保持和各自治領以及殖民地的團結與合作，遠比第一次世界大戰時候困難，這是可以想像得到的。當然，加拿大、澳洲、紐西蘭等盎格魯薩克遜裔自治領，比上一次大戰增強其國力，對大帝國更具有獨立性，因此更為大英帝國之命運更加賣力和賣命。情況不同的南非，因親英之史馬茲老將軍再次出現，打倒親德系之政府，參加了戰爭。但南非與其他自治領不同其歷史基礎，因參加戰爭獲得成為獨立國家，並希望將其勢力擴大成為大非洲主義。戰時，南非對各地之非洲戰爭有過不少貢獻。

其他被英國征服之亞洲、非洲之殖民地，其情況就完全不一樣了。埃及、伊朗等回教各國以及印度、緬甸，不要說和英國本國合作，皆拚命爭取在第一次世界大戰時承諾而未能實現之獨立。欲推翻資本帝國主義之共產黨，當然利用這樣的機會來做其工作。但要解放東亞，復興亞洲為戰爭目的之東洋國家日本，在他們心目中並非他們的敵人。亞洲之民族運動實怒潮而澎湃。英國在戰爭中，在這樣廣大，充滿反抗氣氛的領域，能夠維持其秩序的權威，乃因為具有鎮壓反抗之力量，也可以說是運用其多年來之優秀的政治力所使然。英國於一九四〇年八月，聲明戰後將給予印度完全的自治權。英國人一向注意世界之動向，在政治上要搶先一步，誘導人們走上這樣的道路。英國人處處在政治下，自然而然地以自然力量使其有尊重自由民主之氣氛，因此會令呼吸這樣空氣的人，覺得不能不接受軸心國家具有獨善的優越感。

著實英國在一次大戰之後，已經洞察亞洲之動向，對於民族主義之勃興表示同情，令殖民地的人大多感覺其態度之真摯。特別是大英帝國對於阿拉伯的政策，鑑於其地勢上之重要地位，作了周到的準備，自戰前就開始實施。英國實行了有理解的國際民主主義政策，顯而易見，這是以美國之一般輿論為後盾，受到美國政府之大力支持所致。

四、

英國之對日戰爭，以澳洲和印度為根據地。印度總督，以北非洲英軍總司令，繼而為印度軍總司令之維威爾將軍出任。進行軍隊之派駐以及印度兵之訓練，即使很難與祖國交通，為著能夠單獨與日本作戰，便在印度拚命設立軍需工廠。英國之對日作戰，和地中海戰爭一樣，還是站在大英帝國之見地，在戰爭初期，以馬來半島為防禦線，其次攻擊之方向由澳洲而至新加坡，由新加坡至香港。在這一點，與要直接屈服日本為目的之美國的大作戰不同其旨趣，為對日作戰之一部分。

雖然和歐洲戰爭不同，對日戰爭，在東南亞方面，美英軍司令官之間，有類似意見的差異。特別是美國之史迪威將軍對於開闢印度重慶空運交通，美英之立場有相當大的差異。美軍把重點擺在用飛機運送物資援助重慶，以加強中國國民政府之戰鬥力量，並以美國空軍，從中國大陸起飛，以轟炸滿洲和日本本土，以斬斷日本戰鬥力之根源，反此，英軍從大英帝國政策之觀點，把主力擺在奪回緬甸、馬來和新加坡，對於美國之這樣作戰，沒有太大興趣。

美國之對日反擊，以澳洲為根據地之麥克阿瑟的水陸空之北上軍為主力，另外是為尼密茲提督所率領之以夏威夷為根據地的海空軍。麥克阿瑟軍以攻擊瓜達爾卡納爾為首，經由新幾尼亞，菲律賓、臺灣、琉球北上日本本土，尼密茲艦隊進攻馬紹爾群島、加羅林群島，前進關島和小笠原群島，擁有要直搗日本本土之空軍為其主力。在東南亞之史迪威，意圖進出中國本土俾能進攻日本，英澳聯合之東南亞軍準備進攻新加坡北上，這是前面說過的。這些聯軍到日本投降的最後階段，以麥克阿瑟為其代表。

中國軍，無論是國民黨軍或共產軍，自中日事變以來，到處抵抗日軍，共同作戰上自有其有力的部署。

美英與作戰　其四（德黑蘭會議）

一、

在美國還沒有完成和德日作戰準備之前，單獨負責挺著德國激烈攻擊之蘇聯，是美英之恩人，為其救星。

羅斯福總統之私人代表霍布金斯，德蘇開戰之後一個月，出現於莫斯科，繼而哈理曼以同樣身分，於該年九月（二十六日）到達莫斯科，依援助法，免費送蘇聯十億以上價格的援助物資。霍布金斯和哈理曼對蘇聯，都主張無條件與其合作。軍首腦馬歇爾將軍以下之意見，也都注重多利用蘇軍。

一九四三年十一月二十八日，從開羅抵達德黑蘭，因史達林之請求住進美國駐蘇聯大使館之羅斯福，遂和邱吉爾、史達林開始舉行會談。羅斯福之態度是，為打贏對日德戰爭，需要藉用蘇聯力量，要使用一切手段，戰後美國之世界政策，需要蘇聯之協助，這樣才能成功。羅斯福對於史達林所提出之要求，都無條件和無代價地予以接受，以獲得史達林之好感，以確保史達林之合作，使對方能夠贊成戰後之美國的經綸。

二、

這正中史達林之下懷。為達到共產化世界這個蘇聯之目的，戰時及戰後之蘇聯的政策，就是這些。對於羅斯福提出之大西洋憲章，史達林也表示同意。作為戰爭之一般目的之民主義的維護，史達林當然贊成。為達到這些目的，對於戰時及戰後之國際合作，史達林當然不會有不同意見。不特此，史達林也不大提開闢第二戰場之事，同時表示德國崩潰三個月以內將參加對日本作戰，使羅斯福非常高興。

羅斯福相信並這樣說，沒有以基督教民主主義的方法不能解決的問題，蘇聯所追求的只是確保其國家之安全，真目的在尋求和平，為達到此目的，蘇聯希望和西方國家合作。如此這般，蘇聯被羅斯福說成「愛好和平的民主國家」，在德黑蘭會議公文，也使用這樣的文字。當然，美蘇之世界政策，不同其根本觀念，無論對於「和平」和「民主主義」，其解釋，完全兩樣。但是羅斯福等美國的領導人，無條件出於這樣的態度，所以政府各部門和民間機關自不必說，派在中國南美等之美國人，都皆向他們看齊。

三、

德黑蘭會議的時候，蘇聯的領導人，已經很清楚地看出戰後世界之發展。問題已經不是第二戰場之開闢，而是要如何讓德國屈服的戰爭最後階段，亦即終結戰爭的問題。蘇聯的要求，不是理想，而是具體的利益，即如何在東歐、巴爾幹，中亞以及遠東各地區擴張共產勢力範圍的問題。一九四二年五月，莫洛托夫訪問倫敦的時候，想由英國要得到的是，是蘇聯在東歐及巴爾幹之勢力範圍的問題，艾登外相考慮到美國的意思，沒有正面回應，反而提案簽訂英蘇同盟條約，並成立了這個條約。蘇聯的目的都是，要設定具體的利益。史達林一方面贊成羅斯福之理念世界之經綸的理想，以努力於達到自己之目的。愛好和平之兩大國家之領導人的一致的思想，其實是完全不相容的。

在德黑蘭，當前的重要問題是，協議開闢第二戰場之後對德作戰，在軍事上以及政治方面如何合作。

美英與作戰　其五（雅爾達會議）

一、

一九四四年，就美英蘇盟邦而言，是戰爭達到最得意的一年，也是軸心國家非常憂鬱的一年。蘇軍在東方戰線，從南中北三方面有如破堤洪水般進攻德國國境，史達林之所謂要在巖窟內困死猛獸即將上演。美英軍於一九四四年六月，在北非洲布列塔尼成功登陸，開闢了其第二戰場，勢如破竹，越過萊茵河，將要侵入德國西部。德國ＶＩ等秘密武器也無法左右戰局。呼應法國北部戰場，美法軍從地中海法國南部登陸。德軍對於倫特旭得特之反擊也無濟於事，完全失去最後勝利之自信，關於軍之統帥，總統與軍之間，以及上級軍人之間，有感情上之齟齬，沒有達到基本共識的納粹德國發生極大動搖，軍部出現反希特勒勢力。

現在將一九四四年初期以來之歐洲戰爭，以及有關重要事體列舉如下：

一九四四年

一月二十七日列寧格勒完全得到解放。

四月十日蘇軍恢復敖德薩。
六月五日德軍由羅馬撤退。
六月六日美英軍登陸諾曼第沿岸，開闢第二戰場。
六月十五日美軍登陸塞班島。
九月十二～十六日羅斯福、邱吉爾第二次魁北克會談。
九月十六日蘇軍進索非亞城。
十月一日聯軍登陸希臘。
十月十二日蘇軍奪回里加。
十月九～十八日邱吉爾、艾登和史達林、莫洛托夫在莫斯科舉行會談。
十月二十日美軍登陸萊特島。
十月二十三日美英蘇承認戴高樂政權。
十一月三日美英軍結束比利時作戰。
十一月二十日美英軍攻入阿爾薩斯。
十二月十六日德軍開始反攻倫德旭達德。

一九四五年
一月十七日紅軍佔領布達佩斯。
二月四～十一日雅爾達會談。
三月五日美軍攻入科隆。

三月二十一日硫黃島淪陷。

四月十三日紅軍攻入柏林。

四月二十五日舉行舊金山會議。

同日美蘇兩國軍隊在易北河畔多爾高碰面。

二、

納粹黨部和軍部之間，一向不大合得來。自指揮史達林格勒正面德軍之鮑爾斯元帥投降以來，蘇軍即利用他，這可以說是德國利用蘇聯之降將烏拉左夫將軍之報復。

德國入侵蘇聯時，在烏克蘭和白俄羅斯發生民族運動，為脫離布爾什維克之壓迫，他們陸續向德軍投降，第一年，其數目，多達兩百萬人。烏拉左夫將軍站在前鋒組織反蘇軍，在蘇聯治下民族解放運動有相當的成果，但意圖殖民地化這個地區的德國，並不歡迎這樣的現象。因此，這個企圖終於沒有成功，烏拉左夫及其餘黨，戰後被盟軍交給蘇聯，被槍斃。蘇聯所利用之鮑爾斯將軍，一再對德國廣播，鼓勵其軍隊反抗希特勒。除在莫斯科除由德國共產黨員成立解放委員會之外，一九四三年九月，以馮·載多立茲上將為龍頭的德國軍官聯盟。戰後，在蘇聯統治下之被編入東德警察隊者，大多是蘇聯在戰時所俘虜的人。

在德國，傳統上軍部係親俄，蘇聯革命之後，蘇軍之建設，有很多德國軍官之援助。對於希特勒之對蘇聯作戰，軍人中反對者可能佔絕對多數。一向反對戰爭之軍人及其同好，一直有伺機要暗殺希特勒以建立和平政府之陰謀。在別希特斯加登之希特勒座位附近裝設炸彈的參謀本部付馮．旭陶芬別爾卡上校計劃失敗（一九四四年七月十二日），這些人全部被處死刑。在戰爭最後階段，計劃暗殺希特勒軍人中，旭陶芬別爾卡上校之同志的堂兄弟馮．荷何法卡中校。自德國對蘇戰爭失敗以來，德國陸軍隊內部已經崩潰了。軍隊對西方已經失去敵意，對於美英軍之侵入，大多不出於積極的攻擊，希特勒之威令早已不靈，納粹之統制已經不成，軍隊上層有不少人想要希特勒之命。

德國之戰爭態勢繼續惡化，日本之戰況也令人非常憂心，海軍欲絕對確保之防衛線的加卡羅林線已經很難維持，旋即塞班島之「玉碎」，太平洋戰已經來到最後的階段。

三、

羅斯福和邱吉爾兩巨頭，各率領其政軍最高幕僚，為完成戰爭最後工程，於一九四五年二月四日，到達蘇聯之克里米亞半島的雅爾達沙皇舊城堡，受到史達林首相之歡迎。雅爾達會議是，經過好長折衝之後，在美英方，是應不願意離開俄國之史達林之要求而召開的會談。

在雅爾達會議，羅斯福大多接受了史達林之要求。烏克蘭和白俄羅斯在戰後之聯合國皆擁有各一票，對於波蘭問題和巴爾幹各國問題，在原則上也獲得一致。不過對於波蘭和巴爾幹各國，因英國在戰爭當初就保障其領土及其獨立，故對於這些國家之蘇維埃化並不贊成，爾後，在雅爾達之同意，美英和蘇聯之間有不同的解釋，以波蘭農民黨為基礎之倫敦逃難政府，終於不得不屈服蘇聯之主張。如此這般，蘇聯遂把東歐和巴爾幹置於其武力之下，成功於處處建立紅色政權。

對於德國的作戰，蘇聯得前進到易北河之線，對於賠償問題也得到基本上的諒解。

在雅爾達會議，史達林答應令莫洛托夫外相參加即將成立之聯合國的舊金山會議。羅斯福非常歡迎蘇聯參加和協助戰後之國際政治的諸問題，美國以其所領導之世界政策，將順利實現而離開雅爾達，對於雅爾達會議，在敦巴頓橡樹園成為問題之聯合國安全理事會之大國的否決權以及不承認紛爭國之投票權的問題，成立了妥協。關於後者蘇聯讓步了，但確保了大國之否決權。蘇聯又以其由十五個國家構成，要求給這些全部國家投票權，最後妥協給予白俄羅斯、烏克蘭和大俄羅斯三票。

四、

羅斯福從雅爾達回途在中東，發表聲明宣稱：要把沒有參加和協助這一次世界大戰之國家排除在戰後之國際機構的聯合國之外，呼籲土耳其以及其他中立國，因此她們在戰爭最後階段參加了戰爭，陸續對軸心國家宣戰。這個羅斯福之聲明，說明了第二次世界大戰之產物之聯合國的本質。

美國連繫英國，在戰爭中，一步一步地準備戰後之經綸。維持世界和平之國際組織的政治部門自不必說，包括國際經濟文化、有關糧食以及勞工等各部門。有關國際貨幣之布雷頓森林會議（一九四四年七月）以及戰後安全保障機構之敦巴頓橡樹園會議（該年八月），係其主要措施，其他各種國際會議都是它的準備行為。希望在戰爭結束之前，在戰勝者之間，能夠把這些國際機構建立起來，乃於一九四五年四月，在舊金山召開會議之主旨，為獲得蘇聯之全面支持，美國在雅爾達會議盡了一切努力。世界之和平組織的聯合國的運作，是美國在戰後之世界政策的基礎。

雅爾達會議之後，精疲力盡，成為半病人狀態的羅斯福總統，於一九四五年四月十二日，召開舊金山會議直前，德國投降之前病逝，第二次世界大戰之收拾，遂落在美國副總統杜魯門身上。

五、

羅斯福去世，迨至戰後，白宮發表美英蘇有關東亞之所謂密約，令世界震驚。這個密約，在美國，除簽名者的羅斯福以外，沒有人知道有這一件事，這個文件是羅斯福去世之後，在白宮金庫才發現的。羅斯福、邱吉爾、史達林美英蘇三國最高首腦之間所簽署的這個秘密協定，根據軍首腦層之希望，作為蘇聯參加對日戰爭之代價，羅斯福應蘇聯之要求所簽署的。蘇聯對於遠東大陸，戰後完全繼承了日本之勢力。

由於這個密約，美英承認蘇聯收回在滿洲，日俄戰爭前帝俄所擁有，中國自己所放棄（一九一九年七月）之全部權益，以及獲得在旅順口設立海軍基地之權利，以及獲得大連港和有關滿鐵之優越權利，外蒙古要由中國分離獨立，並要美英保證把南庫頁島、千島割讓給蘇聯。這個文件，因為史達林之要求，除史達林之外，羅斯福和邱吉爾也簽了字。以作為參加對日戰爭之代價，美英對蘇聯保證的事實上是，蘇聯在東亞大陸整個北部的優越權益。對此，史達林於一九四三年年底在莫斯科曾經對哈爾國務卿，以及在德黑蘭會議對羅斯福表明過，德國屈服後三個月內，蘇聯將參加對日戰爭。蹂躪日蘇中立條約，忽視中國主權的這個秘密協定，於一九四五年二月十一日問世。對於有關獨立之別人國家，特別是戰時之同盟國家（中國）的死活權益，由美英秘密地賣給蘇聯，簡直是不可思議。控制蒙古和滿洲者，即將掌握華北，甚至整個中國，這是面對中國問題者的一種常識，日本多年來對於這個問題，和蘇聯之間，在蘇聯革命前後，發生了困難問題。

中國有一句話說，秘密是保不了的，所以這個祕密協定長久沒有告訴中方。新任的哈雷特派大使告訴了中國之後，大家非常震驚和不滿，但因必須依靠美英之援助的蔣介石國民政府，實在束手無策。遂依照美國總統之勸解，派行政院長宋子文前往莫斯科，不得不於一九四五年八月十四日承認雅爾達秘密協定。因此外蒙古正式由中國分離獨立，蘇聯得到承認正式取代日本控制滿洲。戰後在滿洲和東亞之紛擾，主要地實直接種因於雅爾達秘密協定，這個協定實有關包括日本在內的整個東亞之命運。

戰爭情勢之惡化

一、

一九四三年，戰爭之主導權，已經從軸心國轉移到盟邦。義大利投降之後，德軍對蘇軍和美英軍都一直敗退，日軍在太平洋上到處打「玉碎戰」。日本陸海軍斷絕了與後方的聯絡，兵員武器自不必說，也無從得到糧食醫藥之補給，到處都打到最後一個人（玉碎戰）。其狀況，敵人批評稱：與其說是勇敢，毋寧說是「狂猛」，這給予世界「日本人在此地」這樣的強烈印象。不管別人怎麼說，他們都是日本民族的精華。克服一切苦難，終於全部戰死的這些（無名英雄）之每一個人的精神，必將永遠加護日本民族。

北方阿留申，南方瓜達爾卡納爾，西南印度洋之尼科巴爾、安達曼群島，時或以至從日本基地幾千英里之絕海孤島，擴大其戰線的大東亞戰爭，在其本質上，是海空軍的戰爭。必須仰賴其資源於海外的眇小島國日本，將其戰線擴大到地球的五分之一，會感覺進行戰爭之血管的補給困難是理所當然的。日本之洋上的補給，依靠船團護送，其犧牲愈來愈大，日本所擁有之七、八萬頓的商船隊源，立即枯竭，許多運輸船，與寶貴的人命和許多軍需品，統統沉於海底。

自偷襲珍珠港以及中途島海戰以來，飛機成為決勝的武器，遲追的陸軍，在中途海戰大損其失的海軍，皆拼命擴大軍其空軍（那時之日本的空軍不是獨立的，陸軍有其空軍，海軍也有其空軍——譯者）。

二、

日本之陸海軍，各有其工廠，主要武器自己製造。海軍，軍艦自不必說，備砲及其他軍事需品，全部在吳（地名）、橫須賀之工廠（日本投降時，譯者在橫須賀海軍工廠）製造，不夠的發包給民間工廠生產。可是飛機的大量生產，又不得不依靠民間飛機工廠的能力。

關於決勝武器之飛機的製造，日本之工業生產力必須和美國之生產力競爭，這一定要有超人的努力。大本營聯絡會議（最高戰爭指導會議），幾乎每一次，陸海軍都在爭奪製作飛機和船艦的問題。

東條內閣為了提高重要軍需生產之效率，設立監察使制度，派遣官民之能幹人士前往工廠地區，督勵生產機關，潤滑聯絡，以提高效率。更特別設立軍需省（部），起用企業家，以從事以生產飛機為首，悉力生產和供應軍需品，表面上好像有很大效果，惟因已經疲弊不堪的生產工廠，要其起死回生，實在不可能。

由於監察使制度和軍需省，皆不能插手由陸海軍直接掌握之生產，所以這些機關遂插足所謂民需方面的生產。為因應戰時之一時需要之機構的修改，當然不可能矯正平時之跛腳的生產組織。而生產之所以不能如所期待的原因，乃因為原料和資材之不足，以及生產設備之不夠齊全所致。

從中國方面之鐵礦等等原料之輸入很快遭受到妨害，南洋之石油、鋁土礦之運輸也日益困難。因無法生產鋁，即使增加了製造飛機之能力，也不足原料，束手無策。

總而言之，製造飛機雖然非常很有效率，但軍之需求卻愈來愈多。軍方要求一年生產五萬架，甚至七萬架，聯絡會議決議一年生產四萬架以上。為達到這個目標，弊端層出，質上降低，飛機之故障增加，空中運輸能夠到達目的地的愈來愈少。

最後，比飛機之數目更加麻煩的是汽油的問題。為生產石油，甚至使用挖松樹根來製造。遂舉國上下，獎勵挖掘松樹根來製造石油，而即使以地方人民之血汗來挖掘，因沒有煮油的鍋，也無濟於事。

塞班島淪陷（一九四四年六月）之後，轟炸日本本土，接踵而來，交通機關由之故障瀕仍，工廠遭受到破壞，軍需品之供應和與前線之聯絡，完全陷於混亂。

三、

戰爭費用，以臨時軍事費之名目，無限制地支出，國會毫不在乎地予以同意。軍需生產設備迅速擴大，但要滿足陸海軍之需求，日本之工業生產能力實在太小了。而且，要推動全部工業的原料和資材在逐漸缺乏。

陸海軍在資材方面，傳統上，是在競爭，不合作，是對立的。預算，陸海軍各一半，其金額，超過日本生產業之消化能力。陸海軍在預算的使用上也是對抗的，競爭採購民間之資材，不惜多化金錢。因對於不足之物資，大家搶購，故物價飛漲，遂開始通貨膨脹，為防止通貨膨脹，要以法規和強權來抑制物價，乃橫行〇黑市行情，以陸海軍之軍需工廠為首，有力的工廠，為收集在民間之資材，競相以黑市價格購買。經濟界秩序由之開始混亂和萎縮，進而走上枯死之一途。

軍需生產之集中，枯竭一般經濟，日本人之日常生活，幾乎不得不回到原始狀態，糧食之缺乏年年日甚，終於為尋找糧食，連女子小孩都在賣命。政府所規定的配給，即使正確實施，還是不夠維持生命，所以只有自己來種些食物，或去採購。原來對於戰爭沒有什麼理解的國民，除具有這並非國民之戰爭而是軍部之戰爭這樣觀念的知識份子以外，其數目逐漸增加，成為一般人的概念。陸海軍以其為正在戰爭的軍人，軍人之補貼自不在話下，糧食和衣服都有特別的待遇，幾乎在一切方面都有特權，其特權軍官比士兵，上級比下級優厚，因此軍隊內部統制混亂，對於軍隊之惡感日漸嚴重。為著強行軍部之權力，鞭撻國民，他們利用隨時憲兵和警察。

東條內閣倒台

一、

迨至一九四四年，隨對德戰爭之最後階段明朗，美國對日本之攻勢日益激烈。

在東部新幾內亞方面之飢餓同歸於盡戰爭還沒有結束之前，美軍登陸新幾內亞西北部之比阿克，以為牽制，同時以其海軍主力，於一九四四年六月，開始進攻日軍所死守之馬里亞納線之重要點的塞班島。如果馬里亞納群島、加羅林群島之防禦線被攻破，日本在西太平洋之戰略大勢必將崩潰。是即塞班島之攻防是太平洋戰爭之決戰。日本海軍既然在中途海戰破產，瓜達爾卡納爾島一帶之太平洋海戰之消耗戰雖然蒙受很大的損失，但對於美國太平洋艦隊還具有對抗的力量，對於塞班島戰爭寄予好大的希望。因為石油的關係，以蘇門答臘島一隅島嶼為根據地的日本艦隊，在菲律賓群島之西南方，魯魯諸島進出，以伺機會。

開始塞班島之登陸作戰時，美國艦隊分成幾個隊，遊弋西方海上，航空隊為防止來自日本本土之增援，一再轟炸硫黃島之日本飛機基地。日本聯合艦隊令前往比阿克方面救援的軍艦大和更北上，加上航空母艦之主力，以為這是擊破美國主力艦隊的不二機會，鬥志滿滿。首先發現敵人艦隊之位置的日本艦隊，採取準備各個擊破敵方航空母艦集團之態勢，從六月十九日拂曉，全力給予長距離轟炸。可是日本航空隊未能發現敵人艦隊，不得已終於降落在距離最近的塞班島陸上機場，旋即遭受到敵方之襲擊，幾乎全部被消滅。失去空軍之日本艦隊，陷於非常不利的地位，邊打邊退往西方，因為空襲和潛艇之攻擊，遂遭受到無法恢復之打擊。因此只有放棄塞班島。塞班島之守備軍有如野獸打到全部同歸於盡。

塞班島在日本委任統治下裁種甘蔗，有糖廠，日本人不少。形勢緊張時，幾千婦女和兒童乘幾隻船難開，但這些船隻全部被擊沉，沒有一個人倖免。留在島上的一般日本人，與軍人同其命運。

塞班島之後，得尼安島和關島以及東南方之格折林島也都佔領了。

二、

幾個月以前，以絕對要防禦之決心，在御前會議所決定的馬里亞納群島之線，一下子被粉碎，日本在西太平洋之戰略態勢，不但根本發生動搖，日本本土直接面臨來自太平洋之空襲，對整個日本是極大的威脅和衝擊。

由於塞班島之「玉碎」，對於日本本土之空襲日緊，由之對日本本土作戰勢將不可避免。這是日本陸海軍統帥部之責任問題。統帥部曾以作戰上之需要，對內閣作許多要求，政府也努力於滿足他們的要求。預算之支出自不必說，糧食、船舶以及軍需資材，不給民間，盡量給予軍需。以為絕對有把握的塞班島決戰失敗之後，戰爭遂江河日下，日暮途窮。統帥部對於政治外交特別有興趣，怠忽軍事，對於重要的國防設備有差錯，因而受到責難也無可厚非。陸海軍部大聲大擂宣傳稱，敵軍受到日軍數倍之損失，這一次一定獲得勝利，但相信的人逐漸減少，軍隊與國民愈來愈離開得更遠。丟了塞班島之後，戰爭領導人面臨必須好好思考的階段。

三、

主持政府，站在領導國民戰爭之先鋒的東條大將認為，戰爭之所以不順利的第一個原因是，戰爭指導不出於一途。作戰之指導，當然與戰爭有直接關係，大多由政府獨立之統帥部專管，內閣不聞不問（也不能問，因為沒有這個權限）。內閣只是一個滿足統帥部之要求的一個機關而已。要打贏戰爭最重要的是，戰爭指導要出自一途，如果戰爭指導不能統一和調整，戰爭一定會輸。東條覺得日本的問題出在這裡。

但是，日本的陸軍和海軍各直接屬於天皇，雖然互相可以協議，但不得干預。這兩個機關是各自獨立和對抗的。雖然有過陸海軍之空軍的合併計劃，但這各有利弊，整合實在來不急。因此東條認為至少陸軍要統制，於是杉山参謀總長辭職由陸軍大臣的東條兼任參謀總長，直接負責陸軍之統帥，海軍也向陸軍看齊，永野軍令部總長辭職，嶋田海軍大臣兼任軍令部總長。在形式上，統治日本之陸海軍由東條、嶋田兩陸海大臣主導。東條以首相身分統轄內閣，擁有廣範的實權，但對於海軍的事情還是不能插嘴。

這個制度在某種意義上的確是一種進步。東條大將之意思逐漸浸透各方面，統帥部和政府之意見的調整也相當圓滑，但戰爭之劣勢，實來自日本之實力和敵人之實力過於太懸殊所造成。不特此，權力之集中，促進東條之獨裁，憲兵政治之幣端，變本加厲，人人開始罵東條。

由於來自戰爭之壓迫在國民生活上之不滿，日益嚴重，加上乘戰爭之惡化的左翼宣傳活動，以及空襲之日多，效果更大，人人互相推諉責任，批評別人蔚為風氣，「人與人相爭」這樣不一致的狀態，愈來愈嚴重，因而憲兵愈以猜疑之心來辦事。被諭為納粹民間政治家的中野正剛，甚至於公開演說反對東條，因而被憲兵逮捕過。不久彼釋放之後，不知何故自殺。社會之不安日甚。

東條對於反對內閣和敗戰主義者自不必說，被認為和平運動者，也都毫不手下留情的予以取締，對國民大聲疾呼，命令上下要協助戰爭，但其聲望日降，反對他的人愈來愈多。日本人在表面上雖然是「隨聲附和」，但在任何時代，還是覺得暗中反對「自以為是」的政治。東條之末期，對於從九一八事變以來之軍隊的橫暴跋扈，國民的反彈和惡感，愈來愈厲害，敗戰愈多，行動上的反彈愈強。

四、

在軍隊內部之最後場面，對於東條一個人兼任陸軍大臣和參謀總長一事，反對非常強烈。在國外的軍隊的統帥者，就這一點，都在異口同聲地抨擊東條。參謀本部當然不贊成東條兼任參謀總長。兩千名軍人皇族，終於上奏陸相不宜兼任參謀總長。把東條之前輩的梅津（美治郎）大將這樣有為的人材，派去當時之沒有什麼事的滿洲當這樣的「閒差」，對於東條這樣作法，許多人皆不以為然。

東條之這樣直情徑行的性格，重臣也並不欣賞。他的態度是，不管是重臣還是誰，對國家說不利的話，搞和平運動，從事倒閣運動的人，任何人都不許可。大多數的重臣認為，東條內閣無法贏得國民之信賴，屢屢集議，開始運動倒閣。最具體的問題是，海軍隊內部認為，兼任軍令部總長之嶋田海軍大臣是東條的傀儡，海軍以外的人都覺得，面對這樣困局，嶋田無法勝任。以往海軍一直守秘之中途島海戰敗戰以來之塞班島戰的海軍的無能，統統攤在國民面前，自開戰以來海軍之劣績，大家都說，這是嶋田的責任。至於嶋田大將之責任，天皇直接對東條注意，東條遂陷於放任嶋田之困境。

五、

東條內閣之不得人望，已經成為上下之輿論，閣員中也有建議其下台者。雖然如此，東條卻說只要在打仗，他就絕對不下台；唯為緩和人家對於他責難，他辭去參謀總長職位，以關東軍司令官梅津大將為其後任，海軍以豐田（副武）大將聯合艦隊司令長官兼任軍令部總長，不久令嶋田海相辭職，以曾任駐柏林武官之野村海軍大將為其後任。

東條又更換一兩個閣員，以曾任首相之阿部（信行）陸軍大將和同樣曾任首相之米內（光政）海軍大將為國務大臣（政務委員），以補強其內閣，但對獨裁者東條還是未能如願以償。米內海軍大將，曾經為出任首相離去現役，他自己以軍人身分就軍務，他願意效勞，無意出任文官的國務大臣，故拒絕了東條之邀請。所以東條欲以改造內閣，以一新民心之企圖，遂付諸東流。

東條以開戰之負責人，在戰爭途中下台，等於對世界承認在他手上之日本的敗戰，而想盡辦法要以改組內閣來挽回民心，但得知作不到，終於不得不「躹躬下台」。

第九編　大東亞戰爭續（小磯、米內聯合內閣）

一、

戰爭中，為了挽回政局，於七月十八日召開了重臣會議，可是積極出於要打倒東條內閣的重臣，並沒有要收拾時局的決心和抱負，覺得要推出東條之繼承人非常不容易。

重臣會議，依照天皇之諮詢，有如往例，討論下一任之首相人選。他們避免碰觸戰爭指導方向和國際情勢，依循往例，專心解決國內的當前問題。由於是戰時，首相應由軍人出任，著重貫徹戰爭及軍隊之統制，所以大家一致認為，該由陸軍軍人來擔任。適任者不能求之於現役軍人，尋找結果，決定起用朝鮮總督小磯（國昭）陸軍大將（預備役）。

陸軍出身的第一個候補是，一向為主戰論之先鋒的寺內（壽一）大將，惟因他不能離開南方戰場，因此決定推薦小磯大將。

小磯大將，除九一八事變外，被視為在其前後發生之三月事件（陸軍軍官之軍事政變計劃）和十月事件（同樣為未能成功的軍事政變陰謀）的中心人物，但在戰爭前就長期離開中央政局，對於戰爭指導也沒有直接關係。近衛公爵等擔心小磯大將之經歷，於是提議配以米內海軍大將。米內不管海軍隊內部之反對，以敕命恢復現役，出任海軍大臣。陸軍大臣為杉山（元），外務大臣由著者留任，並兼任大東亞大臣。此外，前田米藏和島田俊雄兩位政黨首領，也以小磯大將之友人身分入閣，在戰局惡化中，議會逐漸恢復了其勢力。

與東條內閣不同，首相也是陸軍軍人出身，既然不是現役，對於軍部毫無實際權力，而且小磯大將與現今陸軍主流離開得很遠，在政黨也沒有什麼基礎，作為新首相只有依靠個人的關係來予以支援。

著者之所以以外相兼任大東亞大臣，是因為重視一般外交和大東亞政策之關連性，認為對中國新政策不能變更，由於上面之意思，因此著者便同意留任。

二、

小磯內閣雖然不像東條內閣那樣強有力的內閣，也不是東條那樣的獨裁，聲望算是不錯的。但新內閣從其誕生來看，還是純然的戰爭內閣。只專注於如何有效而有利地貫徹戰爭，不是摸索和平的組織。和平問題只有在內閣之外去摸索和策劃（請參考一九四四年六月二十六日木戶幸一日記，以及木戶口述書）。

小磯首相為了給予集會於大本營的聯絡會議分量，將其改稱為最高戰爭指導會議。小磯新首相在更改名稱的這個會議，利用其軍人的地位，好像要掌握實際上的指導權。但是這個會議本來就是在統帥部之大本營內的會議，閣員，即是總理，也只能就有關政府（內閣）之工作才有發言權。在實際上，軍部完全沒有把戰爭之指導權讓給內閣。不特此，首相和陸相不同其人，首相不是現役軍人，軍部遂還原與內閣完全不同的另外一個存在了。

最高戰爭指導會議，其運作與原來的聯絡會議沒有什麼兩樣。其常務委員為統帥部陸海總長及次長，政府方面為首相、陸海兩相和外相（東條內閣時代藏相和企畫院總裁也參加），其他閣員，與其所掌管事項有關係時，要臨時列席。為辦理會議之有關事務，由陸海兩軍務局長和內閣書記官長出席，其他有關人員在隔壁房間候命。會議內容和狀況，與以往者沒有什麼不同，從不碰軍統帥和作戰問題。由於陸相和首相分離，事實上更遠離了戰爭之指導。

對於戰爭之經過，會議後，在全體閣員面前，由陸海軍情報部長作說明，對於外交情勢則，由外務省政務局長來說明。會議的議題，在會議之前，由會議事務局亦即陸海軍務局長和內閣書記官長商議之後，與有關官員協議成案後提出。議題大多是直接與戰爭有關係之統帥部對內閣要求船舶、飛機等軍事資材之問題，至於其他的問題，外交和內政問題，這些大小問題，但主要還是在處理軍部所提出之要求事項，閣員則在集中其精神，以應付對於軍部在作戰上所需要之要求，對於不理解的重要政治問題，作防衛性的努力。

大家對於戰況報告，最熱心聽取，官員之報告也相當詳細，但在大體上都是說出去也沒有關係的內容，尤其對於日方之損失，從來閉口不談。首相以下的閣員，對於統帥事項的廣泛軍務，當然不許插嘴（說話）。

一句話，最高戰爭指導會議是，對於實行統帥部所決定戰爭指導之政策，行政運用以及提供軍需資材等，即聽取和接受軍統帥部對於內閣之要求的會議。小磯內閣全力回應這樣的要求。

三、

小磯內閣雖然悉力回應這樣要求，但戰況還是每況愈下。

佔領塞班島之後，美軍到底會從那一方面來進攻，日方非常關心和注意這一點。在繼塞班島之後接近日本的海上，將以小笠原特別是硫黃島為目標，在戰略上任置和建造機場之地形上，大致可以預測，但攻佔了新幾內北部和阿德密勤爾迪島的麥克阿瑟軍，離開跳石頭戰術到達任何一個地點，都是可能的。當時尼密茲所率領的美國海軍，在戰略上會通過菲律賓群島，佔領臺灣，以確保與中國大陸之聯絡，斷絕日本與南方之聯絡，一下子直搗日本本土，但羅斯福總統於一九四四年七月，在夏威夷和麥克阿瑟會面時接受其意見，為表示不放棄菲律賓人，決定進行菲律賓登陸作戰，這是戰後才知道的事實。

麥克阿瑟於開戰當初，宣稱「我一定要回來」而離開科列希多爾。他要實現對菲律賓人之承諾，乃對羅斯福主張一定要恢復菲律賓。他對於呂宋島之東南部，以及成為連鎖南北菲律賓之萊特島，艦隊之艦砲射擊之後，以優勢之水陸兩軍開始登陸是一九四四年十月。當時，山下（奉文）將軍已經在馬尼拉，增強了菲律賓駐屯軍。美軍之登陸萊特島，正中日軍防備之下懷，山下軍遂陸續送增援兵到萊特島。日本聯合艦隊也在豐田司令長官之下待機。陸海軍說這是決戰之絕好時機，政府閣員都寄予非常的期待。為救援萊特需要許多船隻，陸軍在菲律賓的運輸船，大多在萊特初期派往救援時都已經報銷了。內閣對於統帥部在最高戰爭指導會議所要求的船隻，盡量減少民間部分，全部提供。小磯首相聲明萊特是戰爭輸贏的關鍵，表示要悉力面對對這個戰爭。在呂宋島之日本陸軍投下其預備部隊。聯合艦隊由南方基地出發，作最後的奮鬥。

四、

在塞班島一戰，日本聯合艦隊雖然受到重大損失，但還是有若干的戰力。美國陸海軍既然開始要奪回菲律賓，自不能不接受這個挑戰。日本國民期待著以為仍然健在的無敵聯合艦隊之出動。聯合艦隊分成兩路通過呂宋島南方，一隊由萊特島南方，直接進入敵人之登陸地點，出於攪亂敵人基地之作戰，另外的艦隊準備迂回萊特島北方以攻擊敵人，以阻擋其登陸作戰。為牽制這個作戰，從日本內海令小澤艦隊進出呂宋島東北方。從萊特島南方前來的艦隊，途中遭受到美空軍之空襲和潛艇之攻擊，但不屈不撓，曾給予敵人很大傷害而全部同歸於盡。繞萊特島北方之日本艦隊（栗田艦隊）擊沉數隻敵艦之後，沒有照預定突進萊特島，準備回頭的時候，遭受到接觸小澤艦隊之南下的敵艦隊之主力空軍，被其消滅。聯合艦隊事實上在萊特海戰全軍覆沒，在日本本土的艦隊已經所剩無幾了。這在戰後之探討，我們才知道。戰爭中竣工之六萬四千頓（有九門十八英寸砲）級之武藏就是損失於這個時候。

當時之最高戰爭指導會議，屢屢詳細報告戰爭之情形。關於萊特戰之最後的報告，陸軍和海軍都說，眾寡不敵，這是不得已和遺憾的事，但日方給予敵方好幾倍損失，由之敵方之進攻力幾乎損失殆盡。說敵人愈前進，對日方愈有利這樣似是而非的話。這一定是軍方用心良苦的說法，但卻給這一般國民和閣員甚為一廂情願的錯覺。外務省以敵方發表之材料努力於知道戰爭之實際情況，但軍方都否認敵方之發表。

五、

雖然以為在萊特戰受到打擊的敵軍，不容易馬上作進一步的進攻，可是一九四四年十二月二十六日，聲明結束萊特島戰爭之麥克阿瑟軍，於隔年一月九日，以水陸大軍，直接在呂宋島西海岸，從日軍登陸之地點林加恩海面，展開登陸作戰。不亞於法國北部布留大紐，登陸作戰之水陸空軍之攻擊作戰獲得成功，馬尼拉於一九四五年二月，已經被美軍奪回去。

根據陸軍的說法，馬尼拉自開戰以來，便成為日軍之根據地，有充分的防禦設備和儲藏許多軍需品，在猛將山下將軍指揮下，能夠得到很好的戰績，小磯首相認為呂宋島戰役才是真正的決定勝負之關鍵，故政府接受軍方之一切要求，犧牲民間需求，把一切船隻全部給海軍。因此國民對於這個戰役，寄予極大的希望。可是在萊特戰日本聯合艦隊受到致命性傷害，變成不可能東山再起，日本之輸送船全部報銷，對於呂宋島之戰不可能作海上之支援，山下軍等於海上之孤島，只有犧牲到底。面對絕對優勢之敵方水陸空軍，山下軍之善戰也無濟於事。在這個「玉碎戰爭」，日本陸海軍之不一致和互相傾軋，在山上將軍麾下，海軍部隊和陸軍部隊之間，一致存在。

對於美軍之猛烈進攻，日軍實在束手無策，只有打到大家同歸於盡。說是有充分準備的山下軍，根據在巢鴨監獄之當時的武藤（章）參謀長之說法，其防禦裝備非常簡陋，他到任以後覺得非常驚訝。武藤中將曾經長期擔任軍務局，中央陸軍之要員。應該追究這個責任才對。在菲律賓之日本駐屯軍，不理解大東亞政策之主旨，這個部隊出於為敗戰死鬥逸出常軌之行動，沒有實踐日本政策，致使在菲律賓留下無法拂拭之極壞印象，的確是非常遺憾的事情。

六、

繼塞班島攻防戰之後，尼密茲前來進攻硫黃島。小笠原諸島為東京都之一部分，因此日本人感覺戰爭已經迫在眼前。硫黃島之救援，從海上天空都不可能。拼命奮鬥的栅橋守備軍，依靠在火山島很難築造的巧妙陣地孤軍奮鬥，給予美軍很大的損害，使美軍大為震撼，終於全部同歸於盡（三月二十一日）。

完成塞班島和特尼安機場之後，美軍立刻開始攻擊日本本土，空襲之損害日多。因失去硫黃島，B二九在該島得到空軍之有力支援，必要時可以臨時降落該島，所以對於日本本土之空襲，愈來愈厲害。

攻擊日本之美國空軍，從塞班島機場，編成幾個隊，接近日本本土，以富士山為地標，來到箱根天空，或轟炸名古屋方面之工業地帶，每天半夜轟炸東京和橫濱，白天飛行高空撮影日本國土，從事很詳細的偵察。

美國空軍，也從紀州海面侵入豐後水道空襲大阪地區，同時空襲四國、九州以及西日本一帶之工業地區，以及其他中都市。另一方面，從房總半島侵入去空襲東北（日本）地方。B二九當然轟炸面向日本海的重要城市。

與此同時，在中國大陸之美國空軍，在各地逐漸建設機場，首先空襲滿洲之鞍山製鐵所（煉鐵廠）給予好大損失，令日方很大恐慌。在中國大陸之美國空軍，開始空襲北九州之八幡煉鋼廠和佐世保軍港等。日本遂在敵方空軍控制之下。

七、

空襲是日本最悲慘和最痛苦的經驗。美國空軍以日本之軍需生產分散至民間為理由，有計劃地要燒光全部大小都市。為燒光幾乎都是木造房子的日本城市，美國研發和改良油炸彈，使用非常之多的強有力油炸彈。其使用方法非常考究，首先在都市周邊包圍性地投下炸彈，使其發生火災，尤其選擇颳大風的晚上，在其風上丟許多油炸彈。下一波美國空軍飛機便以正在燃燒的都市為目標，在其火海內部投下油炸彈，地毯式的轟炸。譬如對於東京和橫濱，機隊輪流夜間前來轟炸。對於小都市，一個機隊一次便大多能夠把它掃得很乾淨。被選擇為對象的都市，到處大火，火勢非常強烈，公園小河都沒有用。被大火包圍的許多居民，因無處可逃而被燒死。三月上旬之東京商業地區遭受到轟炸時，死了十萬人以上，隅田川河水，一時變成熱水，滿河都是屍體，比關東大地震更可怕。如此這般，日本的大半大中都市被燒大半，燒死了幾十萬人。

至此，日本日日化為焦土。面對這一種悲慘狀況，尋找糧食的人更慘。可是當時之軍所主張之「玉碎說」被認為理所當然的事，只要是天皇之命令，大家都願意跳進火坑。

八、

空襲在其初期，因集中於名古屋一帶之工業地區，該地區之軍需生產，受到很大損害，此時在這個地方發生大地震，比空襲損失更大，豐橋地區全部毀滅，某種精密工業幾乎不可能翻身。天天之空襲加上大地震的天災，日本人真是太不吉利了。

因為空襲和地震，日本之軍需工業受到無法恢復之致命打擊。雖然如此，軍需大臣以下政府機關自不必說，工業經營者和工人，和戰場的軍人一樣，堅守崗位，與災厄博鬥。曾計劃在地下設飛機工廠，但來不及了。

戰時外交　其二

一、

小磯內閣對於戰爭，全力配合統帥部之要求，但無法逆轉戰勢，戰場愈來愈接近日本本土。小磯首相在戰爭指導會議，再三提到重慶工作和對蘇工作之重要性，他說「如果不能實現這些，將後悔千載」。要使戰爭轉變成為有利，必須把重慶政府從美英陣容拉開實現德蘇之和平，使蘇聯站在日本這一邊。這個想法，和原來的軍部之想法是一樣的。

這些方策，在東條內閣時代嘗試過，在戰爭之現況，是否可能，已經試驗過，雖然不可能，還是值得嘗試，這一點，著者是贊成的。但這樣的方便政略必須光明正大。因為沒有成功的希望，所以如果不光明光大，將會被認為為敗戰雪上加霜。在著者眼中，戰敗已成定局，但在今日，還有至敗戰之最好路徑之餘地。著者認為，所謂重慶工作應該得到日所正式承認，與日本共其命運之汪精衛政權之同意下進行，調介德蘇和平，沒有將有所犧牲之德國的同意，是不可能實現的。

二、

汪精衛所的南京國民政府，成立於日本保護之下，日本承認其為中國之正式政府（傀儡政權，重光葵擔任過其大使—譯者），汪精衛訪問日本時，室內曾經給予友好國家元首待遇。成立政府的口號是和平建國和防共，以國內之和平建國為政府之目的。事實上汪精衛對於和平交涉，完全願意接受日方之一切安排，達到和平目的的時候，他自己的進退，要聽日本之意思。要完全無視汪政府，秘密與重慶直接交涉，在道義上不能這樣做，從中國之國情來說是不可能的事。

日本在承認南京政府之前，用盡一切方法，曾經和重慶嘗試過妥協的交涉，但全部失敗。所以承認汪政權之後，日本政府便決定不再做這樣的作為。以後，在北京、上海等地，暗中有軍方和重慶有過聯絡，但那都是為將來之自已鋪路的中國人的個人行為，跟重慶當局沒有關係。這一種中國人和重慶聯絡的途徑，大體上可以分成兩種。一種是以個人的關係和重慶聯絡，日方利用這一種人，中方又反利用此種人，想從日本佔領軍能夠得到某些好處。從北京和上海方面，陸路到重慶，或經由海岸與重慶聯絡者，大多屬於這一類。其中，也有在日本一部分軍部謀略默認下，使用無線電和重慶聯絡的。其他即是為防衛自己為目的，譬如上海之企業家團體，隨日本戰爭情勢之惡化，開始向重慶頻道送秋波，其目的不是為和平，而是希望上海一帶免於戰禍。

大部分的這些人，在背後，也和汪政權聯絡，即使不是這樣，他們在汪政權很容易探知的地位，如果沒有汪政權之默認，他們是不可能隨便行動的。在這樣情況之下，日本要和重慶秘密交涉是政策的破產，這對日本完全不利，這是顯而易見的。

在東條內閣末期，汪精衛政權要和重慶政府從事和平交涉，日本並沒有表示異議，後來甚至於鼓勵汪政權這樣做。迨至小磯內閣，把重點擺在所謂重慶工作，最高戰爭指導會議，更決定要積極和重慶作和平交涉，但這個交涉一定要透過汪政權來做，乃特派柴山（兼四郎）新陸軍次官（曾為汪政府最高軍事顧問）前往南京，向汪政權說明日本之立場，以避免其誤解。南京之首腦人物陳公博、周佛海（汪精衛生病在名古屋帝國大學醫院治療中）皆予以諒解，雖然需要相當的時間，遂著手辦理其手續給予回音。

三、

對於中國問題，很不幸，小磯首相和外務大臣兼大東亞大臣之著者之間，有很大的意見之不同。

小磯首相擔任拓務大臣時，對於要把汪精衛拉出來一事，沒有表示反對的意見，但也絕不是贊成這一件事。出任首相以後，他這個態度也並沒有改變，故與尊重日本政府所正式承認的汪精衛南京政府的想法有所不同。在朝鮮總督時代，和反對汪汪精衛政府的日本人和中國人有所聯絡。他對於中國問題有很特別的意見，他認為，從中國之地勢及其歷史來看，要統一統治她相當困難，應該在日本的力量統治下，分成幾個地區來分別統治，具有相當詳細和徹底的意見，在十二月初的首次最高政治會議發表，並希望各人趕緊好好思考。此時，著者很難理解提出這樣政策的用意，以外務大臣身分無法贊成這樣的意見，而表示說，在戰爭之現今階段，日本對於中國採取的政策應該是，為一貫之主張，尊重中國民眾之要求，不能變更透過日本所承認之汪精衛政權，和中國民族交涉的態度。參謀本部之代表秦（彥三郎）參謀次長認為，在戰爭之現今情勢，提出這樣的對中國人之根本問題，覺得很遺憾。從此以後，著者深知，自己和首相之意見是水火不相容。

軍部也很難得看到這一點，和首相不同意見。杉山陸相對著者說：「我對於小磯大將之作法非常不安。我在次官時代，他是軍務局長，在我不知不覺之間，勃發九一八事變前後，他搞了各種策動，以後也是一樣，在他身邊，有九一八事變當時之二宮（治重參謀次長）和閣員，松井（石根大將）、根本（大佐），大政翼贊會之興亞同盟和壯年團等等，作為內閣之一翼在起作用，會發生什麼狀況都不知道，必須非常小心」。當時我不大留意聽聽就算了，可是每一次他都會這樣說，覺得其意味深長，使著者開始提高警覺。

四、

有一個星期天（一九四四年十一月十七日），小磯首相要著者和他見面，他面告著者說要改組內閣。軍需大臣藤原銀次郎因為過勞要交替，同時要更換一、兩個閣員，要以著者所兼任之大東亞大臣為專任，擬以二宮文相（中將）來擔任，以田中（武雄）書記官長為文相，其後任擬以在負責朝鮮拓殖會社之某中將來接充，並稱，這些都已經得到他們的同意。著者對於有關自己之進退的大東亞大臣問題保留回答。因為這個問題包含很重要的政策問題。故著者深思熟慮之後表示反對的立場。為順應戰爭情勢，必須趕緊使大東亞政策合乎一般外交，而且大東亞省獨立之意義，完全已經消失時，要設其專任大臣，要實行和外務大臣完全相反的政策，這是著者所不能等閒視之之事。因此對小磯首相表示，除非變更要把大東亞省完全從外務大臣分離這樣意見，著者將無法繼續負作為外務大臣之責任。因有米內海相之斡旋，出現種種妥協案，的戰爭的這個階段，對於這樣的根本問題，著者不能改變自己的意見。

最後，內閣改組，只更換軍需大臣，由吉田茂（當時之福岡縣知事，前厚生大臣）接任了事。

五、

大東亞新政策，在著者指導之下，悉力推行。惟因戰爭情勢日非，交通幾乎全面斷絕，許多計劃，不可能或困難實施。第二次大東亞會議之召開就是它的例子，為此改在大東亞地區，分別舉行大使會議，以期政策之徹底。這個會議，著者去職之後才逐漸實現。

汪精衛終於在名古屋病逝，由陳公博繼承，繼續和周佛海等一起賣力，故對於日本之對中國新政策之推動非常方便。他們是中國的愛國者，為實現中國多年之願望非常賣力，日本也給他們援助，以推動新政策。新政策，在廢除不平等條約等政治層面已經實現了。著者兼任大東亞大臣以後，立刻倡議新經濟政策，著手開始實施經濟方面沒有碰過的部分，首先把派在當地之官員召集回來東京，著手開始這個困難的事業，令這些人徹底瞭解新政策之意圖。谷（正之）大使等其他派在中國大陸各地之機關，盡了一切努力，惟因戰爭情勢之惡化，其事業之困難，實在不可能想像。

中國以外之新政策的實行，同樣很熱心地推動。東條內閣所未能實現的援助印尼之獨立問題，得知小磯首相之贊成而實現了，立刻在御前會議討論和決定，首相在議會演說發表了這一件事。印尼之獨立，蘇加諾氏訪問東京時，著者曾經表示贊成，並予以鼓勵，準備工作且進得相當順利。駐印尼軍之民政顧問林久治郎（前大使，發生九一八事變當時之奉天總領事的意見是，全面得到採用，在林顧問之下在當地著著進行，蘇加諾氏等之獨立運動迅速前進。

六、越南的問題是非常困難的問題。

越南當局事實上對於日軍，一直消極的抵抗，同時他們在維西政府權力下，對於日本，表面上，依照條約所定之規定要合作。日軍之所以進出越南南部，是維西政府和特・克越南政府當局同意之形式促成的。可是爾後隨戰爭情勢之日益惡化而發生變化。比日本人更加容易判斷第二次世界大戰之進展狀況的越南當局之地位，是非常困難的。

美英兩國對於法國別丹政府之態度，並不一致。別丹政府於德國投降之後，和英國斷絕外交關係，美國以中立國家維持邦交，羅斯福總統特別派其親信李希海軍大將為大使去維西政府，以監視別丹政府之態度。這個關係，美國參戰之後還是沒有改變，在這期間，美國出手法領非洲北部，利用阿及利亞總督威剛將軍等之親美態度。美國之與別丹政府斷交，是美英聯軍在艾森豪之下，登陸非洲北部佔領法領的時候。爾後，美國還是沒有承認在英國庇護下的戴高樂政權。戴高樂將軍，在戰爭末期主持北非洲時，美國才予以承認，他法國本國得到解放之後才回到巴黎。

與德軍從法國溜走之同時，維西之別丹政府轉移到德國國內，戴高樂政權於一九四四年十月，得到美英蘇之承認，以法國臨時政府回到巴黎，再度確認爆發太平洋戰爭直後他對日本之宣戰，聲明法國從那個時候以來就與日本是在戰爭狀態。越南特・克總督對戴高樂政府表示忠誠，公開越南與日本的交戰關係。至此，在表示敵意之越南的日軍的地位變成非常不安。

越南是在馬來西亞、緬甸和爪哇以及蘇門答臘之日軍的背後地，越南成為敵人時，這些日本前進部隊將直接遭受到聯絡之威脅。日本軍部在軍略上絕對需要在越南建立自己的地位。不特此，對方既然表明敵意，日方必須出於因應之手段，即要令對方感覺具有特別之意義，或者情願受其侮蔑。

安南等越南地方之民族運動，亦即獨立運動，是自法國征服安南以來的問題，法國之殖民地政策，和其他歐洲各國的殖民地政策一樣，非常反動，鎮壓一切獨立運動，除與法國本國以外，不許越南和其他國家交流。獨立運動者要到法國以外，特別是日本等東洋諸國，只有亡命之一途。開始第二次世界大戰以後，這些獨立運動者，偷偷來回日本者增加，由之獨立運作日熾。

排除表示敵性之法國當局者，以確保日軍之安全，承認民族之要求，使獨立政府實行其政治，乃是日本大東亞政策之根本旨趣。因此在越南之日軍，根據政府及大本營之命令，對於越南當局要求解除越南軍隊之武裝，並將行政權交給這些獨立政府。

上述對於在越南之安南、柬埔塞等獨立運動之援助，是日本在戰時幾乎是最後大東亞新秩序之運用。

七、

日本既然決定大東亞新政策，要推行東亞之民族政策，當然自己也要實行。問題是朝鮮和臺灣。

朝鮮和臺灣，長久以來為拓務省和內務省之管轄，採取準日本內地措施，在外交之外。原來，對於朝鮮和臺灣的方針，一開始就採取同化政策，軍人總督，為貫徹其政策，大多採取積極的措施。

在朝鮮，齋藤（實）海軍大將時代，出於無為以化的方針，下來的宇垣（一成）、南（次郎）、小磯（國昭）陸軍大將時代，皆出於積極主義的統治方策。最後，要朝鮮人改成日本名字，實行徵兵制度。另一方面，在朝鮮和臺灣，日本文化之設備有相當的規模，也設有大學，朝鮮人之政治知識由之提高許多，各種生產工業也大為發展。小磯總督同情朝鮮之政治上要求，倡議推薦相當數目之代表出席日本帝國議會。東條內閣內定朝鮮和臺灣要選出帝國議會議員之方針，迨至小磯內閣正式決定，在國會通過，成為法律。

這個制度，有如愛爾蘭獨立之前，送議員到英國議會一樣，朝鮮和臺灣不是以獨立為直接之目的，而是走向自治的一步。當然這很難滿足朝鮮和臺灣的民族運動，但著者還是支持這樣的措施。雖然不滿足，但相信這樣作與大東亞政策之日本的行動並不矛盾。

八、

對於中國問題，小磯內閣末期，小磯首相和外務大臣之著者又發生了意見不同的不幸事件。那是有關對重慶的工作。

根據最高戰爭指導會議之決定，因特派南京之柴山（兼四郎）陸軍次官之倡議，汪精衛政權和重慶開始和平工作。在得到回答之前，小磯首相欲透過汪政權之立法院副院長繆斌作重慶工作，乃偷偷把他找來東京。

繆斌是被蔣介石摒棄，留在日軍佔領區，為日軍所利用，在北京曾任所謂新民會會長，成立汪精衛政府時，因日軍之推薦，插足汪政權。汪精衛曾以其叛徒，予以逮捕並準備予以幹掉，因日方之懇請撿回一命，乃繼續留在汪政權裡面，出任立法院副院長。可是他對於汪政權還是繼續在搞惡意的策謀，大多在上海，與重慶方面之熟人取得聯絡。日軍為取得重慶方面之情報，便利用他作為諜報機關，默認他使用無線電和重慶聯絡。繆斌又利用這，和反對汪精衛政府之個別的日本人來往，以重慶工作為幌子。他的立場是，取消汪政權，取得日軍從中國撤兵之約定，以請求蔣介石，以保全其一身，乃是在上海作重慶工作的一個掮客。繆斌所聯絡之重慶的要人是，秘密警察龍頭的戴笠將軍。戴是和美國秘密諜報團之攪亂日軍後方機關聯絡的中心人物，擅長策謀的活動家，但是一個不能信賴的人。

不可能由繆斌作好重慶工作，是現地大使和軍司令官一致的看法。小磯首相於一九四五年三月二十一日星期三，突然召開最高戰爭指導會議，報告把繆斌帶來東京之消息，並說要以他所提有關重慶工作之提案為基礎，令其使用無線電，從他所居住之首相迎賓館，以探測重慶之意向，令在座各位大為震驚。

著者極力反對這個計劃。這個計劃，不但違反從前之決定，無視汪精衛政府的這一種謀略計劃，違反道義，絕對不會成功，從繆斌的地位來說，他所提案之日本的讓步，只是會被他和重慶利用而已，絕對不可能達到和平之目的，並提出駐南京之谷大使有關繆斌訪日之觀測意見電報。繼而陸海軍大臣也表示意見，大力反對首相之提案。梅津參謀總長說，繆斌之策動如果成功，軍之統帥將發生困難。

爾後，由首相以及有關人員互相交換意見，決定要令繆斌趕緊回國，著者以為問題解決了。

九、

可是，四月三日，皇宮突然把著者找去，天皇陛下表示，昨日首相內奏政務時，提到繆斌來日本，並說明要他來進行重慶工作，朕說，和平工作不可能由繆斌這樣的人來搞，告訴他搞謀略手段對全局不好，但首相聽不進去，故今日上午問了陸軍大臣意見，陸相表示反對；又問海外大臣，他以一國之首相怎麼可以玩弄這樣手段，覺得非常遺憾而極力反對，外務大臣的你的意見如何？陛下這樣垂詢。

著者奉答愚意：這個問題在政府已經討論過，繆斌早已回去了才對，故敬請釋念。陛下卻說：「不是，繆斌還留在這裡活動」。於是著者把在最高政治指導會議所說的話重說一遍，表示反對意見之後，並乘此機會報告說：「在戰爭已經決定性地在惡化之今日，要如何結束，奉聖旨，不肖正在用心思考，對於國家之危局，日本應該採取堂堂正正之態度，只要不背離公是公非，即使國家崩解，還有復興之一天，如果玩要小策，誤走小路，日本可能永遠不得翻身」。陛下說「我同感」。著者立刻往訪小磯首相，建議停止繆斌工作，令繆斌回去上海，他同意了。

後來才知道，繆斌被留在東京，和小磯首相等晤談，他說重慶已經不相信日本軍部和政治家的話，要進一步談這一件事，希望安排他見天皇，直接聽取天皇意見。有關人士安排他見對此事有興趣之東久邇宮（稔彥）大將。因東久邇宮聽了繆斌的意見之後，告訴了木戶（幸一）內大臣，所以皇宮對於繆斌的問題擁有相當詳細的資訊。戰後，小磯大將曾向東京遠東軍事法庭提出繆斌工作，說這是欲透過重慶促進和美英談和平之方策，惟因外務、陸海軍大臣反對，以及天皇之命令，終於沒有成功。不幸，小磯首相之促進和平之意向，對於繆斌問題以及其他機會，外務大臣自不必說，陛下和木戶內大臣也都不知道此事。戰後，繆斌被中國政府逮捕，以叛亂罪判處死刑，立即執行。裁判時，戴笠否認和繆斌有任何關係？大東亞戰爭末期之繆斌，和豊臣秀吉征討朝鮮末期之沈惟敬是恰好一對的人物。

探究和平　其二

一、

我們之恢復和平的腹案是，時機一到來，只有天皇直接之命令之一途，在此之前，在陸海軍隊內部要準備順應這樣的態勢，為使此時不發生任何障礙，必須作好內部工作，這是國內問題，是最困難的事情。

著者努力於說服杉山（元）陸相。屢屢接觸之後，杉山大將對於結束戰爭逐漸發生興趣。海軍大臣米內大將沒有什麼問題，但軍部的問題，能夠認識大局的上層還好，中堅軍官的意見很重要。於是令外務大臣之高級秘書官加瀨俊一，和內大臣秘書官長松平康昌侯爵聯絡，陸軍方面與陸軍大臣秘書官松谷大佐聯絡，以準備這方面的工作。這些人都不是敗戰主義者。他們離開官員或軍人之關係，從要拯救日本之將來的愛國熱情，為恢復和平挺身而出。這些朋友，在著者辭去外務大臣之後，仍然繼續其工作，致力於使各方面對此問題之理解。

軍隊內部絕對多數主張防衛本土，甚至說以前的是前哨戰，要讓敵人接近本土時予以消滅，以期重演元寇（十三世紀元朝進攻日本失敗之戰役—譯者）之歷史，因此傳說準備了幾千特攻隊飛機。軍部且準備把天皇和國家中樞機關移到安全地區長野縣犀川附近，在這裡建造地下皇宮。另一方面，為訓練新募集之軍隊，還準備了竹槍和木砲。

本土防衛說，實際上和「玉碎說」沒有什麼兩樣。與開戰當時之「先下手為強」同樣的心態。軍部之玉碎說，逐漸成為不得已的想法，一般思考力疲勞加上麻痺。

二、

著者曾經在自己腦袋中，屢次批判過玉碎說。人不管是個人還是國家，為著名譽有時候不選擇生而寧肯死。因為精神或許因死比生可能更能永恆。我們日本人很懂得這個道理。在太平洋島嶼，日本人悲壯無比地搞玉碎戰。特攻隊，與飛機同歸於盡，與魚雷艇，直撞敵人艦艇大喊萬歲而死。住在日本本土母國之天皇以下的國民，為日本民族之永久聲譽和永生，必要時，寧肯選擇玉碎。

一九四〇年夏天，德軍席捲法國，並要進攻英國時，目睹英國國民之英雄性決心的著者，在日本本土即將遭受到敵人蹂躪之今日，真是非常盼望自己同胞有這樣的決心和表現。但是英國國民的決心是要活下去的勇氣。今日日本需要的正是這個勇氣。因此英國國民決心要戰爭到底，日本要戰爭到底，得到這樣結論的著者，遂仍然往從前的計劃邁進。

軍部主張要在保衛本土戰爭中殲滅敵人這樣說法，從以往戰爭之經過，我們實在不敢相信。硫黃島之後，敵人可能來琉球，九州或四國，甚至登陸本土。擁有壓倒性武力的敵人，要佔領日本全國要地不是那麼困難，顯而易見，其時機已經相當接近。

一九四〇年夏天，法國投降的時候，英國國民在邱吉爾領導下所表現偉大抵抗之決心，以及英國海軍和空軍之健在，英國國民之牢不可破的團結，以及美國之無限的援助，相信能夠得到最後之勝利，有這樣非常冷靜而週全的計算。很不幸，日本不但不能作這樣的勝算，實際上這個戰戰不是國民的戰爭。日本崩潰，喪失國家組織之後，日本人要如何才能夠再一次得到國際上的榮耀地位？日本可以在世界和一切民族平起平坐，日本民族具有日本國的基礎，擁有其可貴的傳統，這是不待煩言的。

原來，這一次的戰爭並沒有得到國民之充分理解，國民的本意是不希望打這個仗，是一場天皇最不希望的戰爭。從九一八事變以後，打了十幾年仗，國民已經精疲力盡，是在盼望和平。國民的真心是想早日結束戰爭。軍部雖然在宣傳玉碎說，但這只是政府之表面上言詞而已。

當時，有不少有識之士在懷疑政府可能沒有向天皇報告時局之真相，認為天皇應該召見重臣，聽取其對於戰爭的真心話。於是天皇分別召見重臣，聽了他們的意見。重臣中對於時局提出真正意見的是近衛公爵一個人。這是一九四五年二月的事情。近衛公爵為此特別將其寫成文字，用口頭念出來，作為他的意見。其要點為，有關日本被赤化的危險，他強調，如果戰爭再拖延下去，比投降更可怕的是被赤化。對此陛下問：「若是，我應該怎麼辦？」但對此近衛沒有辦法奉答。天皇對於時局非常清楚，他心中願意尋求和平，透過木戶內大臣，也直接由著者得悉和平之方策。近衛公爵內奏之書面文字，在吉田（茂）大使（現在首相）宅被憲兵盜抄，成為吉田大使等被憲兵逮捕的原因，惟近衛公爵沒有被逮捕。當時之憲兵之取締和平運動是不妥當的。

三、

著者經常和木戶內大臣保持聯絡，以思考和平問題。因訂有三國同盟以及不單獨媾和之盟約的德國，堅持戰爭到底，所以日本之終戰，只有等到德國崩潰的時候。

在敵我宣傳戰中，以脆弱的公開資訊為基礎，實在很難判斷歐洲戰爭之輸贏，當時著者之判斷是，根據當時之記錄，德國之崩潰，可能在四月底、五月初前後，故以它為目標作準備。同時認為，蘇聯之對日戰爭是時間的問題，這是我們在前面說過的。關於國際情勢，在內閣會議由著者，在最高戰爭指導會議則由上村政務局長，幾乎定期地作報告，對於這種形勢，著者覺得有令閣內負責人知道的必要。尤其是對於重臣，覺得他們需要對國家之將來多多思考和用心。

當時，對於戰爭之將來，除重臣外各方面的有識之士，都非常耽心。出入著者處，或聚會的知名之士非常之多。著者判斷，自己應該坦誠說說自己見解的時機已經到了。在重臣方面，因憂慮時局，重臣中有志者時或私下聚會。近衛公爵特別用心於結束戰爭。據稱岡田（啟介）大將也非常憂心。凡此都是重臣中有志者之聚會，真是決定日本之命運的人們的聚會。一九四五年三月二十三日，這個聚會希望就國際問題聽聽著者之意見，著者馬上答應。這樣聚會來了若槻禮次郎、岡田啟介、平沼騏一郎、近衛文麿四位元老（都曾任首相）。

首先，若槻男爵代表大家問，在戰爭這樣惡化之今日，有沒有以外交手段來救濟之可能性？特別是有沒有依靠與我國具有中立條約之蘇聯的方策？著者詳細說明了自雅爾達會議前後以後之國際情勢，並稱在蘇聯有參加美英陣容之可能性的今日，不可能為日本斡旋，日本能做的是直接和美英接觸，最重要的是日本必須正確認識國家所面臨之情況，並下定重大決心，只要有這樣決心，自有其外交手段，當局者之著者有這樣的準備。問題是我們有沒有正確認識目前之局勢，以及對於這樣局勢是否有真正的決心。岡田大將馬上回應「明白了，我完全同感」。無需說，這個所謂同感是要以停止戰爭來因應的意思。

著者又說明國際情勢之現況，日本所面臨之危機，俾能使各位沒有疑慮之餘地，作為重臣們下定決心之資料。

四、

著者在重臣聚會的說明，給上層不小的刺激。一個禮拜之後，樞密院聯絡說想聽聽著者之說明。毫無疑問，樞密院是國家要人之最高機構之一，著者覺得有對時局坦誠說明己見之義務，也是一種難得的機會，遂前往樞密院就國際情勢作了詳細的報告。根據紀錄，其要點如下：

（1）德國之戰爭情勢已經到了最後階段，德國首腦今日在表面上表示，將使用其秘密武器，能夠得到最後勝利，這是大島大使電報所說的，但據著者的看法，不可能有這樣的結果。大陸國家在陸上和空中處於劣勢時，戰爭已經到了最後階段，這和島國失去制海權和制空權時候的同樣道理（日本就是這樣）。在今日之機械化立體戰爭，劣勢國家之戰敗是很快的，德國之崩潰在今年四月底五月初。

（2）希特勒雖然有日本之勸解，但認為不必要採取和平手段，現在還在說會得到最後的勝利，所以他準備戰到最後一刻（玉碎）。有說德國計劃要單獨媾和之報導，但這是不足取信的。也沒有這一種可能性。納粹德國之地位，和有皇室之日本國情是不同的。

（3）綜合一切情報來判斷，蘇聯在雅爾達會議之後，在其希望之時機，似已經有對日戰爭之準備。這個時機將是在西伯利亞之蘇聯武力對日本滿洲軍隊壓倒性優勢的時候。日本一定要有這樣的覺悟。蘇聯雖然一再說一定會遵守中立條約，但這是不可靠的。

從以上所述國際情勢，以及日本所面臨戰爭情勢來看，日本已經到達必須慎重思考和考慮國家之方向的時機。

五、

著者在重臣聚會和樞密院的說明，是以非常之決心所作的，其目的在於希望上層能夠清楚認識時局為目的。沒有什麼人提問，散會之後的樞密院的人們，究竟有何感想，不得而知。散會後，鈴木（貫太郎）樞密院議長和兩三位樞密院顧問圍著著者閒聊。很難得，鈴木議長還談得蠻多，他說德川家康在最後戰鬥得到勝利（那是因為國內戰爭，不能與國際戰混為一談—譯者）。這一次戰爭應該在最後戰爭挽回，鈴木海軍大將同時說了以下的故事，即他擔任練習艦隊司令官，幾十年前訪問洛杉磯在歡迎席上他致詞說，如果日美干戈相見，將同歸於盡，美國人都表示贊成。鈴木樞密院議長的態度好像是，勉勵著者，要日本戰爭到底的樣子。

著者能夠理解身為軍人之鈴木大將的態度，但著者一個多小時之對於時局的說明演講，作為政治上回響實在太差了，這使著者非常失望。我們看破了當時之戰爭內閣，希望鈴木大將出來組閣，以收拾戰爭。鈴木大將不久即以首相身分，前來國會，作了對於著者所說的話同樣內容的演說，積極領導戰爭，勉勵了國民。

六、

軸心國家已經瀕臨沒落。義大利倒下去了，德國即將崩潰，但不求和平。德國既然不求共同之和平，日本要結束戰爭，只有等到德國崩潰之後。這個時機快到了。

與日本有中立條約之蘇聯的態度，因如前面所述，故要其來仲介媾和是很危險的。如果日本要提出媾和，一定要透過能夠相信的仲介者，直接試探美英之意向最有利。著者選擇駐紮馬德里之英國閣員代表，但沒有成功。此外，只有駐紮東京之中立國代表瑞典公使巴格氏，和羅馬教廷代表。

瑞典公使巴格氏，長期駐節東京，以了解日本且誠實馳名，外務省昌谷公使等與其保持聯絡。可是他最近要經由蘇聯回去斯德哥爾摩。他曾熱心對著者提出斡旋和平，甚至於說「我不忍心看到具有長久歷史之好好國家的日本破滅」。著者遂拜託他，以幫助維護日本之聲譽為條件，請他試探美英對和平之意向，並透過駐斯德哥爾摩岡本公使告著者（東京遠東國際軍事法庭巴格公使口供書）。

戰局之惡化與小磯內閣之辭職

一、

從馬紹爾群島前進小笠原諸島之尼密茲美軍，以及奪回菲律賓的麥克阿瑟軍，以在中國之空軍為翅膀，大概可以知道他們會從那一方向來進攻。為了要完全切斷在南方和中國大陸之日本陸軍，需要佔據臺灣或者琉球。美軍不會採取跳石頭戰術，從軍略上觀點一定會採用一刀切入之直接進攻方法。若是，美軍可能直搗琉球。

美國空海軍對於臺灣、琉球之攻擊，增加許多。因必須防衛日本本土，軍隊和國民上下都非常緊張，軍隊，特別是海軍在作最後的努力。玉碎戰術在個別的戰場，以及一比一的戰鬥，都採用了這個戰術。組織了神風特攻隊，屬於特攻隊的飛行員，用自己骨肉，與其所裝炸彈，直撞目標，給予敵人損害。對於敵人軍艦，飛行員直衝其煙筒。一個人開的小型魚形水雷艇，面對敵人艦船，帶著水雷夜襲直衝。凡此都是為了衛護日本民族之將來，視死如歸的青年。也有許多正規的軍人，但大多數都是徵召入伍的學生和地方的年輕人。敵人之中有人批評這一種自殺決戰為野蠻行為。我們知道在開始於一九一四年之第一次世界大戰，法國之年輕士兵，在以笑臉扛著的槍口插一朵花，勇敢地前往維爾丹、朗斯之死的戰場之光景。一九四〇年，著者看過希特勒之大軍站在英國對岸，將要進攻的時候，英國小空軍之學生出身的飛行員，邊用鼻子唱歌，駕駛戰鬥機，一架一架地彼擊落，還是繼續不斷地往敵方飛機撞。當時之法國和英國，在克列孟梭或邱吉爾英明領導下，預測確實將獲得勝利在賣命。日本在打必將戰敗的戰，在這一點完全不同其境遇。但不會正因為境遇之差異，這些勇看之價值而有所減少，是完全不會受影響的。他們的精神，必將為日本民族永遠之守護神。

二、

空襲從東北到九州，與名古屋大地震之同時，重要軍需工廠遭受破壞了。因此交通機關受到障礙，國內生產組織一已不可能順利運作。敵人大艦隊靠近日本沿岸，自由砲轟重要各地。

對於工業生產各方面，軍伸出手腳，頭腦簡單的軍人，也被分發到民間的大工廠，對於工人作軍隊式之訓話，作精神訓練等等，由之生產組織，從公司內部垮台。因軍人之跋扈和無意之行動，一般人對於軍部之反感，無論在中央或地方，都相當厲害。以提升軍需生產為目的，政府拚命在一連串地亂動機構和監察制度，這在一時和表面上會有好的成績，作為組織和程序上只會導致混亂而已。國民和工廠已經奔命地精疲力盡了。

情況雖然如此，國民還是在政府指導下，在各盡全力，拚命為戰時之義務奮鬥。

三、

敵人如果突破九州、琉球、臺灣之線，下來可能來自濟州島登陸九州，或直接進攻本州，總而言之，必須趕緊防衛自己國家本土。陸軍之大部分以及武器，都配置在南方和中國大陸，本土要塞，實一無所有。日本海軍已經沒有什麼力量了。剩下的只有若干空軍和沒有武器的新募集的陸軍士兵。陸軍全力把在滿洲、朝鮮之軍隊的一部分，徒步運回日本本土。他們到處挖掘口口和築城。因此寶貴的田地馬上被沒收。軍隊為製作戰玉碎戰之戰場，但人民將因此立刻被斷絕其糧食來源，所以非常反感。軍之這樣徵用，將立即影響人民之生存，故本土之防衛計劃，事實上造成了日本人之生活組織的混亂，成為非常麻煩和困難的問題。

海軍以臺灣琉球之戰爭為最後之戰爭，要求陸軍之空軍全部出動，但陸軍認為，最後的防衛戰是防衛本土的戰爭而不肯同意，一心一意趕緊作防衛本土之準備。琉球臺灣方面之空海戰結束，確保這方面制空制海權之美軍，五月〇日，一舉登陸琉球，經過一個月之你死我活的戰鬥，美軍佔領了琉球。為防衛敵人之下一個作戰目標的日本本土，陸軍決定在廣島和東京分別設立西部總軍和東部總軍司令部。

四、

小磯首相為戰爭盡了最大努力。他非常憂慮戰爭之形勢，想盡辦法欲予以挽回。如東條大將所想像，小磯大將以為政府和軍部一定要成為一體，故預備役將官之首相，得到可以列席旁聽大本營統帥部會議之敕許。但因沒有發言權的旁聽沒有什麼意義，故他上奏天皇，擬恢復現役以兼任陸軍大臣，以便獲得積極指導戰爭之權限。

一向與小磯大將等一夥之預備軍人在感情上不睦的軍主流派，猛然反對這個計劃。軍正面反抗小磯大將由預備役恢復現役，米內大將之恢復現役是，因為他要就任總理大臣不得已變成預備役的，小磯大將之成為預備役是按照規定來的，其情況完全不同，因此他們堅決反對。陸軍不管小磯之意向，自行更換陸軍大臣，任命由南方戰場回來的阿南（惟幾）大將為杉山（元）元帥之後任的陸軍大臣。爾後，以杉山為東部總軍司令官，以由中國回來的畑（俊六）元帥為西部總軍司令官。天皇核准了這個任命。小磯總理大臣以未能恢復現役兼任陸軍大臣，以指導戰爭為理由，提出內閣總辭職。

俘虜問題

一、

九一八事變以後，對於在日本之英美人之反感，隨事變之進展，和國際上之摩擦日強，更加嚴重。美英之反日言行，大大地刺激了解日本人之感情。隨軍部勢力之增強，排外思想變成一種意識形態，由報刊著作加以宣傳，在國民之間逐漸浸透。世界之共產勢力，通於國內外，為這個趨勢火上加油。這些排外風氣，時或有所脫軌。

無需說，對於美英之壞感情，開戰之後急速上升，在這期間，其宣傳策動究竟來自何處，實無法捉摸。這個反感，乃因為開戰當初美國對日本人之反人道處置，私刑之報導，或交換船之返國者在印度受到英國官警之惡意對待之談話等等，更刺激了國民的神經所造成。杜立德空襲在軍事上並沒有什麼意義，但因其槍擊死傷了小學小孩，導致了對空襲之惡感。隨戰爭之進展，由美國雜誌轉載，在美國所流行以日本戰士之人骨所造的玩具，在南方戰線，美軍以火焰放射器燒死日本人的照片以後，反美情緒更加激烈。

因空襲日趨激烈，都市有計劃地被燒毀，因地毯式轟炸，房屋和居民都遭受到殲滅，日本人之惡感終於爆發。

戰爭之敵對行為，與俘虜以及敵國人之處置的人道問題，是完全另外一個問題。在任何時候和任何地方，日本人不能有違反人道的行為。如果違反人道，欠缺人道精神，日本人將違反傳統，對不起祖先。這比戰爭之輸贏更重要。著者認為，堂堂正正的戰爭，不管戰爭結果如何，在國際關係上一定有能夠恢復日本精神的可能性。日俄戰爭之後，旅行俄國的日本人，時或很意外地受到俄國人之款待。日俄兩國之所以能夠順利恢復邦交，乃因為戰爭中日本精神之所賜。即使是日德戰爭之後，也仍然有類似情況。

日本人在第二次世界大戰期間，對於人道問題，戰後被指控不少非法行為，一下子失去其過去名聲，使世界一般人認為日本人是不人道的人種，這是非常遺憾的一件事。各方面應該好好研究為什麼會變成這個樣子，以作為反省的材料。把幹這樣不人道行為當作普遍日本人的性質，究竟妥當不妥當呢？戰爭這個特殊的情況，尤其是在糧食、物資不足，交通不便，有超過管理能力以上之俘虜等許多特殊情況。如果有一些害群之馬，傷害了日本精神，那是非常遺憾的事。這樣的外國的壞印象，長期妨害了邦交，阻擋了日本人之正當發展。現在要特別要附帶說的是，事實上，根據在遠東國際軍事法庭徹底弄清楚的結果，政府領導人沒有命令或計劃不人道的事。得知發生南京大屠殺之最高指揮官松井（石根）大將，據說曾因此而大哭一場。又在個人，日本人之親切，戰後也有不少報導，甚至於有俘虜或被扣留者的感謝狀。

二、

在因為戰爭行為互相開始殺戮的時候，戰鬥部隊由於過分之興奮，會發生意外的事。即使不是這樣，戰爭行為本身，給予當地居民之痛苦是一言難盡的。繼九一八事變之後發生的一二八事變時候，著者曾為緩和流進上海租界之難民費盡心思，促請日軍之思考，由之日軍延期了戰鬥行為之開始。任何人都知道，要對於戰鬥部隊作這樣的要求，是非常困難的。偷襲珍珠港之後，在著者駐紮之中國的日軍佔領地區內的美英敵國人，沒有被收容很久。又進行戰爭，不得已收容的時候，收容所的管理人，體貼駐中國大使之意，有過很好的成績，這是使著者極為欣慰的一件事。

著者於一九四三年四月，就任外相時候，開戰已經兩年多，有關俘虜或敵國人之處置的海牙條約以及日內瓦條約之適用或準用的法律命令，已經在國內確定公佈，軍當局根據它制定軍命令，以處理俘虜問題。關於俘虜之處置以及交換情報，依照前例，特別在陸軍省設立俘虜管理部和俘虜情報局。著者在外務大臣在職中，最傷腦筋的問題之一是，處置俘虜和敵國人的問題。這個問題之當時的負責人是軍部和警察，這是精通日本法制者所能理解，當時一切的一切全部都掌控在軍的手裡，其他任何人皆束手無策也是無可奈何的事。外務省具有保護被敵國扣押之日本人為其職責，在國際間，為證明日本行為之正當性，在外交上必須建立其亮麗的成績，在處理俘虜和敵國人問題不能有失誤，必須令對方國家有所滿足，這是理所當然的事。在外交上，尤其思考戰後日本之地位時，更加需要如此。對於俘虜和敵國人之處置，絕對不可以掉以輕心，這是外交當局最大的責任和義務。因此，就這樣事體遭受抗議時，著者一定盡自己所能來善處，就一點對於判著者有罪之遠東軍事法庭，著者毫無怨言。

三、

著者對於充滿同仇敵愾觀念之軍部的態度，曾經用過不少苦心。當時之一般民眾對於空襲很反感。不僅收到許多敵國政府之抗議。因為這是和著者以為理想之戰爭的現實，離開太遠的緣故所使然。

在內閣會議席上，對於著者表示對於俘虜和敵國人的處置要盡最大善意時，有一位有力政黨出身的閣員反問著者的表示，對於日本為什麼要毫無差別地轟炸以殺戮非戰鬥員呢？我們對於敵國人，是不是有應該給予缺乏糧食之日本人以上之待遇的義務嗎？對於被我們抓到射擊無辜之居民的敵機飛行員，為什麼不以殺人罪來處置？對此，陸軍大臣卻支持了外務大臣之態度。在國會，以著者對於一再擊沉日本赤十字船抗議不夠積極，甚至責備外務大臣為什麼和其他閣員一樣使用「美鬼」這樣的名詞，以及對日本人的不當處置之抗議太軟弱，抨擊著者之對敵國人的態度。著者又收到許多投書說，天天有許多和戰爭無關的民眾失去其住宅，無處可去，沒有東西吃，政府為什麼要厚待從事這不人道之敵國人俘虜？

在這樣氣氛下，對於自己管轄對敵國人之處置，要做到萬全的外務省工作，當然不是那麼容易。外務省的工作，集中於鞭撻和說服軍部。因為外務大臣沒有碰觸這個工作的權限。於是外務省設立特別的部門，俾能對俘虜和敵國人之處置的外務省工作（處理抗議書）有所差錯。

軍部之上層，對於著者之俘虜處置不能有差錯的主張，不但沒有不同的意見，而且都表示贊成。但是軍部的中堅幹部，以及第一線部隊，大多是納粹般的腦袋瓜，這些人似乎多不顧上面之意向而行動。對於敵國的抗議，要以外務大臣之名義回答，都是有關俘虜情報局所提供的調查資料為內容，為此，在陸軍省內設有情報局。情報局所提供的情報，大多是為敵國所不滿的內容，但最能理解外務省之立場，給予支持的還是情報局。俘虜情報局本身沒有什麼實力，對於第一線部隊和國內的全部收容所，都不十分理解其真相。

四、

隨戰爭之進行，經由代表其利益之中立國，外務省所收到敵國的抗議愈來愈多。外務省將有關抗議送往俘虜情報局以及有關部會，以獲得它們的回答。抗議內容，多彩多姿。驅使俘虜從事建設印緬鐵路之工作，在威克島之殘暴行為，南方地區俘虜待遇之不當，訪問俘虜收容所之問題，擊沉紅十字船的問題等等。這些事例是人道的問題，在戰爭法規上，實無辯解之餘地，身為日本人，實在感覺非常可恥，無地自容。敵國方面，對於南方地區之俘虜處置之種種情形，因逃亡者有所告狀，因此敵國非常氣憤。在英國，艾登外相曾在國會曾予以披露，以攻擊日本說，一聽日本之武士道這一句話就要嘔吐。由此著者得悉從前完全不知道的事情，令著者苦惱不已。根據抗議，便請軍部做詳細調查，並再三要求其能夠改善。但軍部的回答都否認這些是事實，或再三說明沒有不當的行為。軍部說，這是敵人之毫無根據的指控，是誹謗日本的勾當，他們都說，一再訓令有關單位，絕對不可以有非法的行為。

著者深感這樣的重要問題應該由國家來處理，由政府內外組織一個大委員會，也請樞密顧問官等也參加，以這樣的構想和軍部協議，但未能得到軍部的同意。

由於聯絡會議是最適宜處理這樣問題的地方，所以著者曾經建議幾次，但軍部首腦始終認為，對於俘虜和敵國人之待遇是合法的，不反對再作改善，對於抗議要再做調查，沒有什麼不同的看法。他們根本不認為敵人的抗議是事實。

但對於這個問題，著者覺得有必要和用最好的手段給予軍部壓力。就是報告天皇，由天皇直接下達命令，令軍部徹底執行。為了做這樣的準備，外務省也將有關文件，送給木戶內大臣。

著者上奏天皇，報告這個問題之重要性，敦請天皇命令軍部時，天皇已經知道這個問題之性質，惠允萬一這樣抗議是事實，將是日本之恥辱，非常關心這個問題，表示將命令軍部，予以改善。

著者知道，事實上天皇曾對軍部下達命令，曾經有過很大的反應。

五、

就對於交通困難，欠缺資材和糧食之第一線軍隊而言，要處置無法預估之許多係虜的確非常不容易。又在中途變更和改善方法更加困難，軍部大臣依敕令作了各種改善。但是無法考慮對方之情況，要按照條約文給予之敵方要求的待遇，不可能令對方滿足，這是戰後所證明過的。對於這個問題，日本之所以得到臭名，的確是日本歷史上之一大汙點。特別是，以菲律賓為首，在南方各地區，日本軍隊無視大東亞新政策之精神的行動，實在是完全無法挽回的一件事。東條在巢鴨監獄，一再表示很對不起陛下，這在他的遺書也一再提到。

代表利益國家之要求訪問收容所日愈寬大，對於發放救恤品也給予了方便。尤其是敵國透過紅十字會寄來的，許多救恤品，路經蘇聯所指定沿海州港口，又經由日本本土，分配到南方地區一帶，在極端欠缺船隻之當時，要說服軍部實在非常不容易。但軍部終於同意使用不少頓數。其最後的船是阿波丸（一萬七千頓）。為完成這個任務，阿波丸由日本往還新加坡，得到敵方之無條件安全保障。但完成其任務之後，回途，在臺灣海峽被敵軍潛艇擊沉，由南方回來的兩千多名非軍人的搭便船者，全部「石沉大海」，其中有建設將來日本所必需的人才。敵方潛艇為獲得情報只救一個人。這是著者在任中的最後一件事，是一九四五年四月初的事情。

六、

戰爭著著接近最後階段。人類最可寶貴的生命，有如草木，被輕視不顧。日本全國被空襲，日益厲害，有如實驗用，終於在廣島和長崎投下原子彈。一下子死了二十多萬非戰鬥員。此時日本決定要投降，正在辦理其手續。

美國、英國、中國、比利時、荷蘭、法國、蘇聯各國聚集，以及單獨開設審判戰犯法庭，以追究戰爭之政治責任，嚴格處罰非法行為之責任。各國之審判，各有其特色，此時不一一記述，都是戰勝國之軍事審判。其中也有中世紀的。譬如美國之審判，只以俘虜或被扣押者之文書的證言為證據，不給反質疑的機會，則處以極刑。時至今日（一九四九年九月六日），有四千人以上被判有罪，其中七百人以上被判死刑。不特此，在戰後四年的今日，日本人之俘虜或普通人被戰勝者扣留，被使用於勞役者，還有幾十萬人。

戰爭因為停戰，戰爭行為便結束，這是以往的觀念。第二次世界大戰，經過停戰三年以上，敵我關係還是在繼續復仇殺人。戰爭結束之後的殺人行為，即使是採用審判的形式，著者認為，從宗教的觀點來說也是不允許的。身為一九四五年九月二日，在密蘇里艦上簽署終戰文書之著者，由衷盼望將來國際關係之和諧，人類之和好，趕緊結束勝利者之處罰戰敗者，恢復自由平等之和平世界。

第十編　投降（鈴木、東久邇宮終戰內閣）鈴木內閣與最後戰爭狀況

一、

要選擇內閣首相之重臣會議，仍然一直是單純的只是協議提名新首相人選，戰局既然至此，協議的人們腦海中，只能在終戰或玉碎這兩者之中選擇一個。除上一次出席者外，還有東條大將。

會議還是覺得以軍人為合適。東條大將等陸軍出身之一兩個總理主張，為繼續戰爭，最好由現役之陸軍軍人出任。但其他的人，尤其是常常非正式聚會，擔憂時局之前途的陸軍以外的重臣們認為，樞密院議長鈴木貫太郎海軍大將最適當。鈴木大將擔任侍從長多年，最忠於陛下的代言人。於是木戶內大臣內奏天皇此意。

鈴木大將於四月七日組閣，本來的案是陸海兩大臣和外務大臣要留任的，外務大臣之留任因小磯前首相及對沒有實現，隔一兩天之後才由東鄉茂德就任外相，被解任的著者，遂把事務交給外務次官離開外務省。

大家期待鈴木內閣是和平的內閣。

二、

戰爭已經到了最壞的關頭。

一九四四年六月六日所開始，登陸諾曼第以美英主力之作戰，完全成功，隆梅兒將軍也束手無

策，倫特旭得特之反擊也沒有成功。希特勒之作戰，要集中預備軍於所指定時間和地點也失敗了。大陸國家已經失去其制空權，陸軍本身失去其優勢之後，其命運早已決定了。

德國空軍失去其優勢之後，德國城市相繼遭受到B一七等轟炸之破壞，德國工業地帶瀕臨完全毀滅，特別是為破壞其人工石油石油之設備，飛機用油自不必說，地上所使用之坦克車，軍用汽車，都沒有石油可用，東西戰場之德國軍隊，因軍部之反納粹以及士氣之低落，完全面臨崩潰之命運。

越過萊茵之美英軍，美軍由南，英軍由北，從西部德國，依照雅爾協定之線，為會師蘇軍而東進。

蘇軍，一個由東普魯士方面直搗柏林，其他的從上西列吉亞方面西進。希特勒於五月一日在柏林戰死，政府一時逃往南德國，但其領導陸續被逮捕。希特勒戰死之前，曾經把政權交給海軍大臣迪尼茲提督。以這樣方式，迪尼茲於一九四五年五月七日向盟軍無條件投降。佔領整個德國的盟軍，不准德國政府繼續存在，把她擺在佔領軍的軍政管理之下。這是在日本成立鈴木內閣之後一個月以內的事。

三、

日本戰局之惡化，與德國大同小異。德國戰爭告一個段落之後，太平洋以及東南亞方面的美英軍立刻得到大量支援，以非常之優勢採取攻勢。

就失去制海權和制空權之日本而言，在幾千英里遠之孤島和遠征中國大陸之陸軍，已經沒有什麼意義和用途了。因為敵人經常利用制海空權，集中其優勢兵力於其希望之地點，隨時隨地能夠擊潰日軍。這樣打了幾場勇敢的玉碎戰，敵人根據幾次之實驗，不必躊躇，可以大膽地跳過去勇往邁進。

美軍於一九四五年一、二月完成了對呂宋島的進攻。爾後攻佔帛琉等太平洋上之基地。尼密茲之海軍的主力，於三月佔領硫黃島，至此美軍完成了進攻日本本土之態勢。

佔領塞班島和琉黃島之後，美軍B二九之空襲日本本土，使日本全國迅速化為焦土。因此，日本及其遠征軍（第一線部隊）完全斷絕聯絡和交通，日本本身的防衛也被破壞了。敵人加強對臺灣、琉球以及九州方面之轟炸，準備消滅日本最後之空軍和海軍的抵抗力量，三月底失去硫黃島之後，五月開始進攻琉球，以便取得插足日本本土之據點。

琉球作戰是日本海軍最後的戰爭。如果不能防衛琉球，當然不可能防衛日本本土，因此組織特攻隊，繼續不斷地向敵方艦隊衝去，給予美軍相當大的損失。特攻隊前後超過十波以上，繼續數日擊沉敵方航空母艦以及其他艦艇之大半，使其幾乎不可能繼續再戰鬥。守備隊之主力的陸軍也善戰，曾給予敵人極大的損失。敵人也知道這是最後之決定輸贏的戰爭，超越一切犧牲，孤注一擲。日本海軍要求陸軍所擁有之幾千架飛機用於琉球之戰，但陸軍以為最後的決戰是美軍登陸日本本土之戰爭，因此沒有答應，這是前面我們已經說過的。在這樣的生死關頭，陸海軍還是競爭的對手，並不合作。琉球之戰，眾寡不敵，終於玉碎。下來是日本本土的戰爭。陸軍以其還擁有七千架飛機，可以得到最後的勝利，意圖拉進全國國民，要以竹槍、木砲來和美軍打拼。

四、

鈴木貫太郎海軍大將之新內閣，組閣不久便召開臨時國會，表明其政治信念。有識之士所期待的終戰，看不出來它有實現它的樣子。軍部所宣傳之本土作戰之防備以及玉碎說，瀰漫於各地。鈴木首相之施政方針演說說，要往最後勝利邁進，並呼籲國民要努力，其他大臣對國民也作了大同小異的勉勵演講。

這個態度，即使德國崩潰，日本單獨作戰的情勢下，還是沒有什麼變化。戰局日益惡化。與德國崩潰之同時，蘇聯日以繼夜，開始往西伯利亞通輸軍隊。

東鄉外相一向主張與蘇聯取得連繫，即使得到通告廢除中立條約（四月七日）之後，他還是沒有改變他的意見。他拜託具有同樣意見的廣田（弘毅）前首相，在避難於箱根的馬立克蘇聯大使會面，以交換在中國大陸之利益，以試探蘇聯對日本之好意，屢屢與其交談。馬立克大使對於廣田氏之提議蠻感興趣，但莫斯科政府卻毫無反應。近衛公爵也以個人身分和馬立克大使接觸，但其反應極為冷淡。

鈴木內閣更換了外務大臣，回去瑞典欲仲介斡旋和平的巴格公使，為試探新外務大臣之方針是否和前任者相同，乃透過日本公使來詢問。新外相表示，這想法是前內閣時代的想法，故叫巴格公使停止活動。新外相可能認為有關和平的問題，期待與蘇聯之關係。

但是，蘇聯之地位，如前面說過，對於日本不是要斡旋和平，而是在準備要和日本戰爭的。馬立克大使透過廣田氏，試探有意思的日本態度，莫洛托夫在莫斯科，對於佐藤（尚武）大使一再表示要遵守日蘇中立條約。

一、探究和平　其三

鈴木首相說過，戰爭似比「我們從前所想像的更壞」，在日本本土與眼睛鼻子之間激烈交戰的琉球玉碎戰爭之後，戰爭之結果將如何是不會有任何疑問的。

迨至六月十三日，木戶內大臣會見米內海大臣時說，現在恐怕已經到了思考終戰的時機。對此米內大臣說「因為鈴木首相的意見相當強硬」，於是木戶內大臣去會見鈴木首相，提出同樣詢問，並問說「有沒有思考過恢復和平的問題？」」鈴木首相卻回答說「因為米內海相的意見太強硬」。木戶覺得很奇怪，遂請他們兩個人「開誠布公」交換意見。東鄉外務大臣對於木戶的詢問回答說，「因為在御前會議決定要繼續戰爭不久」。

木戶內大臣之開始行動，是因為其憂心六月八日之御前會議所決定：「要徹底完成戰爭，以維護國體，保衛皇土，以期達到征戰之目的」的玉碎旨趣。這個御前會議所決定的第二點是，「尚未達到世界情勢變轉之機微，故對外諸政策，尤其要對蘇對中（國）實施活潑而強力之施策，以期有利於戰爭之進行」。因此，木戶內大臣得到天皇之許可，開始著手從事結束戰爭之工作。阿南（惟幾）陸相主張本土決戰到底，在六月十八日的最高戰爭指導會議，也出現了研究要請那一個國家和在何處仲介和平交涉。

不久，天皇又命令鈴木首相提出終戰方策，六月二十二日，天皇下命召集最高戰爭指導會議之全體成員，舉行茶會，表示這個意思。經過荏苒時日，天皇又再度督促此事（七月七日）。

不管結束戰爭之方式如何，事實上這是日本之投降，但軍部強硬反對，主張談和平之前，要進行本土之決戰。參謀本部自不必說，陸軍省也反對和平。海軍省因為在米內海相統制之下沒有問題。鈴木首相奔走於其間，與最高戰爭指導會議協議結果，依照軍部一向之想法，擬對莫斯科派遣天皇之特使，請蘇聯仲介斡旋和平，並決定要以近衛公爵為特使。

其結果，近衛公爵於七月十一日，承蒙天皇召見，由天皇直接給予使命。近衛公爵感泣皇恩，表示願以一死報答。於是東鄉外相電令駐莫斯科佐藤大使，對蘇聯政府將派遣近衛特使一事。佐藤大使於七月十二日向蘇聯政府提出，蘇聯政府問派遣近衛為何事，日方回答說為了請蘇聯斡旋和平。莫洛托夫對佐藤說，因為要去旅行，回來之後再回答。他跟隨史達林去出席波茨坦會議，七月十七日離開莫斯科。但沒有回答日方之請託。

二、

為處理德國崩潰之後事宜而召開的波茨坦會議，美國杜魯門總統親自出席，繼任史得去尼亞斯的班茲國務卿，帶著班得巴格反對黨參議院外交委員會主席出席。英國代表本來為邱吉爾首相和艾登外相，因大選結果保守黨失利，工黨組織新內閣，艾德禮新首相帶著柏班新外相出席。會議舉行於七月十七日，史達林首相和莫洛托夫外相於十八日到達，立刻參加會議。

雅爾達會談之後，已經半載，對日戰爭幾乎由美國單獨作戰，現在已經快到最後的階段。在雅爾達會談，以極大代價要求蘇聯參加對日作戰，但在波茨坦會議的時候，已經覺得沒有那樣的必要了。此時，對於這個問題，美英兩國都已經沒有那麼熱心，可是蘇聯早已決定了他們的方針。此時同行之史汀生陸軍部長接到試爆原子彈結果良好之報告，乃報告了杜魯門總統。史汀生認為在使用原子彈之前，應該警告日本投降，否則將使用這個燬滅性的炸彈，並建議杜魯門發表這樣的宣言。以史汀生部長之原案為基礎所發表的就是波茨坦宣言，美國立刻內示蘇聯原子彈試爆結果和波茨坦宣言，蘇聯雖然有些躊躇，美國卻於七月二十六日向世界公開發表，以呼籲日本。

三、

波茨坦宣言之內容，第一，日軍要立刻無條件投降，政治問題，領土維持開羅宣言，即日本領土要回歸到甲午戰爭之前的狀態，要令朝鮮要獨立，臺灣、澎湖歸還中華民國，放棄太平洋委任統治之各島嶼。包括其他賠償，禁止重建武力，排斥軍閥，採用民主主義，處罰戰犯等等，與德國的情況不同，並沒有否定日本政府之存在。不特此，為將來日本這個國家之生存和國民之生活，更保障供應所需之原料等等。

得悉波茨坦宣言之內容的日本，分成贊成反對兩論，還沒有決定之前，鈴木首相聲明要「默殺」（不理）波茨坦宣言，內閣情報局也在報紙上一再這樣宣傳。當時主張默殺的是軍部，東鄉外相聽到這個聲明，非常憤慨。

因為空襲房子被燒掉，暫時居住日光之著者，間接和木戶內大臣連繫有關結束戰爭之消息。與德國崩潰之同時，徘徊著著者腦海中的事情是，蘇聯之對日宣戰。著者克服交通之一切困難，好不容易前往東京，是八月的事。木戶內大臣對於往訪的著者，詳細說明特派近衛公爵前往莫斯科一事。著者很滿足我們所規劃之結束戰爭，將因天皇之一句話而即將實現。內大臣又說，對於要特派近衛公爵一事，已經經過三個星期，蘇聯一直沒有回應，表示憂心，並問著者：他們會不會回答。著者說「他們一定會回答，但其回答內容，可能與日本所期待的相反」。著者與到東京之同時，又對松本（○）外務次官以下外務省首腦對於恢復和平之努力，並勉勵他們，要外務省同仁大家能夠團結。

在日方大家在爭論要不要接受波茨坦宣言，一直等著蘇聯回答的時候，八月六日，西部總軍司令部所在地的廣島，被投下很特別的炸彈，全市毀滅，大塚市長和市民倒下來，但畑（俊六）總司令官沒事。繼而蘇聯突然對日本宣戰，西伯利亞軍有如潮水，開始入侵滿洲國。

在莫斯科，莫洛托夫外相於八月八日引見佐藤大使，以對日宣戰之形式回答擬特派近衛公爵之日本的請求。由於日本拒絕了美英之和平提案的波茨坦宣言（以鈴木首相之默殺聲明為口實），蘇聯之斡旋和平成為不可能。以鑑於日本這樣不妥協態度，蘇聯為促進世界和平，遂對日本宣戰，與美英共同作戰，這是蘇聯的說詞。

投下廣島的炸彈是原子彈，被破壞區域及至幾十平方英里，美國人宣稱，這可能使人類永遠無法在該地生存。日本軍部發表說，它是很特別的炸彈，但其效果不是敵人所說那麼厲害，但根據來自西部方面來的旅行者報告，廣島市與被投下炸彈之同時，立刻被毀滅，在廣大地區，生物幾乎都全部滅亡。美國政府是熟悉炸彈的性能的。

四、

天皇很早就想結束戰爭，並下令統帥部和政府要促其實現。軍部知道此事，但不能正敢反對，也同意特派近衛公爵前往莫斯科，對於接受波茨坦宣言，同意以以下四個條件接受。（1）維持天皇制；（2）敵人不得登陸和佔領日本本土；（3）在海外之日本軍隊之撤退由日本自己來實行；（4）戰犯之處罰由日本自己來辦理。這些條件，與波茨坦宣言之企圖，相去甚遠，提出之後，能不能得到回應，實大有疑問。敵人，隨時隨地可以入侵日本本土。日本所新募集之軍隊，在使用木頭作的大砲和步槍操練，大家都覺得非常不安。第二顆原子彈於八月九日投擲於長崎，九州一隅潰滅。

舉行於八月七日之最高戰爭指導會議，對於軍部所提四個條件，並沒有作特別之議論。近衛公爵等非常擔憂形勢，如果政府原封不動地接受軍部之四個條件，因敵人不接受這些條件，日本必將面臨玉碎戰爭，而問著者之意見。這是八月九日上午的事情。著者回答，如果提出這樣條件，敵人反而一定會堅持無條件投降，或甚至於會把波茨坦宣言之條件改變得更壞。結果是我們還是不得不接受敵人之主張，日本之立場必將愈來愈不利，在這期間，敵人之作戰計劃必定進展，國民之犧牲會愈來愈大。近衛公爵稱，據說政府好像無法拒絕軍部之要求，所以只有敬請天皇裁決，但對於應該由政府決定的事，又要煩請天皇裁決一事，木戶內大臣好像不大積極的樣子。為著說服木戶內大臣，著者遂前往宮內省。

木戶內大臣很不爽的樣子。理由是，結束戰爭之決心已經勞煩了天皇，其實行還要勞煩天皇，實在太不應該。著者表示，一差錯，軍部和反對勢力之紛爭必將為敵人所利用，隨時間之流逝，內外有演變不可收拾情勢之可能性，所以不能依靠抑制不了軍部之政府，強調最好能夠敦請天皇親自裁決。木戶內大臣終於點頭了。外務省同仁全體一致大力支持這個立場，努力於把握結束戰爭之機會。

蘇軍以破竹之勢入侵滿洲國、南庫頁島以及千島列島，大有隨時可以插足北海道之勢。天皇接受木戶內大臣之內奏，表示政府一有奏請，即將予以裁決。天皇之這個意向，直接面告了鈴木首相。問題是，完全不提軍部所主張之四個條件，依外務省案，只以維持天皇制為條件，以接受波茨坦宣言。

五、

鈴木老首相，於九日晚上，決定立刻召集御前會議，通知統帥部。除統帥部與政府之最高戰爭指導會議成員外，照例，特准樞密院議長平沼（騏一郎）男爵列席。

鈴木首相以只有接受波茨坦宣言一途，請審議回答時，軍部主張附上上述四個條件，與政府之維持天皇制一個條件的意見不一致。遂建議敬請天皇裁決。天皇聽取軍部案和外務省案之後，裁決採用外務大臣之提案，作了日本結束戰爭最後和最重要之決定。接受波茨坦宣言之條件的有關維持天皇制之文字，外務省案為，不變更天皇「在國法上之地位」，平沼樞密院議長從國體論一以天皇之統治權在國法以上，建議使用「天皇統治之大權」（Prerogative）這樣的文字，結果這樣決定。在御前會議席上，軍部當局沒有作什麼特別主張，但在軍隊內部，對於御前會議沒有採用軍之意見的決定，有不尋常的氣氛。特別是在當天上午舉行的最高戰爭指導會議，對於陸軍所提出之四個條件雖然沒有表示異議，但對於在該天晚上突然召開的御前會議，以為突然變更是一種陰謀，對內閣表示不信任。

敵人之空襲，連天連夜，滿洲之戰鬥和庫頁島的情況，情報多端雜多，大家都不清不楚，面臨國內之存亡，國民極端不安和彷惶。

六、

透過中立國瑞士收到日本接受波茨坦宣言之回答的美英，上下大家歡呼二次大戰終於完全勝利結束。蘇聯默殺戰爭之結束，全力進軍滿洲國、朝鮮、庫頁島等。哈爾哲美軍提督繼續其戰鬥。

在美國，其軍部認為，可以接受日本之維持天皇制之主張，但班茲國務卿親自執筆撰寫回答書，經過杜魯門總統之裁決發出。天皇之統治權要在佔領軍最高司令官之下，日本之最後統治形態，要由日本國民自己來做決定。這樣來來去去，將與波茨坦宣言之條件愈來愈遠，會變成無條件投降同樣的情形。

得到以盟邦名義之美國回答的日本國內內部，又引起大家的議論。軍部以有關天皇制的回答，不符合日本之國體表示不能接受，尤其陸軍大臣之意見特別強，採取與統帥部陸海兩總長同樣之意見。平沼樞密院議長也是這樣的立場。

外務大臣堅持應該以這個回答為滿足，政府也同意這個主張。對於外交文件之解釋，木戶內大臣堅持應該尊重外務大臣之意見，並努力於說服平沼樞密院議長和軍部。敵人拼命從空中散發宣傳波茨坦宣言之內容，意圖喚起日本之輿論，不許再拖延，氣氛相當緊張。有關天皇制之問題，終於要由天皇敕裁，乃於八月十四日召開最後一次御前會議。除最高戰爭指導會議有關人員外，全體閣員統統出席。由首相詳細說明接受波茨坦宣言之經過，關於天皇制之敵方的回答，軍部及其他人意見之不同，附諸討論，軍部只是表示其意見，沒有什麼特別的討論。天皇下了裁決，採用外務大臣之意見，決定接受美國之回答，終於接受了波茨坦宣言。

八月十五日，天皇直接國民廣播接受波茨坦宣言，結束二次世界大戰。

鈴木內閣遂提出辭職。在決定戰爭之最後階段，鈴木老首相和東鄉外相之努力奮鬥是很值得肯定的。

政變

一、

主張本土決戰之陸海軍的極端派，對於終戰非常不滿。就是即使意氣用事也要反抗。阿南陸軍大臣在御前會議席上，並沒有特別強調反對意見，對於終戰詔敕他也副署了，但在軍部激烈氣氛中要抑制中堅軍官是非常困難的。中堅軍官，在昭和之動亂過程中，是真正掌握軍的實際勢力者。

中堅軍官等所計劃的是要搞軍事政變，以剷除終戰主要動力之天皇的親信，以及有關政府人員，俾能擁護天皇繼續戰爭，以阻止敵人之登陸作戰，以決定最後之輸贏，萬一戰敗，要全國上下一起玉碎（同歸於盡），主張至少和平不考慮本土決戰，且已經準備了皇室之避難所，要把政府移到長野縣。

二、

阿南陸軍大臣於八月十四日之最後御前會議回途中，以非常悲痛之心情往訪梅津（美治郎）參謀總長，表示事情之為非，既然如此，軍實只有斷斷乎發動政變，以擁護天皇，建立軍政府之一途，希望梅津參謀總長也能夠參加。梅津大將大致知道軍部內部之動態。聽完阿南大臣被部下強求之梅津參謀總長，靜靜地倡議建軍之大義，大皇之意向已經決定，既然在御前會議已經親自明確裁決，大義？名分已經清楚了。所以軍遇到任何困難，服從天皇之意思是軍的義務。同時要求陸相取締中堅軍官之胡鬧。對此陸相沒有表示反對，默默地結束了會談。

那一天上午，在御前會議，天皇召見永野（海軍）、杉山以及畑三元帥，面告終戰之不得已，命令他們要盡最大之努力。軍首腦本來預定當日，要在陸軍省內舉行中午聚餐。梅津參謀總長對於當時之軍首腦即三長官（梅津參謀總長：阿南陸軍大臣、土肥原教育總監）以及東部總軍（杉山元帥）、西部總軍（畑元帥）兩司令官提議，為實現天皇之意向，要大家簽署誓約書，大家都同意並都簽了名。阿南陸相曾努力於說服中堅軍官，未能達到目的，終於在陸相官邸，切腹自殺，以謝罪。這是八月十五日黎明的事情。

三、

叛亂馬上發生。以陸軍省軍務局之畑中少佐等中堅軍官為先鋒。他們準備襲擊實現和平之中心的皇宮。他們和近衛師團之參謀等同志認為，首先，要阻止天皇對國民之終戰廣播。

他們為了動用近衛師團訪問了森（赳）師團長，意圖說服他，知不可能，遂在現場將師團長及其參謀長予以槍殺，偽造師團長之命令，策動近衛師團之一部分，襲擊皇宮。訴諸直接行動，意圖逮捕天皇之親信，擁護天皇，希望能夠達到其目的。

鈴木總理大臣和平沼樞密院議長等私邸之被燒掉就是這個時候。首先他們要找尋天皇對國民廣播之錄音盤。宮內省被徹底搜查，但沒有找到錄音盤和木戶內大臣。他們又佔領了中央廣播電台，要使天皇不可能廣播，但十五日之天皇廣播，由其他廣播電台播出。

東京防衛司令官田中（靜壹）大將親自前往皇宮，聲淚俱下說服叛亂軍之幹部的中堅軍官。叛徒幹部得知一切完了，遂在當場全部自殺。如此這般，軍事政變終沒有成功。

負責防衛首都之田中大將，看一切告一個段落之後自殺。

而這個軍事政變之嘗試，也是昭和之動亂的軍部的一貫動向的現象。

四、

對於天皇之廣播，日本全國國民正襟恭聽（包括譯者）。在第一線之軍隊，外國人都聽了。有識之士雖然預測總會有這樣的一天，但就只聽玉碎宣傳的大多數國民而言，簡直是晴天之霹靂。但大家都非常感激天皇之聖斷，感謝悲慘戰爭之結束。

不過在國民之中，也有不少人在其心靈深處，無法諒解這樣的落幕。陸軍和海軍，陸續有人以自殺來表示抗議。大西（瀧治郎）軍令部次長等就是它的例子。國民之中，相信元寇之亂的神風者，以終戰為國恥，陸續聚集皇宮二重橋，對皇宮訴苦，甚至有好多人悲憤在當場自殺，以響應軍隊內部之氣氛，形勢不甚樂觀。

據報導，右翼思想團體之一個純真團體，曾聚集於東京代代木練兵場樹林，遙拜太陽之上昇，十幾個年輕人割腹自殺，以表示抗議；據稱，還有一群人，佔據東京愛宕山暴動。

在這樣恐怖的氣氛中，八月十七日，成立了實行終戰的東久邇宮內閣。

皇族內閣之使命

一、

鈴木內閣決定終戰，辭職之後，把實行終戰之任務交給下一個內閣。與終戰之決定一樣，終戰之實行，也遵照天皇之意向來推行。皇族內閣是如木戶內大臣所說，是勞煩皇族之唯一機會而誕生的。這是無從召開重臣會議等，日本史上未曾有的危機。近衛公爵以副首相資格入閣，以協助首相。陸軍大臣調回來華北軍司令官下村（定）大將出任；海軍由米內大將留任；外務大臣由著者接充。組閣本部設在沒有被燒掉的洋式建築物的赤坂離宮（仿法國凡爾賽宮建造的國賓招待所——譯者），就任儀式使用皇宮宮內省之建築物。

政府之各部會官廳大多燒掉，幸好國會和首相官邸還在。在神奈川縣之厚木的軍用機場，是海軍特攻隊的本部，在這裡編成好多神風隊，這些飛行員是準備本土決戰的最後幹員，此時終戰，他們實在不願意接受這樣的事實。所以每天違紀飛來東京，故意飛得很低，在皇宮和官廳街示威，散發玉碎戰宣傳單。軍中央之政變計畫雖然沒有成功，但皇宮前面和愛宕山之險惡形勢繼續了好幾天。

軍隊大多在滿洲、中國大陸和南方。這些龐大部隊對於終戰之反應如何還不清楚。要徹底命令太平洋各島嶼，軍事當局費盡心思。雖然很困難，當局認為可以順利完成終戰，是因為終戰是聖上所裁定，大部分國民已經理解，在由衷歡迎保障了這一件事。

二、

東久邇宮皇族內閣的責任和任務，很顯然地分成三個階段。第一是，令軍隊和國民理解、接受和服從終戰是天皇之聖斷，這是出現皇族內閣的最重要目的。第二，完成終戰所必需的手續。第三，實行終戰條件之波茨坦宣言。

天皇為發出停戰命令，簡拔三、四名皇族，遣派前往國內以及滿洲、中國大陸等重要軍司令部，直接傳達聖旨，俾使終戰能夠順利完成。

軍中央，在軍事政變計畫失敗之後，除抗議自殺者外，海軍和陸軍都沒有出其他狀況，第一線軍隊，得知這決定乃大元帥陛下之聖斷，乃忍淚吞聲，服從天皇之命令，只有不可能傳達命令之太平洋上孤島，終戰幾個月，有的地方甚至幾年，還在繼續抗戰，當然這是例外。這是「鶴之一聲」（聖旨），同時也是國民之心聲。厚木機場之飛行隊員被控制了。軍中央奉命放棄以往之玉碎說，為終戰盡最大之努力。比開始戰爭更困難的軍隊之解體，亦即從事投降工作之軍當局的辛勞是不言而逾的。

皇宮前面也日漸恢復平常的狀況，愛宕山的問題也解決了。國民每天窮忙於找糧食，各人等著其丈夫、兒子從戰場回來。一直欲貫徹戰爭者的心靈，皆陷於虛脫狀態。最令人憂心的是，在滿洲和中國大陸之許多非戰鬥員的婦女們之命運。

成立皇族內閣之第一個重要目的，在東久邇宮首相之指導下基本上完成了。

三、

第二個使命是完成終戰所必需的手續，表示願意投降的日本，只有等待敵方之反應。為盟軍總司令的麥克阿瑟元帥，人在菲律賓，他同時代表海軍。他代表盟軍所採取的第一個手段是，為接洽投降手續，要求日方遣派代表去菲律賓。日方乃派遣參謀次長河邊虎四郎中將和外務省調查局長岡崎勝男之外，加上陸海外必要人員飛往馬尼拉。

這些人馬，幾天後回國復命，他們帶回來的是，後來之正式簽署的投降文件之抄本，同時，帶回來麥克阿瑟之第一號指令。投降文件自不必說，要求以波茨坦宣言和開羅宣言為內容，以及代表天皇和政府和代表大本營的兩組人簽署和簽名。指令第一號為長文的指令文件，包括無條件投降之實施細目，國內軍事工廠之全面停止運作，迅速解除軍隊之武裝，撤除軍事設施以及停止飛機之飛行等等，非常苛刻。這個一般指令第一號是，從前報導過之摩根索案的日本版，要把日本封鎖在四個小島，令日本回到明治維新之前的農業國家。

降書的內容，大體上是如所預期，而指令第一號中軍隊之投降以及軍事行動之停止以外，都是一般問題，特別是工廠之關閉等問題，使政府非常痛苦。因為要日本關閉一切與軍需有關的工廠，幾乎等於要把日本國國內之工廠全部關掉的意思。雖然如此，日本政府還是忠實的實行終戰工作，嚴格解釋指令，真正停止所有與軍需有關的工廠，名符其實地等待完成終戰之手續。關於解除軍隊之武裝，特別趕緊作準備。決定投降之後的一般民心，雖然都是呆然若失的狀態，但不知道極端份子會出於怎麼樣的行動。

簽署降書

一、

降書之簽署，敵方通知要在八月底舉行，結果變更於九月二日，在橫濱海面，美國密蘇里軍艦甲板上舉行。在美方，陸海軍的問題也是很麻煩的問題，關於終戰，規定麥克阿瑟元帥為包括海軍在內的盟軍最高指揮官，但以海軍之旗艦密蘇里號為簽署場所，在太平洋戰爭犧牲很大的海軍表示尊重。因為軍艦之名稱的密蘇里州是杜魯門總統出生的州。

美國軍隊（盟軍）空運來到厚木，第一批佔領日本是八月二十八日，麥克阿瑟總司令不久也要從馬尼拉飛抵厚木機場，立刻在橫濱設立總司令部。與此同時，美國艦隊也佔領了橫須賀港。起初，敵方指定以橫濱為中心之東京灣一帶作為第一批佔領區域，預告一兩天要整理特攻隊本部的厚木，要求將其交給盟軍，是海軍當局最費心血的一件事。

二、

決定有關簽署降書之代表使節人數是，相當困難的一件事。必須是能夠負起結束戰爭行為之責任，使對方肯定日方之誠意的人物。因為戰敗要踏出新日本之第一步，所以絕對不能有任何差錯，否則將無法挽回。日本放棄武裝，敵方帶著血刀，踏進到昨天為止還有如野獸和日本人戰鬥的日本本土。

戰爭一天就停止之當時的日本領導人的心理狀態是很難尋味的。他們厭惡負起結束戰爭，實現投降之責任，迴避和它有關係的工作。在這樣氣氛下來從事簽署降書，意味著公務員之破滅，軍人之自殺。

著者長久以來盼望終戰，不但終於實現，而且今日將負責處理其決定性的最後手續，因此要以全神全靈來完成這個任務。或許可能遭受投擲炸彈，但在著者心中，這是使日本走上新生之康莊大道。

三、

簽署降書，陸海兩軍統帥部要各選擇一名。因此代表天皇和政府也以兩名為妥。著者依此案，降外務大臣外，希望首相或副首相親自出席。認為這樣直接代表天皇比較適當，但沒有實現。最後決定任命代表各一名，任命外務大臣代表天皇和政府，代表統帥部的是參謀總長，即著者和梅津參謀總長負起這個責任。天皇分別召見梅津和著者，諄諄交代我們要順利完成這個重大使命。

著者以外務大臣以及天皇和政府之代表，擔任日本歷史上史無前例之簽署降書全權代表，拜謁天皇，內奏如下：

「簽署降書是我國有史以來未有之事，當然也是不幸之事，乃非常遺憾之事，但因這是拯救日本民族滅亡，繼續有來歷之歷史和文化之唯一的方法，是不得已的事。日本自古以來是一君萬民的國家，陛下以萬民之心為心，這是著者等接近陛下者之所熟知。不過從前因為有權力者所歪曲，致使日本陷於今日之悲境。波茨坦宣言所要求的德謨克拉西，其實與我國國情不但不衝突，日本本來之面目因而將更加明顯。著者將以這樣態度和心情簽署這個文書，同時要誠實地實行這個文書，使其完全實現，這樣才能開拓國運，深信著者可以做到這一點。」

天皇陛下深深嘉納這個旨趣，並稱「正是如此」，並勉勵以此方針去作。

四、

九月二日黎明，立即集合首相官邸，與梅津全權以及所有隨員，遙拜皇宮，前往橫濱。沿路沒有什麼人影，一遍廢墟，在這期間，看到許多罹災者在〇〇尋找什麼似地，戰禍歷歷在眼前。

搭乘從敵軍所佔領之橫濱碼頭派來的驅逐艦，大約一個小時，穿過停滿東京灣之美英軍艦中間，到達尼密茲提督之旗艦密蘇里號。二百十日？（不知道其意思—譯者）是昨天，但海上卻很平穩，射著太陽。爬山密蘇里艦艦梯，接受甲板上衛兵之敬禮，登上上面甲板會場時，已經將近十點鐘。

議場盡是敵方之看熱鬧的人們，新聞記者和攝影人員。也看到面熟的日本記者。在新加坡投降的巴西巴爾英國將軍，在巴丹半島投降之恩萊特美國將軍等，也棲身參列員之間。在擠得滿滿的議場，隔著各國代表桌子遠遠和我們相對之後，麥克阿瑟總司令官出來，立刻開始演說，宣布戰爭之結束，要求在降書簽字。著者簽名之後，繼而由梅津大將簽名。麥克阿瑟總司令官表示接受日方之投降而簽名，隨即由各國代表輪流簽字，美國之代表是尼密茲提督，英國之代表為佛列札提督。蘇聯和中華民國代表也參加。

當天天氣特別好，站在密蘇里艦甲板上，可以看到初秋的富士山。開戰當初，在新加坡近海被擊沉之威爾斯王子艦之姊妹艦佐治五世艦，也以銀色艷麗美姿出現在眼前。

我們以原來的路線回去橫濱碼頭，回去東京，報告政府，更前往皇宮，向天皇覆命，完成了重大使命。幾千年之歷史，至此又能繼續下去了。總而言之，新日本從此要踏出第一步。但新日本之建設，是昭和日本之革命。新日本之將來，完全要靠日本民族之能力和努力。

好多人說「這是戰敗之勝利」。也就是說，日本如果跟以往一樣，打勝仗還是不會有前途。要革心，一切從頭作起，這樣才能繁榮和活得有意義。換言之，苦惱到底之後，才能光明正大的站起來。著者不能也不敢否定這些看法，但思考國家之前途，仍然有悲痛之心情。

簽署降書之後

一、

簽署降書以後不久，九月二日黃昏，外務省橫濱分駐所鈴木九萬公使得到麥克阿瑟司令部通知，對於全日本將實施軍政的命令副本。接到其報告的東京，國會剛開始開會不久，此事使日本全國上下震驚不已。對於接受波茨坦宣言，日方與盟軍之間的解釋，似乎有所不同。盟軍以日本既然無條件投降，跟對於德國一樣，對日本要實施軍政；但日方認為，日本是接受波茨坦宣言之條款投降的，根據波茨坦宣言，當然要求軍隊之無條件投降，但其他的部分，要允許日本政府之存在，明載彼此之義務。

著者思考一個晚上，隔天九月三日早上，前往橫濱，在盟軍總司令部，會見麥克阿瑟總司令官，沙札蘭特參謀長同席，詳細說明有關簽署降書之日本的想法和準備，請其取消實行軍政。其主旨如下：

終戰是體念民意，天皇直接裁決的，天皇也決定要以最大誠意來履行波茨坦宣言之內容，為著直接實現這樣的決心，特別成立皇族內閣作一切的準備。這是實行波茨坦宣言最忠實的方法。顯而易見，波茨坦宣以日本政府之存在為前提，並不預見以軍政取代日本政府。日本的情況和德國的情況不同。盟軍如果要實現波茨坦宣言，並以其為滿足，則以日本政府來實行佔領政策應該是最聰明的辦法。反此，如果由佔領軍實行軍政，直接負起實行行政之責任，那是要求波茨坦宣言以上之事體，不僅超過日方之預期，而且是解除日本政府誠實實行佔領政策之責任，這或將是混亂之開端。其結果就不是日本的責任了。日本政府已經根據一般指令第一號採取措施，解散軍隊，全面解除武裝，並命令一切與軍需有關之工廠停止運作。云云。

著者特別強調天皇要實行波茨坦宣言之決心，以及和平之意圖，溯及九一八事變，分別作了詳細說明。

總司令官以理解和興趣之眼神傾聽著者之說明，終於同意停止實行軍政，當場命令佐札蘭特參謀長，參謀長遂以電話傳達總司令官之命令。

此時，最令總司令官驚訝的是，日方已經遵照指令第一號，關閉了全國之和軍需有關係的一切工廠。若是當然一定會立刻影響國民之生活。聽完著者之說明的總司令官遂表示，准許以生產軍需品為目的的工廠之外，其他生產為國民生活必需品之工廠，統統可以恢復其通常運作。在這個會談，其他迫切的各種事項，也都得到總司令官之諒解。

扼東京灣之房總半島館山地區，是首先的佔領地區，九月三日早上，該地方守備隊參謀長被召往密蘇軍艦，甘任哈姆將軍面告其要立刻實施軍政，並開始實施，因而稍稍發生一些混亂外，旋即軍政遂被取消。為此事著者又去橫濱，往訪總司令部，上述情形，乃因為總司令官之不實施軍政之命令沒有趕上所致。

如上所述，日本和德國之情況不同，現在將繼續透過依照日本憲法所成立和存在之日本政府來實行佔領政策，必要時總司令部將對日本政府發出指令。對於麥克阿瑟元帥之基於大局所作佔領政策之第一步，美國國內有不少人表示不滿，因此以後之佔領政策似乎有抓緊一點，但透過日本政府來實行佔領政策，並沒有任何變更，歷代的政府都和國民一起，始終誠實實行降書之誓約和波茨坦宣言，不遺餘力。這是麥克阿瑟佔領日本政策之所以成功的基礎。

二、

天皇有關終戰之意向，因為皇族內閣之威令，實行得很好，也得到一般國民的理解和一切的支持。國會和新聞記者也對皇族內閣採取寬大的態度。因此，對於終戰事業當初並沒有什麼障礙，可是一旦終戰，不少政治家和企業家多以為，日本恢復了戰前之平常的狀態，更以為國際關係也和從前一樣，馬上可以通商，妄想此次戰爭能夠和甲午戰爭、日俄戰爭時候的同樣情況處理，很少人知道能夠理解整體戰爭之結果是什麼，對於波茨坦宣言之實行，理解日本國民之糧食問題，同情工業生產之供應原料，多往好的方面去想像，自我陶醉，能夠認識整個日本之命運掌握在敵人手中，面對認識戰敗之冷酷事實，感覺責任者少。

不特此，戰爭中追隨軍部，走在他們前面者，竟反變成為軍部之敵人，歌頌盟軍。以往倡議對外強硬論者，漫罵軟弱外交的許多人，突然開始自稱為穩健派，成為和平主義者，甚至於為擁護自己立場，傷害別人都完全不在乎了。這一種事大主義之傾向，雖然是戰敗的不得已結果，但還是令有識之士非常瞧不起。不奉承軍閥和盟軍，能保持公正和中庸態度的人，逐漸消聲匿跡。

佔領軍司令部之態度，以經營國民生活之事業者，可以與平時一樣繼續其生產，因此許多企業家便以為，馬上可以和戰前一樣跟美國等國家交易，所以甚至於表示要自己去交涉，忘記戰敗國之身分，隨便對當局作無理之要求，使彼此難堪，此種氣氛也反映在政府內部，因而也有不少公務員有這樣的想法和態度。許多人誤解以為，只要和佔領軍司令部交涉，他們什麼事都會接受。但著者一再對新聞記者強調說，日本復興之唯一一條路是，必須自覺和反省日本之戰敗。

三、

就日本人的心情而言，使用投降這兩個字是非常難堪的。軍人出身的閣員主張，希望將其譯為休戰（停戰），但Surrender這個英文單字，無論如何解釋，是投降的意思，又因為戰敗的結果，實際上投降，真正承認這個事實，除非徹底認識，日本不可能重生，虛偽的一廂情願的想法，著者從頭到底，一貫外務省的這個想法。

外務省為方便與麥克阿瑟司令部聯絡，曾在內閣會議提議希望在外務省設立一個處或科，卻遭受到強烈的反對。反對的理由是，與總司令部聯絡一事，非常重要，所以這個機關應該很大並要擺在內閣，直屬於首相。著者認為，終戰事務應該辦理戰敗之幾乎全部國務，是整個內閣的工作，應該由內閣各部會本身來作，不必新設大的組織，問題是，需要為外務省之任務的與佔領軍之聯絡的設備，事務性的事透過外務省來作，這意味著日本政府之繼續獨立的立場，這個前提必須維持，但各部會，在其任務的範圍內，不必限制其直接與司令部接觸，但聯絡事務如果不統一，勢將導致國家的很大損失，這是外務省的立場和主張。

設立大規模的終戰機關，使民間之大人物插足，這是利害本位之企業方面的主張。對於聽取民間意見之機關，可以視需要，在外務省或內閣設立，著者不但沒有不同意見，同時也有這樣的意圖。但是，日本之獨立主義，即使被限制，還是希望維持這樣的建制。所以，還是在一個國家之玄關的外務省管轄之下，來辦理聯絡事務，和反對軍政同樣旨趣，是有其必要的。當時幾乎沒有人理解這樣的用意，內閣的好多人以為，這是在互相爭奪平時的工作。近衛副首相則把它當作利用和操縱政界和實業界之有力者的機關。

政府內部的氣氛是，離開實施戰敗後之降書的冷酷現實很遠。以要誠心誠意實施波茨坦宣言所成立的內閣，順利完成實現投降和簽署降書之第一第二項使命之後，好像已經完全要做普通內閣之工作，這與到昨天還在打仗之敵軍佔領下的日本的現實，實在離開得太遠了。

四、

佔領軍對於昨天還與其打仗的日本，完全沒有客氣的理由。麥克阿瑟元帥對於日本打出恩威並行之方針，表示了政治家風度，但大多數日本人皆出於只想得到恩惠的事大主義態度。可是美國的態度是，從美國的國家利益和大方針，冷靜計算出來的，所以對於一廂情願的行動是不會有任何興趣的。

佔領軍在佔領態勢大致底定時，派憲兵去東條大將住處逮捕他，將準備自殺的東條送往橫濱。隔天逮捕了嶋田海軍大將。著者遂往訪橫濱之盟軍總司令部表示，這個作法和佔領政策要透過日本政府來進行的約定有違，並要求今後逮捕和交人要透過日本政府來作。旋即總司令部把要逮捕的人員名單，送交外務省的聯絡員。都是開戰當時之閣員和特殊右翼團體的人員。其中包括前首相廣田宏毅以及現今閣員緒方竹虎等，大約二十個人。以要求逮捕重臣和現任閣員不妥當，著者遂與盟軍總司令部對話，刪除了現任閣員和重臣名字。盟軍重視日本之右翼勢力，似乎把廣田、緒方兩個人當做右翼的龍頭。當時，近衛公爵和著者都還沒有成為問題。

其他的人，都經由日本政府交給盟軍的。起初收容於橫濱監獄，繼而被移往從前之俘虜收容所。

由於這種原因，對於戰犯問題，人們開始變成非常神經質。領導者之中，便有人在橫濱設立個人代表，以和盟軍總部取得聯絡，或找人暗中和盟軍總部聯絡，偷偷表示敬意。

繼戰犯問題，盟軍開始徵用東京、橫濱之沒有被燒掉的建築物和設備良好的個人住宅。擠得要命的電車和火車，盟軍也徵用了不少，雖然他們搭乘的人很少。以往以刑事犯人被關在監獄的共產黨員，全部得到釋放（這些共產黨幹部甚至於稱盟軍為解放軍—譯者），被釋放的這些共產黨幹部，得到盟軍之默許，立刻公然參加反政府和反對天皇制度之共產黨的宣傳示威活動。盟軍甚至鼓勵國民批判天皇制度，好多報紙和廣播電台，在共產黨勢力之下。日本有如在革命之前夜。盟軍對如此情況熟視無睹。盟軍具有對於任何事體都可以作的威力，因此日本人大有爭先恐後地要拍盟軍屁股之概。

五、

除盟軍之強壓態度和民眾的拍馬屁之外，政府機關完全仍舊是原來的結構。因戰敗情況完全改變了，但卻完全沒有迎接這樣新情況的氣氛，好像要恢復平常之日本之政治的樣子。對於實行波茨坦宣言之有根本不同的想法，想根本改造日本之盟軍，到底要要求什麼，大體上不是不可以想像得到的。事實上，要求把內閣之中樞的閣員作為戰犯交出去，即使暫時撤回，但這是對於內閣之不信任的表示，就內閣本身而言，已經沒有實施投降條文的資格。原來，皇族內閣是為順利處理終戰的內閣，這個工作已經告一個段落，並已經決定了要誠實實施波茨坦宣言之方針，其任務可以說是已經完成了。對於新情勢，應該一掃舊時代之人物，需要組織能夠與盟軍合作之新人的內閣才對。因此著者經過思考之後，在近衛副總理大臣在座席上，對首相建議，除東久邇宮首相外，一切閣員應該統統辭職，讓新人去幹。

這個建議未獲採納，著者乃應東久邇宮首相之要求提出辭職告別內閣。著者辭職十天之後，盟軍總部命令日本政府立刻免職內務大臣（內政部長）以下全國的警察部長（警察局長）。至此內閣遂提出辭職。

跋、

因日本簽署降書六年多以後獲得和平，並恢復了獨立自主的權利，所以著者便在監獄中整理有關昭和之動亂之經過的紀錄，予以出版。

這個紀錄是，從軍事審判結束之一九四八年年底至一九五〇年十一月月出獄的兩年，在巢鴨監獄撰寫的，出獄後一年，主要求證於外交上之各位前輩，以確認真相，對於過去之史實，根據公家之紀錄和參考書，予以研究，改正錯誤，以求正確。但如果萬一還有錯誤，請各位讀書賜告，以便下一版改正。

一九五一年三月　著者

資料

一、隨情勢之變遷的日本帝國國策要綱

一九四一年七月二日御前會議之決定

第一方針

（一）日本帝國不管世界情勢如何演變，堅持要建設大東亞共榮圈，以貢獻確立世界之和平為方針。

（二）日本帝國仍然要邁進處理支那事變，為確立自存自衛之基礎，將向南方進出一步，又隨情勢之變遷，要解決北方問題。

（三）為達到上述目的，日本帝國將排除一切障礙。

第二要領

（一）為促進蔣政權之崩潰，將從南方諸地域加強壓力。隨情勢之變遷，適時對重慶政權行使交戰權，同時要接收敵性租界。

（二）日本帝國為自存自衛上，要對南方要域繼續外交交涉，同時要促進其他各項施策。為此要先行作對美英戰爭之準備，首先根據「對越南泰國施策要綱」以及「有關促進南方施策之件」，完成對越南、泰國之諸方策，以強化進出南方之態勢。

為達到此目的，日本帝國不惜與英美一戰。

（三）對於德蘇戰爭，基於三國軸心之精神，暫時不介入，暗中加強對蘇武力之準備，自主因應。在此期間，當然要作周密之外交交涉。

德蘇戰爭之變遷如果對日本帝國有利，將行使武力解決北方問題，以確保北邊之安定。

（四）決定為推動前號各種施策，特別是決定要行使武力時，不能影響保持對英美戰爭之基本態勢。

（五）對於美國之參戰，要按照既定方針之外交手段及其他一切方法極力予以防止，萬一美國參戰時，日本帝國基於三國條約要採取行動，但行使武力之時機及方法要自行決定。

（六）要迅速徹底加強國內之戰時體制，特別是要強化國土之防衛。

（七）有關具體之措施，另行規定。

二、日本帝國國策之執行要領

一九四一年九月六日御前會議之決定

日本帝國鑑於目前急迫之情勢，特別是美英荷各國所採取之對日攻勢，蘇聯之情勢以及日本帝國國力之彈撥性，「隨情勢變遷之帝國國策要綱」中對南方之施策將依左列方策推動。

（一）日本帝國為自己國家之自存自衛，以不惜對美（英荷）一戰之決心下，於大約十月下旬為目標，完成戰爭之準備。
（二）日本帝國與上述作為之同時，對美英竭盡外交之手段，努力於貫徹日本帝國之要求。在對美（英）之交涉日本帝國之最低限度之要求事項，以及其關連之限度如另紙。
（三）依前號外交交涉，及至十月上旬左右，仍然無法貫徹我方之要求時，決心立刻對美（英荷）開戰。
對南方以外之施策，要根據既定國策，特別是不能令美蘇成立對日聯合戰線。

另紙

在對美（英）之交涉，日本帝國所欲達到之最低限度之要求事項以及有所關連之日本帝國之約諾限度。

第一日本帝國對美（英）交涉所要達到之最低限度之要求事項。

（一）（有關支那事變之事項）

美英對於日本帝國之處理中日事變不得插嘴或妨害。
（1）不得妨害日本帝國根據日支基本條約以及日滿支三國共同宣言解決事變之企圖。
（2）關閉緬甸公路，對於蔣政權不得予以軍事上與經濟上援助。
（註）上述並不妨害有關N工作中處理中日事變之日本帝國一向之主張，特別是要固守日支間新約定有關日本帝國軍隊之駐屯。

但是隨事變之解決，為貫徹支那（中日事變），派遣在中國者外，軍隊在原則上願意撤退。
又對於美英之權益，只要美英理解新的東亞，採取應有之行動，沒有予以限制之意圖。
（二）（日本帝國在國防上要確保之安全事項）
美英在遠東，不得有威脅日本帝國之國防的行動。
（1）根據日法間之約定，要承認日本和越南之特殊關係。
（2）不得在泰國、印尼、支那以及遠東蘇聯領土內設定軍事權益。
（3）不得在遠東增強現今以上之兵備。
（三）（有關獲得日本帝國所需要物資事項）
（美英要協日本帝國獲得其所需物資）
（1）恢復與日本之通商，同時要在西南太平洋之兩國領土供應日本帝國為自存所緊要之物資。
（2）要友善地協助日本帝國與泰國、印尼之間的經濟合作。
第二日本帝國所能約諾之限度
如果答應日本帝國在第一所表示之要求時：
（1）日本帝國不以越南為基地，除中國外，武力進出其鄰近地區。
（2）日本帝國在確立公正的遠東和平之後，有意從越南和支那撤兵。
（3）日本帝國願意保障菲律賓之中立。
（註）

（1）萬一質疑有關日本帝國對於三國同盟之態度時，要回答日本帝國對於要履行義務沒有任何改變，但日本帝國不自動就三國同盟之態度以及對美國之歐洲戰爭有所議論。

（2）萬一被質疑日本帝國對於蘇聯之態度時，應該表示，只要蘇方遵守日蘇中立條約，對日滿沒有威脅違反中立條約之精神的行動，我方不會有武力行動。

三、英美共同宣言

（大西洋宣言）簽署於一九四一年八月大西洋上

美利堅合眾國總統以及代表連合王國之皇帝陛下政府之邱吉爾首相會面，為尋求世界更美好之未來，在此希望之基礎上對外公開發表兩國之共同通則，應為光明正大之行為。

（一）兩國不尋求領土及其他之增加。

（二）兩國不希求未經有關國民之自由表達之希望一致的領土之變更。

（三）兩國尊重一切國民具有選擇自己所喜愛之政體的權利。兩國希望強奪別人國家主權及自治者，將其主權及自治歸還別人。

（四）兩國尊重其現有義務之合法性，並要促進無論大國或小國，戰勝國或戰敗國，一切國家享有為其經濟之繁榮所需要世界之通商及利用。

（五）兩國要為一切國家確保已經改善之勞動基準，經濟之提升以及社會安全，將在上述一切國家間之經濟領域從事完全之合作。

（六）納粹之暴虐最終破壞之後，兩國希望對於一切國民，在其國境內提供居住安全之手段，並要使一切國家，一切人類能夠得到由恐怖及缺乏之自由，獲得解放，使人人能夠安全終其一生的確實和平。

（七）上述和平是要令一切人類，不受到妨害，能夠在天下之公海自由航行。

（八）兩國相信，世界之一切國民，不管依實在論之理由或精神上之理由，要拋棄行使強力。陸海空之軍備，要給予自己國境外之侵略或威脅，或者可能這樣作的國家繼續使用，將無從維持將來之和平，因此兩國為建立更廣泛更永久之一般安全制度，認為非解除此種國家之武裝不可。兩國又願意協助和幫助減輕愛好和平之國民之軍備負担，以及協助其他一切可行之措施。

富蘭克林・迪・羅斯福

溫斯頓・邱吉爾

四、日本帝國國策要領

一九四一年十一月五日御前會議決定

日本帝國為打開現時之危局，成全自存自衛，以建立大東亞之新秩序，決心對美英荷開戰，將採取以下措施。

（一）發動武力之時機定為十二月初旬，陸海軍要完成作戰之準備。

（二）對美交涉依另紙（甲案、乙案）辦理。

（三）要加強與德義之連繫。

（四）發動武力直前，要和泰國建立軍事上之緊密關係。

（五）對美交涉若在十二月一日凌晨零時之前成功，要停止發動武力。

（註）以上係根據種村佐孝著「大本營機密日誌」。

另紙

甲案

九月二十五日我方提案可以緩和如下。

（一）通商無差別問題

九月二十五日案無法妥協時，得修正為「無差別原則無法適用於全世界時，日本政府承認太平洋全地區亦即在支那實行本原則」。

（二）三國條約之解釋與履行問題

要更明確地表態，我方無意亂擴大解釋自衛權，關於三國條約之解釋及履行，如從前屢屢所說，日本帝國政府將自行決定和行動，這一點已經得到美方之諒解才對。

（三）撤兵問題

本件可以緩和如左

（1）在中國之駐兵及撤兵

為中日事變派遣中國之日本國軍隊，關於華北以及蒙疆之一定區域和海南島，中日間成立和平之後，在所需期間需要駐屯之軍隊外，與成立和平之同時，依照中日間另外之約定，開始撤離，確立治安之後兩年內完成撤退。

（註）萬一美方詢問所需期間時，可以回答大概二十五年。

（2）在越南之駐兵和撤兵

日本國政府尊重法領越南之領土主權。現今派遣在法領越南之日本國軍隊，中日事變解決時，或確立公正的遠東和平時撤退。

又對於四原則，要極力回避其成為日美間之正式妥協事項（無論是瞭解案或其他聲明）。

乙案

（1）日美兩國政府要約定，除越南以外，皆不武力進出東南亞以及南太平洋地區。

（2）日美兩國政府，在印尼，要互助合作保障能夠取得其所需之物資。

（3）日美兩國政府，應該恢復通商關係至凍結資產前之狀態。美國政府要答應對日本供應其所需要之石油。

（4）美國政府不得出於有害於中日兩國之和平的行動。

備考

（1）視其必要，正式成立時，駐屯越南部之日本軍願意移駐越南北部，中日間成立和平時，或在太平洋地區確立公正之和平時，可以答應前述日本軍隊之撤退。

（2）視其必要，關於包含在甲案中之通商無差別待遇之規定，三國條約之解釋及履行之規定，可以追加插進去。

五、對美英荷開戰之件

一九四一年十二月一日御前會議決定

根據十一月五日所決定日本帝國國策之遂行要領，對美交涉終於未能成立，日本帝國決定對美英荷開戰。

六、大東亞共同宣言

一九四三年十一月六日

蓋世界各國各得其所，互助合作，萬邦共榮乃是確立世界和平之根本要義。可是美英為了自己國家之繁榮，壓抑其他國家民族，特別是對於大東亞，克盡侵略剝削之能事，欲逞奴化大東亞之野心，把大東亞搞得天翻地覆，一塌糊塗，意圖推翻大東亞之安定。大東亞戰爭之原因在此。

大東亞各國要互助合作，以打贏大東亞戰爭，要把東南亞從美英之桎梏予以解放，以成就自存自衛，根據左列綱領，以建設大東亞，為確立世界和平而貢獻。

（1）大東亞各國要合作，以確保大東亞之安定，和建設基於道義之共存共榮的秩序。

（2）大東亞各國要互相尊重其自主獨立，互助敦睦，以確立大東亞之和親。

（3）大東亞各國要互相尊重其傳統，增長各民族之創造性，以宏揚大東亞之文化。

（4）大東亞各國要在互惠之下緊密合作，以圖經濟之發展，增進大東亞之繁榮。

（5）大東亞各國要增進和加強與萬邦之交誼，廢除種族之歧視，全方位地從事文化之交流，開放資源，以貢獻世界之進步和發展。

七、開羅宣言

一九四三年十一月二十七日簽署於開羅

羅斯總統、蔣介石大元帥、邱吉爾首相，偕同各該國軍事與外交顧問人員，在北非舉行會議，業已完畢，茲發表概括之聲明如下：

三國軍事方面人員關於今後對日作戰計劃，已獲得一致意見，我三大盟國決心以不鬆弛之壓力，從海陸空各方面加諸殘暴之敵人，此項壓力已經在增長之中。我三大盟國此次進行戰之目的，在於制止及懲罰日本之侵略，三國決不為自己圖利，亦無拓展領土之意思。三國之宗旨，在剝奪日本自從一九一四年第一次世界大戰開始後在太平洋上所奪得或佔領之一切島嶼；在使日本所竊取於中國之領土，例如東北四省、臺灣、澎湖群島等，歸還中華民國；其他日本以武力或貪欲所攫取之土地，亦務將日本驅逐出境；我三大盟國稔知朝鮮人民所受之奴隸待遇，決定在相當時期，使朝鮮自由與獨立。根據以上所認定之各項目標，並與其他對日作戰之同盟國目標相一致，我三大盟國將堅忍進行其重大而長期之戰爭，以獲得日本之無條件投降。

八、德黑蘭三國宣

余等，美合眾國總統、大英帝國首相以及蘇俄聯邦首相，最近四日，在我們之盟邦伊朗之首都會面，作成我們共同之政策，並予以確認。

關於戰爭，參謀部代表等，曾列席余等之圓桌會議，是故余等完成了擊滅德國兵力之餘等的計劃。余等從東方、西方、南方三方面之作戰規模及其時日，已經完全同意。

余等在當地所達成之互相理解，保證了余等之勝利。

關於戰後之和平，余等堅信余等之一致必將保障堅固之和平。余等受到地球上諸國民之壓倒性多數大眾之贊同，為實現去除今後幾多世代之戰爭慘禍的和平，在余等以及一切盟邦諸民族皆十分認識，落在他們肩膀的崇高責任。

余等，與余等之外交顧問等，曾經共同研究過將來之諸問題。只要其國民與余等三國之國民同樣具有對於剷除暴虐、奴化、壓制、不寬容之任務，以情念和理性獻身，無論其大小，要和一切國家合作，努力於使這些國家積極參與。余等願意在此等諸國家希望之下，欣然歡迎彼等為民主主義諸國之世界家族的一員。

我們在陸上殲滅德國陸軍，在海上擊滅其潛艇，從空中擊碎其軍需工廠，世界任何力量都阻止不了我們的攻擊。

我們的進擊毫不手軟，日愈強有力。

余等，要結束余等之友好會談時，熱切期待世界之一切國民不會受到暴虐行為，各人能夠依照其志向和良心，自由生活。余等，以希望和決心來到此地，現在余等以一致之精神和目的，作為知心之友人，離開此地。

一九四三年十二月一日署名於德黑蘭

羅斯福

史達林

邱吉爾

九、雅爾達協定

簽署於一九四五年二月雅爾達會談

一九四六年二月十一日美國國務院發表

三大國即蘇維埃聯邦、美利堅合眾國及英國之領導人，協定在德國投降，歐洲之戰爭結束之後兩個月或三個月，蘇維埃聯邦將依照左列條件，參與盟邦之對日本國之戰爭。

（一）外蒙古（蒙古人民共和國）維持現狀。

（二）因一九〇四年日本國之背信攻擊所侵害之俄國舊權利要恢復，其內容如下：

（1）庫頁島南部及其隣接之一切島嶼，必須歸還蘇維埃聯邦。

（2）要支持蘇維埃聯邦在大連商港之優先權利，該港應該國際化，並恢復蘇維埃社會主義共和國聯邦之海軍基地之旅順口的租借權。

（3）中東鐵路及提供大連之出口的南滿鐵路，要設立中蘇合辦公司，共同經營。但要保障蘇維埃聯邦之優先利益，中華民國對滿洲擁有完全的主權。

（4）要把千島列島交給蘇維埃聯邦。

前述有關外蒙古以及港灣和鐵路之協定，需要經過蔣介石主席之同意。總統因史達林元帥之通知，要採取上述同意之措施。

三大國之最高領導人，以蘇維埃聯邦之上述要求，協定在日本國戰敗之後，要確實予以滿足。

蘇維埃聯邦，以要使中華民由日本國之羈絆得到解放為目的，為依自己之軍隊，予以援助，使中華民國政府有意和蘇維埃社會主義共和國聯邦簽訂友好同盟條約。

一九四五年二月十一日

史達林

佛蘭克林・迪・羅斯福

溫斯頓・艾斯・邱吉爾

十、今後應該採取之戰爭指導基本大綱

一九四五年六月八日御前會議決定

方針

以七生盡忠之信念為原動力，地利和人和，要貫徹戰爭，以維持國體，保衛皇土，以期達到征戰之目的。

要領

（一）即刻強化皇土地戰場態勢，集中皇軍之主戰力於茲。其他疆域之戰力布置，要考慮我方之實力，以對主敵美軍為主要對象，同時要思考北方情勢之激變。

（二）面對世界情勢演變之機微，對外諸施策，特別對蘇對中施策要以活潑強力來實行，俾能使戰爭愈來愈有利。

（三）在國內，要整備能夠因應舉國一致之皇土決戰，徹底完成國民戰爭之本質的各項態勢。尤其要組織國民義勇軍，以其為主軸，鞏固全國國民之愈團結，更要提升和加強其戰意，充實物質國力，特別是要確保糧食，以及特定武器之生產，國家施之重點在這裡。

（四）基於本大綱之實行方策由其所司，具體規劃，俾能迅速實現。

十一、波茨坦宣言（美、英、中三國宣言）

一九四五年七月二十六日於波茨坦

（一）余等，美國總統、中國國民政府主席及英國首相代表余等億萬國民，業經會商，並同意對日本應予以一機會，以結束此次戰爭。

（二）美國大英帝國及中華民國之龐大陸海空部隊，業已增強數倍，其由西方調來之軍隊及空軍，即將予日本國以最後之打擊。彼等之武力受所有聯合國之決心之支持及鼓勵，對日本國作戰，不至其停止抵抗不止。

（三）對於德國無效果、無意義之抵抗而奮起之世界的自由人民的力量所得的結果，在在彰顯在日本國民面前。現在對日本國所集中之力量，遠比大於抵抗之粉碎納粹德國人民之土地產業以及其生活方式好幾倍。吾等之軍事力量，以吾人之堅決意志為後盾，悉力使用，必將使日本國軍隊，不可避免地和完全毀滅，同樣必然地完全破壞日本國本土。

（四）時機已經到來，日本國必須決定要使日本帝國滅亡之軍國主義者繼續領導日本國，還是要使日本國走上理性之大道。

（五）吾等之條件如下：吾人絕不更改上述條件。亦無其他替代條件。

（六）吾等主張要從這個世界消除不負責任之軍國主義，以建構安全而和平的新秩序，故要永久去除欺瞞日本國民，欲征服世界者流之權力又勢力。

（七）迨至能夠建立上述之新秩序，同時日本國之戰爭能力確實被完全推毀之前，聯合國所指定日本國領域內諸地點，依照吾等之指示，為達到基本目的，將由盟軍佔領。

（八）開羅宣言之條款必須實施，又日本國之主權將限定於本州、北海道、九州、四國以及吾等所決定之諸小島。

（九）日本國軍隊，完全解除武裝之後，得回歸其家庭，過其和平與生產的生活。

（十）吾等毫無奴化日本國民族，或滅亡日本國民之意圖，但對於包括虐待吾等之俘虜的一切戰犯，要予以嚴厲處罰。日本國政府要去除一切恢復和強化日本國國民之間的民主主義傾向的一切障礙。要確立言論、宗教、思想之自由，以及尊重基本人權。

（十一）允許日本國維持支持其經濟和求取公正之實物賠償之可能性的產業。但是將使日本國從事戰爭之再軍備之產業不在此限。允許為獲得上述目的之原料（與其支配有所區別）。日本國將來將被允許參加世界貿易關係。

（十二）達到前述之諸目的，且日本國民以自由意志表明和平傾向以及成立負責任的政府時，聯合國佔領軍將由日本國撤退。

（十三）吾等要求日本國政府立刻宣布全日本國軍隊之無條件投降，並對上述行動提供該政府之有誠意而適當的保障。上述以外之日本國的選擇，只有迅速和完全毀滅之一途。

十二、日本政府受接受波茨坦宣言

一九四五年八月十日

（日本）帝國政府一向祈求促進世界之和平，為避免因繼續此次戰爭所將帶來之人類的慘禍，遵從祈念戰鬥之終結的天皇陛下之心意，數週前曾請當時具有中立關係之蘇維埃聯邦政府，斡旋恢復與敵國之和平，不幸，日本帝國政府所作之努力，未見結果，今茲日本帝國政府基於天皇陛下之對於恢復和平之心願，要盡量早日結束戰爭之慘禍，作了如下之決定：

日本帝國政府對於一九四五年七月二十六日在波茨坦，美、英、中三國政府首腦所發表，爾後蘇聯政府也參加之共同宣言所提之條件，在不包括變更天皇之統治大權之瞭解下願意接受。日本帝國政府相信上述之瞭解沒有錯誤，切望對本件表示明確之意向。

十三、日本政府正式接受波茨坦宣言

一九四五年八月十四日

有關接受波茨坦宣言之條款的八月十日之日本帝國政府之提議，八月十一日班茨美國國務卿對美英蘇中四國政府所發之回答，日本帝國對於上述四國政府有如左列通報之光榮。

（一）天皇陛下發布有關接受波茨坦宣言條款之詔書。

（二）天皇陛下對其政府及大本營，願意授與並保障為實施波茨坦宣言之諸規定所需條款之署名的權限。又陛下有意下達命令要一切日本國之陸海空軍官憲指揮下之一切軍隊，終止戰鬥行為，交出武器，為實施前述條款，願意下達聯合國最高司令官所要求之命令。

十四、降書

簽署於一九四五年九月二日

降書

下名於茲，美國、中華民國、大英帝國之政府首腦，於一九四五年七月二十六日發表波茨坦宣言之後，蘇維埃社會主義共和國也參加之宣言修款，依日本國天皇、日本國政府以及日本帝國大本營之命令和代理予以接受。上述四國，以下稱為聯合國。

下名於茲，布告不論日本帝國大本營或在任何其他地方，一切日本國軍隊及在日本國支配下之一切軍隊，要對聯合國無條件投降。

下名於茲，命令禁止無論在任何位置之一切日本國軍隊以及日本國民，要立即停止敵對行為，保存一切船舶、飛機、軍用以及非軍用之財產，防止毀損，以及服從基於聯合國最高司令官或其指示，課之於日本國政府之各機關之一切要求。

下名於茲，立刻命令一切官廳、陸軍及海軍之職員，要遵守聯合國最高司令認為為實施本投降之適當命令，或基於其委任所發布之一切布告、命令和指示，同時上述之職員，依聯合國最高司令官之命令，或由其委任，特別是未被解除其任務者，要各就其位，繼續其非戰鬥之任務。

下名於茲，為誠實履行波茨坦宣言條款，以及為實施上述宣言，聯合國最高司令官或其他特定聯合國代表所發出之一切命令，天皇、日本國政府以及其繼承者都要採取一切措施去實行。

下名於此，命令日本帝國政府以及日本帝國大本營，現今在日本國支配下之一切聯合國俘虜以及被扣留者，要一律立刻解放，並予以保護、津貼、給養和採取輸送所指示地點之措施。

天皇以及日本國政府之統治國家之權限，在為實施本投降條款認為適當之聯合國最高司令官之措施的限制之下。

一九四五年九月二日上九時四分署名於日本國東京灣上。

依大日本帝國天皇陛下及日本國政府之命令及其名　重光葵

依日本帝國大本營之命令及其名　梅津美治郎

一九四五年九月二日上午九時八分在東京灣上為美國、中華民國、聯合王國及蘇維埃社會主義共和國聯邦以及與日本國戰爭狀態之其他聯合諸國家之利益而接受。

聯合國最高司令官達格拉斯．麥克阿瑟

美國代表C．W．尼密茲

中華民國代表徐永昌

聯合王國代表布魯斯．佛列札

蘇維埃社會主義共和國聯邦代表克茲馬．N．杰列維揚科

澳洲聯邦代表T．U．布列米

加拿大代表L・柯斯格列維
法國代表吉馬克・魯克列魯克
荷蘭代表謝爾魯夫・黑爾佛利菲
紐西蘭代表S・M・伊西特

解說

牛村圭

因第二次世界大戰之戰敗，就自古以來很少有對外戰爭之經驗的日本而言，是空前的經驗。以這個敗戰為界線，軍國主義這個黑暗的戰前，和能夠歌頌自由之民主主義之戰後，這樣定義的說法，為數不少。但是，我們絕對不可以漏掉與戰敗無緣之具有一貫性的「貫通戰前戰後」的慧眼。在知識份子中，抗拒時尚，戰前以很有說服力的文字批判納粹德國，戰後批判共產主義的是竹山道雄。在政治家方面，我要首推本書作者重光葵。以英美為對手之戰時下的東條、小磯兩個內閣擔任外務大臣，在處理戰後之東久邇宮內閣也出任外相。聯合國解除佔領日本之後，在鳩山（一郎）內閣，以副首相兼外長，重回政壇，負責日本的外交工作。

在戰敗與佔領期中間，四度擔任外相的重光葵，完全不是迎合時尚善變的機會主義者。在戰前戰中，他冷笑因欠缺國際視野之軍部所主導的國策，以及戰後聯合國由上而下的民主化，具有他自己的主義和主張。他不但沒有出賣從前之同志，且被敵人指定為「主要戰犯」，受到勝者之審判，毫無生命之保障，被關在巢鴨之監獄。從以上經歷，我們可以知道「昭和之動亂」在解除佔領之後，有如雨後春筍般出現的所謂回憶錄、自傳完全不同，是能夠經得起考驗的寶貴著作。

重光葵於一八八七年七月，出生於九州大分縣。熊本之舊制第五高等學校畢業之後，進東京帝國大學法科大學法律學科獨（德）法科，一九一一年畢業。該年考取外交官、領事官考試。同期有蘆田均、堀內謙介，五期前輩有廣田弘毅和吉田茂，後來成為重光之對手的東鄉茂德慢他一期。擔任職業外交官四十年以上的重光葵，始於柏林、倫敦；一九三二年出任駐華公使，在交涉一．二八事變停戰時，在天長節（昭和天皇生日）典禮中，被韓國人投擲手榴彈，重傷，鋸掉右腿。回國手術、靜養之後，這個隻腳外交官以後歷任外務次官（外交部事務次長）、駐蘇聯大使、駐英大使、汪精衛南京政府大使，一九四三年四月，應東條英機首相之邀請出任外相。小磯內閣時外相兼大東亞相，鈴木貫太郎內閣時在閣外，東久邇宮內閣時外相兼大東亞相，負責與佔領軍之交涉。以日本政府全權代表身分，和日本軍代表參謀總長梅津美治郎大將，在密蘇里艦上簽署降書。

波茨坦宣言有嚴厲處罰戰犯之條款。沒有人認為重光葵會成為戰犯，及至遠東國際軍事法庭開廷之前，因蘇聯之強求，和密蘇里艦上之「盟友」的梅津大將，一起被起訴。覺得必須邀請精通英美法律師的重光葵，遂請在馬尼拉之本間雅晴中將裁判大顯身手的讓治．法聶斯為辯護律師，面對這個裁判。雖然相信無罪，結果以「對和平之罪」之重罪被起訴，自不能掉以輕心。在紐倫堡軍事審判有三個人判無罪，但東京法庭統統判有罪，重光葵判最輕，監禁七年。

據說，連訴追之季楠首席檢察官對於重光之判有罪也非常憤慨。以全部無罪之印度代表法官巴爾，以及荷蘭之代表法官列林格，在其個人意見書，包括重光，認定五個被告是無罪。與重光認識的英國政治家杭基卿，後來所寫Politics:Trial and Errors（London,1950）（日譯「戰犯裁判の錯誤」時事通信社），支持重光之無罪。但聯合國最高司令官麥克阿瑟元帥確認判決，重光之刑也就確定了。如此這般，重光便開始其在巢鴨監獄的日子，一直到一九五〇年十一月被假釋放。

虜因之每日，重光葵天天專心於著述。以戰犯嫌疑被逮捕和拘禁以來，他一直寫日記。加上裁判結束後以至假釋放之兩年，開始撰寫回憶錄。因為是監獄，只能帶有關裁判之速記錄等資料，巢鴨的「居民」是歷史的證人。這樣完成的草稿，加上「出獄以後的一年時間，主要求證於外交工作上之各位前輩，以確認事實，又對於過去之史實，根據正式的紀錄或參考書，改正錯誤，以期內容之正確」，於佔領軍撤退之後的一九五二年，由中央公論社出版上下兩冊，這就是「昭和之動亂」這部書。

「昭和之動亂」一書，獲得很高評價。該年四月二十八日之重光葵的日記說，「昭和動亂獲好評。出四版，賣得很好，每週上最暢銷排行榜」。山本有三（著名作家）、安倍能成（哲學家，曾任文部大臣即教育部長）等人，參加了在鎌倉舉行，由中央公論社主辦的「『昭和動亂』評論座談會」。此外，重光葵於次年由每日新聞社出版「重光葵外交回想錄」（五年前，台北「傳記文學」雜誌連載過陳鵬仁譯中文版）。這是「首次擔任外交官，以至卸任駐英大使，憑據自己記憶，口述給每日新聞社記者古谷綱正君的」；但「昭和之動亂」雖然是外交當局者之回憶錄，更是以昭和之歷史為主軸的歷史書，而「重光葵外交回想錄」是如其題目所稱，純粹為其個人的回憶錄。又前述之獄中日誌以「巢鴨日記」、「續巢鴨日記」，與外交回想錄，由文藝春秋新社發行。在巢鴨寫日記的市谷法庭被告不少，但重光葵的日記，與畑俊六、板垣征四郎的之備忘錄般的日記，大異其趣。包括法庭的素描，在法庭內外所發生的事，被告在獄中對重光所說的話，譬如九一八事變當時之陸相南次郎所說「我以為外交是要為軍事行動擦屁股的」，以及諸如此類之簡單明瞭的感想等寶貴的的第一手史料。

「昭和之動亂」是以九一八事變至戰敗為對象的歷史書。這可以分成根據能夠到手的史料，以同一個時代之人的立場，加以考察的部分，以及歷史之當事者所追憶的部分。對於後來成為膾炙人口的「昭和之動亂」，根據著者的說法，是指「昭和年間二十多年所發生的事體」。這個二十多年是以從若槻內閣至東久邇宮內閣之變遷為縱線，以編年體裁記述，以為其背景之內外事件以及對其考察為橫線。其考察對象不僅為政治、經濟和軍事，甚至及於文化和精神層面。第一次世界大戰之後，成為世界五大強國之一的「日本人的慢心（自大）」，亦即「被物質文明之滔滔濁的所衝走，只看到眼前的利益，欠缺個人和國家之永遠的安寧和理想的良知」，正是「昭和之動亂」的原因。

描繪外交之最高負責人之日日的這一部分，難免有一些是自我辯解或正當化的部分。東條內閣的最大工作，應該是一九四三年十一月的大東亞會議，以及當時所發表的大東亞宣言。但這麼厚的一書，對它只有一頁多。它只是說「（大東亞宣言）不像大西洋憲章只是主義的聲明，而是聚會各國要實行之政策的宣言」，沒有說過幾年之後還要再研究和檢討，令人覺得有虎頭鼠尾之感覺。

如前面所述，「昭和之動亂」是風評非常好的一本書。其以涉獵許多史料所寫成，內容很有深度當然是理由之一，但重光的文字之美也是很大的原因。行文深入淺出，沒有偏激的文字。既沒有在倫理上抨擊戰前之日本，也不因為佔領結束而重作自己的主張。率直、客觀而平實的敘述，吸引了佔領後之日本人的心靈。

「昭和之動亂」之容易讀，一比較其他人的外交回憶錄，譬如東鄉茂德之「東鄉茂德外交手記」（陳鵬仁譯中文，從二〇一五年一月，在「傳記文學」連載十四個月）就一目瞭然。「東鄉茂德外交手記」句子長，其文章有著者很強的個性在裡頭，不是一般讀者所能讀的。事實上，「東鄉茂德外交手記」之初版由改造社只刊行兩千本而已。當然我不敢說「東鄉茂德外交手記」沒有價值。東鄉的著作是「我眼中的時代之變迁」，它具有和陸奧宗光之「蹇蹇錄」（陳鵬仁譯新中文版，最近將由台北蘭臺出版社出版）同樣重要意義和價值的外交回憶錄。

此外，我想指出著者重光葵可能自己沒有感覺的事體。事實上外交官是以駐紮外國為前提的職業，所以外交官不外乎是「生活於異文化的人」。文體生硬的「東鄉茂德外交手記」有著者異文化的體驗成分，它不僅是外交回憶錄，同時也是比較文化論。同樣，「昭和之動亂」也是很不平凡的比較文化論。比諸在戰前一般日本人都無法想像之前往外國的情況來說，本書之附帶的魅力自可瞭然。

戰後之重光葵，與其說是外交官，毋寧說是政治家。一九五二年六月，他被推選為改進黨總裁，十月當選眾議院議員，兩年後的十一月，和鳩山一郎等組織日本民主黨。雖然有首相之呼聲，因在政界沒有什麼地盤，無法成立重光內閣，自願成為鳩山的副手。在繼續三次的鳩山內閣出任副首相兼外相，負責日蘇之交涉。以全權前往曾任大使十八年來首次前往之蘇聯，是一九五六年七月的事。那一年年底，與鳩山內閣之辭職辭去外相。隔年一月，在神奈川縣湯河原之別墅，因狹小症而去世，六十九歲。

除本書外，重光葵還有「重光葵手記」、「續重光葵手記」（皆由中央公論新社出版）。與重光有深交的英國人F.S.Piggott所編Japan and Her Destiny（New York,1958）有董光的英文著作。又有其別墅的湯河原有「重光葵記念館」，在其出生地的大分縣東國東郡安岐町有「山溪偉人館」，紀念著留名昭和史的這一位非凡的職業外交官。

（Ushimura Kei　明星大學助理教授）

國家圖書館出版品預行編目資料

近代中日關係研究. 第一輯：昭和之動亂 / 重光葵編者 /
陳鵬仁譯著. -- 初版. -- 臺北市：
蘭臺出版社, 2021.05
冊；　公分-- (近代中日關係研究第一輯；5)
ISBN 978-986-99507-3-2(全套：精裝)
1.中日關係 2.外交史
643.1　　　　　109020145

近代中日關係研究 第一輯 5

昭和之動亂

編　　者：重光葵
譯　　者：陳鵬仁
主　　編：沈彥伶、張加君
編　　輯：盧瑞容
美　　編：陳勁宏
校　　對：周運中
封面設計：陳勁宏
出 版 者：蘭臺出版社
地　　址：台北市中正區重慶南路1段121號8樓之14
電　　話：(02)2331-1675或(02)2331-1691
傳　　真：(02)2382-6225
E—MAIL：books5w@gmail.com或books5w@yahoo.com.tw
網路書店：http://5w.com.tw/
https://www.pcstore.com.tw/yesbooks/
https://shopee.tw/books5w
博客來網路書店、博客思網路書店
三民書局、金石堂書店
經　　銷：聯合發行股份有限公司
電　　話：(02) 2917-8022　傳 真：(02) 2915-7212
劃撥戶名：蘭臺出版社　帳號：18995335
香港代理：香港聯合零售有限公司
電　　話：(852)2150-2100　傳真：(852)2356-0735
出版日期：2021年5月 初版
定　　價：新臺幣12000元整（精裝，套書不零售）
ISBN：978-986-99507-3-2